U0934174

厦门理工学院立项教材资助

Management
of
Exhibition Venues

会展场馆管理

黄玉妹 等◎编著

图书在版编目(CIP)数据

会展场馆管理/黄玉妹等编著.—厦门:厦门大学出版社,2022.2
ISBN 978-7-5615-8483-5

Ⅰ.①会… Ⅱ.①黄… Ⅲ.①展览会—经营管理 Ⅳ.①G245

中国版本图书馆 CIP 数据核字(2021)第 275256 号

出 版 人 郑文礼
责任编辑 陈惠英
封面设计 张雨秋
技术编辑 朱 楷

出版发行 厦门大学出版社
社　　址 厦门市软件园二期望海路 39 号
邮政编码 361008
总　　机 0592-2181111 0592-2181406(传真)
营销中心 0592-2184458 0592-2181365
网　　址 http://www.xmupress.com
邮　　箱 xmup@xmupress.com
印　　刷 厦门市明亮彩印有限公司

开本 720 mm×1 000 mm 1/16
印张 22.5
插页 2
字数 398 千字
版次 2022 年 2 月第 1 版
印次 2022 年 2 月第 1 次印刷
定价 58.00 元

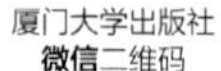
厦门大学出版社
微信二维码

厦门大学出版社
微博二维码

前　言

当前，中国会展业市场规模继续稳居全球首位，展览形式推陈出新，业态模式多元发展，资源整合日益深化，行业结构和区域布局持续优化，推动会展业从高速增长步入高质量发展轨道。中国会展行业对国民经济发展的促进作用和影响力进一步提升，会展业充分发挥资源配置、要素集聚和经济辐射效应，在转变经济发展方式、引领产业转型升级、推动经济社会高质量发展和国家综合实力提升等方面发挥着越来越重要的作用。在双循环新发展格局下，会展业在构建现代开放型市场体系、促进国际经贸合作、提振世界经济信心、促进世界经济发展、打造人类命运共同体方面也做出了积极贡献。

随着会展经济快速发展，会展教育也步入新的阶段，会展类教材不断问世。目前，国内相关会展场馆管理教材分为两类：高职高专类教材和本科类教材。第一本会展类高职高专教材是林大飞 2007 年主编的《会展场馆经营与管理》，2014 年出了第 2 版；第一本会展类本科教材是郑建瑜 2006 年主编的《会展场馆经营与管理》，较新的会展类本科教材为丁烨 2019 年主编的《会展场馆运营与管理》。

根据国内外会展场馆经营与管理的最新前沿知识，笔者结合在美国乔治梅森大学访学期间学习和考察的第一手资料，遵循"项目课程"的理念，按模块、任务来编写会展场馆管理教材。当前全社会推行低碳环保理念，"互联网＋"在各行各业如火如荼地运用与发展，本教材增加了会展场馆绿色化管理和智能化管理等内容。

本教材创新性较强，全书分为 11 个章节，从会展场馆概述入手，对会展场馆规划设计、人力资源、营销、经营、财务、现场、品牌、风险、绿色化和智能化管理进行条分缕析的介绍与阐述，使读者对会展场馆的管理既有全景、全貌式的认识，又能学习到会展场馆管理的专业模块。理论与实务相结合、概念阐述与案例分析相结合是本教材的一大特色。

本教材呈现以下四大特点：

1.遵循“项目课程”的理念，撰写思路清晰，富有会展特色。采用知识拓展和案例分析法，打破原有的篇、章、节的体例模式，建构项目、模块、任务的体例。运用项目行进的理念，用一个个项目来促进对教材专业知识的理解。

2.充分弥补目前部分教材重理论阐述、轻实践操作的短板，以理论分析和逻辑思考为主线，融会贯通，通过知识拓展和案例分析导入来编写教材。深入浅出，提高读者的学习热情和兴趣。

3.从功能的维度为会展场馆的运营与管理构建一个较为完整的框架。

4.案例较为丰富，且多为笔者一手访谈资料，可供感兴趣的读者进一步深入研究。

本教材可作为会展策划与管理专业教材及会展策划、管理、设计等系列职业资格培训用书。本教材系统性强，知识覆盖全面，也可作为从事会展场馆经营管理和所有涉及该行业的相关人员的参考书。

本教材撰写分工如下：

主编黄玉妹，经济学博士，厦门理工学院文化产业与旅游学院教授、硕导，厦门市高层次人才，多次荣获全国会展优秀教师称号和全国高校商业精英挑战赛最佳指导教师称号。主持国家留学基金委项目和6项省部级项目，出版会展专著1部，发表核心期刊以上论文20篇。负责本教材六个项目的撰写，包括“项目一 会展场馆概述”“项目二 会展场馆规划设计管理”“项目五 会展场馆经营管理”“项目六 会展场馆财务管理”“项目十 会展场馆绿色管理”“项目十一 会展场馆智能化管理”。

马海娇，文学硕士，博士研究生在读，重庆第二师范学院旅游与服务管理学院讲师，主持省部级科研项目2项，多次荣获全国高校商业精英挑战赛最佳指导教师称号。参与本教材三个项目的撰写：“项目七 会展场馆现场管理”“项目八 会展场馆品牌管理”“项目九 会展场馆风险管理”。

洪冀宁，法律硕士，高级经济师、国家注册安全工程师、会展职业经理人，杭州钱唐会展有限公司总经理，曾参与《福建省展览业发展现状及前景分析报告》的起草与评审工作。参与本教材两个项目的撰写：“项目三 会展场馆人力资源管理”和“项目四 会展场馆营销管理”。

目录

项目一　会展场馆概述 ………… 1

模块一　会展场馆的含义 ………… 1

任务一　了解会展场馆的含义 ………… 2

任务二　了解会展场馆的分布 ………… 7

模块二　会展场馆的类型 ………… 16

任务一　了解广义会展场馆的类型 ………… 17

任务二　掌握狭义会展场馆的分类 ………… 25

模块三　会展场馆的问题 ………… 30

任务一　掌握会展场馆的问题 ………… 30

任务二　了解会展场馆的发展趋势 ………… 33

项目二　会展场馆规划设计管理 ………… 40

模块一　会展场馆规划理念 ………… 40

任务一　了解会展场馆区位规划理念 ………… 41

任务二　规划会展场馆建设地址 ………… 45

任务三　掌握会展场馆建筑内部规划 ………… 51

模块二　会展场馆设计理念 ………… 56

任务一　掌握会展场馆建筑的设计理念 ………… 57

任务二　了解会展场馆的总体布局 ………… 65

项目三 会展场馆人力资源管理 …… 73
模块一 会展场馆人力资源管理概述 …… 73
任务一 了解人力资源管理基本理论 …… 74
任务二 了解会展场馆人力资源管理的目标 …… 78
模块二 会展场馆的部门划分与岗位类别 …… 79
任务一 掌握会展场馆部门划分原则 …… 80
任务二 了解会展场馆部门概貌 …… 81
任务三 掌握会展场馆岗位类别 …… 85
模块三 会展场馆人力资源管理实务 …… 89
任务一 了解职位分析与设计 …… 89
任务二 掌握会展人力资源规划 …… 90
模块四 会展场馆人力资源管理发展趋势 …… 100
任务一 了解人力资源管理理论发展趋势 …… 100
任务二 了解会展场馆人力资源管理发展趋势 …… 101

项目四 会展场馆营销管理 …… 105
模块一 会展场馆市场定位 …… 106
任务一 了解会展场馆市场定位的基本概念 …… 106
任务二 了解会展场馆市场定位的原则 …… 108
任务三 了解会展场馆市场定位的方式与应用 …… 109
模块二 会展场馆营销管理的任务与客户管理 …… 111
任务一 了解会展场馆营销管理的工作任务 …… 111
任务二 掌握会展场馆营销客户管理工作 …… 119
任务三 了解大数据条件下的客户管理 …… 124
任务四 客户关系管理的功能与作用 …… 126
模块三 国内会展市场的现状和发展趋势 …… 127
任务一 了解国内外会展市场的发展现状 …… 127
任务二 了解国内外会展市场的发展趋势 …… 130

模块四 国内会展场馆营销实务 …………………………… 132
任务一 了解国内会展场馆存在的问题 ……………… 132
任务二 掌握会展场馆的营销方式 …………………… 133
任务三 掌握会展场馆的营销创新 …………………… 135

项目五 会展场馆经营管理 ………………………………… 138
模块一 会展场馆的经营模式 ………………………………… 138
任务一 了解境外会展场馆的经营模式 ……………… 139
任务二 了解国内会展场馆的经营模式 ……………… 142
任务三 掌握中国会展场馆管理的主要问题 ………… 147
模块二 会展场馆经营管理市场化 ………………………… 157
任务一 了解会展场馆经营管理的危机 ……………… 158
任务二 掌握会展场馆经营管理危机的解决方案 …… 159
任务三 掌握会展场馆经营管理市场化的策略 ……… 160
模块三 会展场馆自办展的经济贡献 ……………………… 166
任务一 分析会展场馆自办展的优势和劣势 ………… 167
任务二 掌握会展场馆自办展的路径 ………………… 171
任务三 分析境外自办展的路径 ……………………… 173

项目六 会展场馆财务管理 ………………………………… 179
模块一 会展场馆财务管理主要内容 ……………………… 179
任务一 了解会展场馆财务管理的概念 ……………… 180
任务二 了解会展场馆财务管理的要求 ……………… 182
任务三 掌握会展场馆财务管理的内容 ……………… 183
任务四 了解会展场馆财务管理的指标与分析 ……… 187
模块二 会展场馆财务管理的职能和目标 ………………… 189
任务一 了解会展场馆财务管理的职能 ……………… 189
任务二 了解学术界关于财务管理目标的观点 ……… 193
任务三 了解会展场馆财务管理目标影响因素 ……… 194

项目七 会展场馆现场管理 …… 197
模块一 会展场馆现场管理的内容 …… 197
任务一 了解会展场馆现场管理的对象 …… 198
任务二 了解会展场馆现场管理的特点 …… 199
任务三 掌握会展场馆现场管理的要点 …… 201
模块二 会展场馆现场管理的阶段 …… 206
任务一 掌握展会现场开幕式程序 …… 206
任务二 理解展会现场工程管理的内容 …… 211
任务三 掌握人员登记与证件管理的程序 …… 214
任务四 了解会展场馆广告位管理的内容 …… 217
模块三 会展场馆现场管理的多样化方式 …… 219
任务一 了解服务承包商的类型 …… 219
任务二 掌握场馆现场的个性化管理方式 …… 220
任务三 掌握场馆现场的智慧化管理方式 …… 221

项目八 会展场馆品牌管理 …… 224
模块一 会展场馆品牌的特征与价值 …… 224
任务一 了解会展场馆品牌的定义与实质 …… 225
任务二 掌握会展场馆品牌的种类与特征 …… 227
任务三 理解会展场馆品牌的价值与功能 …… 233
模块二 会展场馆品牌的定位与塑造 …… 236
任务一 了解会展场馆品牌的定位 …… 236
任务二 了解会展场馆品牌塑造的基础 …… 238
任务三 掌握会展场馆品牌的塑造方法 …… 240
模块三 会展场馆品牌的传播与保护 …… 242
任务一 掌握会展场馆品牌的传播方式与渠道 …… 242
任务二 掌握会展场馆品牌保护的方法 …… 244

项目九 会展场馆风险管理 …… 250
模块一 会展场馆风险管理的概念与特点 …… 250
任务一 了解会展场馆风险管理的概念 …… 251
任务二 掌握会展场馆风险管理的特点 …… 252
任务三 理解会展场馆风险管理的必要性 …… 253
模块二 会展场馆风险管理的主要类型 …… 255
任务一 了解会展场馆的项目管理风险 …… 255
任务二 了解会展场馆的财务风险管理 …… 256
任务三 了解会展场馆的信息沟通风险管理 …… 257
任务四 了解会展场馆的安保风险管理 …… 258
任务五 了解会展场馆的其他风险 …… 259
模块三 会展场馆风险的识别与预警 …… 260
任务一 掌握会展场馆风险识别的方法 …… 260
任务二 掌握会展场馆风险控制策略 …… 263
模块四 会展场馆建设与使用阶段的风险管理 …… 266
任务一 了解会展场馆建设前存在的风险 …… 266
任务二 了解会展场馆建设中存在的风险 …… 268
任务三 了解会展场馆使用中存在的风险 …… 270

项目十 会展场馆绿色管理 …… 274
模块一 会展场馆绿色管理的内涵 …… 274
任务一 了解会展场馆绿色管理内涵 …… 275
任务二 了解绿色会展的几点思考 …… 279
任务三 了解境外发达国家或城市绿色会展活动开发现状 …… 281
模块二 会展场馆绿色意识及设计途径 …… 283
任务一 分析我国会展场馆绿色意识 …… 283
任务二 分析我国会展场馆绿色设计存在的问题 …… 284
任务三 分析我国会展场馆绿色设计实现的途径 …… 288
模块三 会展场馆绿色管理路径 …… 293

任务一 了解会展场馆实施绿色管理的必要性 …… 293
任务二 分析会展场馆绿色管理存在的问题 …… 298
任务三 分析会展场馆实施绿色管理的路径 …… 300

项目十一 会展场馆智能化管理 …… 310

模块一 会展场馆智能化管理势在必行 …… 310
任务一 了解会展场馆智能化管理研究现状 …… 311
任务二 了解国内会展场馆智能化管理现状 …… 315
任务三 掌握会展场馆智能化管理的必然趋势 …… 321
模块二 会展场馆智能化管理策略 …… 323
任务一 了解大数据时代传统会展业变革创新发展 …… 323
任务二 了解会展场馆智能化技术系统 …… 326
任务三 掌握会展场馆智能化管理策略 …… 330
模块三 会展场馆智能化管理须构建网络会展平台 …… 338
任务一 了解会展场馆举办网络会展的必要性 …… 338
任务二 了解会展场馆举办网络会展的优势 …… 339
任务三 掌握网络会展平台的核心功能和技术模块 …… 340

参考文献 …… 347

◆项目一◆
会展场馆概述

会展场馆是会展经济发展的重要承载体和平台，会展经济的发展拉动展馆设施建设，会展场馆设施的完善反过来也会促进会展经济的发展。在国内重要的会展城市，会展场馆一般都是标志性建筑。会展场馆周边分布着酒店、购物中心、特色餐饮店等相关商业设施，它们为会展业提供配套服务，也为自身获取发展机会，与会展实现共赢。

学习目标

1.了解会展场馆的含义和分布；

2.了解会展场馆建设的外部要素条件；

3.了解会展场馆的发展趋势；

4.掌握会展场馆的类型；

5.掌握会展场馆的特点。

模块一 会展场馆的含义

中国会展经济发展迅速，其主要通过展览形式来体现，而实体展览则需要场馆来实现参展商与观众的交流。根据中国国际贸易促进委员会编纂的《中国展览经济发展报告(2019)》(以下简称《报告》)提供的统计数据：在已采集到面积信息的展览中，中国境内共举办经贸类展览 3547 个，同比下降6.5%；展览总面积为 13048 万平方米，同比增长 0.8%。2019 年展览经济产业结构发生了重大变化，重工业展览数量超过服务业展览，跃升至第二位，展览面积实现快速增长。5 万平方米以上规模展览合计占所有规模展览的57.6%，中国展览行业正逐步向规模化和集中化办展方向转变。

任务一 了解会展场馆的含义

进行会展场馆的学习，首先需要了解会展场馆的含义和会展场馆在中国的分布。会展场馆的功能是举办会议与展览，会展场馆拥有怎样的设施，能够提供什么服务，这是我们需要了解的。此外，还要了解中国的会展场馆主要分布在城市还是乡村？是仅仅分布在大城市呢，还是中小城市也有？从地域来讲，在中国的东部、中部、北部和南部哪里分布的数量更多？

一、会展场馆的含义

会展场馆是指从事会议、展览以及节事活动的主体建筑和附属建筑，它是开展会展活动的重要载体和平台，包括相配套的设施设备和服务，由硬件和软件两部分组成。场馆中的“场”，是场地，一般指室外区域；“馆”，即馆所，一般指室内区域。因此，会展场馆可以分成室内的会议和展览中心，以及露天的展览场地。

目前国际上室内展览面积最大的展览馆当属汉诺威国际展览中心(图 1-1)，面积达 49.6 万平方米。室内展览面积排名前五的还有国家会展中心(上海)(图 1-2)，面积 40 万平方米；米兰新国际展览中心，面积 34.5 万平方米；广州琶洲中国进出口商品交易会展览馆，面积 33.8 万平方米；法兰克福展览中心，面积 32.1 万平方米。

为满足与促进会展经济发展，中国一些重要会展城市如上海、深圳等地抓紧对旧有展馆扩容，或新建大型展馆。

自 20 世纪 90 年代以来，上海先后兴建了国际展览中心、世贸商城、农展中心等新馆，但展览面积均在 3 万平方米以下，且布局分散，加上原有的上海展览中心，全市展览面积不足 10 万平方米。尔后上海国际会议中心和上海新国际博览中心的建设，迅速改善了上海会展接待水平，提升了上海的会展地形象。上海新国际博览中心(SNIEC)由上海陆家嘴展览发展有限公司与德国展览集团国际有限公司(成员包括德国汉诺威展览公司、德国杜塞尔多夫博览会有限

图 1-1 德国汉诺威国际展览中心(Hannover Exhibition Center)

资料来源:https://www.qufair.com/pavilion/81.shtml.

图 1-2 国家会展中心(上海)(四叶草)

资料来源:国家会展中心(上海)官网,http://www.shnecc.com/.

公司、德国慕尼黑国际展览中心有限公司)联合投资建造。2007 年 3 月起,上海新国际博览中心五期工程正式动工,场馆面积再次扩容。上海新国际博览中心至今共拥有 17 个单层无柱式展厅,室内展览面积 20 万平方米,室外展览面积

13 万平方米；会议室共 37 个，总面积 5862 平方米，可容 3616 人。每年举办 100 余场知名展览会，吸引 400 余万名海内外客商。

深圳国际会展中心(图 1-3)项目规划会展核心区用地 137 公顷，配套设施用地 42 公顷。新展馆室内展厅规划建 50 万平方米，将分期建设。2016 年 9 月一期 40 万平方米室内展厅及基本配套设施开工建设，2019 年 11 月建成投入使用，同时预留 20 万平方米备建。该项目采用综合开发模式，融酒店、办公、餐饮、商业等功能于一体，打造国际一流会展中心。

图 1-3　深圳国际会展中心

资料来源：深圳国际会展中心官网，http://www.shenzhen-world.com/.

二、会展场馆建设的外部要素条件

任何具体事物的存在与发展，均离不开它所依托的外部环境，会展场馆的建设也不例外。会展场馆的建设与城市的经济条件、公共基础设施、区位条件、生态环境、政策环境等直接关联。

(一)城市经济发展与公共基础设施

会展经济、旅游经济、房地产经济被誉为 21 世纪的“三大无烟产业”。但是，并非任何一座城市均适合举办会展，城市经济水平和公共基础设施建设均影响到会展业的发展。

1.城市经济发展条件

会展业虽然具备极强的产业拉动作用，但同时它的发展也需要很强的相关产业的支撑和良好的经济环境。比如中国会展业发展进程中，东部沿海地区的会展业总体而言欣欣向荣，中部地区的会展业步伐稍慢些，会展业在西部地区则处于相对滞后状态，这与东、中、西部地区经济呈梯度发展是相辅相成的。在同一区域，会展业的发展程度也不一样，如经济发展程度高、企业管理理念先进、文化融合性强的城市，其会展业的发展速度就快（北京、上海和广州），而东部地区二三线城市会展业的发展速度明显慢了很多。

2.城市公共基础设施条件

会展业是综合性的经济产业，必须有很强的经济实力和资金投入作为后盾。比如城市的交通运输条件，城市道路，城市供水，供热设施，城市管道燃气，防洪、绿化等园林工程，路牌和标志系统等所有市政项目建设，这些基础设施的建设和改善需要投入大量资金才能完成，由此才能体现城市的形象和自然风情。一般而言，会展业发达的城市，也是经济发达的城市，其基础设施的建设也较为完善，如慕尼黑、汉堡、纽约、巴黎、伦敦、新加坡、东京、北京、上海和广州等城市无不如此。

（二）城市区位条件和交通状况

会展业较为发达的城市，一般都具有区位优势。区位优势条件包括地理区位、经济区位和交通区位。

1.地理区位条件

地理区位是会展举办地先天的、自然的优势，是其他城市无法复制的独特优势。意大利能够成为国际著名的展览国，与其良好的地理区位分不开。意大利有非常长的海岸线，其大部分地区沿海发展，它的南端西西里与北非的突尼斯隔海相望，其中最短距离只有140公里。因此，意大利与北非各国来往便利，并可通过这些国家与非洲和亚洲其他国家相通，这样的地理区位条件，使得意大利在会展业的发展上胜人一筹。新加坡所处的地理位置非常适合开展国际化会展战略，有2.5亿人口活动在以新加坡为中心的3小时飞行距离的半径圈，新加坡每年仅中转旅客就达250万。[①]

20世纪80年代以来，珠江三角洲会展业经济可圈可点，其中一个重要原因就是其沿海，并且靠近香港这个会展业发达的自由港。厦门、漳州、泉州（闽南金三角）经济和会展业快速发展，也与其沿海且靠近台湾的地理区位优势分不开。厦、漳、泉优先承接台湾的产业转移，得经济发展风气之先，受益匪浅。

---

① 施阳.新加坡会展领跑亚洲的秘密[EB/OL].(2013-02-19)[2020-12-25].http://roll.sohu.com/20130219/n366398527.shtml.

2.经济区位条件

经济区位好的举办地，会对周边地区形成经济辐射力，并且在城市内部也具有很强的经济集聚力。福建省近年来利用其独特的经济区位优势打造“海峡特色”，会展业发展迅猛。比如中国（福州）海峡经贸交易会（简称海交会）、海峡两岸机械电子商品交易会暨厦门对台出口商品交易会（简称台交会）已成为规模最大、影响最广的海峡两岸经贸交流盛会，其他规模较大的“海峡”展会还有海峡两岸花卉博览会、海峡两岸纺织服装博览会等。

3.交通区位条件

交通区位也是会展业举办地得天独厚的优势。厦门机场已通航 109 个城市，开通 182 条境内外航线。[①] 厦门海港是全国十大港口之一，跻身全球第 14 大强港，进入世界集装箱港口 30 强行列。[②] 厦门铁路、高速公路发达。厦门依托其优越的交通区位，会展业得到迅猛发展，厦门市在工商管理部门登记注册从事会展业务的公司达 240 多家。十几年来，厦门会展业通过各种会展活动达成的投资、贸易总成交额高达上千亿美元，培育了中国国际投资贸易洽谈会（投洽会）、海峡两岸（厦门）文化产业博览会（文博会）等知名综合性展会，以及包括厦门国际石材展览会（石材展）、机械电子商品交易会暨厦门对台进出口商品交易会（台交会）、中国厦门国际佛事用品展览会（佛事展）、中国（厦门）国际食品交易博览会、厦门人居环境与住宅产业展示交易会等一批专业展览。

中国的几个重要会展：北京的国际车展、国际家具展和国际航空展；广州的中国进出口商品交易会（广交会）；深圳的中国国际高新技术成果交易会（高交会）；昆明的中国—南亚商务论坛（昆交会）；上海的中国国际进口博览会（进博会）、中国（上海）国际技术进出口交易会（上交会）、上海国际汽车工业博览会、中国（上海）国际乐器展览会、上海国际主题乐园产业展览会和上海世界博览会（EXPO2010）等，它们落户的城市多数都在地理区位、经济区位和交通区位条件较好的地区，几乎都是经济、政治、文化中心和交通枢纽。

（三）城市生态环境条件

城市生态环境是城市形象的重要组成部分，良好的生态环境是城市会展业发展的优势，有时甚至是决定因素。博鳌亚洲论坛当年选择在名不见经传的海

---

① 厦门国际航空港股份有限公司简介［EB/OL］.［2020-12-25］. http://www.yjcf360.com/gegu/600897/gsjs.

② 厦门港［EB/OL］.［2020-12-25］. https://baike.baidu.com/item/%E5%8E%A6%E9%97%A8%E6%B8%AF/5265856? fr=aladdin.

南小镇博鳌上举行，除了当地政府的鼎力支持外，还有一个重要原因就是这个小镇风光秀丽，不仅拥有江、河、湖、海、山、岛，还能享受椰林、沙滩、温泉、田园风光带来的独特的南海风情。许多国际性会议和一些非强制性的协会类会议主办方，往往愿意将会议举办地安排在景色旖旎的城市，让参会人员在忙碌的工作之余放松心情，这种环境下开会的效率尤其高。

城市生态环境中有一项主要内容是卫生环境，这是城市生态环境安全的重要指标。例如松花江水污染导致哈尔滨全市停水的环境事件提醒世人，中国有的大城市正在为生态恶化付出沉重代价。这种恶化的生态环境不利于会展业的形成发展，也是各大城市今后在发展经济时须重点关注的环节。事实上，一些卫生安全事件，已经对会展业造成影响。如"非典"肆虐时，中国会展业受到了严重影响，当年广交会的客商参加量只有原计划的20%，缩水八成；上海国际汽车展由原定的6天缩至3天，参展人员由原计划的50万人左右降为不到10万人。

(四)城市政策环境条件

政策环境也是会展举办地的比较优势，不少国家和地区均把会展业作为国民经济的重要组成部分纳入发展计划，并采取税收、投资、信贷、价格等政策给予鼓励与支持。北京、上海、广州在制定"十三五"和"十四五"规划时将会展业列为重要产业，并推出具体举措，为会展业的发展提供良好的政策环境。

实践证明，政府的政策和方针不仅对一个国家和地区会展供给的总量有宏观调控作用，而且会直接影响到会展供给的方向和质量。

任务二 了解会展场馆的分布[①]

中国是名副其实的展览场馆建设大国，根据《中国展览经济发展报告(2019)》的数据，2019年中国展览馆的数量与面积均保持持续增势。据统计，

① 本节内容的相关数据均引自中国国际贸易促进委员会编纂的《中国展览经济发展报告(2019)》。展览馆相关数据来源于中国国际展览中心集团公司信息部数据库，参照国际展览协会(UFI)对展览馆市场统计的标准，对全国186个城市(不含港澳台)的431个展览馆与非专业展览场所进行统计调查，从中筛选出室内可租用面积大于等于5000平方米，且2019年举办2个以上经贸类展览会的专业展览馆进行统计与分析。

2019 年国内展览馆数量达到 173 个，比 2018 年增加 9 个，增幅约 5.5%；室内可租用总面积约 1076 万平方米，比 2018 年增加约 92 万平方米，增幅约 9.3%。对比过去三年数据可以发现，年新建展馆数量持续增加，但是增幅略有放缓；展馆面积总供应量持续增加，且增速加快。得益于深圳国际会展中心、青岛世界博览城等超大规模展馆建成并投入使用，2019 年中国展览馆市场新增展馆室内可租用面积 92 万平方米，增速比 2018 年上升约 4 个百分点，体现出新经济形势下，展馆总供应量持续增长的趋势。未来，随着天津国家会展中心、中国国际展览中心二期等大型展馆项目落地，展馆总供给预计将继续增加。无论增长速度，还是可利用展出面积，中国已经成为名副其实的展览场馆建设大国(见图 1-4)。

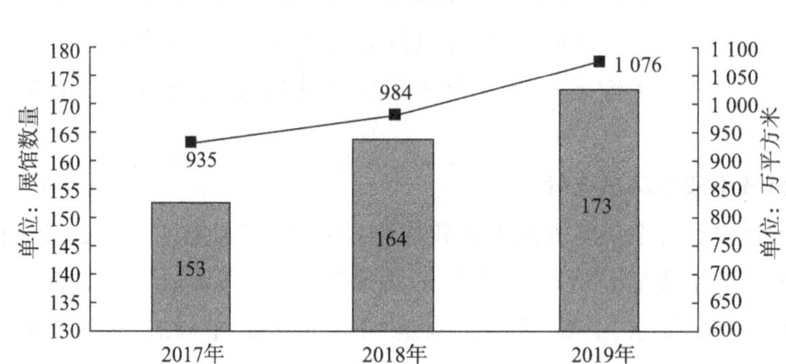

图 1-4　2017—2019 年中国内地展览馆数量面积变化图

资料来源：本节图表所用的数据均引自中国国际贸易促进委员会编纂的《中国展览经济发展报告(**2019**)》，下同。

一、全国会展场馆按省、直辖市分布

山东省展览馆入围数量最多，达到 26 个，比 2018 年增加 2 个，约占全国展览馆总量的 15%，蝉联全国展览馆数量最多的省份。广东省展馆总数量达到 20 个，约占全国展览馆总数量的 12%，位居第二。浙江省拥有展览馆 15 个，江苏省拥有展览馆 11 个，河北省拥有展览馆 11 个，分列展览馆数量第三至第五位。值得注意的是，2019 年中国展览馆市场数量增量主要来自各省非省会地级市，甚至是县级市(见图 1-5)。例如河北近年来充分利用京津冀一体化进程，吸引北京优质展览资源落地，打破会展场馆必在省会中央区的传统思路，不但在正定县建设石家庄国际会展中心，还在廊坊、唐山、沧州等地依托当地优势产业大力发展会展业，成效显著。

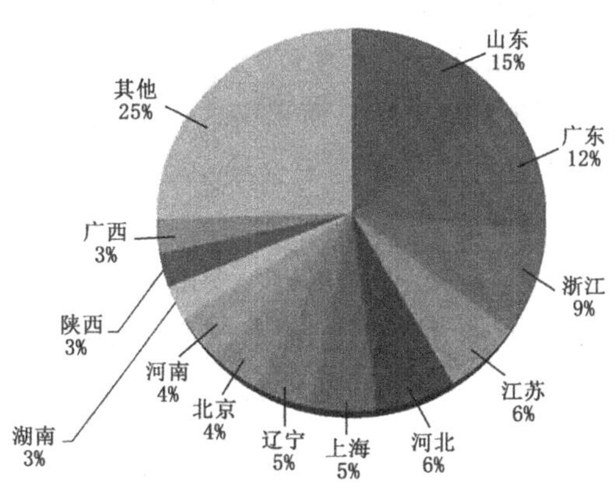

图 1-5 2019 年全国展览馆数量省、直辖市比例

从展览馆室内可租用总面积看，传统展览馆资源大省广东省与山东省继续保持增长势头，其展览馆总面积均接近 200 万平方米。2019 年广东省展览馆总面积约达 186 万平方米，比 2018 年增加约 32 万平方米，约占全国展览馆室内可租用总面积的 17%，居全国首位。山东省展览馆总面积约达 178 万平方米，比 2018 年增加约 48 万平方米，约占全国展览馆室内可租用总面积的 16%，位列第二位。上海市、浙江省和江苏省展览馆总面积均在 50 万平方米以上，位居全国第三到第五位（见图 1-6）。

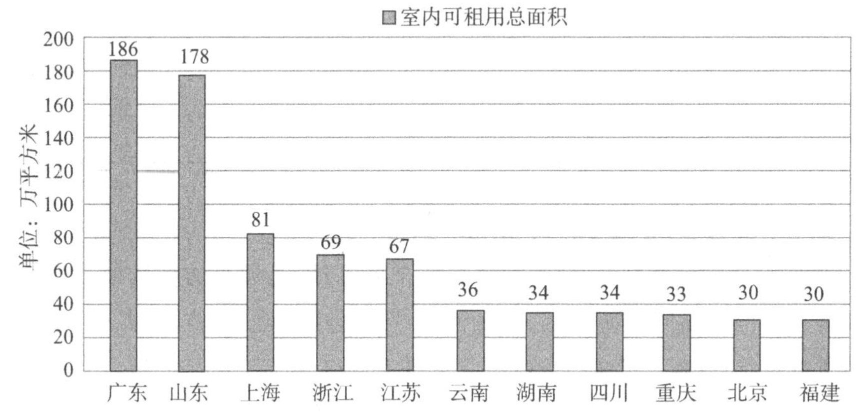

图 1-6 2019 年主要省、直辖市展览馆室内可租用面积比较图

从地域分布看，以上海为中心的长三角经济区展览馆资源最为集中，江浙沪展览馆总面积合计约 217 万平方米。随着深圳国际会展中心的建成并投入使用，以广深为核心的珠三角经济区加大展馆总资源的追赶速度，粤闽展览馆总面积合计约216万平方米，大幅拉近与长三角经济区的差距。以云贵川渝为代表的西部地区合计展览馆总面积达到176万平方米，继续缩小与东南省市的差距。相比之下，京津冀地区展览馆总面积仅约为78万平方米，展馆资源总供给落后于其他经济区，但是随着天津国家会展中心等大型展馆的建成，将有效改善全国展览馆资源南重北轻的不均衡现象。

综合来看，全国共有5个省、直辖市（广东、山东、上海、江苏、浙江）展览馆室内可租用总面积在40万平方米以上，合计展览馆室内可租用总面积约583万平方米，约占全国展览馆室内可租用总面积的54%；有18个省、直辖市展览馆室内可租用总面积在10万～40万平方米之间，合计展览馆室内可租用总面积约447万平方米，约占全国展览馆室内可租用总面积的42%；有8个省展览馆室内可租用总面积在10万平方米以下，合计展览馆室内可租用总面积约48万平方米，约占全国展览馆室内可租用总面积的4%（如表1-1）。

表1-1　2019年展览馆室内可租用总面积30万平方米以上省、直辖市一览表

序号	省、直辖市	展览中心数量/个	室内可租面积/万平方米	序号	省、直辖市	展览中心数量/个	室内可租面积/万平方米
1	广东	20	186	7	湖南	5	34
2	山东	26	178	8	四川	3	34
3	上海	9	81	9	重庆	4	33
4	浙江	15	69	10	北京	7	30
5	江苏	11	67	11	福建	3	30
6	云南	2	36				

二、全国会展场馆按城市分布

根据表1-1，从数量上看，上海拥有9个展览馆，是展览馆数量最多的城市；凭借新建成的青岛国际博览城、青岛红岛国际会展中心等展馆，青岛大幅提高展馆资源供给，拥有7个展览馆，与北京并列第二位；广州市拥有5个展览馆，位列第三位。2019年中国展览馆市场共有12个城市拥有4个以上展览馆，比2018年增加了2个，占比达到13%；有26个城市拥有2～3个展馆，占比达到28%。综合统计，2019年拥有2家展览馆以上的城市数量达到38个，占城市样本总量的41%（见图1-7）；展览馆总量达到121个，占展览馆样本总量的70%。数据显示，随着区域经济的发展，经济多元性带来需求多元性，催生区域内会展经济多元化发展的需求。越是经济发达的城市,越趋向容纳更多的展馆同场竞技、共同发展。同时,越来越多的展馆经营者发现,展馆经营的竞争已经从地区、省域日趋聚焦于同城,这就对展馆服务、展会选题、差异化竞争等提出更高要求,客观上促进展馆从高数量向高质量发展。

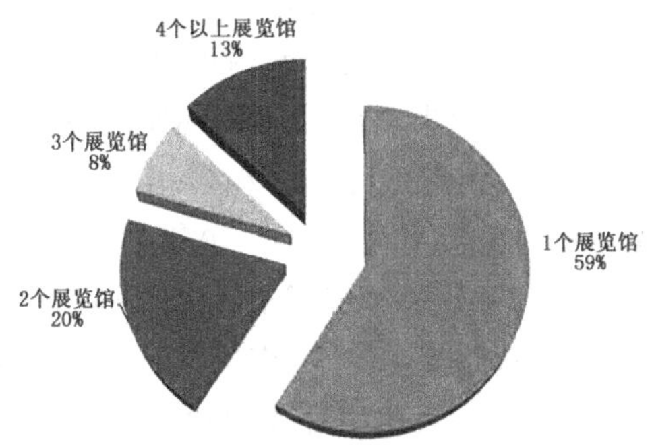

图 1-7 2019 年全国展览馆数量城市分布

从面积看(见图 1-8),上海市展览馆室内可租用总面积约为 81 万平方米,约占全国总量的 7.6%,居于首位;广州市展览馆室内可租用总面积约为 66 万平方米,约占全国总量的 6.2%,居于次席;青岛市展览馆室内可租用总面积约 65 万平方米,跃居全国第三。深圳、昆明和长沙分别位居第四至第六位。

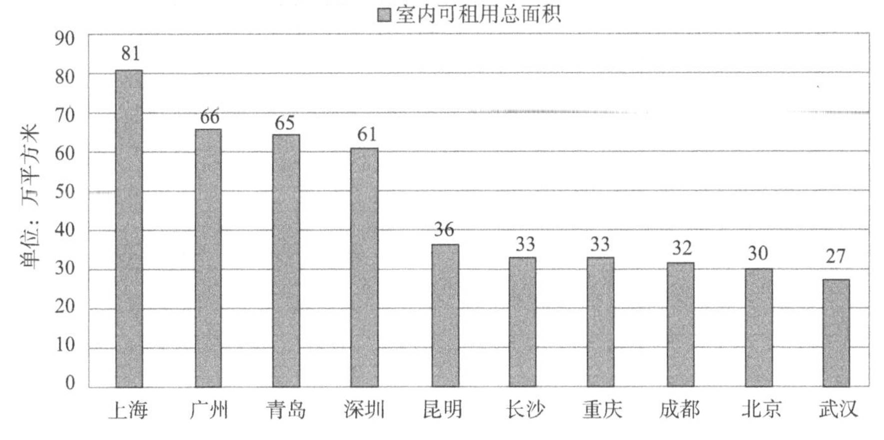

图 1-8 2019 年主要城市展览馆室内可租用面积比较图

值得注意的是,上海和广州的城市展馆资源独大的局面开始有所变化,不但深圳这样的传统会展城市开始在展馆供给资源上发力突破,会展业中坚城市如青岛也加入展馆资源的竞争,开始打破展馆资源的城市垄断。上述四个城市

(上海、广州、青岛、深圳)展馆总供给面积均超过 50 万平方米,未来随着京津地区以及济南、西安等地大型展馆的兴建,展馆规模达到 50 万平方米的城市数量可望继续增加。"头部"会展城市展馆资源的扁平化有助于会展资源更加均衡布局,促进各地区会展经济均衡发展。同时也应注意到,展馆资源的发展必须与区域经济特别是会展经济相匹配,以免造成资源浪费与过度竞争。

综合来看,全国共有 4 个城市展览馆室内可租用总面积在 60 万平方米以上,分别是上海、广州、青岛和深圳,合计展览馆室内可租用总面积约 273 万平方米,约占全国展览馆室内可租用总面积的 26%;昆明、长沙、重庆、成都、北京、武汉等 9 个城市展览馆室内可租用总面积在 20 万~60 万平方米,合计展览馆室内可租用总面积约 265 万平方米,约占全国展览馆室内可租用总面积的 25%(表 1-2);西安、沈阳、天津、杭州等 19 个城市展览馆室内可租用总面积在 10 万~20 万平方米,合计展览馆室内可租用总面积约 274 万平方米,约占全国展览馆室内可租用总面积的 26%;太原、郑州、海口等 20 个城市展览馆室内可租用总面积在 5 万~10 万平方米,合计展览馆室内可租用总面积约 151 万平方米,约占全国展览馆室内可租用总面积的 14%;珠海、乌鲁木齐、西宁、唐山等 41 个城市展览馆室内可租用总面积在 5 万平方米以下,合计展览馆室内可租用总面积约 113 万平方米,约占全国展览馆室内可租用总面积的 11%。

表 1-2 2019 年展览馆室内可租用总面积 20 万平方米以上城市一览表

序号	城市	展览馆数量/个	室内可租用面积合计/平方米
1	上海	9	813333
2	广州	5	664400
3	青岛	7	651910
4	深圳	2	605000
5	昆明	2	363440
6	长沙	5	333608
7	重庆	4	332300
8	成都	2	315000
9	北京	7	307044
10	武汉	4	271200
11	滨州	1	250000
12	济南	4	242600
13	东莞	2	238000

三、全国会展场馆按规模分布

参照国际展览协会(UFI)的分类标准，我们将上述173个展览馆分别按照室内可租用面积在5000～19999平方米，20000～49999平方米，50000～99999平方米和100000平方米以上进行分类。

从数量上看，全国共有31个展览馆室内可租用面积在10万平方米以上，比2018年增加3个，约占全国展览馆总数量的18%；有38个展览馆室内可租用面积在5万～10万平方米，比2018年增加1个，约占全国展览馆总数量的22%；有75个展览馆室内可租用面积在2万～5万平方米，比2018年增加8个，约占全国展览馆总数量的43%；有29个展览馆室内可租用面积在2万平方米以下，比2018年减少3个，约占全国展览馆总数量的17%。从图1-9可以看出，2019年我国展览馆市场增量主要来自2万～5万平方米展馆，大型展馆建设速度明显加快，与2018年形成鲜明对照。预计未来国内大型展馆需求还将持续增长。

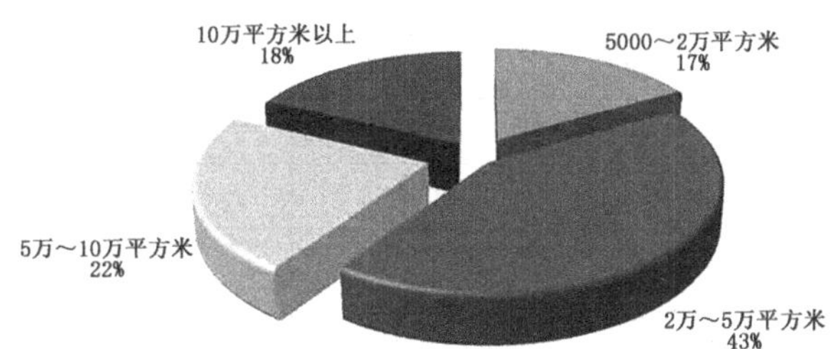

图1-9 2019年全国展览馆规模分布(展览馆数量)

从单馆规模看，2019年中国展览馆市场最显著的变化就是深圳国际会展中心的落成。深圳国际会展中心总展览面积50万平方米(一期建成40万平方米)，是我国规模最大的展览馆。深圳国际会展中心的落成将极大地影响当前国内展览馆市场的布局，南重北轻的格局短期内将进一步加剧，并加速吸引国内展览资源南下。这一趋势预计将延续到2021—2022年，并随着国家会展中心(天津)、中国国际展览中心二期等大型展馆项目等北部地区重点项目建成并投入使用而逐渐逆转。2019年，除深圳国际会展中心、国家会展中心(上海)、中国进出口商品交易会展馆和昆明滇池国际会展中心室内可租用面积达30万平方米以上之外，还有上海新国际博览中心、重庆国际博览中心、广东现代国际展览中心、中国西部国际博览城、青岛世界博览城等7家展览馆达20万平方米以上规模，深圳会展中心、中国国际展览中心(新馆)、成都世纪城新国际会展中心、厦门国际会展中心、天津梅江会展中心、武汉国际博览中心等 20 家展览馆达 10 万平方米以上规模。10 万平方米以上展馆已经成为国内主流展馆标准（表 1-3）。

表 1-3　2019 年 10 万平方米以上展览馆一览表

序号	省(直辖市)	城市	可租用面积/平方米	展　　馆
1	广东	深圳	500000	深圳国际会展中心
2	上海	上海	400000	国家会展中心(上海)
3	广东	广州	338000	中国进出口商品交易会展馆
4	云南	昆明	300000	昆明滇池国际会展中心
5	山东	滨州	250000	中国厨都国际会展中心
6	广东	东莞	210000	广东现代国际展览中心
7	四川	成都	205000	中国西部国际博览城
8	上海	上海	200000	上海新国际博览中心
9	重庆	重庆	200000	重庆国际博览中心
10	广东	广州	200000	广州国际采购中心
11	山东	青岛	200000	青岛世界博览城
12	湖南	长沙	177500	长沙国际会展中心
13	山东	青岛	156000	青岛红岛国际会展中心
14	天津	天津	150000	天津梅江会展中心
15	湖北	武汉	150000	武汉国际博览中心
16	福建	厦门	140000	厦门国际会展中心
17	安徽	合肥	140000	合肥滨湖国际会展中心
18	江西	南昌	140000	南昌绿地国际博览中心
19	浙江	义乌	120000	义乌国际博览中心
20	福建	福州	120000	福州海峡国际会展中心
21	山东	青岛	120000	青岛国际博览中心
22	山东	寿光	120000	寿光国际会展中心
23	四川	成都	110000	成都世纪城新国际会展中心
24	山东	济南	110000	济南国际会展中心
25	北京	北京	106800	中国国际展览中心(新馆)

续表

序号	省(直辖市)	城市	可租用面积/平方米	展　　馆
26	辽宁	沈阳	105600	沈阳国际展览中心
27	广东	深圳	105000	深圳会展中心
28	吉林	长春	100000	长春国际会展中心
29	江苏	苏州	100000	苏州国际博览中心
30	山东	济南	100000	山东国际会展中心
31	陕西	西安	100000	西安丝路国际会展中心

需要特别说明的是,会展场馆建设只反映各地展览基础设施的建设水平,而作为专业展览场地举办经贸类展览会的数量与规模(面积),则直接反映出场馆建设对当地展览经济的促进与支撑作用。同时也应注意到,随着会展经济的发展,部分场馆将开展会议、庆典、发布会、演唱会和运动会等其他大型文体活动提高场馆运营效率,作为展览场馆运营的重要补充。

从表 1-4 可看出,上海新国际博览中心 2019 年共举办 205 个展览会,比 2018 年增加 5 个,位居全国第一。深圳会展中心 2019 年共举办 126 个展览会,比 2018 年增加 12 个,位居全国第二。中国进出口商品交易会展馆 2019 年共举办 123 个展览会,比 2018 年增加 36 个,重回全国前三。值得注意的是,郑州国际会展中心继续快速增长的步伐,2019 年共举办 120 个展览会,比 2018 年增加 28 个,位居全国第四。中国国际展览中心(新老馆合并统计)、国家会展中心(上海)、国家会议中心分别举办了 119 个、108 个和 103 个展览会,分列第五至第七位。

表 1-4　2019 年举办 40 个以上展览会的展览馆一览表

序号	展览中心	省、自治区、直辖市	城市	展会数量/个
1	上海新国际博览中心	上海	上海	205
2	深圳会展中心	广东	深圳	126
3	中国进出口商品交易会展馆	广东	广州	123
4	郑州国际会展中心	河南	郑州	120
5	中国国际展览中心(新老馆)	北京	北京	119

续表

序号	展览中心	省、自治区、直辖市	城市	展会数量/个
6	国家会展中心(上海)	上海	上海	108
7	国家会议中心	北京	北京	103
8	上海世博展览馆	上海	上海	98
9	广州保利世贸博览馆	广东	广州	84
10	西安曲江国际会展中心	陕西	西安	69
11	成都世纪城新国际会展中心	四川	成都	65
12	长春国际会展中心	吉林	长春	63
13	杭州国际博览中心	浙江	杭州	61
14	重庆国际博览中心	重庆	重庆	58
15	上海光大会展中心	上海	上海	56
16	新疆国际会展中心	新疆	乌鲁木齐	51
17	宁波国际会议展览中心	浙江	宁波	50
18	青岛国际会展中心	山东	青岛	49
19	厦门国际会展中心	福建	厦门	47
20	石家庄国际会展中心(正定新馆)	河北	石家庄	46
21	南京国际展览中心	江苏	南京	46
22	济南国际会展中心	山东	济南	45
23	昆明国际会展中心	昆明	云南	45
24	沈阳国际展览中心	辽宁	沈阳	41
25	大连世界博览广场	辽宁	大连	41

模块二　会展场馆的类型

会展场馆有广义与狭义之分，不同类型的场馆承担的功能不同，发挥的作用也不尽相同。无论何种类型的场馆，它们的共同之处都是提供展示平台，向观众陈列展示的展品，推动展品销售、展示企业品牌与文化、展示美好的作品、展示积极向上的正能量等，以展馆为平台发挥经济效益和社会效益。

任务一 了解广义会展场馆的类型

从广义而言，会展场馆类型包括博物馆、展览馆、会议中心、陈列馆、美术馆、纪念馆、体育场、体育馆、文化广场、文化馆、城市规划展示馆、剧院、剧场等。

视野拓展

会展场馆类型举例

美术馆

2016 年 7 月 1 日至 8 月 24 日，世界街画艺术展在中央美术学院美术馆 3B 展厅开展。中央美术学院壁画系联合中央美术学院美术馆，在 Magda Danysz 画廊的大力支持下，邀请了来自美国、英国、法国、葡萄牙、意大利、巴西、塞内加尔和中国的艺术家们，共同呈现当代世界街画艺术发展的真实生态，他们国籍肤色不同，成长的文化背景和社会环境各异，有饱经沧桑的“60 后”，更有叱咤风云的“90 后”，他们碰撞的火花让观众们惊艳（图 1-10、图 1-11）。

图 1-10 中央美术学院美术馆［CAFA Art Museum(1)］

资料来源：中央美术学院美术馆官网，https://www.cafamuseum.org.

图 1-11　中央美术学院美术馆[CAFA Art Museum(2)]

资料来源：中央美术学院美术馆官网，https://www.cafamuseum.org.

博物馆

这是指对有关历史、自然、文化、艺术、科学、技术的实物、资料、标本等进行收集、保管、研究，并陈列其中一部分供人们参观、学习的专用建筑。比如杭州除了有西湖等旅游名胜以外，还有中国茶叶博物馆(图 1-12)、与同仁堂齐名的胡庆余堂中药博物馆(图 1-13)、展示丝绸发展史的中国丝绸博物馆(图 1-14 至图 1-16)、南宋官窑博物馆(图 1-17 至图 1-18)等。

图 1-12　中国茶叶博物馆

资料来源：中国茶叶博物馆官网，http://www.teamuseum.cn.

图 1-13 胡庆余堂中药博物馆

资料来源：欣欣旅游网，https://m.cncn.com/jingdian/5075.

图 1-14 中国丝绸博物馆[China National Silk Museum(1)]

资料来源：中国丝绸博物馆官网，http://www.chinasilkmuseum.com.

图 1-15 中国丝绸博物馆[China National Silk Museum(2)]

资料来源：中国丝绸博物馆官网，http://www.chinasilkmuseum.com.

图 1-16 中国丝绸博物馆[China National Silk Museum(3)]

资料来源：中国丝绸博物馆官网，http://www.chinasilkmuseum.com.

图 1-17 南宋官窑博物馆(1)

资料来源:https://www.sohu.com/a/290543416_776411.

图 1-18 南宋官窑博物馆(2)

资料来源:https://www.sohu.com/a/290543416_776411.

纪念馆

纪念馆是为纪念有卓越贡献的人或重大历史事件而建立的纪念建筑物，用声、光、电、图、实物等多方面来表现事件的精神，例如凯旋门。2017 年 12 月 1 日，《公共服务领域英文译写规范》正式实施，规定纪念馆标准英文名为 Memorial Hall。

江西省吉安县文天祥纪念馆兴建于 1984 年，1992 年对外开放，1996 年被命名为“全国中小学爱国主义教育基地”。这座建筑面积 2200 平方米，具有民族建筑风格的纪念馆，是京九线上的一处重要旅游景点。

郭沫若纪念馆坐落在北京市前海西街 18 号，1988 年 6 月正式对外开放。纪念馆为庭院式四合院建筑，晚清时曾是恭王府的马号，民国初年营建为一所中西合璧的宅院。郭沫若先生在这里度过了他一生中的最后 15 年(图 1-19、图 1-20)。

图 1-19 郭沫若纪念馆(1)

资料来源：郭沫若纪念馆官网，http://guomoruo.cssn.cn.

图 1-20 郭沫若纪念馆(2)

资料来源:郭沫若纪念馆官网,http://guomoruo.cssn.cn.

城市规划展示馆

城市规划展示馆是供人们进行传授、学习或增进知识等活动的公共建筑。它要求幽静的环境、必要的设备、适宜的空间和充足的光线等,如上海城市规划展示馆,建筑面积 2 万平方米,主体结构高 43 米,地上 5 层、地下 2 层。上海城市规划展示馆是上海市文明单位、国家 AAAA 旅游景点、全国(及上海)科普教育基地、上海市爱国主义教育基地、上海市环保教育基地、职业见习基地(图 1-21、图 1-22)。

图 1-21　上海城市规划展示馆(1)

资料来源：http://www.chengshiguan.com/hall_15.html.

图 1-22　上海城市规划展示馆(2)

资料来源：http://www.chengshiguan.com/hall_15.html.

任务二 掌握狭义会展场馆的分类

狭义的会展场馆指的是为会展业提供媒介平台的会议场所和展览场所，主要针对某家具体场馆所承载的具体展览项目、会议项目或节庆活动等进行策划和展示。有资源和条件发展会展业的城市都在积极建设会展场馆，发展会展经济，有些会展场馆成了当地的标志性建筑。

一、会展场馆按内容不同划分

会展场馆按照内容不同可划分为综合型、展览型、博览型、会议型。

1.综合型会展场馆：指可同时或分别举办会议和展览活动的场所，如上海国际展览中心、大连星海会展中心等。为满足快速发展的会展经济的需求，现代的展览一般是展中有会、会中带展，因此新建的会展场馆多数是综合型场馆。有的还规划建设配套的酒店、餐饮、购物和娱乐休闲中心，成为大型的综合体。

位于浦东滨江岸边的上海国际展览中心占地 3.2 万平方米，主楼 1.6 万平方米，建筑总面积 11 万平方米。拥有一个 4300 平方米的多功能厅，一个 3600 平方米的新闻中心以及大小不等、多种规格的会场近 30 个。软硬件均达到国际先进水平。该建筑的最大特色主要体现在球体建筑设计上，中心东面的大球直径 50 米，西面的小球直径 38 米，给人以东西两半球的联想，连接两球的裙房则成为沟通东西的桥梁，这也是设计大师用心良苦的绝妙之处。

上海国际展览中心共两层，楼面 12000 平方米，配备完善的标识体系、各类大小会议室、多功能会议厅和 VIP 接待室，以及先进的宽带网络、投影装置、广播音响设施、数字化监控设备，商务中心、中西餐厅、便利店等多种展览配套服务设施；中心地处繁华商圈，与周边酒店、商务楼、休闲设施及便利的交通构成了一个成熟的会展商务区域。

大连星海会展中心（图 1-23）是大连市人民政府筹资兴建的大型现代化展览场所，集展览、会议等多项功能于一体，并以宏伟的气势、完美的设计和精良的设施成为大连市的城市标志之一。展馆中央大堂高 40 米，面积 2000 平方米，富丽堂皇，气势恢宏，音响效果极佳，可举办大型庆典及娱乐活动。中央大堂两翼是室内展馆，分东西两个展厅，独特的“人”字形钢体结构设计，使得展厅内南北跨度 50 米，没有一根立柱。展场使用面积 1.4 万平方米，可搭建 729 个展位（标准展位 704 个，非标准展位 25 个）；整个展区又可根据需要分割成面积为 3100 平方米小展厅各 2 个。室外展场面积 6000 平方米，可展出重型机械设备和举办大型庆典活动。

展馆二层西翼的国际会议区总面积 7000 平方米，设有各种规格的会议室（厅）4 个、贵宾厅 2 个、咖啡厅 1 个及面积 2600 平方米的多功能厅 1 个。500 人国际会议厅配备有进口六声道同声翻译系统及红外线接收装置。会议区服务设计可以满足庆典、宴会、学术会议、商务洽谈等需要。

图 1-23　大连星海国际会展中心

资料来源：http://expo.machineryinfo.net/Template/hallIndex/420.

2.展览型会展场馆：指一般只举办各类产品和信息的展览活动，较少举办交流会议，如广东现代国际展览中心（东莞）等。20 世纪八九十年代建设的场馆多数是展览型的，展馆只有展览大厅，没有会议室设施。该类展馆只有展览展示功能，没有会议功能。这与当时初步发展的会展经济现状有关，重展轻会，对展览的举办方式和展览的功能还处于摸索阶段。现在这类场馆已不多见了，之前建设的老场馆如广东现代国际展览中心（东莞）等经过改建、扩建也成了展览、会议的综合体，能满足当前会展经济发展的需要。

3.博览型会展场馆：指举办各种博览型展览，能够承担画展、花卉展、艺术品展、文物展等博览性活动的场所，如上海新国际博览中心、广州花卉博览园等。

作为中外合资合营的第一家展览中心，上海新国际博览中心（SNIEC）已建设成为中国最成功的展览中心之一(图 1-24)。SNIEC 拥有 17 个单层无柱式展厅,室内展览面积 20 万平方米,室外展览面积 13 万平方米。自 2001 年开业以来,SNIEC 取得了稳定增长,每年举办 100 余场知名展览会,吸引 400 余万名海内外客商。

图 1-24　上海新国际博览中心(Shanghai New International Expo Center)

资料来源:上海新国际博览中心官网,http://www.sniec.net/cn.

4.会议型会展场馆:指主要举办国际会议、行业会议等大型会议的场所,如北京国际会议中心、博鳌亚洲论坛会议中心等。会议型会展场馆以举办会议为主,具备先进的会议设施、录音设备和安保设施。

北京国际会议中心(图 1-25、图 1-26)是一家五星级会议服务接待场所,1996 年 4 月 15 日加入国际会议与集会协会(ICCA),成为其会员。各类型会议设施完备齐全,拥有各种类型的会议室 48 间,展览面积 5000 平方米。以下介绍第一会议厅和第二会议厅的基本情况。

第一会议厅为多功能厅,面积为 1900 平方米,可承接 2300 人的会议,可容纳约 70 个展位进行展览,可接待 2000 人同时用自助餐。此会议厅装有完善的配套设施,有 10 种语言的同声传译设备、高亮度投影装置以及可调节的灯光系统,还拥有配套的贵宾室。

第二会议厅为多功能厅,面积为 1100 平方米,可承接 1000 人的会议,可容纳约 50 个展位进行展览,同时可接待 600 人的大型餐饮。此厅可分割成 3 段,每段可容纳 350 人会议。此会议厅装有完善的配套设施,如 10 种语言的同声传译设备、高亮度投影装置以及可调节的灯光系统,还拥有 2 间配套的贵宾室。

图 1-25 北京国际会议中心(1)

资料来源:http://www.bicc.com.cn/.

图 1-26 北京国际会议中心(2)

资料来源:http://www.bicc.com.cn/.

二、会展场馆按性质不同划分

会展场馆按性质不同可划分为项目型、单纯型和综合型。

1.项目型会展场馆：指不是专门用于会展，只是偶尔举办会展的场所，如白天鹅宾馆展示厅、广东国际大酒店展览馆等。国内一些四星级或五星级酒店为满足顾客的多方面需求，同时为拓展市场空间，一般配套有会议场所和展览场所，以供小型会议和小型展览之需。特别是在北京、上海、广州、厦门这样的会展旅游城市，会议、展览市场需求强劲，会议、展览设施是酒店的标配。

2.单纯型会展场馆：指专门用于某种产品展览、某个行业展示和某种会议举行的活动场所，如广州花卉博览园、中国农业展览馆等。在会展经济发展的初期，一些行业为了推动本行业经济发展，促进产品销售和扩大洽谈交流，由行业主管部门出资建设行业展馆。但随着市场经济的发展，行业展馆也不局限于展示本行业的产品。

3.综合型会展场馆：指可以举办各种商贸展览和交流会议的活动场所，如上海光大会展中心、武汉国际会展中心等。这种综合型会展场馆最为普遍，首先会展场馆必须投入巨资进行建设，建好的展馆要考虑到生存与发展，就必然要开展市场活动。而综合型会展场馆适用性强，招商的空间大，有经营前景。

三、会展场馆根据功能划分

会展场馆根据功能划分，大致可以分为三种类型：大型展览中心、大型会议中心和会展中心。

1.大型展览中心、大型会议中心：拥有专项功能，主要是各类展览和会议，如上海新国际博览中心、香港会议中心。这种功能体因为专注于会议和展览方向而更为专业，能够精准地为顾客服务，而且在管理方面也会更加到位和有经验。

2.会展中心：一般指会展建筑综合体。大型展览建筑体是当今较为流行的一种会展场馆类型，包含展览、会议、办公、餐饮、休憩等多种功能，如加拿大大厦、墨尔本国际会展中心、上海世贸商城、大连星海会展中心。大型展览建筑体目前在国内外各会展城市都较为流行，有的成了地标建筑，有的成了当地的经济、休闲娱乐中心。

模块三 会展场馆的问题

中国的会展场馆建设进入新一轮投资周期。在地方政府积极的财政政策及信贷政策支持下，京沪穗等核心展览城市加快改扩建大型展馆，部分二、三线城市也在兴建展览中心，将其作为推动当地会展业发展、拉动社会经济和城市建设的重要项目。各地展馆建设多以“高标准设计”“超大规模建设”“全产业链配套”为标准，新建了一批展览面积大，展览、会议、酒店、商场等服务设施完备的现代化新型展览中心。不过，除几个少数一线大城市会展场馆利用率能够达到 50%～70% 以外，不少城市的会展场馆空置率高、经营困难，处于“吃不饱”状态。中国的会展展馆具备什么样的特点呢？

随着我国会展业的快速发展，部分地区的场馆建设供大于求，会展企业为了争取展会举办权而竞争激烈，有的甚至出现恶性竞争。这种后果导致展会同质化严重、品牌展会缺乏，不仅浪费了城市资源，也不利于会展业的健康发展。

任务一 掌握会展场馆的问题

一、投入大，建设周期长

1.前期投入大。据有关统计表明，一个好的会展项目对举办城市的经济拉动效应能达到 1∶9，有的甚至更高。因此，部分城市将会展业作为城市的新经济增长点，提出建立“会展城市”的目标。大型会展活动具有规模大、效益高、影响范围广等特点，对举办地经济产生的拉动效应显著。因此各城市斥巨资兴建档次高、功能全、科技含量高的大型甚至是超大型会展场馆，竞相争夺大型会展活动的举办权。北京奥组委公布的数据显示，中国对北京奥运会的直接投资为 170 亿美元，间接投资为 181 亿美元，31 个比赛场馆的投资近 130 亿元人民币。北京奥运会 351 亿美元的资金投入，是 2004 年雅典奥运的 4 倍，而雅典奥运的支出是 2000 年悉尼奥运的 4 倍。北京奥运会的投资规模，超过了过去 108 年所有奥运会投资的总和。[①] 2011 西安世界园艺博览会园区总面积为 418 公顷，其中水域面积 188 公顷，总投资 20 亿元。[②] 其标志性建筑有长安塔、创意馆、自然馆和广运门；主题园艺景点分别为长安花谷、五彩终南、丝路花雨、海外大观和灞上彩虹；并设有灞上人家、椰风水岸和欧陆风情三处特色服务区；同时设置展示来自国内外的精美艺术品、雕塑以及珍禽、珍稀动物等，让人们充分领略园林、园艺、建筑、艺术之美。

2.建设周期长。大型会展场馆从筹划到施工，再到竣工，要认真慎重地考虑会展场馆的选址、对周边环境产生的重要影响，会展场馆周边的地理、交通、设施环境，以及场馆建设技术及空间的布局设计等一系列问题。由此可以看出，大型会展场馆的建设是一项复杂的工程，建设周期很长。例如 2010 年上海世博会的中国馆从筹划到竣工历时 3 年。

二、布局不合理，实用性不强

会展场馆特别是老展馆都建设在城市中心，使得本来存量不多的土地因开发受限而愈加紧张，难以建设完善的周边配套设施。同时，市中心交通拥堵、高楼林立，货物的进出、交通和绿化等一系列问题也接踵而至。另外，部分展览中心建设之初便缺乏准确定位，以建设当地形象工程和地标工程为目标，没有充分考虑场馆的实用性和功能性，盲目追求场馆造型的新特奇，导致场馆布局欠合理、展馆实用性不强等问题凸显。我国有些造型新颖独特的豪华场馆从建设上增加了场馆的建筑成本，场馆表面上看起来宏伟壮观，实际上可用于展览的面积却不大。作为世界会展强国的德国在建设场馆时始终坚持实用主义原则，慕尼黑展览中心从外面看起来就像一排排的厂房或仓库，却承接了无数个世界级的大型展览。而我国部分展馆则建成高层，完全不适合汽车类以及重量大、体积大的机械类展品的展出。

三、功能单一，配套设施欠完整

目前，国内很多大型活动场馆的建设，在设计时主要为了满足某种单一功能的需要，如奥运会为了体育比赛的目的而主要建设比赛场馆，上海世博会为

---

① 新财富.北京奥运会投资 351 亿美元 北京奥运超历届奥运投资总额[EB/OL].(2007-10-18)[2020-12-25].http://www.huaxia.com/ay/zhbb/2007/10/115431.html.

② 吕鹏辉.十一游西安 2011 世界园艺博览会记述[EB/OL].(2011-10-10)[2020-12-25].http://blog.sciencenet.cn/blog-470246-495247.html.

了展示主题内容而重点建设展览展示馆，世界园艺博览会着重展示园林园艺，因此导致展览场馆功能和基础设施配套比较单一。现代大型展会要求会展中心具备完善的功能，并与周边基础设施配套。而老展馆由于住宿、餐饮、交通、物流、通信等配套设施相对滞后，配套设施不齐全，不能全面满足展览、会议、商务和节事活动等对场馆功能的要求，因此给展会的招展乃至展览中心的运营带来不利影响。

四、以政府为主导的单一场馆运营方式

据统计，我国会展场馆中75％为国有，9％为三资企业，9％为私营企业，7％为股份制及其他类型企业。一般来说，政府才有实力和公信力获得大型会展活动的举办权。大型会展活动一般有两种经营形式：政府经营、“政府为主，民助为辅”。政府的管理形式是直接指令，在政府直接管理下的会展场馆还带有浓厚的计划经济色彩，不适应灵活多变的市场化需求，缺少多样化的市场营销手段，场馆处于一种“等食吃”的状态。虽然现在很多政府参与管理的场馆也在寻求出路，在转变经营机制，但固有观念的转变需要时间。因此，政府管控下的大型场馆，主动营销意识不强，缺乏竞争意识，往往出现管理效率低下、管理人员不专业、服务水平低下等现象。

资料显示，40％的二、三线城市地方政府在新建会展场馆时并没做充分的前期科学考察，没有做完善的市场调查，也没规划建成后场馆的经营方向。例如场馆建成后的所有权与经营权分属常常不明确；地方政府对场馆在大型活动结束后的运营方向不确定，使得场馆在短期或较长一段时间内出现闲置状态；展会过后场馆利用成了一个长期且棘手的问题。大型场馆的维护成本很高，经营不善造成土地资源、管理资源和人才资源等严重浪费。

五、经营风险大

世博会、园艺博览会这样大型的会展活动，场馆收入来源主要是门票和广告赞助等。大型活动结束后，活动的影响力和话题热度逐步减弱，它对受众吸引力也在降低。因此大型会展活动结束后的常态是：参观人数锐减，门票收入、赞助收入减少。场馆此后的维护和运营多数需要财政补贴，然而微薄的财政补贴相对于巨额的运营费用简直是杯水车薪。

北京市政府为减轻财政负担，2008年奥运会结束后与中信集团签署协议，对国家体育场“鸟巢”进行股份制改造。中信集团在股份制改造后主导“鸟巢”的经营建设，自负盈亏。“鸟巢”的经营压力非常大，它的整体投资和利息，加上

运营费用总计36亿美元，需要35年收回成本，每年至少挣3000万美元才能维持平衡。而每年至少实现3000万美元的利润，这对于任何一个公司来说都是个巨大的挑战。中信集团在历经一年苦心经营后，并未在“鸟巢”的后续开发中获得理想回报，不得不宣布放弃。

昆明世界园艺博览园(世博园)共占地218公顷，拥有77个园区，仅花园大道上的鲜花就多达上万盆需要维护，还有人工和水电等其他管理费用，世博园每日运营成本高达30万元。园艺博览会结束后，游客数量锐减，场地运营只能依靠有限的门票收入、场地出租费及政府补贴勉强维持。从中信集团管理“鸟巢”和昆明世博会后续经营的实例可以看出，大型会展活动后场馆面临着投资回报时间长，经营风险大的问题。

六、服务水平低

会展场馆能够提供的三大产品是场地、自办展和服务，其中场馆服务的弹性最大。场馆服务水平的高低直接影响场馆的形象，是提高场馆社会效益和经济效益的重要手段。目前，我国大部分会展场馆的服务仅停留在场馆设施设备的维修保养、安全保卫、环境卫生、消防、绿化以及车辆交通管理等物业管理方面，缺乏会展组织、展会管理、展商招待以及相关的配套服务，服务水平低下。

服务水平低还体现在缺乏专业会展场馆经营管理人才上。会展场馆的人才结构为场馆市场的营销人才、项目统筹人才、技术保障人才、场馆物业人才四个层面。我国目前的会展场馆从业人员大多是半路出家，缺乏专业的会展理论知识，更缺乏在会展场馆经营与营销方面的经验与管理能力，使得现在很多会展场馆经营管理水平低下。因此，职业管理人才，尤其是场馆市场营销、项目统筹人才缺乏是其问题的症结所在。

任务二 了解会展场馆的发展趋势

中国目前正处于会展经济高速发展阶段，会展市场广阔，外资大量涌入寻求发展机遇。新的会展运营与管理的思想、理念冲击着传统的中国会展经济，加上大数据、云计算等互联网技术对传统信息交换平台的冲击，中国的会展业遭遇新的挑战，站上新的发展平台，传统的会展场馆运营理念也发生改变。在新的形势下，会展场馆将呈现个性化、绿色和智能化等趋势。

一、个性化

何谓会展场馆个性化服务(personal service)？它的基本含义是指在会展场馆一般性服务基础之上，为参展商和顾客提供具有个性特点的差异化服务，给受众留下美好的印象和体验，从而赢得他们的认可与忠诚，最终成为回头客。个性化服务可以是其他场馆不具有的服务，也可以是竞争对手提供但我们场馆更优越的服务。

目前，国内大多数会展场馆能够为会展活动提供展览场所，对应配套的管理服务、餐饮服务、清洁服务等与高大上的场馆建设相比则显得档次低，服务水平低。场馆推出具有个性化的服务水平，能很大程度上促使会展业规模的形成和品牌的提升，通过受众(参展商与观众)的传播及传统媒体、新媒体等多种途径的宣传，将给会展经济带来持久魅力，提高我国会展业的竞争力，推动会展经济朝国际化、专业化、品牌化方向发展。

会展场馆未来应该提供怎样的个性化服务内容？个性化服务包括四个方面内容：交通服务的个性化，餐饮服务的个性化，展位设计、展台搭建及维护服务个性化，增值服务及其他个性化。

(一)交通服务的个性化

交通分为展品的运输(会展物流)和地面人员、车辆交通。会展场馆专业人员应根据展品物流和人员、车辆往来的高峰低谷，设计出合适的路线和交通出行图，调查参展商与观众对本次展会的关注点、热点等，综合运用不同类型交通方式，快捷运输展品，疏散人流，使转运次数、手续、周期、费用、便捷度组合等达到客户最佳期望。

在展会期间可以提供短程运输服务，以省力省时和方便快捷为宗旨。例如提供便捷的地面交通，建立从机场到会场、饭店之间以及饭店到展馆之间的交通运输系统；展馆之间提供免费穿梭巴士，供参展商和观众快速往返各展馆；场馆内部有科学的交通规划，如上下楼层的自动扶梯、残疾人士专用电梯、货品专用货梯等。展馆同时提供飞机票、火车票等预订服务。

(二)餐饮服务的个性化

展会活动的参与者包括参展商和观众(专业观众和普通观众)，他们来自全国各地甚至全世界各地，有着不同民族习俗与地域饮食文化差异。作为会展组织者，应协同餐饮机构做好餐饮个性化和特色化服务。

为提高服务水平，会展场馆可以提供两种餐饮服务方式。(1)自营餐饮。针对展会主办方的不同需求，为不同的参展商和观众提供标准不同的餐饮服务。另外,针对展会的时间段,为个人提供营养搭配的配套餐饮,为参会者提供个性化的餐饮服务。(2)授权餐饮。将场馆单列一部分区域作为专门的餐饮区,并将经营权授权给规范的、有特色餐饮经营商。会展场馆可以规划高、中、低档次餐馆,引进正餐、快餐、小吃等特色餐饮,提高展馆内部餐饮消费市场的竞争程度,为参展商与观众提供更多的消费选择。

另外,会展场馆还可充分利用与改造展馆外部的开放空间,在气候与环境适宜的条件下创设园林式的露天就餐场所,为参展人员的商务就餐创造出相对独立的洽谈式就餐环境。如果场馆受条件所限无法进行大规模餐饮活动时,可在展馆外面空地上搭建帐篷作为临时餐厅,为参展商和观众提供健康、快捷、方便的商务快餐。

(三)展位设计、展台搭建及维护服务个性化

展台的设计要体现和加强参展商形象,宣扬企业文化与企业精神。根据展品的内涵与宣传定位来设计展台,既要拥有时代感的设计特色,又要能体现低碳环保的建筑理念,体现大数据的便捷联络,还须方便观众进出展位。展位设计与展台搭建中预留出适当的洽谈空间,营造舒适的商务环境。组展方应根据参展产品类型和参展商的要求,设计、布置展位,获得展品展示和企业宣传的理想效果。广交会推出的"产品、展示柜"服务,就做到了展台搭建服务的精细化。参展商提前将需要特别展示的展品尺寸、类型、展示柜设计要求等信息传达给主办方,参展时即可使用展示柜为企业产品提供更醒目、更有特色的展示平台。

(四)增值服务及其他个性化

会展场馆在增值服务方面最可以提供个性化服务,如场馆根据参展商和观众在当地逗留的时间不同,合理为客户设计与安排个性化行程;提供包裹存取服务;设立参展商休息室;根据双方需要安排接待媒体时间;提供免费嘉宾入场券;展会现场设立儿童游乐场所和日托中心;开设网络展;在场馆内设立银行办事处,提供金融服务;举办同步视频会议;海关和出入境检验检疫部门入驻场馆,提供便捷服务;等等。

二、绿色

绿色是会展场馆未来的发展方向之一。绿色会展设计是指在保证会展场馆基本功能完善的基础上,尽量使用绿色环保材料,并且绿色还体现和融入媒介工具现代化、道具模块化、创意多元化等方面,从而设计出更加新颖、和谐、健康、绿色的会展模式与体系,促进人与自然、城市会展与城市发展的有机统一。

绿色消费既要提高生活质量,同时也使自然资源和有毒材料的使用量最少,如在会展期间,会展主办方为参展企业和参展观众提供绿色餐饮,杜绝使用"一次性"用品。餐饮公司为顾客推荐营养搭配合理、有利于身体健康的绿色食品,酒店为顾客设置空气条件好的不吸烟客房。参展观众在会展现场不吸烟、不喧哗等,都是绿色消费的体现。会展场馆内的交通,尽量使用节能车如以太阳能为能源的车,避免场馆内环境污染。而参展企业的赠品可采用天然植物纤维为主要成分的纸袋来包装,这种纸袋不易造成污染,还可回收利用。具体来说要做到以下三个方面:

(一)展览业倡导绿色消费理念,首先要打造绿色企业文化

建造绿色场馆,举办绿色主题会展时,会展业其实在向社会大众传递绿色消费信息,提倡绿色消费意识。绿色消费既有利于保护生态环境,也有利于人们的身体健康。会展场馆的绿色形象塑造,离不开对绿色企业文化的塑造。企业文化是在从事经济活动的组织中形成的组织文化。它所包含的行为准则、价值观念等意识形态和物质形态均为该组织成员所共同认可。只有上至最高层领导,下至一般员工的全体员工,全身心地将可持续发展、环境保护等理念确实融入会展场馆运营中,才能塑造真正的绿色企业文化。

(二)要打造绿色员工形象

简单地说员工形象即企业内部员工自身行为在公众心目中的形象。打造绿色员工形象对于会展场馆而言有两个方面内容。对内,员工在积极配合展馆打造绿色会展的同时要不断提高自己业务技能水平。不仅注重提高劳动的效率,更要注重提高展会的服务质量,展馆同时也要注重建设有益于员工身心健康的绿色企业文化。对外,倡导员工积极参与社区环境污染的整治,并经常组织环境保护宣传,提高社会公众的环保意识。相信通过场馆全体员工打造绿色展馆的共同努力,从我做起,将给公众留下良好的印象。

(三)要打造绿色产品形象

会展场馆的产品就是在场馆内举办的各种会展。会展场馆绿色产品形象的塑造,就是通过打造"绿色会展"来实现的。"绿色会展"的内涵丰富多样,既包括绿化城市、种植绿色植被、改善生态环境,也包括无污染、环保材料的运用,还包括节水、节能以及太阳能、地热能、风能等可持续资源的循环利用。会展场馆可以根据所在城市的客观条件,在绿色环保的理念下对场馆进行设计和装修。在运营过程中应全面采用清洁、可持续利用能源以及绿色环保产品,严格控制有害污染的物质,打造具有地方特色的绿色产品。

总之,生态化会展追求经济效益、社会效益和环境效益的统一,是现代会展业可持续发展的有效途径,既能满足当代人的需要,又不损害后人的利益。而现代会展业的绿色营销,也为参展企业的营销活动打开广阔的市场。

案例分析

国外低碳建筑优秀案例

1.德国法兰克福考莫兹银行总部大厦

德国法兰克福考莫兹银行总部大厦是由诺曼·福斯特爵士1994年担纲设计的德意志商业银行总部大楼,于1997年竣工,是世界上第一座也是全球最高的高层生态建筑。该建筑的生态性体现在它的外形是平面边长60米的等边三角形,其结构体系是三个独立框筒通过八层楼高的钢框连接而围成的巨型筒体系。这样设计外观的好处是三角形平面能够最大限度地接受阳光照射,又减少了对北邻建筑的遮挡,创造良好的视野。顶部采用透明采光设计,使楼内有充足的阳光;整座大厦全部采用自然的通风和温度调节,在三个办公空间中设置了多个空中花园,将运行能耗降到了最低,自然通风量可达到60%。将绿色生态体系移植到室内,不仅能净化空气、调节温度,也能借助其自然景观价值来柔和建筑的刚性,把社会、自然、生活融合为一体,充分表现了现代生态建筑追求贴近自然、符合健康要求并且环境舒适的精髓所在。

2.中国2010年上海世界博览会世博中心

上海世界博览会世博中心(以下简称世博中心)是我国在举办2010年世博会时的运营指挥中心、庆典会议中心、新闻中心、论坛活动中心。世博中心充分利用得天独厚的区位优势,以及沿江景致,设计成晶莹通透的内部空间和外部形态,使得建筑大部分功能空间都能获得最佳的景观视野,也获得了节能、生态价值。设计师将地面设计成绿化用地,屋顶设置大面积的景观绿化,降低了建筑外表的温度,也减少了可能的光污染。在建筑内部,设计按照减量化(reduce)、再使用(reuse)、再循环(recycle)的3R原则,将资源、能源最大化地节约、回收、再利用,尽量减少建筑对环境的影响。世博中心还采用了很多高新技术,除了使用节能环保的太阳能、LED照明和冰蓄冷系统外,还创新利用地理环境的优势,采用降水循环降温技术,减少空调的耗电量,地源热泵、雨水收集等节能技术也被运用其中。另外,设计师避免使用大量传统建筑材料,转而使用新型环保、节能材料,如玻璃结合铝板等。外墙也使用不同材料形成的组合幕墙,舍弃传统的封闭式建筑形式,满足了人们对阳光和清新空气的追求。

三、智能化

随着电子商务和移动互联网技术的使用，会展场馆建设逐渐从现代化展馆到数字化展馆再升级为智慧型展馆。而云计算和大数据产业的逐渐成熟，为智慧会展技术的应用创造了条件，在信息连接，数据的采集、管理、分析以及利用等方面推进了智慧会展的发展。如北京、上海、广州、杭州、大连等城市举办的大型会展，部分采用了信息化、智能化的手段，打造了较为成功的展会新形态。未来，互联网技术将更多地运用于会展场馆的建设和会展业的发展。

（一）虚拟现实技术的优势与创新

按照专家的观点，虚拟现实技术是以计算机技术为核心，结合相关科学技术，生成与一定范围真实环境在视、听、触感等方面高度近似的数字化环境。用户通过虚拟现实设备感受预定虚拟环境以产生对应的真实感受和体验。

我国较发达的会展业仍集中于北京、上海、广州和深圳等较为发达的一线城市，区域属性和时间属性仍影响着实体会展行业的发展。不过虚拟会展有着天然不受地域、时间限制的优势。虚拟会展的开设与发展可以让非一线城市的居民也能参与和感受优质的会展活动。同时虚拟会展不需要会展场馆，也不存在会展建材的消耗，有利于会展经济健康且可持续发展。

（二）虚拟现实技术在会展行业的应用

目前会展业已经在使用虚拟现实技术，如通过头戴式设备或座舱等硬件设施给用户以沉浸式体验。另外在举办实体展的同时，同步举办网络虚拟展会。不过独立于实体展会而存在的虚拟展会，目前还比较少。虚拟现实技术在会展行业内应用的基础已经打好，但是虚拟化程度仍有待提升。我国在虚拟现实设备硬件开发上速度虽然很快，但与国际前沿技术相比仍存在较大差距。另外，虚拟现实硬件设备价格居高不下，这也是阻碍虚拟会展发展的最大障碍。以国内设备为例，用户想要获得良好的用户体验，所购买的头戴式设备价格需在4000元以上，座舱的价格更是动辄十数万元。根据调查，92.75%的用户对于设备的心理价位在3000元及以下。因此目前尚难解决的价格壁垒，使得虚拟现实设备很难在日常的虚拟会展中得以普及。

（三）建设智慧会展大数据

在会展业的发展中，运用更多创新形式的智慧化设计技术，加快会展展馆建设智能化，可以在智慧展馆建设中搭建智慧场馆一体化管控平台，通过采用物联网技术、信息处理技术、虚拟技术等对展馆进行管理。也可通过互联网技术加强参展商与观众的互动与交流，并对场馆配套设施如会议中心、酒店、休闲场所的运营管理、会展设施、会展活动过程的智慧化进行综合管控，促进智慧会展上、下游产业间的合作，建设智慧会展大数据中心，利用数据采集机制以及综合运用智慧技术，对展会整个过程中形成的数据进行有效的收集并形成综合数据库。对数据进行统计与分析，筛选出对会展有效的数据，并基于这些数据进行挖掘，进而满足高级用户的需求等。另外，还可以推动智慧会展与智慧城市共同对接建设，实施智慧会展政务的综合应用。

思考练习与实践

一、简答题

1.会展场馆的含义是什么？有什么样的分布规律？

2.会展场馆建设的外部要素条件是什么？

3.会展场馆具备什么样的特点？

二、论述题

1.论述会展场馆的发展趋势。

2.论述会展场馆的类型。

三、案例分析题

请分析“鸟巢”、水立方和昆明世博园等大型会展设施在活动结束后的运营困境，请为它们设计运营方式。

◆项目二◆
会展场馆规划设计管理

会展场馆一般是由当地政府投入巨额资金进行建设的大型建筑，会展场馆的建设能够带动相关行业的发展，提升当地会展经济的水平；会展场馆常被建设成为城市的地标性建筑，在该城市知名度广。会展场馆一旦落成，就决定了会展业借以发展的地理环境，周边的基础设施及配套设施与会展业的发展互为支撑。因此，会展场馆区位选址在哪儿，如何进行展馆设计就显得至关重要。

学习目标

1.理解会展场馆区位规划理念；

2.理解会展场馆建设地址的规划；

3.掌握会展场馆的设计理念；

4.了解会展场馆的总体布局。

模块一 会展场馆规划理念

会展场馆是个庞大的建筑，该把展馆放置在哪个城市或城市的哪个区域至关重要。虽然会展业是环保、无烟的朝阳产业，但在会展活动举办期间，不可避免地会产生一些污染，如垃圾、噪声、有害气体等；会展活动举办期间的巨大人流量会影响城市交通和市民出行，造成交通拥堵，因此需要交通管制和交通疏导。

任务一 了解会展场馆区位规划理念

城市新建会展场馆的选址对区域内会展经济的发展可谓举足轻重。会展场馆的选址首先要与城市宏观环境相联系，其次要与城市功能布局相结合，且具有一定的前瞻性。只有这样，会展场馆的经营才能充分发挥其独特的辐射作用，更好地带动周边地区共同发展。

一、了解会展场馆选址的宏观环境

会展场馆选址的宏观环境，是会展场馆外在硬件环境条件综合形成的会展场馆发展的基础性条件，它不仅与地理区位有关，而且是一种综合的环境要素的集成，包括经济条件、社会文化条件、区位条件和交通状况、生态环境条件、政策环境条件、治安环境条件。从一定意义上讲，会展场馆的宏观环境是会展场馆发展的先天条件，一般来说会展中心城市的会展场馆利用率高、效益好。因此，会展场馆选址落户在哪座城市便显得非常重要。

二、会展场馆选址的宏观环境因素

(一)城市的经济条件

一些专家学者认为，经济实力是会展中心城市的主要综合因素。会展中心城市的形成是多种因素综合的反映，是各种条件综合影响的结果，是各种资源会聚的产物，甚至是长期历史积淀的影响(如汉诺威、莱比锡、香港等)。其中最重要的是城市本身的经济实力。影响会展中心的因素中，硬因素的重要性要大于软因素，在排名前 10 位的影响因素中，硬因素占了 6 个(生产要素、腹地经济优势、旅游基础设施、城市基础设施、生态环境优势和自然交通优势)。

(1)城市经济制度效率高，并且处于较为稳定状态。经济制度实质上是经济资源配置方式和配置内容的具体化，如果经济制度效率低下或者不以效率提高为追求目标，稀缺经济资源必然会浪费。会展场馆的建设是会展经济发展的前提条件，由于会展业是充分利用、整合现有的各种资源，推动市场要素的高效流动配置，从而使整个产业获得最大化的经济利益，因此资源闲置和浪费都不利于会展业的形成与发展。

(2)城市社会经济实力和总体规模有相当大的提高。城市人均国民收入应达到或接近小康水平，居民有相当大的购买能力和需求，才能推动会展业的形成和发展，才适合建设会展场馆。经济发展迅速，居民收入增加，必然会促进会展业的发展。如果是供给约束型或饥饿型的经济体系，产品供不应求，也无须会展在流通领域中的要素配置作用。这种情形下，人们对会展产品的有效需求必将受到抑制。

(3)市场成为资源配置的主要手段。通过市场机制内的竞争、价格、供求、风险等要素之间的联系及其功能，特别是其中的供求矛盾，促使市场要素的跨区域流动，实现对资源的配置。当会展业自身的市场力量在很弱小的时候，其有限的经济影响力，根本无法对整个社会经济系统的供求矛盾运动产生引导作用，更达不到对市场资源进行有效配置的目标。因此，只有在该城市的市场经济体制建立和完善后，市场成为资源配置的主要手段，才能推动会展业的形成和发展，让会展业在流通领域内发挥巨大作用。因此，会展场馆选址的城市必须是市场竞争较为充分的城市。

(4)产业的实际增长状况。会展业的形成、发展，与制造业、商业、对外贸易和吸收外资、建筑业、金融业、交通运输业和旅游业息息相关。如制造业，其高新技术产业的发展和新产品开发的力度与会展发展的关系很密切；服务业中，金融业的发展水平、交通运输业的发达与否直接影响到会展业的形成与发展。特别是相关会展服务企业的发展水平，像饭店、餐饮市场、广告、旅行社、礼仪、礼品等行业的发展水平，都是会展业能否形成甚至兴旺发展的重要条件。因此，产业的实际增长状况，是会展场馆选址时需要关注的重要方面之一。

(5)城市的社会经济体系具有较高的对外开放性。会展业是生产力发展程度较高、商业高度发达、对外交流和开放达到一定水平后的产物。任何一个封闭的经济体系，不管造成它封闭的原因是内部闭关自守，还是外部封锁所致，其结果都会严重阻碍和制约要素的跨区域流动，从而影响会展业的形成和发展。总体而言，在一个对外开放程度高、商业发达的国家或地区，会展业的发展将比较迅速。而那些商业落后、闭关自守的国家或地区，要发展会展业困难将非常大，阻力重重。会展场馆必须落户在社会经济体系具有较高的对外开放性的城市中。

(二) 城市的社会文化条件

会展业的形成和发展，必须要求有包容、创新的文化传统，要有稳定的社会秩序。故步自封、不求新求变的文化体系是难以成为会展业形成和发展土壤的。只有随着生产的发展和人类自身的解放与进步，不断吸引外来先进文明并与之融合和扬弃，才会对会展经济发展有促进的动力。会展场馆选址的城市必须有包容、创新的文化传统。

(1)城市具有包容的开放的社会文化体系。文化上的包容性，能够允许不同文化之间的交流，能够吸收外来优秀文明，将异质文化的精髓部分嫁接、融合到本土文化之中，不仅为我所用，更激发、创生出一种更加开放和包容的文化，使得社会文化体系在内部形成多彩多姿、生动活泼的局面，在外部则向世界开放，从而使自身文化体系具有更强的生命力。只有社会文化体系具有包容性和开放性，才能为反映各种风格和不同文化传统的会展活动开展提供文化支撑条件，并推动其实现产业化。

(2)城市具有创新的进步的社会文化体系。文化是人类特有的生存方式，创新是文化与生俱来的自然禀赋。没有创新的文化，社会文化体系将无法延续传承，更难以繁荣发展。文化创新本身也包括对传统文化观念的反思，对未知领域的探索。一个社会文化体系对自己的文化不能创新，那只能墨守成规，从而丧失鲜活的创造力和生命力。社会文化体系必须创新才有发展，才能实现不断自我超越。会展业是注意力经济，如果社会文化体系保守、不思进取，那么会展业将难以形成。即使已经形成的会展业，也可能受到思想观念的禁锢而处于衰退中，不可能有较大的发展空间。因此，会展场馆选址的城市要具有创新的进步的社会文化体系。

(3)城市具有相对稳定、有序的社会文化体系，这是会展场馆在选址时必须关注的。社会文化体系的创新与相对稳定并不矛盾，创新是要求文化体系积极进取、富有创造力。而文化体系的相对稳定，则是指社会要给文化体系的发展提供一个有序且稳定的空间。在相对稳定状态的社会文化体系下，为会展经济活动创造一个稳定、有序且不断创新的环境，使会展业顺利实现产业化。并通过鼓励追求正当利润的文化观念体系，使会展业的形成和发展得到主流伦理道德观念的认可。

(三)城市的区位条件

符合会展场馆选址要求且能够发展会展经济的城市，一般都要求具有区位优势，区位条件包括经济区位和地理区位。地理区位指的是会展举办地在全球、全国或某个区域范围内地理空间上的位置，区位优势常成为经济发展的先天优势，而城市是否有区位优势则体现在它的交通便利程度上。

(1)城市的地理区位条件

地理区位是会展举办地先天的、自然的优势，是其他城市无法复制的独特区位。这也决定了地理区位有优势的国家或城市，其会展业的形成与发展便拥有优胜的筹码。20世纪80年代以来，珠江三角洲的经济获得了充分发展，其会展业经济也是可圈可点。其中一个重要原因就是沿海，并且靠近香港这个会展业发达的自由港。珠江三角洲充分挖掘区位优势，促进会展经济的发展。厦门、漳州、泉州这个闽南金三角的经济和会展业快速发展，也与其沿海且靠近台湾的地理区位优势分不开，该地区优先承接台湾的产业转移，得经济发展风气之先，受益匪浅。

(2)城市经济区位条件

会展业形成与发展的经济区位条件，很大程度上与其集聚因素有关。经济区位好的会展举办地，会对周边地区形成经济辐射力，并且在城市内部也具有很强的经济集聚力。一般而言，沿海区域、首都或在国际上具有较高知名度的城市，其经济、文化的发展水平较高，城市对外开放度高，对国际参展商具有较大的吸引力，适合举办大型的国际展览，如北京中国国际展览中心、上海国际展览中心、厦门国际会展中心等。那什么是集聚(cluster)呢？集聚是指在地理上一些相互关联的公司、专业化的供应商、服务提供商、相关机构，如学校、研究所等在某一地域、某一产业的集中，它们之间构成既相互竞争又相互合作的一种集合。

集聚对经济发展有较好的推动作用，如可以更经济地获得专业化的投入要素和人力，可增强企业间的互补性，能以低成本获得公共产品等。因此，会展场馆可选址在经济区位条件好、集聚度高的地区和城市，如福建省近年来利用独特的经济区位优势打造“海峡特色”，会展业发展迅猛。福建具有鲜明的“海峡特色”的展会越办越多，有力地推动了两岸经贸交流。比如中国(福州)海峡经贸交易会(简称海交会)、海峡两岸机械电子商品交易会暨厦门对台出口商品交易会(简称台交会)已成为规模最大、影响最广的海峡两岸经贸交流盛会。

(四)城市的政策环境条件

政策环境也是会展场馆选址时的比较优势，不少城市把会展业作为国民经济的重要组成部分纳入发展计划，并采取税收、投资、信贷、价格等政策给予鼓励与支持。北京、上海、广州，在制定“十三五”规划时将会展业列为重要产业，并推出具体举措，为会展业的发展提供良好的政策环境。

正因为有良好的政策环境，反过来也拉动当地会展业的发展。北京市政府把展览业和国际性展览会分别列为重点发展的产业、重点发展的支柱产业。2021年是“十四五”开局之年，新一个五年计划正在启幕。“国际”定位成为北京、上海和广州三大会展城市"十四五"时期会展业的重要方向。北京在"加强国际交往中心设施和能力建设"这一框架下提出一系列展览设施的完善计划以及要重点做好的几项国际活动；上海则在"加快形成更高水平开放型经济新格局"这一要求中，明确了几个国际论坛的品牌价值，并且提出要"办好高水平国际性节展赛事"；广州则明确提出要"建设国际会展之都"。这三大会展城市对未来5年会展经济的规划都以"国际"为主要定位和追求，但是具体侧重却有不同。

北京强调的是国际交往功能，出发点偏重政治层面，因此提出了"积极服务国家总体外交大局，进一步增强外交外事活动承载力"。北京为了增强承接外事活动的能力，把重点放在了设施完善上，涉及的会展场馆包括雁栖湖国际会都、国家会议中心、新国展、大兴机场等。上海的重心则在经济领域，上海的"十四五"目标建议中除了点名进博会(中国国际进口博览会)之外，着墨最多的就是虹桥国际经济论坛等九大论坛，这些论坛的内容均与经济发展息息相关。广州的重点则放在了产业上。除了继续提高广交会辐射面和影响力，广州还提到了广州博览会、广州国际汽车展览会、中国国际老龄产业博览会等专业展会，提出"培育领军型展览集团和全球专业展览"。

(五) 城市的治安环境条件

当会展举办时，举办地客商云集，在短时间集聚大量观众，城市治安环境及治安防范工作尤为重要，必须抑制或减少意外事件的发生。世界经济论坛选择瑞士小镇达沃斯作为举办地的初衷，不仅因为当地风光优美，更为重要的是看好瑞士中立国的立场。而且达沃斯不遗余力的防恐措施和治安投入，也为其他会展城市树立了良好的榜样。

此外，城市的交通区位条件和城市的生态环境对会展场馆选址地的影响，在"项目一 会展场馆概述"中已做了具体分析，这里就不再赘述了。

任务二 规划会展场馆建设地址

会展场馆选址包含两个方面内容：一是会展场馆首先需要选择落户的城市；二是选好落户城市后，还需要规划场馆的具体建设地址。在经济迅速发展、科技进步日新月异的今天，会展场馆建设地址的选择，需要拥有前瞻性的规划理念。

一、会展场馆建设地址的选择

应注意硬件和软件两方面内容(会议业与展览业由于各自的特性稍微有些区别)。

(一)会议业

1.硬件方面

(1)要求拥有便利、发达的航空、港口、铁路、公路等海陆空交通服务;

(2)市内交通到达的便利性,交通畅达、便捷;

(3)适宜的展览、酒店、休闲购物等相关配套的设施设备;

(4)优美的环境。

2.软件方面

(1)要求有稳定的政治经济环境,相关组织的财政、后勤及行政支持;

(2)专业机构如 PCO① 及 DMC② 等。

(二)展览业

1.硬件方面

(1)要求拥有便利、发达的航空、港口、铁路、公路等海陆空交通服务;

(2)市内交通运输到达的便利性,交通运输畅达、便捷;

(3)适宜的展览、酒店、休闲购物等相关配套的设施设备;

(4)优美的环境;

(5)专业展览人才。

展览业的硬件方面与会议地点选择思路基本相同。

2.软件方面

(1)展览业市场潜力与辐射力、产品市场开拓的可能性;

(2)相关主题展会举办情况及反响;

(3)专业机构 PEO③;

(4)专业的展览人才;

(5)当地居民对展会的态度等。

---

① PCO(Professional Conference Organizer),在国际上主要是指为筹办会议提供专业服务的公司,或从事相关工作的个人。

② DMC(Destination Management Company),意思是目的地管理公司负责会展活动在主办地的现场协调会务和旅行安排等工作。

③ PEO(Professional Exhibition Organizer),在国际上主要是指为筹办展览提供专业服务的公司,或从事相关工作的个人。

视野拓展

快速发展的会展业离不开高素质的会展专业人才，特别是对专业人才和复合型人才的需求特别大，也离不开与会展水平相适应的组织管理水平。会展人才中，专业性最强、需求数量最大的部分包括会展、语言、公关、会展营运服务等人才；会展辅助人才，包括广告、法律咨询、物流、宣传等人才；会展支援人才，包括工程技术、贸易、金融投资等人才。这些人才都是会展业发展中必不可少的。

现代会展业是一个涉及面很广且专业化程度高的产业，专业人才缺乏、专业队伍建设滞后，无论从展览设计、创意到服务等方面，都与西方发达国家存在很大的差距。人才的缺乏拖了会展业的后腿，制约会展业的发展步伐。

目前上海会展业有经验的高级项目经理不足50人，全上海市未必能找到100个复合型会展人才。而通常举办一个大型国际会展至少需80～90名专业人才，上海如今每周要举办5.5个展览，因此专业人才缺口很大。[①] 据上海市会展行业协会的数据，2010年上海世博会对会展人才的需求达到了10万人，其中相当一部分是高层次人才，培养会展人才已成为上海最紧迫的工作之一。具有系统思维和系统筹划能力的大师级的策划者、经营过上亿美元的金融策划师、公关专家以及很好的项目经理，是目前上海会展业最稀缺的人力资源。

二、会展场馆建设地址规划理念

（一）规划要有前瞻性

会展场馆的建设规划需要具有一定的前瞻性，因为城市发展日新月异，当年的市郊很可能三五年后便会成为繁华的中心区域。因此在场馆的建设规划阶段应该充分考虑伴随着会展业发展而出现的展馆扩建要求。除此之外，预留部分土地为会展产业集聚区的发展而备用，包括会展设计、搭建、服务、酒店休闲购物用地等。例如"视野拓展"所列举的德国会展场馆的例子，德国早期建设的会展场馆因为受当时规划和视野局限，场馆建设在市中心且没有预留土地。当会展经济发展壮大后发现周围建筑林立，场馆无法扩建。

另外，会展场馆在建设时要控制安排各组成部分的比例，建筑覆盖率宜在40%～50%左右，建筑密度控制在30%～35%以下，并应合理布置绿化。

---

① 陈子迅.上海：会展人才迎来似锦前程只因缺口太大[EB/OL].(2011-12-14)[2020-12-25].http://www.360doc.com/content/11/1214/09/8346457_1.

视野拓展

德国会展中心在城市中的地位也相当重要，甚至能成为与火车站、飞机场等场所同样重要的公共设施。其建设多由各级政府和行业协会出资，委托专业展览公司经营管理。会展中心的选址往往能得到政府的支持或政策倾斜，因而能选取较利于其发展的地方。由于建设年代及所处城市发展的不同，各会展中心的具体情况也有很大的差异。主要有以下几种情况：

1.处于城市中心。这类会展中心以法兰克福、科隆和斯图加特会展中心为代表。它们多拥有较长的建馆历史，所处位置基本就在城市中心的附近不超过3公里的距离。其周边已处于建成状态，可供会展中心扩展用地近乎没有了。其中地处欧洲交通枢纽和金融中心的法兰克福会展中心更具典型性。有建于1909年的世界最大的穹隆式建筑，有建于1989年达265.5米的当时欧洲最高建筑，已成为城市地标的博览会大厦。从会展中心步行仅10分钟可达市中心的火车站。建于1924年的科隆会展中心则与著名的科隆大教堂隔河相望，与繁华的市中心相距不过1公里。

2.处于城市近郊。这类会展中心以杜塞尔多夫、柏林会展中心为代表。它们的历史相对较短，多建于20世纪70年代前后，一般处于城区边缘，距市中心5公里左右，既有便利的公共交通系统可达，又有相对宽敞的扩展用地。通过30年的运营，这些会展中心也在不断扩建改建。目前它们的扩建能力也近乎到达极限，以杜塞尔多夫会展中心为例，1971年初建时的展览面积是11.3万平方米，到2000年已扩充到23.4万平方米，现有场地已经接近饱和，已“扩无可扩”了。

3.处于城市远郊。这类会展中心以慕尼黑、莱比锡会展中心为代表。它们均为近年来迁新址建成的，处于城市的远郊，距市中心10公里左右，靠近高速公路或快速道路。这类会展中心多是因原有市中心老馆发展受限制而异地重建的，它们的选址往往是改造利用一些衰落的产业用地。比如慕尼黑会展中心利用旧的机场，而莱比锡会展中心则利用了废弃的工业垃圾堆场。选择远郊一方面能为场馆发展储备充足的建设用地，而同时也带动了城市新区的发展。

4.相对独立的会展城。这是指汉诺威会展中心。它拥有近47万平方米的展览面积，俨然是个小城市的规模。它距市中心虽然仅6公里，但却自成一体，相对独立。凭借2000年世界博览会的契机，汉诺威会展中心改造扩建了部分场馆，进一步加强了其会展城的功能。

(二)不宜选址在城市中心和繁华区域

英国著名学者汤姆逊曾把大城市的交通问题归纳为七个主要方面:交通速度、车祸、公共交通高峰时间拥挤、公共交通非高峰时间乘客稀少、步行困难、冲击环境和停车困难等。虽然各城市所体现的交通问题不尽相同,引发交通问题的因素五花八门,但内容基本在这些范畴内,而且最根本的原因还在于城市的规划问题。像北京、上海等特大城市在修编城市总体规划时,不约而同地采用了"薄弱市中心"的城市发展模式,以缓解市中心区域交通流量过大,原有道路交通系统无法承担的状况。因此,会展行业在场馆选址时应慎重,应该从自身着手解决它为城市带来的负面外部效应。

城市中心的用地非常紧张,土地资源稀缺,从行业发展的角度来看,会展场馆特别是大型会展场馆,不宜建在拥挤的市中心,应远离居民区和其他行政机构服务区域,优先选择在条件适宜的市郊或近郊。首先,繁华地带的地价高,会大幅度增加会展场馆的建设成本;其次,在场馆的营建期间和建成后举办会展活动期间会造成交通阻塞,影响场馆经营管理及会展活动的正常进行,同时也影响周边居民的出行问题;最后,如果场馆规划建设在市中心,会出现诸如布展、观展和撤展等产生的噪声污染问题等。中国国际展览中心的选址就是一个典型的问题案例:中国国际展览中心位于北京市朝阳区 CBD、使馆区等重要商务区域附近,距离朝阳区国税一所只有几百米。众多外企公司都要到税务所去缴税,每当"国展"举办大型展览造成的交通拥堵,严重影响这些企业的效率。而且参展企业运送展品进出的开车堵、停车难都是问题。资料显示,一次大型展会将为举办地及其附近区域每天增加 10～15 万人次的人流量。而且,解决这些人流量需要数百台大中小型车辆,每隔 5～10 分钟一趟不断循环往复运载客人。我们可以想象,如果展馆位于市中心,要举办这样的大型展会绝非易事。

(三)场馆周边配套要完善

会展场馆周边的配套设施应该从公共设施和专业配套设施两个方面来考虑,会展场馆应拥有同比例面积的服务类别建筑物、宽阔的室外展场空间等。

1.公共设施要完善。依照国标《城市用地分类与规划建设用地标准》(GBJ137—90)规定,城市的公共设施可以分为八类:行政办公类、商业金融类、文化娱乐类、体育类、医疗卫生类、大专院校和科研设计类、文物古迹类、其他类(宗教活动场所、社会福利院等用地)。

(1)商业金融类:商业、服务业、金融业、贸易业等用地。

(2)文化娱乐类:如出版社、报社、广播台、电视台、博物馆、科技馆、图书馆、音乐厅、俱乐部等用地。

(3)体育类:如各类体育场馆、游泳池、体育训练基地等用地。

(4)医疗卫生类:如各种医院、卫生防疫站、检验中心、急救中心、疗养院等用地。

从公共设施供应方面,会展场馆更倾向于商业金融类、文化娱乐类、体育类的配套。因此,场馆选址必须与城市功能布局保持一致,这意味着场馆选址要考虑到现有的及按照规划即将建设的服务配套基础设施,如宾馆、酒店、商场、健身场所等。因为这些基础配套设施将为会议、展览和旅客提供诸多方便,也可以最大限度地发挥会展场馆城市经济助推器的作用。

2.专业配套设施要完善。专业配套设施指能直接或间接为会展场馆提供专业服务的设施,例如为会展场馆提供展台装潢、搭建的服务设施,展品运输设施,租赁服务设施,展览工程服务设施等。

(1)展台搭建服务设施。主场搭建商是由主办方指定的为参展商提供展台搭建等现场服务的企业。主场搭建商主要负责为参展商提供标准摊位搭建、水电气等动力设备的预订及安装、展具租赁等,并为主办方提供展会整体布置。展台的顺利搭建能保证会展场馆内的展会活动有序完成。

(2)租赁服务。一般来说展览现场的物品租赁是由主办方委托主场搭建商负责提供的,但也有个别展览由主办单位自行提供部分物品的租赁。在会展场馆的周边提供相应的租赁服务,可以保证展会活动的顺利进行。

特别提示

美国旅馆业的一份调查显示,88%的协会会议组织、64%的公司会议组织者都认为,在选择饭店时会重点考虑饭店会议厅的数量、大小、质量,而展厅更是展览能否顺利举行的前提条件。当然,对一般饭店而言,其经常接待的是团体会议,承办的展览规模不会太大。因此,在承办小型展览活动时,很多饭店需要有灵活机动性,将会议场地临时转换成展览场地,或者饭店的公共空间也可以作为场地。而且,随着科技的进步,视听设备成为现代会展中非常重要的设施,如多媒体设备、同声传译设备、同声传播和表决系统等,特别是高级会议和国际会议,对视听设备的要求更高,这时饭店往往需要请专业人员来协助规划。

(四)交通网络要发达

目前,国内很多城市交通需求的大幅度增长已远远超过交通供给的增长,市区道路网以及城市运输服务系统长期处于高负荷运行状态,已逐渐失去了应有的整体调节能力。因此，我们建议会展场馆的选址适合在市郊或近郊。

会展场馆选址的区域要有完善的交通设施和发达的交通网络。交通设施主要包括了城市的航空交通设施、水运交通设施、轨道交通设施、道路交通设施等四个方面，具有城市对外交通、城市内部交通等两大功能。城市航空交通设施、市际铁路交通设施、公路交通设施组成了空中、水上、陆地等城市综合对外交通网络系统。市内轨道交通、城区道路交通系统组成了城市内部交通系统。因此，会展场馆的建设地址应拥有完善、便捷、可达性高的交通网络。城际的水、陆、空交通畅达，市内发展轨道交通、积极扶持公共交通，必须让展品、观众能够快速到达展馆，提升效率。

此外，场馆的选址还要特别考虑其功能定位、运作模式、建设时序等关键因素，要经过专家论证、征求意见、科学规划等多项程序，以确保选址的科学、前瞻、合理和效能。

任务三 掌握会展场馆建筑内部规划

据《中国展览经济报告(2019)》统计，中国展览经济的产业结构发生了重大变化，重工业展览数量超过服务业展览，跃升至第二位，展览面积实现快速增长。5 万平方米以上大型规模展览合计占所有规模展览的 57.6%，展览行业正逐步向规模化和集中化办展方向转变。目前中国会展场馆的数量居世界首位，但特大场馆的建设还很落后，档次结构也不尽合理。当然，大型现代化和国际化的一流场馆，投资巨大、运营费用高，必须考虑场馆的使用效率问题。而且城市土地资源稀缺，如果会展场馆空置率太高，就会造成极大浪费。

一、大型场馆的功能分区

会展业形成的必要条件是举办地首先得有展览场馆，展馆的规模、设施和服务也将影响到会展业的发展。

设施完善的大型展馆一般会按布局功能进行分区，包括展览展示区、观众服务区、仓库服务区、仓库储存区、加工制作区、会议研讨区、行政办公区、中心广场及绿化设施等 8 个主要功能区，还包括辅助会展供给，如展馆的给水排水、供电、空调、电梯、照明、消防、通信及网络、消防、公共广播等。唯有基础设施好、服务周全的展馆才能吸引到品牌展会，而品牌展会举办的同时也将提高展馆的知名度，提高它的招商力度。

厦门展览业发展迅猛，与厦门拥有超一流的会展场馆是分不开的。厦门国际会议展览中心（简称厦门国际会展中心）是一座集展览、会议、住宿、餐饮为一体的现代化会展中心，于2000年建成投入使用。展厅内可设2200个国际标准展位，拥有20多间高中档会议室和一个可容纳1500人以上的多功能厅，馆内设有海关、检验检疫等口岸机构，对境外展品通关开辟绿色通道，对参展展品实行现场监管。室外面积47万平方米，可开展各种庆典、晚宴、晚会等配套活动。配套的厦门国际会展酒店（四星级），可向参展参会嘉宾提供舒适的住宿条件、精致宴席以及各种服务。经过三期建设，厦门国际会展中心总建筑面积已达到34.6万平方米。2015年3月，厦门市政府开始建设四期工程，新增建筑面积76649平方米，投资8亿元。① 截至2019年12月，厦门国际会展中心的总建筑面积超过42万平方米，为厦门会展经济的发展提供良好的基础设施支撑。

但是，并非所有的会展中心都能像厦门国际会展中心一样，建设前作周密规划。由于会展业对经济的强效拉动作用获得了大家的共识和推崇，短时间内不少地方政府纷纷兴建大型会展中心。仓促上马的结果是有的展馆外形美观大方，而其内部设施却难以满足会展的需求。国外大型展览中心的建设一般需经长时间论证和规划，如德国慕尼黑展览中心前期论证时间长达13年，米兰新国际展览中心的兴建用了整整7年时间。中国有些地方政府在建设展览中心时，盲目追求速度，缺乏前瞻性规划，没有预留发展空间，要扩建时只能向高层发展，导致货物进出不便；展馆位于闹市区，每逢有展览，展馆周围人车交织，塞车严重；部分展览中心的层高不够，有的每隔10多米就有一根柱子，影响展览效果。

二、展馆内要有完善的人车分流交通系统

地方政府在发展会展业时，不能光凭热情和冲动办事。必须进行前景规划，并在展馆建设时考虑周全，充分按照经济规律办事。

在展馆内部规划中，要注重完善人车分流的场内交通系统，应设有独立的卸货区，货物从专用通道运输。不能将运货、卸货区域与观众通道混淆在一起，即使在展览期间需要中途补货，也需要从货运专用通道走。这样既可以提高运营效率，也能保证观众的安全，保持展馆秩序和洁净的环境。特别是随着新技

---

① 厦门网.厦门国际会展中心四期今年动工[EB/OL].(2015-03-15)[2020-12-25]. http://news.xmnn.cn/a/wybb/201503/t20150315_4393829.htm.

术、新材料的不断问世并被大量应用到展览中心建设上来，如大跨度无柱展馆结构和展馆顶部轻型材料的应用等，现代化展馆的建设科技含量将越来越高，更能满足参展商、观众和物业使用者的需求。

三、大型会展场馆需要设置多个主入口

会展场馆在开展期间人流量巨大，一天可达十万余人次。因此人流的分散进出场馆十分重要，以防拥堵甚至踩踏。主入口一般会分布于几个主要的方向，既利于大量人流货流的集散，也有利于同时举办多个展会而互不影响。同时，主要的人行入口和货物入口也需分别布置。各入口需考虑与主要道路、停车场、轨道交通及公共交通站点的关系，是解决会展场馆与外界高效联系和组织内部交通的关键。如环绕布局的会展中心场馆，主入口一般均匀分布在整个场地的四周。分散布局的会展场馆的主入口一般会分地块布置。

四、大型会展场馆要注重绿化

一般大型会展场馆会在各馆群之间设置一个面积很大的绿化草地，这样的草地可以发挥多种作用。一是作为室外展览场地，特别是像一些大型机械、汽车等相关展览常在室外展出；二是作为室外活动场所，有些展览的配套活动可以选择在室外进行；三是利于采光，大面积草地让展览馆光线足、视野好；四是净化空气，大型会展场馆人流量大，大面积草地利于空气流通；五是万一发生火灾、地震等意外情况，可以疏散人群；六是可以作为展馆未来改建和扩建的预留土地。

德国慕尼黑新国际会展中心和莱比锡国际展览中心，在规划中非常注意景观绿地的设计。它们的共同特点是在会展中心各展厅之间或主要的轴线上设置绿化休闲场地供参展商和参观者使用，并可开展多种室外展示活动。在展馆的外围，特别是主要入口的周边进行大规模景观建设，而且这两个展馆都有大片的人工湖，这对营造良好的环境氛围、改善小气候和消防储备都有好处。

五、规划好停车场

停车场是城市道路交通中不可分割的组成部分。随着城市交通量的日益增长，停车场已经成为城市建设迫切需要解决的问题。城市中的停车场地可以分为配建停车场和公共停车场。配建停车场是为居住区或企事业单位的内部用车停放所配建的；城市公共停车场，是指在道路外独立地段为社会上的机动车和自行在出行活动时作短时间停泊的露天公共停车场和室内公共停车库。

随着中国居民私人拥有车辆数量的不断增加，停车场地预留的充足性将是会展场馆设计中十分值得重视的因素。

会展场馆对于停车场的要求非常高，往往需要大面积的停车场或停车楼。根据典型数据统计可以看出，德国大型会展中心的停车量一般能达到不低于每千平方米展览面积70辆车，在会展场馆的不同入口附近会提供多个停车场(楼)。如科隆会展中心共有22个停车场可泊车1.4万辆；莱比锡会展中心共有6个停车场，7100个车位，它的1号和2号停车场还是未来建设的预留用地。关于停车场地的预留，像汉诺威博览会展馆配备了电子导向系统的5万个停车场位，慕尼黑新国际会展中心有1.3万个停车泊位。而在中国国际化程度较高的上海，其国际会议中心地下停车场，车位仅600余个。

在会展场馆规划设计中，从停车场到主入口一般不超过三百米。个别大的停车场远离主入口，则会在这些停车场和场馆之间设专用穿梭巴士。如德国杜塞尔多夫会展中心的1号和2号停车场距会展中心1公里以上，它就用穿梭巴士来联系。

特别提示

会展场馆的主要空间

会展空间布局合理化可以使管理更加有序，方便参展商布展和观众参展，提高工作效率和参观效率。目前，会展场馆的空间功能呈现丰富性和多样化，展览的传播功能、营销功能和招商功能紧密联系一起。会展场馆的主要空间一般包括展览空间、公共服务空间、辅助空间和仓储设施。

一、展览空间

展览空间是所有会展场馆中最核心最重要的组成部分，其基本功能以适应各种展览活动为主，应该充分利用展厅的大空间，在设计时也应考虑灵活多变的性能，以满足多功能使用。

展览空间通常包括室内展厅和室外展场。其中，室内展厅是主要进行商品展示、宣传和商务洽谈的场所。一般展厅周边配有小型的商务洽谈室、办公和服务设施。展厅的设计主要从它的使用要求出发，通用性强，多模式组合。布展、办展、撤展方便快捷是展厅设计的三个要点。

展厅单元的平面特征。标准展厅是会展中心的基本组成单元，它的平面形式分为四类：长方形、正方形、扇形和不规则形。常见平面以长方形和正方形为主。

展厅单元的尺寸设定及展位布置。国际标准展位为3米×3米，因此展厅平面尺寸的选取应以3米为模数，主通道定为6米(一般不少于5米)，次通道定为3米。展位通常背靠背布置，布置方式有两种：一种是以横向作为通道；另一种是以纵向作为通道。

展位宜分区布置，每个分区约2500平方米，分区之间设6米宽的防火隔离带。大型展厅(面积约为10万平方米)，其长、宽方向净尺寸在150米和70米范围左右比较理想。特大型展厅的平面尺寸可以在上述基础上扩大，设计时要加强消防措施，并要保障人员疏散的安全性。

二、公共服务空间

公共服务空间包括生活服务空间和交通服务空间。生活服务空间一般提供餐饮、零售、咨询、休憩、娱乐等生活服务。房间比例按照场馆的性质、规模和实际需要确定，一般在人流集中处设综合服务中心。交通服务空间包括入口大厅、过厅、交通连廊、楼梯、电梯、货梯等。

在会展场馆中，除举行会议和展览活动的会议厅、展厅之外，如前厅、过厅、票务、办证、海关、商务中心以及各种服务设施等，均属于辅助性空间。主体空间和辅助空间结合在一起，共同保障会议和展览等建筑功能得以完整实施。

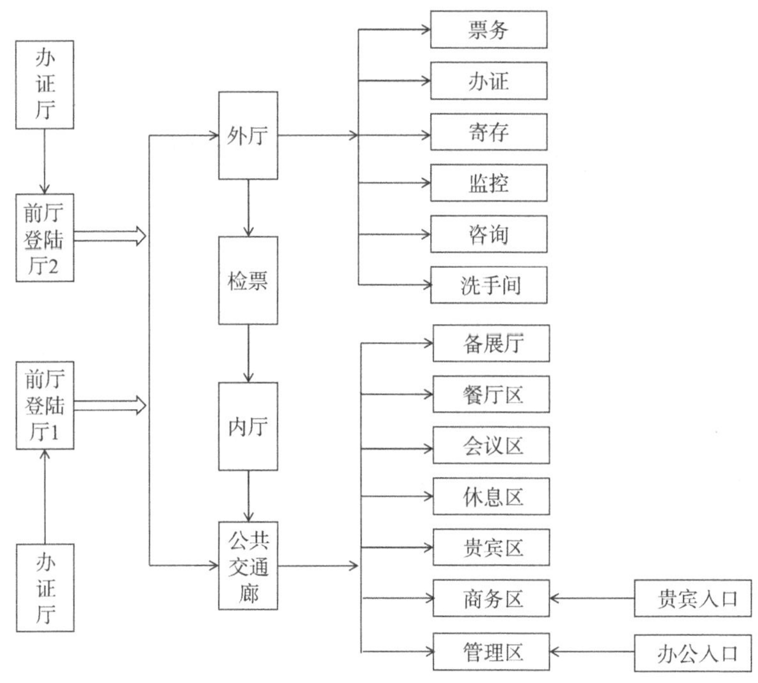

图2-1 公共服务配套设施功能示意图

三、辅助空间

辅助空间包括行政办公用房、临时办公用房和设备用房等。

行政办公用房主要包括办公室、保安、消防监控、后勤服务用房等，是展览公司和会展中心工作人员的内部办公管理及后勤服务场所。若有需要还可设置一些如展览运输、展示设计、展位搭建等与会展关系密切的相关产业办公用房。

行政办公用房可组合在建筑中，也可以单独设置多层办公楼。临时办公用房供展览主办方工作人员使用。展览期间在展厅内辟出专门区域。空调、变配电、消防等设备机房，根据不同系统集中或分散设置。

每个展厅都必须配备一定的设备用房和管理功能用房等后勤用房，以配合会展场馆的正常运营。

四、仓储设施

仓储设施包括室内库房和室外堆场，指在展览布展、撤展期间，器材、货品的包装、拆卸、堆放的功能空间。其中室内库房可视情况集中设置或分设于各展厅之中。

模块二 会展场馆设计理念

随着会展经济的快速增长，中国已拥有世界上发展最快的会展市场。为此，我们要依据政策法规，打破常规，努力走出一条适合会展经济发展的低碳道路，使我国会展业成长为新兴的、具有代表性的城市经济。

国外的会展场馆设计和现代艺术、前卫艺术保持着良好的伙伴关系。国内的会展场馆设计起步较晚，吴劳《展览艺术设计》、丁允朋《现代展览与陈列》、林福厚《展示设计精要》等著作较早、较系统地对展示中的视觉要素进行了阐述，具有较强的理论意义和实践指导意义。

任务一 掌握会展场馆建筑的设计理念

会展建筑是现代经济社会文化发展的产物,它具有明显的时代特征,现代化的会展建筑设计以其优越的性能,为会展建筑整体布局的协调发展起到了重要的作用。合理地安排空间是会展场馆设计中很重要的部分,会展场馆设计要使观众在流动中完整地、经济地介入展示活动,尽可能不走或少走重复的路线。在满足会展场馆功能使用的同时,让观众感受到空间变化的魅力和设计的无限趣味。

一、目前我国会展场馆设计的不足

与我国迅速发展的会展经济相比,会展场馆在设计领域中取得的进步显得滞后些。目前我国会展场馆设计中存在着一些问题,如过度重视规模、缺乏健全完善的制度保障体系、会展设计人员素质有待提高等。

1.过度重视会展场馆的规模

国内会展场馆建设资金投入主要来自政府,而政府为了凸显政绩,追求面子工程,追求宏大规模,希望能将会展场馆建成当地的地标性建筑。当然,特色的会展建筑成为城市的建筑亮点本身没有错,但不能成为会展建筑设计的主要诉求。目前国内尚无会展场馆设计专业,会展场馆的设计人员多数是从建筑专业或平面设计专业转行而来,具有丰富的建筑专业知识,但对会展专业知识掌握不够充分。因此,会展场馆的设计人员虽然拥有较强的设计基础知识和理论功底,但展览专业知识的储备较为薄弱,在展馆设计时往往一味迎合地方政府的需求,未能坚持绿色发展内涵和节约理念,不利于会展业健康有序和可持续发展。

2.缺乏健全完善的制度保障体系

会展经济具有很强的拉动效应和链条效应,能够带动诸如交通、运输、通讯、旅游、商业、酒店、设计、广告等行业发展,地方政府对会展业的重视程度和关注度都很高,理所当然地认为会展场馆必须得大规模、高标准,这样才能吸引眼球。这种指导思路违背了会展场馆设计的绿色、低碳原则。另外,会展场馆在效能方面没有形成健全完善的评价机制,无法为会展场馆设计的规范化发展提供制度保障。

3.会展场馆设计人员的素质和能力有待提高

目前国内会展设计企业起步较晚、规模相对较小,对高端设计人员的引进、培训方面工作重视不够,会展设计人员的专业知识储备和操作技能不能满足快速发展的市场需求,在高科技、环保、低碳设计理念开发和具体实践方面探索不够。

二、会展场馆的设计理念

随着会展经济的发展,会展场馆以其鲜明的时代特征极大地丰富了城市建筑风格,为城市知名度以及城市文化内涵的提升起到重要作用。

(一)会展场馆设计特点

1.会展场馆必须拥有流畅的交通路线

展览类建筑承担的人流量很大,必须考虑到人流的集散、方向的转换、空间的过渡以及与通道、楼梯等空间的衔接等。会展场馆主要入口部分,是空间组合的咽喉要道,不但是人流汇集的场所,也是空间环境设计的重要部分。好的交通路线引导专业观众和普通观众与展品邂逅,感受展品的吸引力和展台设计魅力。另外人流的组织与疏散也尤为重要。

2.会展场馆的灵活性较强

会展场馆是为满足会议与展览功能而设计建造,需要满足不同群体、不同年龄结构、不同文化层次的专业观众和普通观众的需求。因此,会展场馆在结构设计时灵活性较强。

3.会展场馆的集散性较强

会展场馆本身有一定的公益性质,在举办展览过程中,会在某个具体的时间涌入大量的人群。会展场馆面积很大,可以同步举行多个会议和展览。会展的参展商及观众人流量大,流动性强,因此会展场馆的集散性相对较大。

(二)会展场馆设计四大理念

1.会展场馆设计的低碳绿色理念

中国会展经济研究会前常务副会长陈泽炎说到,低碳将是未来十年会展业发展的新理念。说到“低碳”,就会想到“绿色”“生态”。20 世纪 60 年代,建筑师保罗·索勒里(Paolo Soleri)创建了城市建筑生态学理论,把生态学(ecology)和建筑学(architecture)合并为一体,即 Arcology,意为生态建筑学,并在《生态建筑学:人类理想中的城市》(*Arcology: the ideal city of mankind*, Paolo Soleri, Cambridge: MIT Press, 1969)中提出了生态建筑学的理论。所以低碳绿色会展场馆的设计可以充分借鉴生态学的思想和内容。

我国建筑垃圾年产18亿吨，2020年达到26亿吨，但资源化率不足10%。[①]会展场馆必须执行低碳绿色设计理念，促进环境友好型建设活动。低碳绿色会展场馆设计是指在保证场馆功能完善的基础上，尽可能使用绿色环保材料，将低碳、绿色体现和融入媒介工具现代化、创意多元化等方面，设计出更新颖、和谐、健康和绿色的会展建设模式与体系，促进场馆与城市环境、城市发展的有机统一，以更好地保护环境。

低碳绿色会展场馆设计是一项系统工程，一方面要严格按照国际及国家相应的绿色建筑标准和指南，将设计的规模、环保材料的使用、展馆设备维护和材料循环利用、能耗和噪音标准等充分融入到会展场馆设计管理制度中；另一方面要加强过程控制，积极探索科学的低碳绿色会展场馆评价机制。同时利用现代化信息技术，提高设计的效率，减少对环境的污染。一位法国建筑师指出，城市建筑表面只需要有5%面积为绿色植物所覆盖，就能净化空气，为人们提供舒适的生活环境。而绿色植物本身具有美化环境、阻挡风沙、涵养水源、净化空气等功能。在低碳绿色会展场馆设计中还要注意提高绿化率，注重生态保护与建设。

随着会展经济的发展，会展场馆设计与建设要实现经济效益、社会效益与环境效益三者的有机平衡。针对会展场馆设计的每一个环节，从技术优化、材料使用、设备投入、制度建设、人员配置、技术人员素质提升等多个角度进行完善、优化和创新，从而增强低碳绿色理念在会展产业的渗透力，为推动会展业的长期可持续发展提供支撑。

案例分析

迪拜的两座建筑物能源消耗对比

迪拜的旋转塔是由意大利建筑师戴维·菲舍尔(David Fisher)设计的一座世界首个风力发电的旋转摩天大楼，也被称为“舞动的摩天大楼”。建设这座大楼花费了约7亿美元。它包括办公区域、居民住宅以及一个豪华酒店。迪拜旋转塔高约420米，是80层的综合大楼，20层以下是办公建筑，21层到35层是七星级酒店，36到70层是豪华公寓，最上面10层是别墅。各个楼层之间都安装风力涡轮机，每一层都可以以不同速度独立自由旋转360度。迪拜摩天大楼

---

① 班娟娟.我国建筑垃圾年产18亿吨 资源化率不足10%[EB/OL].(2018-02-23)[2021-12-25].http://www.jjckb.cn/2018－02/23/c_136992758.htm? from＝singlemessage.

总共安装79个风力涡轮。在每层楼顶都设置太阳能集能电池，一共80层高建筑就等于有80个屋顶，通过旋转系统，光伏电池可以获得最大的日照辐射量。只要每层楼有20%的屋顶暴露在阳光下，能够收集的能量就是一般大楼的10倍，建筑商宣称旋转塔的环保能源不仅能自给自足，还能多出来分给邻近的建筑物使用。换句话说，整座大楼所需的能源都是自给自足的。

迪拜的“蓝色水晶”则给我们展示了一个反面的案例。作为一个夏季最高温度能达50℃的沙漠城市，迪拜想在沙漠里建一个人造冰山。虽然这座“蓝色水晶”由镶嵌在冰体表面的太阳能电池板供应电力，为了维持高温中的“冰山”常年不化，得消耗上多少能源？环保人士痛批迪拜为追求无穷尽的奢华，置环保于不顾的做法。“冰山”酒店的建成和维护终将成为巨大的“能源黑洞”。迪拜的石油尽管便宜，可为了维持“冰山”酒店运作而消耗掉的能源，以及排放到大气层中的二氧化碳将会使环境愈加恶劣，贻害世人。法国摄影大师雅安·阿瑟斯·伯特兰在著名纪录片《家园》中就将迪拜当成了破坏地球环境最极端的例子。

这启示会展相关从业人员在设计场馆时一定要认真考察当地的自然条件、风土人情，以免在当地甚至在国际上闹出笑话。虽然低碳绿色会展场馆前期建设费用会高些，由于它属于环保型、环境友好型的建筑，将在未来的使用中节省大量能源，节约使用成本。

2.会展场馆的空间设计优化理念①

学者刘瑾认为，会展建筑中的空间设计就是以会展的工作内容为基础，制定出科学合理的设计方案，尽可能实现建筑功能与空间的最大化需求联合化。

会展场馆设计中要注意三方面空间内容，即展览空间、会议空间和其他空间。

(1)展览空间设计分析

当今时代，社会分工越来越细化。展览涉及行业不断增多的同时，展览展示的内容也更加丰富。因此，展览空间的设计工作也越来越趋向多功能化发展。会展场馆的布局要能够与展览内容、规模相适应，并以灵活多变、可组合、复合型的展厅设计为主，进而使其最大化地符合多功能要求。

在综合性的展厅中，最好使用单层无柱的大空间结构布局，专业性展厅的

---

① 参考刘瑾．试析会展建筑的设计优化[J]．中华建设，2017(9)：112-113．

柱网尺寸可控制在 9 米×9 米之内。会展建筑中的地面荷载应符合运输要求、存放布置。荷载值应根据展览的使用要求与展览种类，以及存放空间的不同进行判定，通常应超过 5 吨/米^2。此外，在展厅的高度设计中，可以依照各单独展厅中的建筑面积，将室内的净高度控制在 10～12 米。

(2)会议空间设计分析

在现代的会展场馆设计中，会议功能在场馆中的重要地位日益突出，依照会议所需的空间规模，可将其划分成小、中、大三种，大于 500 人的属于大型，人数在 100 至 500 之间的属于中型，人数小于 100 的属于小型。其中中小型会议的使用需求更多、频率更大，可以分区域设计。大型的会议空间能够用于展览会的展示、开幕式、闭幕式以及大型会议等。会议规模的设计还应包含空间的灵活调整，并配置先进的数字化会议系统、同传、背投电子屏幕等设施，使展厅的相关配置更加满足实际的使用条件。

(3)其他空间的设计分析

会展场馆中其他空间包含了休闲、仓储、住宿、餐饮等，从功能上来说属于辅助配套设施，但其在整体的会展建筑中却发挥了不容忽视的作用。因此，会展场馆设计中应当充分考虑各辅助空间的设计规划，才能够使会展建筑的功能更加健全，促进展会工作的顺利进行。

3.会展场馆的安全设计理念

(1)会展场馆设计中的防火分区问题

安全设计在任何的建筑设计中都是首先要考虑的问题，因为它关系到使用者的生命财产安全。会展场馆主要以室内空间为主，若是没有在场馆中使用及时有效的防火分区规划，一旦火灾发生，将会给整体的会展建筑带来不堪设想的严重后果。而合理的科学设计能够尽可能避免火灾的蔓延与扩散，在火灾发生时能够及时提供有效的紧急疏散通道。

将展厅分隔成符合最大防火面积的防火分区，除了用墙体进行物理分隔外，还可用防火隔离来进行空间上的分隔，并在各个防火分区内设置火灾自动报警装置与自动喷水灭火系统。在选择展厅的装饰材料时，应优先选取不易燃烧的建筑材料。

要重点设计人员的紧急疏散通道，将其在展厅的周边均匀布置，从而使疏散的通道距离有效减短，才能够发挥紧急防火通道的功能。并按照会展场馆各展厅的作用不同，设置更加明确合理的疏散标志。

(2)建筑排烟问题

火灾中的有毒浓烟是人员大批死亡的关键原因。因此,会展场馆中的排烟设计在安全设计中十分必要。同自然排烟相比,机械排烟的功能性更强、效果更好。首先应对火灾发生时的排烟量进行估算,优先考虑机械排烟系统。其次在科学设置排烟口时,可以在会展场馆中的顶部中央位置布置,在一个较大的排烟窗四周设置辅助的小型排烟窗。这样能够在火灾发生时,将产生的浓烟通过排烟窗流向室外,会大量减轻室内的有毒烟雾颗粒,缓解火灾造成的人员伤亡。

4.会展场馆设计的永久性开发利用理念

会展场馆的后续开发起于场馆的设计。大型会展场馆后续开发利用的成败在很大程度上取决于前期设计与规划。如果在兴建大型会展场馆时没有考虑到城市的总体规划,从而导致场馆的建设与未来城市规划相冲突,场馆将直接面临着被拆除的问题。这样会给国民经济造成巨大浪费,甚至阻碍场馆所在城市的发展建设速度。值得注意的是一旦会展场馆建设方在场馆建设前缺乏规划,在会展活动后试图对其进行后续开发利用,从而弥补前期规划的不足,并避免进一步闲置和浪费的成本和费用通常十分庞大。即使拆除场馆,该费用也十分昂贵。例如,仅大阪世博会中的美国馆和加拿大馆的拆除费用就分别高达3500万日元和4700万日元。

因此,在对大型会展场馆后续开发利用时应该依据循环经济的思想,充分考虑到将场馆的建设和发展整合到场馆所在区域的发展规划中,并且在其所在区域的地理、经济和社会优势的基础上发挥自身特点,以便实现盈利。由此可见,在场馆设计阶段加强对其后续开发利用方案的可行性论证至关重要。换言之,确定大型会展场馆的最佳后续开发利用方案的最佳时间是在会展场馆的设计阶段。如果错过了这个时机,不但会展场馆后续开发利用的成功率会大幅度降低,而且运作成本将大大提高。

案例分析

内部空间仪式重于空间效能:设计硬伤或致上海国家会展中心“久病难愈”?[①]

---

① 设计硬伤或致上海国家会展中心“久病难愈”.城市中国杂志[EB/OL].(2015-08-28)[2020-12-26].http://news.sohu.com/20150828/n419999155.shtml.

首先是内部交通格局，上海国家会展中心（简称新国展中心）的场馆布置采用了一种仪式性的四叶草格局，实际上是两个轴向的垂直交叉，每个“叶瓣”内又分为上下两层以及左右两部分。这样的设计看起来非常合理，因为恰好可以让观展者从中心广场进入任何一个展厅，一路到底，然后再从同一“叶瓣”的另外一个展厅反向回到中心广场，这样一周的最短距离是800米。以此类推，分别走完四个“叶瓣”在每层的8个展厅。如此流线设计，要求人们必须按照这种设定好的路线观展，才能实现最高步行效率。如若要越过任何一个展厅参观，都必须原路返回中心广场之后再到下一个目的地，这样最近的步行距离是500米，即便要到相邻两个“叶瓣”的展厅也是如此。而一个成年人一次持续步行的临界距离通常是1000米，按照这一距离分析，那么一个成年人按照设计路线逛完一层的两个展厅一个完整的“叶瓣”之后，就已达到疲惫临界点（因为一个展厅内又可分为左右两部分，参观者在其中是左右穿行的）。因此，如此大体量的展览空间本身，对参观者就是一种体力上的考验，而被人为“固化”的步行交通流线，使得任何不按照设定路线参观的人，必须付出至少500米的无效步行代价。与此相比，上海新国际博览中心两个展馆之间的最远距离大概为650米，差距可见一斑。

其次是新国展中心广场是整个综合体的主入口、所有展厅的主入口、地铁站点的主入口，同时也是展厅间步行的主要通道。这个肩负四大主要通道功能的核心空间，其进入方式只能通过四个设定好的入口，分别正对两个“叶瓣”中间的夹缝，无形中又增加了交通拥挤死角。围绕中心广场的外圈环状通道的通行能力也令人忧虑。作为连接四大场馆的唯一环状通道，宽度十分有限，最宽处不过30米，但这并不全部是有效交通空间，因为通道上布置了手扶电梯、餐饮、便利店、安保车辆停放点等设备空间，真正留给人们步行的宽度仅为十几米。除了狭小的空间在人流疏散上极为拥挤外，一层空间的相对闭塞也使通风效果极差。国际车展期间，笔者就目睹了随着人数增加，空气中的浮土尘埃也多到令人无法忍受的程度。

图 2-2　国家会展中心(上海)的场馆建设采用了一种仪式性的四叶草格局

资料来源：国家会展中心(上海)官网，https://www.neccsh.com/cecsh.

图 2-3　国家会展中心(上海)的场馆

资料来源：国家会展中心(上海)官网，https://www.neccsh.com/cecsh.

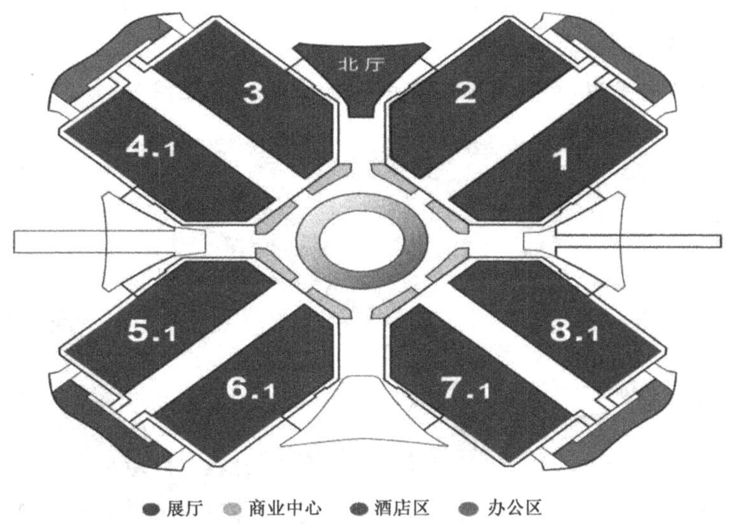

图 2-4 国家会展中心(上海)平面图

资料来源:国家会展中心(上海)官网,https://www.neccsh.com/cecsh.

任务二 了解会展场馆的总体布局①

会展场馆具有建筑布局多样化、人流量大、交通流线复杂等特点,按照建筑平面形态和人流交通组织方式,会展场馆总体布局可以分为以下五大类。

一、鱼骨式

鱼骨式布局的交通流线简洁直接,是理想的展厅布置方式。建筑中间为公共通廊,两侧为展厅,整体形态如鱼骨排列。

鱼骨式的布局,在展厅之间相隔一定距离,成阵列布置,各自独立使用。这种布局方式的平面形式和体量大小基本一致,可以分期建设,便于扩建和改建。与集中式布局相比占地面积相对较大。鱼骨式布局常常利用展厅与展厅之间的空地作为货场,展厅和货场成齿状穿插,在办展时货场甚至可以临时搭建展厅补充展览空间,同时将相邻展厅连为一体使用。这种布局方式的门厅在端部

① 参考侯晓.《会展建筑多功能适应性设计研究》[D].广州:华南理工大学,2013.

或者是中部，其特点是交通流线简洁明了，形体相对集中。这种鱼骨式布局模式一般用于较大型的会展建筑。

鱼骨式布局案例：中国国际展览中心新馆(图 2-5 至图 2-7)

图 2-5　中国国际展览中心新馆——鱼骨式布局(1)

资料来源：中国国际展览中心新馆官网，http://www.ciec-expo.com/.

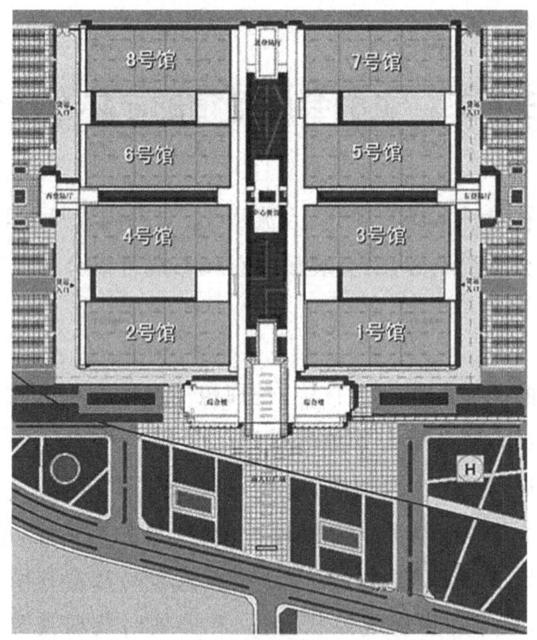

图 2-6　中国国际展览中心新馆——鱼骨式布局(2)

资料来源：中国国际展览中心新馆官网，http://www.ciec-expo.com/.

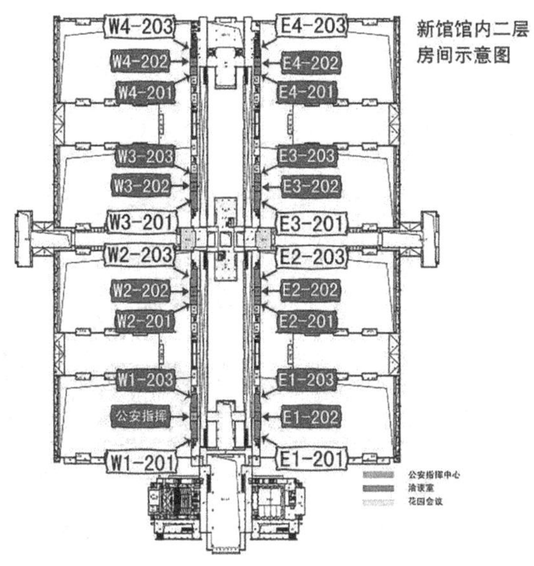

图 2-7 中国国际展览中心新馆——鱼骨式布局(3)

资料来源:中国国际展览中心新馆官网,http://www.ciec-expo.com/.

二、集中式

集中式布局适用于二层及三层以上展馆,该种布局节省用地,布局集中,人员通过垂直交通工具到达各展览层。

在集中式布局中,展厅单元和辅助用房集中在一个大体量里,各个展厅可以单独使用,也可以联合成巨型展厅使用,有一定的灵活性。拥有众多展厅使其具有多种经营模式的可能性。集中式布局模式的优势在于:节省用地、流线简单、体量完整,能缓解用地紧张的局限。缺点在于:一次性投资巨大,不利于分期建设和改扩建,在特大型会展中心中较少使用。

国内外不少会展场馆使用这种布局模式,日本受土地资源稀缺局限多采用集中式布局,国内也有很多二三线城市的中小型会展建筑采取此类布局。集中式布局由于节约用地且容易塑造出宏伟的体量,常作为城市的形象工程。

集中式布局案例:广州琶洲会展中心新馆(图 2-8、图 2-9)

图 2-8　广州琶洲会展中心新馆——集中式布局(1)

资料来源:广州琶洲会展中心新馆官网,http://www.ciefc.com/.

琶洲展馆平面图

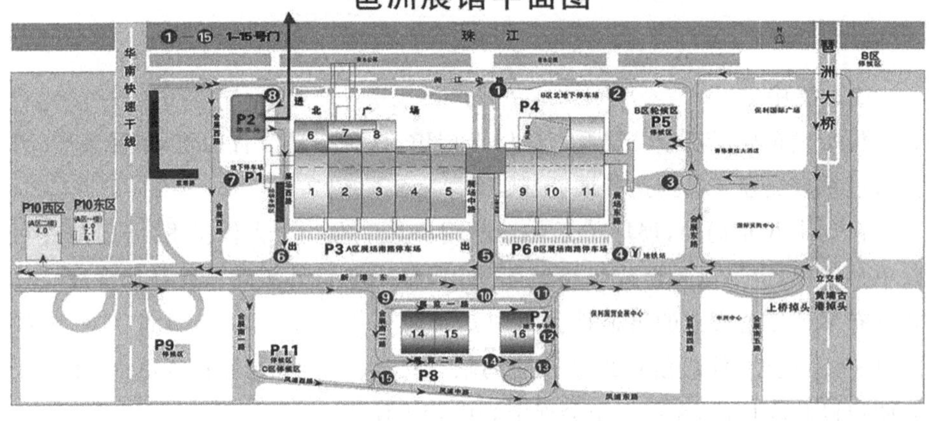

图 2-9　广州琶洲会展中心新馆——集中式布局(2)

资料来源:广州琶洲会展中心新馆官网,http://www.ciefc.com/.

三、围合式

围合式布局适用于单层展馆,利于分期建设。展厅围合内院布置,封闭式内院可作为室外展场功能。

在围合式布局模式中,将展厅串联,展厅位于人流的一侧,依次排列,而货流位于另外一侧,中间围合成内院。内院常常作为景观广场休息区,同时兼具室外展场功能。围合式布局的优势在于流线清晰，采光通风好，提升了展览环境，有利于分期建设，也有利于改建和扩建。缺点在于流线过长，需要增加入口和服务设施的数量。

围合式布局案例：上海新国际博览中心（图 2-10、图 2-11）

图 2-10 上海新国际博览中心——围合式布局(1)

资料来源：上海新国际博览中心官网，http://www.sniec.net/.

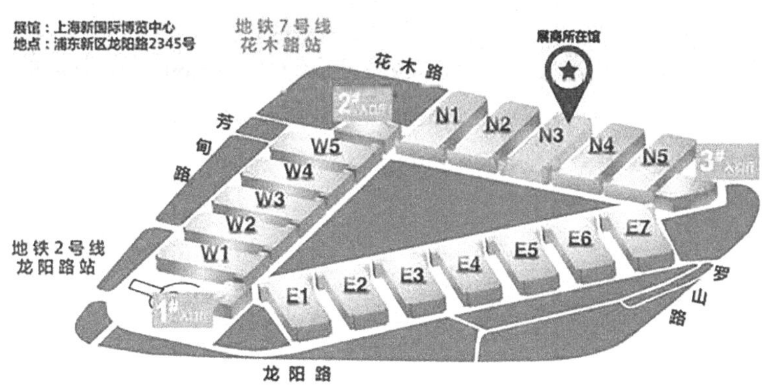

图 2-11 上海新国际博览中心——围合式布局(2)

资料来源：上海新国际博览中心官网，http://www.sniec.net/.

四、半围合式

半围合式布局适用于建筑用地较大的单层展馆，利于分期建设。展厅半围合内院布置，内院具有室外展场、广场或绿化等使用功能。

半围合式布局实质上是将展厅串联围合成庭院。半围合式布局是围合式布局的变体，入口门厅和会议中心位于中心位置；人流靠庭院内侧；货流位于庭院外侧。中央的半围合场地赋予了完善的休憩景观功能，同时可以作为室外展场使用。

半围合式布局模式的灵活性较强，当计划分期建设时可以先建成半围合布局模式，需要扩建时再建设成围合式的布局。

半围合式布局案例：福州海峡国际会展中心（图 2-12、图 2-13）

图 2-12　福州海峡国际会展中心——半围合式布局(1)

资料来源：福州海峡国际会展中心官网，http://www.fsicec.com/.

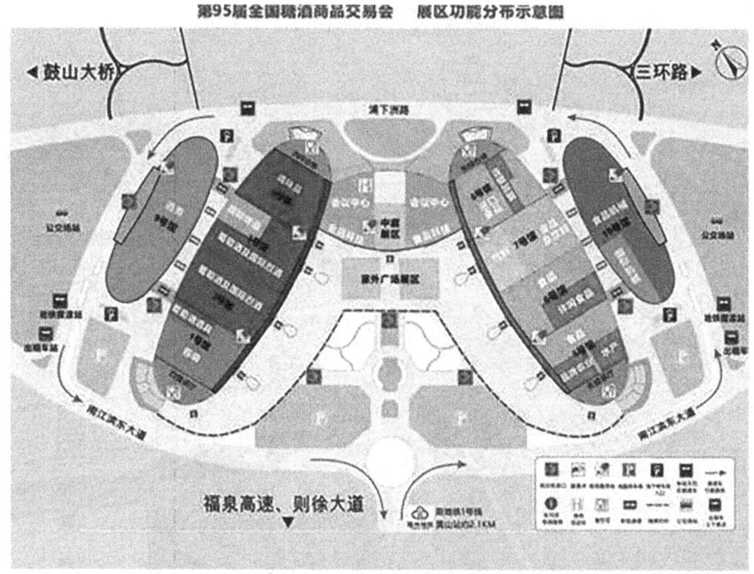

图 2-13 福州海峡国际会展中心——半围合式布局(2)

资料来源:福州海峡国际会展中心官网,http://www.fsicec.com/.

五、群落式

群落式布局适用于特大型展馆,展厅可分为单层或多层,利于分期建设。展厅成组布置,再由多组展厅组成群落。

群落式布局由早期的会展建筑发展而来,各个功能区或展厅各有特点,分散布置,形成建筑群落。群落式布局模式方便加建与扩建,同时空间变化比较丰富。缺点是人流量的流线不够明确,比较难处理,建筑造型的设计也不如其他布局模式突出。

群落式布局案例:德国汉诺威会展中心(图 2-14)

图 2-14　德国汉诺威会展中心——群落式布局

资料来源：https://www.qufair.com/pavilion/81.shtml.

思考练习与实践

一、简答题

1. 城市新建会展场馆的选址对区域内会展经济的发展可谓举足轻重，会展场馆的区位规划应该具备什么样的理念？

2.会展场馆具体的建设地址是如何规划的？

3.会展场馆的总体布局有哪些？

二、论述题

设计一座实用、环保、符合时代潮流的会展场馆应该拥有怎样的设计理念？

三、案例分析

请分析下德国汉诺威展览中心的选址模式和场馆规划，它们对中国会展场馆的建设有何借鉴意义。

◆ 项目三 ◆ 会展场馆人力资源管理

人力资源管理是企业管理的一个重要组成部分，概括地说，它是为了实现企业战略管理目标，通过一整套科学有效的方法，对企业全体人员进行的管理。

所谓人力资源，是指能够推动经济和社会发展的劳动者的能力，人力的最基本方面包括体力和智力，如果从现实的应用形态来看，则包括体质、智力、知识和技能四个方面。

会展场馆通过人力资源规划、员工招聘和配置、培训与开发、绩效管理、薪酬管理、劳动关系管理等方面工作的开展，能够合理控制成本，理顺内部关系，促进企业业绩的提升。

学习目标

1.了解人力资源管理基础理论；

2.了解会展场馆人力资源规划、常用岗位的设置；

3.掌握培训、招聘、薪酬管理等人力资源实务方面的基本技能；

4.了解会展场馆人力资源发展趋势。

模块一　会展场馆人力资源管理概述

会展场馆人力资源管理，就是指运用现代化的科学方法，对与一定物力相结合的人力进行合理的培训、组织和调配，使人力、物力经常保持最佳比例，同时对人的思想、心理和行为进行恰当的引导、控制和协调，充分发挥人的主观能动性，使人尽其才，事得其人，人事相宜，以实现组织目标。

任务一　了解人力资源管理基本理论

一、人力资源概念的提出

"人力资源"这一概念曾先后于1919年和1921年在约翰·R.康芒斯的两本著作《产业信誉》《产业政府》中使用过，康芒斯也被认为是第一个使用"人力资源"一词的人，他所指的人力资源与我们所理解的人力资源相差甚远，只不过使用了同一个词而已。

人力资源管理的历史虽然不长，但人事管理的思想却源远流长。从时间上看，从18世纪末开始的工业革命，一直到20世纪70年代，这一时期被称为传统的人事管理阶段。从20世纪70年代末以来，人事管理让位于人力资源管理。

二、人力资源管理的四代系统

企业采用人力资源管理系统最主要的原因，是期望借由人力资源管理系统，将人力资源运用到最佳经济效益。由于知识经济的来临，所谓人力资本的观念已经形成，人力资本的重要性更不亚于土地、厂房、设备与资金等，甚至超越它们。除此之外，人是知识的载体，为了有效运用知识，需要将知识发挥其最大效用。而妥善的人力资源管理，让人力资源效用发挥至最佳水平。

第一代人力资源管理系统出现于20世纪60年代末期，除了能自动计算人员薪酬外，几乎没有更多如报表生成和数据分析等功能，也不保留任何历史信息。

第二代人力资源管理系统出现于20世纪70年代末，对非财务人力资源信息和薪资的历史信息都进行设计，也有了初级的报表生成和数据分析功能。

第三代人力资源管理系统出现于20世纪90年代末，这一代管理系统的数据库将几乎所有与人力资源相关的数据都进行了收集与管理，更有强力报表生成工具、数据分析工具和信息共享的实现。

第四代人力资源系统出现于21世纪初。由于之前的人力资源管理系统并没有解决企业管理中的实际问题，如出现员工与岗位适配度低、员工积极性不足、离职率居高不下等问题。为了解决以上问题，第四代人力资源系统应运而生。这一代系统将人作为能动性的个体,为员工提供明确的晋升通道;并盘活企业内所有的员工资源,为领导决策提供数据支撑。

视野拓展

组织能力的"杨三角"

当代著名华人管理大师杨国安认为,组织能力的培养,需要由外向内地思考,而且要有与战略相关的组织能力。杨国安先生基于自己多年的思考与丰富的管理实践,提出了他著名的"杨三角"理论,"杨三角"由员工能力、员工思维模式和员工治理方式三个方面组成。(图 3-1)

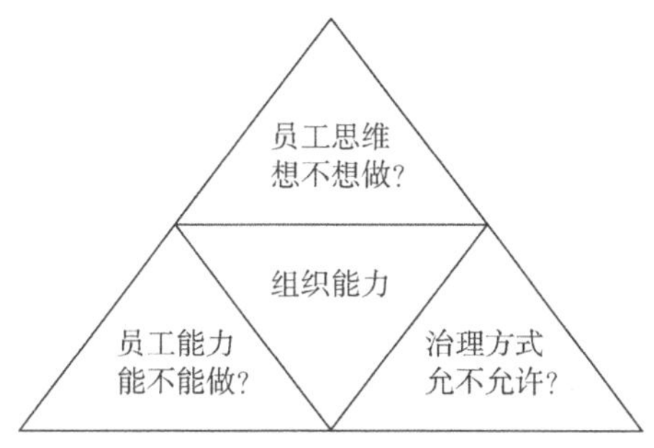

图 3-1 "杨三角"理论框架图

组织能力指的是一个团队可以发挥的整体战斗力,是使团队能够明显击败竞争对手、为客户创造必要价值的关键力量。组织能力具有以下特征:独特性,组织能力可以深植于组织内部、不依赖于个人;持续性,组织能力的可以持续地影响着企业的发展;相关性,即组织能力与企业成就有着密不可分的关系。

杨国安认为,组织能力的重要性:成功=战略×组织能力,而组织能力的高低,更能决定企业是否可以持续地成功。因为在企业中,公司管理层可以及时做出决策,调整公司战略,但是组织能力需要企业日积月累的培养。

员工能力,是指员工需具备与公司要求的组织能力相适应的思维和决策。员工思维模式,即员工每天关心、追求和重视的事情要与企业的组织能力相匹配,上到公司高管,下到公司普通职员,都要遵循公司的思维模式和价值观。最后一个则是员工的治理方式,公司要有有效的管理手段,使得员工发挥所长,将公司战略贯彻到底,实现公司的经营目标。这三个支柱一定要平衡,三个部分都要强大,同时要与公司的组织能力和战略布局进行匹配。因此,要实现三者的匹配和平衡,才可以发挥"杨三角"的巨大作用,推进企业不断发展。

三、人事管理阶段

人事管理阶段又可具体分为以下几个阶段:科学管理阶段、工业心理学阶段、人际关系管理阶段。

(一)科学管理阶段

20世纪初,以弗雷德里克·温斯洛·泰勒等为代表,开创了科学管理理论学派,并推动了科学管理实践在美国的大规模推广和开展。泰勒提出了"计件工资制"和"计时工资制",提出了实行劳动定额管理。1911年泰勒发表了《科学管理原理》一书,这本著作奠定了科学管理理论的基础,因而被西方管理学界称为"科学管理之父"。

(二)工业心理学阶段

以德国心理学家雨果·芒斯特伯格等为代表的心理学家的研究结果,推动了人事管理工作的科学化进程。雨果·芒斯特伯格于1913年出版的《心理学与工业效率》标志着工业心理学的诞生。

(三)人际关系管理阶段

1929年美国哈佛大学教授梅奥率领一个研究小组到美国西屋电气公司的霍桑工厂进行了长达九年的霍桑实验,真正揭开了对组织中的人的行为研究的序幕。

四、人力资源管理阶段

(一)人力资源管理理论的发展

"人力资源"这一概念早在1954年就由现代管理学之父彼得·德鲁克在其著作《管理实践》提出并加以明确界定。20世纪80年代以来,人力资源管理理论不断成熟,并在实践中得到进一步发展,为企业所广泛接受,并逐渐取代人事管理。进入20世纪90年代,人力资源管理理论不断发展,也不断成熟。人们更多地探讨人力资源管理如何为企业的战略服务,人力资源部门的角色如何向企业管理的战略合作伙伴关系转变。战略人力资源管理理论的提出和发展,标志着现代人力资源管理进入了新阶段。

(二)人力资本管理阶段的特点

人力资本管理阶段则将人视为一种资本来进行管理。人作为资本参与到生产活动中,具有以下的特点:

(1)人力资本可以产生利润。

(2)人作为资本,可以自然地升值。

(3)对人力资本的投资,可以产生利润。

(4)人作为一种资本,参与到利润分配中。

以人为本的管理方式是将人视为经营活动中最重要的、应首先考虑的因素。在企业中,客户的“上帝地位”被员工取代。以人为本的管理理念是,当企业满足了员工的各种需求的时候(如工作环境、薪酬、尊重等),员工的工作效率、创造力将会极大地提升,可以为企业发展做出更多的贡献。

案例分析

华为公司成立于1987年,主要从事通信网络技术与产品的研发、生产、营销和服务,并为世界领域专业电信运营商提供光电网络、固定网、移动网和增值业务领域的网络解决方案,是我国电信行业的主要供应商之一,目前已成功进入全球电信市场。华为公司是深圳企业中最早将人才作为战略性资源的企业,很早就提出了人才是第一资源、是企业最重要的资本的观念。《华为基本法》明确规定,认真负责和管理有效的员工是华为最大的财富;人力资本是华为公司价值创造的主要因素,是华为公司持续成长和发展的源泉。华为公司将人力资源的增值目标作为华为公司的战略目标之一。

华为认为,看一个企业的招聘是否有效,主要体现在以下四方面:一是是否能及时招到所需人员以满足企业需要;二是是否能以最少的投入招到合适人才;三是把所录用的人员放在真正的岗位上是否与预想的一致、适合公司和岗位的要求;四是“危险期”(一般指进公司后的六个月)内的离职率是否为最低。根据以上四个要点,结合公司的具体实际,华为制定了一套详细的招聘原则,力求实现招聘效益的最大化。华为招聘有一系列的标准,标准要求是具体的、可衡量的,以作为招聘部门考察人、面试人、筛选人、录用人的标杆。只有掌握了标准,招聘人员才能做到心中有数,才能公平地去衡量每一位应聘者。

华为已经形成了自己的培训体系。在深圳,华为有自己的培训学校和培训基地。华为的所有员工都要经过培训,并且合格后才可以上岗。华为也有自己的网上学校,通过这个虚拟的学校,华为可以在线为分布在全世界各个地方的华为人进行培训。华为培训主要有三种:上岗培训,岗中培训,下岗培训。

激励措施方面,华为实施动态分配的激励机制。华为有职权、工资、奖金、津贴、股权、红利、退休基金、医疗保障、社会保险等多种分配与保障形式,坚持报酬的合理性与竞争性,确保吸引优秀人才,并始终关注报酬的三个公平性:

(1)对外公平:根据业界最佳与市场调研,与同类人员比,具有社会竞争力;

(2)对内公平:不同工作员工,根据工作分析与职位评估确定薪金结构与政策;

(3)员工公平:同性质员工,依据绩效考核与资格认证确定合理差别。华为为员工制定了安全预付退休金制度,其分配依据是按照员工的“劳动态度、敬业精神”所作的评定,为每个员工建立个人账户,每年向他们发放退休金,离开公司时这笔钱可随时带走。

除了薪酬以外,还有股权激励、荣誉激励、职权激励等激励方式。

华为的绩效考核也有自己的特色,以绩效的改进为目标。主管要对下属进行辅导、检查,再做出评价。和下属的沟通列入了对各级主管的考评。

华为建立了一套以绩效目标为导向的考核机制,将业绩考核纳入到日常管理工作中。华为的绩效管理强调以责任结果为价值导向,力图建立一种自我激励、自我管理、自我约束的机制。通过管理者与员工之间持续不断地设立目标、辅导、评价、反馈,实现绩效改进和员工能力的提升。

任务二 了解会展场馆人力资源管理的目标

人力资源管理目标是指企业人力资源管理需要完成的职责和需要达到的绩效。人力资源管理既要考虑组织目标的实现,又要考虑员工个人的发展,强调在实现组织目标的同时实现个人的全面发展。

一、人力资源管理目标

人力资源管理目标包括全体管理人员在人力资源管理方面的目标任务与专门的人力资源部门的目标与任务。显然两者有所不同,属于专业的人力资源部门的目标与任务,不一定是全体管理人员的人力资源管理目标与任务。而属于全体管理人员承担的人力资源管理目标与任务,一般都是专业的人力资源部门应该完成的目标与任务。

无论是专门的人力资源管理部门还是其他非人力资源管理部门,进行人力资源管理的目标与任务,主要包括以下三个方面:

1.保证组织对人力资源的需求得到最大限度的满足;

2.最大限度地开发与管理组织内外的人力资源,促进组织的持续发展;

3.维护与激励组织内部人力资源,使其潜能得到最大限度的发挥,使其人力资本得到应有的提升与扩充。

二、会展场馆人力资源管理具体目标

会展场馆人力资源管理的具体目标主要有以下几个方面：

(1)经济目标。使人力与物力经常保持最佳比例和有机结合，使人和物都能充分发挥出最佳效应。

(2)社会目标。培养高素质人才，促进经济增长，提高社会生产力，以保证国家、民族、区域、组织的兴旺发达。

(3)个人目标。通过对职业生涯设计、个人潜能开发、技能存量和知识存量的提高，使人力适应社会、融入组织、创造价值、奉献社会。

(4)技术目标。不断完善和充分使用素质测评、工作职务分析等技术手段和方法，并以此作为强化和提高人力资源管理工作的前提和基础。

(5)价值目标。通过合理地开发与管理，实现人力资源的精干和高效。

人力资源开发与管理的重要目标就是取得人力资源的最大使用价值，发挥其最大的主观能动性，培养全面发展的人。

模块二　会展场馆的部门划分与岗位类别

会展场馆的高层管理者在组织设计方面，需要反复考虑的内容是设置多少个管理部门，每个职能部门的职责权限是什么，应该建立几个管理层次，每一级的管理层次又起着什么样的作用。为了加强企业的价值链管理，优化组织结构和业务流程，降低经营成本，增强企业的竞争力，会展场馆应该定期或不定期调整自己的组织机构，进行部门的合理划分。

会展场馆岗位分类是在岗位调查、分析、设计和岗位评价的基础上采用科学的方法，根据岗位自身的性质和特点，对本单位全部岗位，从横向和纵向两个维度进行的划分，从而区别出不同岗位的类别和等级，作为企业人力资源管理的重要基础和依据。

任务一 掌握会展场馆部门划分原则

一、会展场馆部门划分原则

(1)最少部门原则:指组织结构中的部门力求量少而精简,这是以有效地实现组织目标为前提的。

(2)弹性原则:指划分部门应随业务的需要而增减。在一定时期划分的部门,没有永久性的概念,其增设和撤销应随业务工作而定。组织也可以设立临时部门或工作组来解决临时出现的问题。

(3)目标实现原则:指场馆的各种必要的职能均应具备,以确保目标的实现。当某一职能与两个以上部门有关联时,应将每一部门所负责的部分加以明确规定。

(4)指标均衡原则:指各部门职务的指标分派应达到平衡,避免忙闲不均,工作量分摊不均。

(5)检查职务与业务部门分设原则:考核和检查业务部门的人员,不应隶属于受其检查评价的部门,这样就可以避免检查人员“偏心”,能够真正发挥检查职务的作用。

二、会展场馆部门划分应充分考虑的因素

会展场馆部门划分围绕价值链管理,还应该充分考虑以下一些因素:

(1)经济性问题。设置任何一个部门,都需安排管理人员和业务人员及确定办公地点,以及必要的费用支出,如办公费、差旅费、电话费等等。因此,在设置一个部门时,管理及办公费用是必须考虑的因素。

(2)制约性问题。各个部门在整个业务流程中的相互制约关系需要考虑。

(3)协调性问题。减少部门接口或工作环节,也是价值链管理的基本原则之一。

(4)岗位之间或部门之间的服务或保证关系。

(5)划分部门时,要使其中的岗位尽可能地配备专业人员,相同的专业人员尽可能地集中在一个部门。

(6)人性因素。由于内部摩擦和互相推诿,一个不合理的组织结构即使有最好的人才,也会造成浪费。这种组织不可能留住和培养优秀的人才,也不可

能吸收高质量的新人进入这个组织。所以，在划分部门时，应在有关人性方面给予足够的考虑。

(7)心理因素。任何一位部门管理者，莫不希望自己的部门受到高层管理者的足够重视，自己能够直接向高层管理者报告，但如果所有部门都直接向高层管理者直接汇报也不现实，部门划分应当通盘考虑。

任务二 了解会展场馆部门概貌

全国会展场馆数以百计，部门设置几乎没有完全一样的。但一般而言，会展场馆的部门大致可以分为四大类：业务部门、行政管理部门、服务后勤部门和工程技术部门。大多数会展场馆都会设置以下一些部门，其工作职能参考如下(表 3-1)：

表 3-1 会展场馆的部门设置

类别	部门名称	主要职责
业务类	业务部	开展社会调查和市场调研工作，进行会议展览市场信息收集、整理和调研，拓展公司展览会议业务； 组织、实施和完成一切与招商、招展有关的工作； 承接、洽谈会议展览项目，提供与场馆业务有关联络沟通等其他各项服务。
行政管理类	办公室	协助总经理做好与各部门的沟通、协调、传达、反馈等工作； 公司决策、决定和有关规章制度的落实、检查、反馈； 企业管理信息的收集整理，为领导决策提供相关信息支持； 负责与上级部门及对外相关事务的联系处理； 公司重要文件、规章制度起草拟定，公司形象策划、公共关系、企业文化建设； 办公用品采购的审批。

续表

类别	部门名称	主要职责
行政管理类	人力资源部	根据公司战略提出年度人力资源部目标； 指导、管理、协调部门员工工作，改善工作质量和服务态度； 根据公司发展需要及领导层决策提出定岗定员方案、员工双向选择方案、劳动合同管理方案及薪资、福利政策调整方案、年终考核考评方案，并具体执行； 依据公司人力资源规划，拟订年度员工工资、奖金、社会保险等人力资源费用预算； 按照公司费用预算负责审核工资、津贴、福利等人工成本费用； 根据劳动法规和公司制度妥善处理劳动争议； 负责员工的录用、调配、待岗、辞职、辞退、退休等提出具体拟办方案并提交总经理办公会决定； 负责员工人事档案的收集、管理，做好各类人力资源状况的统计、分析、调整及查询等工作。
	财务部	在公司董事会和总经理的领导下负责本单位财会管理工作，组织开展会计核算和会计监督； 负责公司各项财务开支的审核； 负责财务数据、指标的审核，财务状况分析； 编制和执行财务预算及资金使用计划，保持资金的动态平衡； 审查公司经营管理和投资方案的效益； 对经济方案中财务方面的可行性和风险度进行评价； 定期检查固定资产和流动资金，协助做好物资盘点工作，负责经济核算、现金管理和有价证券管理； 负责资金筹集，管好各项资金，提高资金利用率，按照规定计算缴交税费。及时督促交纳税和其他上缴款项。
现场服务类	办公室 展务 （会务）部	组织、落实展览会议现场服务； 负责会议设施、设备的维护保养； 为客人提供周到细致的服务。
	物业部	负责展馆及广场的绿化、保洁、除四害工作； 负责对道路、标识、排水设施、公共空间进行检查及日常报修工作； 配合进行展馆建筑改造工程； 协助安全保卫部门，做好展厅的安全、消防检查工作。

续表

类别	部门名称	主要职责
现场服务类	保卫部	负责对公司日常治安、消防安全工作的管理； 负责组织展览、会议及重大接待活动期间的安全警卫、消防安全工作； 监督检查公司治安、消防工作制度落实情况，及时发现安全隐患并指导进行整改； 与公安、消防等部门保持联系，接受其业务检查和指导。协助公安机关侦破重大治安刑事案件和对火灾事故进行调查； 组织对保安人员进行管理和培训。
	仓储运输部	负责展会期间，到车站、港口、机场等处为展商代领货物； 负责对代领货物统一进行管理、收发； 负责展会期间装卸、物流工作； 负责展品仓库、保税仓库的管理。
工程技术类	广告工程部	负责公司的广告配套服务工作，监督广告发布并符合相关法规和场馆的安全管理规定； 负责有关展会标准展位搭建，承接特装业务、美工、开幕式服务和管理； 负责展馆广告资源的开发管理； 负责广告牌、特装展具、广告展示器材的管理及维护。
	工程部	负责机电设备运行管理； 制定操作规程，并对执行情况定期考核评定； 及时消除各种隐患，以保证设备安全运行； 负责督促落实设备维保和检修计划，组织对设备进行定期维护保养和大、中修。 负责备品备件的技术和经济管理工作； 负责管辖设备（设施）的更新改造管理，负责公司下达的技改工程； 为用户提供电力、照明、暖通空调等配套设备（设施）的功能及展览、会议期间所需的相应管理和服务； 负责设备（设施）等维保项目外协联系与协调工作以及外委工程项目的预决算审核和组织工程验收工作。
	网络信息部	负责场馆网络信息系统管理； 确保网络信息系统的正常工作，组织对相关设备、线路及辅助设备的定期检查维护，确保设备处于正常状态； 根据公司需要，开发有关系统，维护公司网页。

下面以深圳会展中心管理有限责任公司的组织架构作为例子，对会展场馆的部门设置作个说明(图 3-2)。

深圳会展中心管理有限责任公司的组织架构包括三个部分：董事会、监事会和经营班子。

董事会向股东会负责，包括召集股东会，向股东会报告工作，执行股东会的决议；制定公司运行过程中涉及的一系列方案；制定公司管理的政策和目标，设定公司管理层的薪水和其他激励措施等。

监事会的主要职权，首先是检查公司财务；其次，对董事、高级管理人员执行公司职务的行为进行监督，对违反法律、行政法规、公司章程或者股东会决议的董事、高级管理人员提出罢免的建议等。

经营班子包括 21 个组成部分，含深圳市国际贸易展览有限公司、深圳市对外经济贸易服务中心有限公司、交易拓展部、综合管理部、招组展部、策划推广部、国际业务部、广告事业部、办公室、党群工作部等，各部门各司其职，又相互配合，共同完成任务。

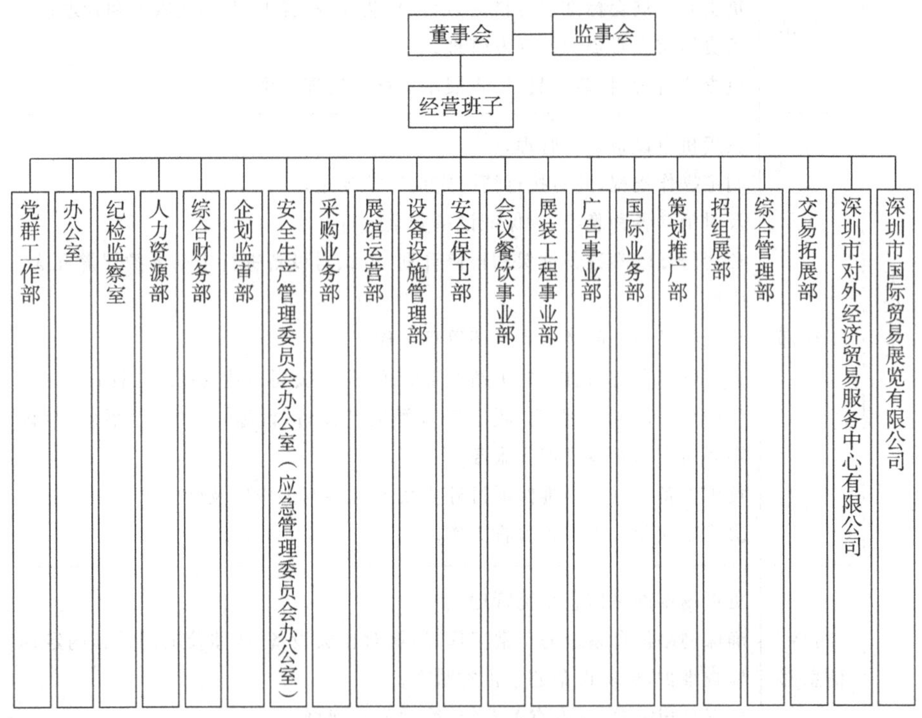

图 3-2　深圳会展中心管理有限责任公司组织架构

资料来源：深圳会展中心官方网站：www.szcec.com.

任务三 掌握会展场馆岗位类别

一、岗位分类结构

岗位分类结构应建立在科学化和系统化的基础之上，它以职位为基本元素，以职系、职组为横坐标，以职级、职等为纵坐标交叉构造而成。

职系(series)：是指一些工作性质相同，而责任轻重和困难程度不同，所以职级、职等不同的职位系列。简言之，一个职系就是一种专门职业(如机械工程职系)。

职组(group)：工作性质相近的若干职系综合而成为职组，也叫职群。例：人事管理和劳动关系职组包括17个职系。

职级(class)：职级是分类结构中最重要的概念。指将工作内容、难易程度、责任大小、所需资格皆很相似的职位划为同一职级，实行同样的报酬。(每个职级的职位数并不相同，小到一个，多到几千)。

职等(grade)：工作性质不同或主要职务不同，但其困难程度、职责大小、工作所需资格等条件充分相同之职级的归纳称为职等。同一职等的所有职位，不管它们属于哪个职系的哪个职级，其薪金报酬相同。

岗位分类与职业分类、岗位分级、品位分类的联系：岗位分类与职业分类是特殊性与一般性的关系，职业分类对企业中的岗位分类起着重要的指导和规范作用，而岗位分类又为国家职业分类体系提供了丰富的内容和有益的补充。岗位分类适用于国家各级政府及其职能部门和机构，而岗位分级适用于实行岗位分类以外的各种企事业单位。岗位分级与品位分类的区别：分类标准不同；分类依据不同；适用范围不同。

二、岗位分类的原则

"因事设职"是岗位分类的总原则。具体而言，有以下几个应依据的原则：

(一)系统原则

岗位设置和划分，不能孤立地、局部地去看，而应该从各职位的相互联系上和从总体上去把握。一般而言，任何系统都具有5个特征：

1.集合性。由两个或两个以上相互区别的要素组成。

2.相关性。各要素间相互联系，相互作用。

3.目的性。任何系统都为一定的目的而存在。

4.整体性。一个系统是由两个或两个以上要素构成的有机整体。尽管每个要素都可以独立成为一个子要素，但是各个子要素间又是紧密联系不可分割的统一体。

5.环境适应性。任何系统都必须适应外部环境条件及其变化，和其他有关的系统相互联系，构成一个更大的系统。

任何一个完善的组织机构都是相对独立的系统。因此，在考虑该组织机构的职位设置时，应从系统论出发，把每一个职位放在该组织系统中，从总体上和相互联系上分析其独立存在的必要。

（二）最低岗位数量原则

最低岗位数是指一个组织机构为了实现其独立承担的任务而必须设置的岗位数。岗位设置超过了这个数量就会造成职位虚设，机构膨胀，人浮于事；岗位设置低于这个数量，则造成职位短缺，人手不足，影响组织目标的实现。

最低岗位数量原则确保组织机构的高效率和高效益。

（三）整分合原则

整分合原则是指一个组织必须在整体规划下明确分工，在分工的基础上进行有效的合作，以增强整个组织的效应。在进行职位分类时，应以组织的总目标和总任务为核心，从上至下层层分解，分解为一个个具体的分目标、分任务和子目标、子任务，直至分解落实到每一个职位上；然后，再对这些职位从下至上进行综合，层层保证，确定各职位上下间的隶属关系和左右间的协调合作关系，以确保组织系统的整体功能。

（四）能级原则

“能级”是借用原子物理中的概念，指原子中的电子处在各个定态时的能量等级。在职位分类中的“能级”概念，是指一个组织系统中各个职位的功能等级。功能大的职位，在组织中所处等级就高，其能级就高；反之，功能小的职位，在组织中的级别就低，其能级亦低。职位分类时，应依据能级原则来分析评估不同职位的各自能级，使其各就其位，各得其所。

三、会展场馆岗位设置

会展场馆岗位设置，基本遵循上述原则，根据职级等因素划分，大致可以分成四类。

(一)高级管理岗位

主要指会展场馆公司的董事长、总经理、副总经理、董(监)事、总监等,高层管理人员是指对整个组织的管理负有全面责任的人,他们的主要职责是制定组织的总目标、总战略,掌握组织的大致方针,并评价整个组织的绩效。企业高层管理人员的作用主要是参与重大决策和全盘负责某个部门,兼有参谋和主管双重身份。

(二)中层管理岗位

主要指会展场馆各部门经理、部门副经理、经理助理等,他们一方面对上负责,一方面对下行使职权,中层管理属于战术级管理。主要任务是根据最高层管理所确定的总体目标,具体对组织内部所拥有的各种资源制定资源分配计划和进度表,并组织基层单位来实现总体目标。

管理下属,确定下属的工作职责,对下属的绩效考核,团队建设管理事情,设定目标完成工作。

(三)基层员工

基层员工是活跃在企业中最大的群体,他们承担了企业最多的生产工作量,如果对他们失去关注,将会直接影响到企业的发展。随着企业的不断发展和壮大,基层员工的管理显得尤为重要,如何能够更好地调动员工的工作积极性,提高生产效率,是广大管理者需要研究的课题。

(四)专业技术人员

专业人员也可叫专业技术人员,是在各个单位中从事专业技术工作的人。单位会有专业技术岗位。被聘用从事该岗位工作的就是专业技术人员。

专业技术人员通常划为三类:

(1)担任专业技术职务的人员;

(2)取得专业技术职务资格,从事专业技术工作或一般行政管理工作的人员;

(3)虽未担任专业技术职务或取得专业技术职务资格,但正在专业技术岗位上从事专业技术工作的人员。

会展场馆常见的专业技术人员主要有:工程技术人员、经济人员、会计人员等。专业技术人员在会展场馆中岗位众多,覆盖面广,如何发挥他们的专长,关系到能否更进一步提升企业的安全和效益,故而许多公司会为专业技术人员制定专门的岗位规定和晋升通道。

四、岗位分类设置步骤

(一)岗位分类步骤

1.岗位的横向分级,即根据岗位的工作性质及特征,将它们划分为若干类别。

2.岗位的纵向分级,即根据每一岗位的繁简难易程度、责任轻重以及所需学识、技能、经验水平等因素,将它们归入一定的档次级别。

3.根据岗位分类的结果,制定各岗位的岗位规范即岗位说明书,并以此作为各项人力资源工作的依据。

(二)岗位横向分类的步骤

1.将企事业单位内全部岗位,按照工作性质划分为若干大类,即职门。

2.将各职门内的岗位,根据工作性质的异同继续进行细分,把业务相同的工作岗位归入相同的职组,即将大类细分为中类。

3.将同一职组内的岗位再一次按照工作的性质进行划分,即将大类下的中类再细分为若干小类,把业务性质相同的岗位组成一个职系。

(三)岗位横向分类的方法

1.按照岗位承担者的性质和特点,对岗位进行横向的区分。

2.按照岗位在企业生产过程中的地位和作用划分。

(四)岗位纵向分级的步骤

1.按照预定标准进行岗位排序,并划分出岗级

分别把每一个职系中的岗位,按照业务工作的繁简难易、责任大小以及所需人员资格条件等因素,对其进行分析和评价,并把它们按照一定的顺序,如从“简”“轻”“低”到“繁”“重”“高”进行排序,将相近相似的岗位划分为同一岗级,直至将全部岗位划分完为止。

2.统一岗等

在划分岗级的基础上,根据岗位工作的繁简难易程度、责任大小和所需人员资格条件等因素,对各职系的岗级进行横向的分析比较,然后将它们归入统一的岗等内,从而使不同职系、不同岗级的岗位,纳入一个由岗等、岗级与职系组成的三维岗位体系之中。

(五)岗位分类功能

1.岗位分类使人员应用工作更具有针对性。

2.岗位分类是实现同工同酬,建立公平、合理的工资制度的基础和依据,有助于调动工作人员的工作积极性。

3.岗位分类是对各类工作人员进行考核、升降、奖惩、培训管理的依据。

4.岗位分类是实行岗位责任制的基础和依据。

5.岗位分类是控制企业编制,防止机构膨胀、人浮于事和官僚主义的重要手段。

6.岗位分类有助于提高人力资源统计的正确性和实用性。

(六)合理的岗位分类的意义

1.岗位分类是各项人力资源管理科学化的基础。

2.岗位分类是实现对工作人员有效管理的保障。

3.岗位分类为实现人力资源业务的简化和公平准确创造了条件。

模块三 会展场馆人力资源管理实务

会展场馆人力资源管理实务涵盖面广,通常包括以下具体内容:职务分析与设计、人力资源规划、员工招聘与选拔、绩效考评、薪酬管理、员工激励、培训与开发、职业生涯规划、劳动关系管理。不管哪一个环节,最终都是围绕着协调和改善企业与员工之间的劳动关系,进行企业文化建设,营造和谐的劳动关系和良好的工作氛围,保障企业经营活动这一核心目标的开展。

任务一 了解职位分析与设计

职位分析是一种确定完成各项工作所需技能、责任和知识的系统过程,是人力资源管理工作的基础,其分析质量对其他人力资源管理模块具有举足轻重的影响。它是对职位信息进行收集、整理、分析与综合,确定这些职位的职责以及这些职位任职人特征的程序。其成果主要包括两种:一种是职位说明书(job description,工作任务及职责清单);另一种为职位分析报告(job specification)。

职位分析是人力资源管理的一个重要的子系统,是建立"以职位为基准的薪酬模式"的重要基础性工作。职位分析又称岗位分析、工作分析,主要是指通过系统地收集、确定与组织目标职位有关的信息，对目标职位进行研究分析，最终确定目标职位的名称、督导关系、工作职责与任职要求等的活动过程。

任务二　掌握会展人力资源规划

所谓人力资源规划(human resource plan, HRP)也叫人力资源计划，是指为实施企业的发展战略，完成企业的生产经营目标，根据企业内外环境和条件的变化，通过对企业未来的人力资源的需要和供给状况的分析及估计，运用科学的方法进行组织设计，对人力资源的获取、配置、使用、保护等各个环节进行职能性策划，制定企业人力资源供需平衡计划，以确保组织在需要的时间和需要的岗位上，获得各种必需的人力资源，保证事(岗位)得其人、人尽其才，从而实现人力资源与其他资源的合理配置，有效激励、开发员工的规划。

一、广义人力资源规划

广义的人力资源战略规划，是指根据组织的发展战略、目标及组织内外环境的变化，预测未来的组织任务和环境对组织的要求，以及为完成这些任务，满足这些要求而提供人力资源的过程。

(一)人力资源战略规划

人力资源战略规划不同于以往的人力资源规划，更强调规划的战略性。因此，人力资源战略规划是为组织的人力资源目标服务、要解决人力资源供需动态平衡问题。同时，它包含了一系列计划，也反映了一系列行动。战略具有总体性、系统性、长远性、指导性、竞争性、现实性等特点，导致了人力资源战略规划比人力资源规划更全面、更系统、更长远。

组织人事规划是人力资源战略规划的下属概念，它包括：组织结构调整变革计划、劳动组织调整发展计划、劳动定员定额计划。

(二)人力资源管理费用预算

人力资源预算是企业预算主要组成部分，主要包括三方面：

第一个方面，企业的人力成本，就是工资费用，到底一年需要支付多少。

第二个方面，就是和工资相关的，按照我们国家社会保障体系所要求的各种基金和保险费用，比如说医疗保险、失业保险等等。这也是人力资源费用当中一个重要的组成部分。

第三个方面，人力资源部门作为从事专业人力资源管理的职能部门在一年工作当中，要牵头或者负责花多少费用。比如说招聘费用，对薪酬的市场调查费用，对员工知识技能的测评费用，员工的培训费用，劳动合同的认证费用，辞退员工的补偿费用，劳动纠纷的法律咨询费用，以及人力资源部门工作人员的办公费用、通信费用、差旅费用、办公设施费用等等。

（三）人力资源管理制度建设

人力资源管理制度是企业人力资源管理具体操作的规范体系，是确保人力资源部门正常工作，以及各项人力资源管理活动规范运转的重要手段。人力资源管理制度的建设，可以提升人力资源管理工作效率，确保人力资源管理部门为企业发展战略服务。

基础性管理制度包括：组织机构和设置调整的规定；工作岗位分析与评价工作的规定；岗位设置和人员费用预算的规定；对内、对外人员招聘的规定（含合同管理规定）；员工绩效管理（目标管理）的规定；人员培训与开发的规定；薪酬福利的规定（含社会保险规定）；劳动防护用品与安全事故处理的规定；其他方面的规定，如职业病防治与检查的规定等。

（四）人力资源开发规划

人力资源开发规划有短期、中期、长期之分，没有整齐划一的年限定义。一般 1 年的规划属于短期规划，2～5 年属于中期规划，5 年以上属于长期规划。企业经营变化越多、短期内劳动就业市场吸纳添补人才越容易，企业人力资源规划需要采用短期规划的方式；反之，则必须要做中长期规划。

一般在建立人力资源规划的时候，会分为总体规划和专项规划两个部分。总体规划主要围绕计划期内人力资源开发与应用的总体目标、政策、行动及预算等，是专项规划的基础；常见的专项计划，比如招聘计划、接替晋升计划、培训计划、薪酬福利计划、劳动关系计划等，都是总体规划的展开与具体化，每项专项计划有各自的目标、政策、行动、预算（见图 3-3）。

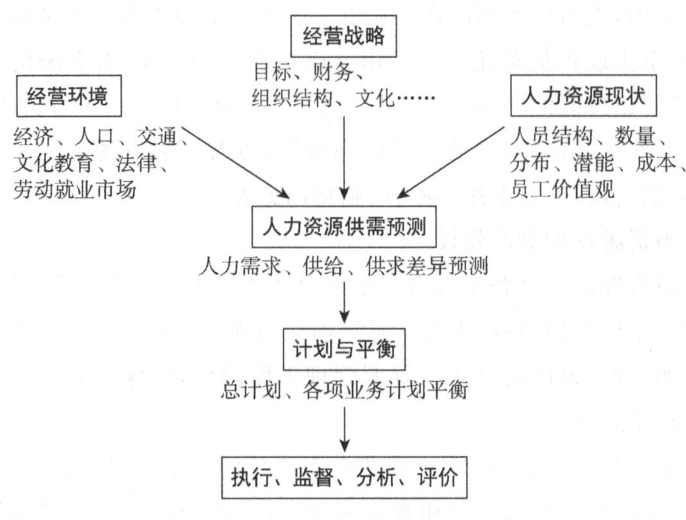

图 3-3 人力资源规划流程图

资料来源：www.mice-gz.org.

(五)人力资源系统调整发展规划

规划并非是一成不变的，它是一个动态的开放系统，应对其实施的过程及结果进行监督、评估，并重视信息的反馈，不断调整规划，使其更切合实际，更好地促进企业目标的实现

二、狭义人力资源规划

(一)人员配备计划

人员配备计划主要指企业每个职务的人员数量，人员的职务变动、职务人员空缺数量等。

人员配备计划包括人员供给计划、人员培训计划、人员费用计划、人员政策调整计划等。人员供给计划是人员需求计划的对策性计划，主要包括人员招聘计划、人员晋升计划和人员内部调动计划等。人员培训计划包括两项培训类型，一是为了实现提升而进行的培训，二是为了弥补现有生产技术的不足而进行的培训。

如果一家企业的成员数量低于最小维持量，则其中的部分乃至全部成员必须承担过多的角色责任，这样才能维持企业正常运营，这种情况被定义为人员不足(understaffed)，反之则被称为超员(overstaffed)。若是成员数量介于最小维持量与合适量之间的话，则称为“人员配备适当”。另外，威克(1973)又将“人

员配备适当”背景分为两种情况：人员稀少和人员丰富。由此不难看出，从人员不足，到人员稀少再到人员适当、人员丰富以及超员，其实就是企业人员数量上的变化和调整。

1.人员不足

企业一旦出现人员配备不足，就会引发一系列问题。如前所述，若企业人员配备过少，企业成员需要承担更多的任务和责任，进而他们需要加倍努力才能维持企业的正常运行。因此，与一个人员配备适当的企业相比，前者在任何一项工作上体现的最佳绩效肯定不如后者。同时，他们的工作标准也会随之降低，成员之间的外在差异也容易受到忽略。但在人员配备适当的企业中，成员间的差别则会被高度重视，并以此作为分配合适工作的依据。每个处于人员配置适当背景中的企业成员都将拥有更高的价值，并进行更为丰富、更有意义的交流。与人员配备适当企业相比，人员配置不足的企业成员更容易产生不安全感。

2.人员过剩

人员过剩问题则要求企业出台相应措施，以便应对更多的求职者。一个明确的解决方法是扩容，既可以增大原有的可容纳环境，也可以转移到更大的地方。另一个恰当的措施是控制进入企业的人数，这可通过严格的入职限制或是一系列的筛选过程来实现。

(二)人员补充计划

人员补充计划是人员配备计划的对策性计划，主要包括人员供给的方式(外部招聘、内部招聘等)、人员内部流动政策、人员外部流动政策、人员获取途径和获取实施计划等。

(三)人员晋升计划

对企业而言，完善而科学的晋升计划对员工有强烈的正向激励作用。不论是薪酬所得，还是个人所掌握的知识、技能和工作能力，在员工成长过程中，要保持提升。对于部门负责人而言，培养团队是其考核指标之一。用人与育人是一体两面的事情，清晰的晋升通道有助于员工提升自我能力的定位与认知。“邓宁一克鲁格心理效应”表明，只有实际能力不断提升，才能实现自我认知的准确性。清晰明确的晋升通道，是育人过程中不可或缺的，也能避免“俄罗斯套娃”现象，即一茬不如一茬，实现育人的有效性。

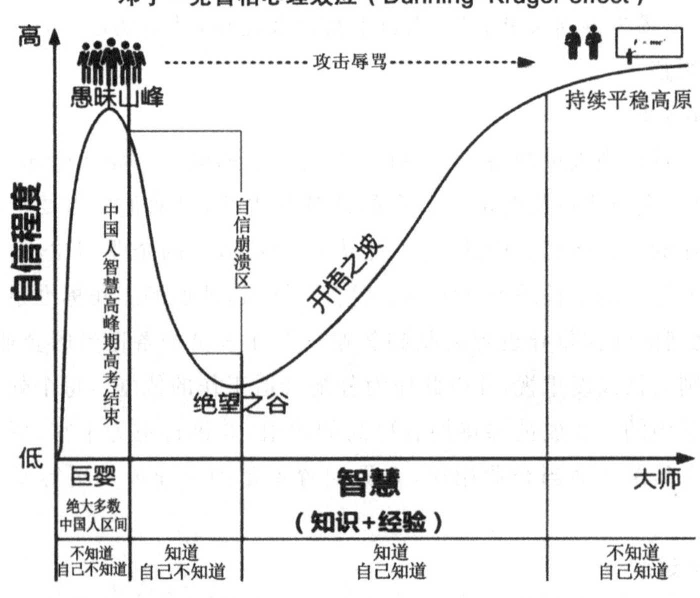

图 3-4 邓宁一克鲁格心理效应

(四)员工招聘与录用

在企业的构架中，招聘与选拔是整个企业人力资源管理的基础，所以招聘与选拔也决定着企业的各项人力资源管理工作能否顺利进行。招聘与选拔的作用主要表现为以下几点：

(1)留住人才；(2)降低劳动纠纷的发生率；(3)减少培训负担；(4)提高员工士气；(5)提高企业绩效。

制订科学、合理的人员招募、选拔和录用程序能保证人员招聘工作有序进行，达到为企业补充人才资源的目的。招聘程序是指从出现职位空缺到候选人正式进入公司工作的整个过程。这个过程通常包括识别职位空缺、确定招聘策略、征召、甄选、试用、招聘评估等环节。

一般招聘程序：提出招聘需要——工作职责与任职资格描述——获得招聘批准——选择招聘渠道和方法——获得候选人并进行简历筛选——人力资源部与用人部门经理利用心理测验、面试、评价等方法选拔候选人——讨论并作出初步录用决定——确定工资——入职体验——正式录用决定并进行入职准备——档案转移、签订劳动协议。

(五)绩效考评

绩效考评是人力资源管理的核心职能之一,是指评定者运用科学的方法、标准和程序,对行为主体的与评定任务有关的绩效信息(业绩、成就和实际作为等)进行观察、收集、组织、贮存、提取、整合,并尽可能做出准确评价的过程,是企业绩效管理中的一个环节。常见绩效考评方法包括 BSC、KPI 及 360 度考核等,主流商业管理课程将绩效考评的设计与实施作为对经理人的一项重要人力资源管理能力要求包含在内。

会展场馆绩效考评需结合企业自身经营目标,其方式方法也应当与每个企业的实际相吻合。

(六)薪酬福利与激励

经济学上,薪酬是指劳动者依靠劳动所获得的所有劳动报酬的总和。现代意义上的企业薪酬,是指企业对为实现企业目标以法定货币和法定形式定期或不定期支付给员工的一种劳动报酬。从字面上理解,薪酬即含有薪水和酬劳的意思,它是企业对员工提供劳务和所做贡献的回报,可分为直接薪酬和间接薪酬两种形式。

直接薪酬包括工资、奖金、年薪,间接报酬可包括福利、红利、股权。其中福利是对工资或奖金等难以包含、准确反映情况的一种补充性报酬,可以不以货币形式直接支付,如带薪节假日、医疗保障、安全保护、保险等。

激励,简言之就是调动人的工作积极性,把其潜在的能力充分地发挥出来。薪酬激励必要性及其原则:激励是管理的核心,而薪酬激励又是企业激励中最重要的也是最有效的激励手段。薪酬激励的目的之一是有效地提高员工工作的积极性,在此基础上促进效率的提高,最终能够促进企业的发展。在企业盈利的同时,员工的能力也能得到很好的提升,实现自我价值。

(七)员工培训与开发

培训开发是指组织通过学习、训导的手段提高员工的工作能力、知识水平和潜能发挥,最大限度地使员工的个人素质与工作需求相匹配,进而促进员工现在和将来工作绩效的提高。严格地讲,培训开发是一系统化的行为改变过程,这个行为改变过程的最终目的就是通过工作能力、知识水平的提高,以及个人潜能的发挥,明显地表现出工作上的绩效提高。

员工培训开发原则是指企业为了有效地进行员工培训开发,对员工培训开发所进行的定向的规范和指导,使培训工作达到既定目标。

特别提示

员工培训与开发要注意的原则

1.战略原则

培训开发不仅要关注眼前的问题，更要立足长远的发展，从未来发展的角度出发进行培训开发，这样才能保证培训开发工作的积极主动，而不只是充当临时“救火员”的角色。

2.目标原则

在培训之前为受训人员设置明确的目标，不仅有助于在培训结束之后进行培训效果的衡量，而且更有助于提高培训的效果，使受训人员可以在接受培训的过程中具有明确的方向并且具有一定的学习压力。

为了使培训目标更有指导意义，目标的设置应当明确、适度，既不能太难也不能太容易，要与每个人的具体工作相联系，使受训人员感受到培训的目标来自工作但又高于工作。

3.差异化原则

培训开发差异化原则有两层含义。

首先是指内容上的差异化。由于培训的目的是要改善员工的工作业绩，因此培训的内容必须与员工的工作有关，应具有针对性。

其次是指人员上的差异化。虽然培训开发要针对全体员工来实施，但这绝不意味着在培训过程中就要平均使用力量。培训中应当向关键职位进行倾斜，特别是中高层管理人员和技术人员，正如德国企业家柯尼希所指出的，“由于企业中领导人员的进修与培训太重要了，所以应由企业上级谨慎计划并督导其实现”。

4.激励原则

为了保证培训开发的效果，在培训过程中还要坚持激励原则，更好地调动员工的积极性和主动性，激励还应当贯穿整个培训的过程，培训过程中及时进行反馈，培训结束后进行考核；对培训考核成绩好的予以奖励，对考核成绩差的给予惩罚等，这些都属于激励的内容。

5.讲究实效的原则

培训开发应当讲究实效，不能只注重培训的形式，而忽视培训的内容；培训的内容应当结合实际，要有助于绩效的改善；要注重培训成果的转化，学以致用。

6.效益原则

会展场馆作为一种经济性组织，它从事任何活动都是讲究效益的，都要以最小的投入获得最大的收益。

（八）职业生涯规划

职业生涯规划（简称生涯规划），又叫职业生涯设计，是指个人与组织相结合，在对一个人职业生涯的主客观条件进行测定、分析、总结的基础上，对自己的兴趣、爱好、能力、特点进行综合分析与权衡，结合时代特点，根据自己的职业倾向，确定其最佳的职业奋斗目标，并为实现这一目标做出行之有效的安排。

规划应当以既有的成就为基础，突破生活的局限，塑造清新充实的自我。而准确评价个人特点和强项、合理评估个人目标和现状的差距、准确定位职业方向、重新认识自身的价值并使其增值、发现新的职业机遇、增强职业竞争力，将个人、事业与家庭联系起来。

主要原则有：

(1)清晰性原则：考虑目标、措施是否清晰、明确，实现目标的步骤是否直截了当；

(2)挑战性原则：目标或措施是否具有挑战性，还是仅保持其原来状况而已；

(3)变动性原则：目标或措施是否有弹性或缓冲性，是否能依循环境的变化而作调整；

(4)一致性原则：主要目标与分目标是否一致，目标与措施是否一致，个人目标与组织发展目标是否一致；

(5)激励性原则：目标是否符合自己的性格、兴趣和特长，是否能对自己产生内在激励作用；

(6)合作性原则：个人的目标与他人的目标是否具有合作性与协调性；

(7)全程原则：拟定生涯规划时必须考虑到生涯发展的整个历程，作全程的考虑；

(8)具体原则：生涯规划各阶段的路线划分与安排，必须具体可行；

(9)实际原则：实现生涯目标的途径很多，在作规划时必须要考虑到自己的特质、社会环境、组织环境以及其他相关的因素，选择确实可行的途径；

(10)可评量原则：规划的设计应有明确的时间限制或标准，以便评量、检查，使自己随时掌握执行状况，并为规划的修正提供参考依据。

(九)劳动关系管理

劳动关系管理是指传统的签劳动关系合同、解决劳动纠纷等内容。劳动关系管理是对人的管理,对人的管理是一个思想交流的过程,在这一过程中的基础环节是信息传递与交流。通过规范化、制度化的管理,使劳动关系双方(企业与员工)的行为得到规范,权益得到保障,维护稳定和谐的劳动关系,促使企业经营稳定运行。企业劳动关系主要指企业所有者、经营管理者、普通员工和工会组织之间在企业的生产经营活动中形成的各种责、权、利关系:所有者与全体员工的关系;经营管理者与普通员工的关系;经营管理者与工会组织的关系;工会组织与职工的关系。

劳动关系管理应遵循以下基本原则:

(1)兼顾各方利益原则;

(2)协商解决争议原则;

(3)以法律为准绳的原则;

(4)劳动争议以预防为主的原则。

视野拓展

某企业的校园招聘流程图

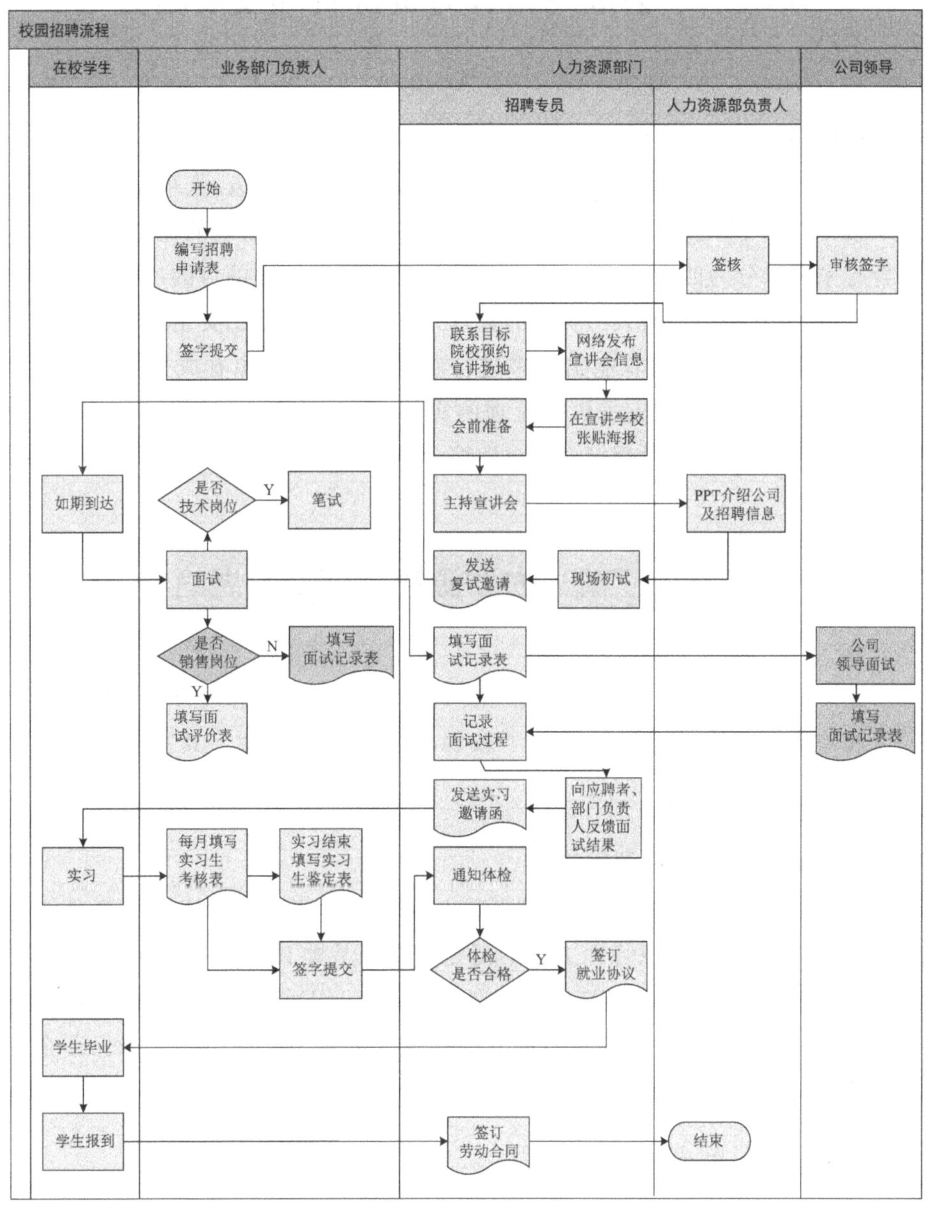

图 3-5 招聘流程图

模块四 会展场馆人力资源管理发展趋势

会展场馆的人力资源管理工作，应当运用科学方法，协调人与事的关系，处理人与人的矛盾，充分发挥人的潜能，使人尽其才，事得其人，人事相宜，以实现组织目标。20世纪以来，国内外从不同侧面对人力资源管理的概念进行阐释，综合起来可以分为四大类：第一类主要是从人力资源管理的目的出发来解释它的含义，认为它是借助对人力资源的管理来实现目标。第二类主要是从人力资源管理的过程或承担的职能出发来进行解释，把人力资源看成是一个活动过程。第三类主要解释了人力资源管理的实体，认为它就是与人有关的制度、政策等。第四类从目的、过程等方面出发综合进行解释。

任务一 了解人力资源管理理论发展趋势

在面临经济全球化和知识化的挑战下，未来人力资源管理将会呈现什么样的发展趋势？各国学者对此进行了较多和较深入的探讨。其主要观点概括如下。

一、战略型人力资源管理

人力资源管理部门已经逐渐成为能够创造价值并维持企业核心竞争能力的战略性部门，人力资源管理工作不再是与企业战略计划没有任何联系的、仅有一些狭窄目标的人事职能工作。另外，企业的组织重组活动从实践上证明了人力资源的变化必须与企业重组的其他领域相匹配、协同作用，才能保证企业在新的经营环境下保持并维持竞争优势。

二、知识型员工的管理

知识经济的到来使企业的人力资源发生了重要的变化，知识型员工已经成为企业人力资源的一个主要组成部分，对知识型员工的开发与管理必须有别于传统的人力资源管理。如何在全球范围内获得企业所需的知识型员工，并对他们进行有效的管理，是未来人力资源管理必须面对的挑战。这种挑战主要表现在：合理、有吸引力的薪资与福利；充分公开与高效的信息沟通；公正平等的全球招聘政策；深入全面的跨文化培训与管理；开放的知识分享和民主决策体系；持续有效的系统激励模式。

三、组织学习与学习型组织

组织学习是企业和组织适应知识经济时代发展需要的一种必然结果，比竞争对手更快地学习是赢得竞争优势的唯一持久的源泉。组织学习是组织不断提高并持续保持适应能力的重要手段，而学习型组织则是通过持续和最具适应能力的组织性形态。

四、网络化组织

随着网络技术的发展，组织已日益变得扁平化、开放化，组织层级在逐步减少，充分授权、民主管理、自我管理等网络组织的基本特征已经出现，以团队为基础的组织及其管理方式正在形成。因此，有效地管理这种新型的开放组织，培养有利于组织知识创造、整合和利用的团队管理是未来人力资源管理发展的方向。

任务二　了解会展场馆人力资源管理发展趋势

我国会展业对人力资源的重视与培养，不过短短 30 年的历史。但是一些历史遗留问题，一定程度上，仍困扰着众多会展场馆。

追寻改革开放以来我国的人力资源管理，我们可以清楚地看到三个不同阶段的不同发展特点：1978 年开始的改革开放阶段，我国企业管理特别是对人的管理步入一个市场化、充满希望的进程；1998 年开始的企业人力资源重组阶段，导致了企业人力资源的大变革、大发展、大提升；2008 年开始的又一个 10 年，我国企业人力资源管理进入全面实现向市场化、规范化、国际化的大发展阶段。

一、未来会展场馆企业组织变化趋势

发展良好的企业，必须有一个良好的组织结构。而组织结构随着企业的产生和发展逐步演变，诸如直线制、职能制、直线—职能制、事业部制、模拟分权制、矩阵结构等。组织结构合理变化，能够相应促进企业生产效率的提高。

(一)会展场馆企业组织结构变化趋势

工业时代,直线式的等级制度最有效,命令可以畅行无阻层层下达。但在今天,森严的垂直等级制度正逐渐失效。除了复杂的技术、经济决策之外,政治、文化、社会责任也日趋复杂。就会展企业内部运营而言,决策的层次将下移,是不可逆转的趋势。组织结构必然也将顺应时代的变化,相应从金字塔演变成大森林(也有人称之为扁平形或网络结构)。

(二)会展场馆企业组织发展方向

目前会展企业组织结构变化中存在一个明显的变化趋势,即从常规企业向集团型和专业化方向发展。要么覆盖会展上下游,以“强”、以“大”取胜,要么专业化经营,以“专”、以“精”获胜。

二、未来会展场馆企业组织特性

随着社会环境的变化,未来的会展场馆组织将凸显以下一些特点:

(一)网络化

互联网技术的日益成熟与普及,企业组织形态呈现网络化的特点。尤其是项目制的推广,组织活动呈现团队特性,成员可以跨多个职能部门,强调能力的互补。网络化会促使会展场馆内部组织形式向无边界方向靠拢,各部门的边界是模糊的,“可渗透”或“半渗透”,而不是封闭的。这种组织特性也更有利于会展场馆应对更激烈的市场竞争。

(二)扁平化

扁平化是指组织中的管理层次减少,而管理幅度增加。从目前发展情况看,这种趋势将日益增强。环境变化日趋复杂、信息技术发展日新月异、人力资源成本上升、员工个人能力不断提升,种种变化都促使会展场馆企业组织结构层级逐步减少,扁平化成为趋势。

三、会展场馆人力资源管理发展趋势

(一)从现场管理到非现场管理——非现场管理将越来越重要

网络技术的发展,现代通信手段的升级,无线联络、电子邮件、网络会议等的使用正成为人们日常工作联系的主要方式。同时,城市的扩大和交通的发达,企业工作场所正由统一集中向点式分布扩大,员工居住地也越来越分散,居家办公进一步普及,在家工作正成为现代劳动就业的重要发展趋势。

随着知识密集型产业的快速发展,会展场馆知识型员工的人数逐渐增加,目标导向、绩效导向、工作以项目为核心的发展趋势日益明显。传统的劳动人事管理主要局限于员工在企业中、上班时间内的行为管理；而现代人力资源管理已经开始将影响组织绩效、员工工作绩效的一切因素考虑在内，大大拓展了会展场馆人力资源管理的范围。

(二)从动荡流动到稳定内敛——会展场馆 HR 趋向稳定和内敛

近年来，随着市场化的发展，全国范围内的人才流动不断加剧，尤其是最近10年，人才终身服务于一家“单位”的现象几乎已不复存在。

劳动力的大规模迁移或人才的快速流动也给会展场馆人力资源管理带来了严峻的挑战。由于人才流动不仅可能大大增加场馆的管理成本，影响企业的经营效率，而且可能导致客户的外流和商业机密的泄漏，使企业遭受不可估量的重大损失。所以人才竞争越来越激烈，与此相伴随，人员流动也更加频繁，劳动力市场呈季节性动荡，人才市场处于一种非严格规范的状态之中。

2008年元旦开始实行的《劳动合同法》是一个转折点。这些法律法规的实施，加速人力资源管理法制化进程，逐步实现从动荡、无序流动到稳定、内敛的转变。法制化将大大改变管理的主观随意性，提升管理的科学化水平，加速我国管理包括人力资源管理与国际接轨的进程，使其逐步达到与国际通行的普遍规则相一致的程度。

(三)从相对低成本到相对高成本——会展场馆的 HR 成本快速提高

在未来相当长的时间里，我国经济社会仍将主要面临就业问题。但与此同时，我国也将进入一个工资上涨的时间通道。

同时，随着会展场馆之间的竞争特别是人才竞争的日趋激烈，一方面需要引入人才的公司会提供更好的条件来吸引优秀人才，另一方面公司要想方设法留住优秀员工，其留人的主要条件便是薪酬福利。这两方面的原因都会促使企业投入更高的成本来进行薪酬福利项目的设计与执行。除了法定福利项目外，会展场馆在公司自主福利项目的建立上也会越来越投入，用工成本随之增高。

(四)从自给自足到分工合作——人力资源外包逐渐成为潮流

会展场馆人力资源外包可以大幅降低成本、提高效率，从而有效地适应外部环境，使企业人力资源和机构运行更精干、灵活、高效，实现企业可持续性竞争优势和战略目标。

外包就是将组织的人力资源活动委托给组织外部的专业机构承担，基础性管理工作向社会化的企业管理服务网络转移，比如档案管理、社会保障、职称评定等庞杂的事务性工作、知识含量不太高的工作等，逐渐从企业内部人力资源部门转移出去，而工作分析、组织设计、招聘培训、绩效考核等具有专业性的职能则交给外部管理咨询公司。

在发达国家和跨国企业，人力资源外包已经成为潮流。我国会展场馆也必将顺应趋势，从自给自足过渡到更加注重分工合作。

(五)从手工过渡到自动化——HR 信息化正在加速发展

信息化是实现有效管理和战略管理的重要手段。信息技术系统可以解决显性知识的收集和共享问题。21 世纪新的信息技术的应用，尤其是互联网的普及，加快了企业信息化的进程。

全球经济一体化加剧了会展场馆之间的竞争，会展场馆对人力资源管理的观念产生了重大的变化，逐渐意识到为了获取独特的竞争优势，人力资源管理必须从事务性的角色转变到战略合作伙伴角色。信息技术在人力资源管理领域的应用及时地满足了企业的这些需求。

知识经济的发展，人力资源管理信息化成为企业关注的焦点，企业通过导入人力资源管理软件系统，建立了一个综合性的、功能丰富的人力资源平台，实现了企业人力资源的优化和管理的现代化。目前，加快信息化建设成为我国会展场馆的焦点，诸如人事信息管理、薪酬福利管理、岗位管理、员工培训管理、全面绩效管理等已经纳入企业的完整人力资源管理系统之中。

思考练习与实践

一、简答题

1.会展场馆人力资源管理的目标是什么？

2.人力资源管理基本理论有哪些？

3.人力资本管理阶段的特点是什么？

4.会展场馆部门划分原则是什么？

5.未来会展场馆企业组织特性是什么？

二、论述题

1.请阐述会展场馆人力资源管理发展趋势。

2.谈谈你对会展场馆人力资源管理的认识。

3.为什么说合理的部门和岗位设置有利于会展场馆提高效率、增加效益？

◆ 项目四 ◆ 会展场馆营销管理

现代营销管理是指为了实现企业或组织目标，建立和保持与目标市场之间的互利交换关系，从而对设计项目进行分析、规划、实施和控制的过程。营销管理的实质，是需求管理，即对需求的水平、时机和性质进行有效的调节。在营销管理实践中，企业通常需要预先设定一个预期的市场需求水平。然而，实际的市场需求水平可能与预期的市场需求水平并不一致。这就需要企业营销管理者针对不同的需求情况，采取不同的营销管理对策，进而有效地满足市场需求，确保企业目标的实现。

会展场馆营销管理本质上也是需求管理，这就需要场馆经营管理者认真地研究市场，找准自己的定位，找到合适的客户，在激烈的市场竞争中占有一席之地。

学习目标

1.了解会展场馆营销的含义；

2.了解国内会展场馆的现状与发展趋势；

3.掌握会展场馆客户类型；

4.掌握会展场馆营销方向与重点；

5.掌握会展场馆营销管理的工作任务。

模块一 会展场馆市场定位

市场定位是企业及产品确定在目标市场上所处的位置。市场定位是由美国营销学家艾·里斯和杰克·特劳特在1972年提出的,其含义是指企业根据竞争者现有产品在市场上所处的位置,针对顾客对该类产品某些特征或属性的重视程度,为本企业产品塑造与众不同的、给人印象鲜明的形象,并将这种形象生动地传递给顾客,从而使该产品在市场上确定适当的位置。市场定位是市场营销学中一个非常重要的概念,市场上常见主流商业管理课程如MBA、EMBA等均对“市场定位”有详细介绍。

目前国内广义的会展场馆数以千计,通常意义上的会展中心数以百计。会展市场存在区域不均衡、发展不平衡的问题。如何找准自己的市场定位,扩大市场份额,对每一个展馆而言,都是摆在面前的重大问题。

任务一 了解会展场馆市场定位的基本概念

市场定位也称作“营销定位”,是指根据竞争者现有产品在市场上所处的位置,针对消费者或用户对该种产品的某种特征、属性和核心利益的重视程度,强有力地塑造出本企业产品与众不同的、给人印象深刻、鲜明的个性或形象,并通过一套特定的市场营销组合把这种形象迅速、准确而又生动地传递给顾客,影响顾客对该产品的总体感觉。

简而言之,就是在目标客户心目中树立产品独特的形象。

一、市场定位目的

会展场馆的市场定位是指在潜在消费者心目中的形象,实质是使本企业与其他场馆严格区分开来,使顾客明显感觉和认识到这种差别,从而在顾客心目中占有特殊的位置。市场定位的目的是使企业的产品和形象在目标顾客的心理上占据一个独特、有价值的位置。

市场定位可分为再定位和预定位两方面。对会展场馆现状的再定位可能导致名称、价格和其他条件的改变,但是这些外表变化的目的是保证场馆在潜在客户的心目中留下值得购买的形象。对会展场馆潜在形象的预定位,要求营销者必须从零开始,使场馆特色确实符合所选择的目标市场。

二、市场定位步骤

市场定位的关键是场馆要设法使自己具备比竞争者更具有竞争优势的特性。竞争优势一般有两种基本类型:一是价格竞争优势,就是在同样的条件下比竞争者定出更低的价格。这就要求会展场馆采取一切努力来降低单位成本。二是偏好竞争优势,即能提供确定的特色来满足顾客的特定偏好。这就要求企业采取一切努力在产品特色上下功夫。因此,会展场馆市场定位的全过程可以通过以下三个步骤来完成:

1.识别潜在竞争优势

这一步骤的中心任务是要回答以下三个问题:

一是竞争对手产品定位如何?

二是目标市场上顾客欲望满足程度如何以及确实还需要什么?

三是针对竞争者的市场定位和潜在顾客的真正需要的利益要求企业应该及能够做什么?

要回答这三个问题,市场营销人员必须通过一切调研手段,系统地设计、搜索、分析并报告有关上述问题的资料和研究结果。

通过回答上述三个问题,会展场馆的经营者就可以从中把握和确定自己的潜在竞争优势在哪里。

2.核心竞争优势定位

竞争优势表明企业能够胜过竞争对手的能力。这种能力既可以是现有的,也可以是潜在的。选择竞争优势实际上就是一个企业与竞争者各方面实力相比较的过程。比较的指标应是一个完整的体系,只有这样,才能准确地选择相对竞争优势。通常的方法是分析、比较企业与竞争者在经营管理、服务、市场营销、财务和场馆自身等方面究竟哪些是强项,哪些是弱项,借此初步确定企业在目标市场上所处的位置。

3.战略制定

这一步骤的主要任务是会展场馆要通过一系列的宣传促销活动,将其独特的竞争优势准确传播给潜在客户,并在客户心目中留下深刻印象。比如福州海峡国际会展中心曾经借助自贸区的划分,表明其是全国唯一位于自贸区内的会展中心，获得比较好的反响。

制定市场战略，首先应使客户了解、知道、熟悉、认同、喜欢和偏爱我方场馆的市场定位，在客户心目中建立与该定位相一致的形象。其次，应通过各种努力强化目标客户形象，保持目标客户的了解，加深感情等来巩固与市场相一致的形象。最后，会展场馆应注意目标顾客对其市场定位理解出现的偏差，或由于我方市场定位宣传上的失误而造成的目标顾客模糊、混乱和误会，及时纠正与市场定位不一致的形象。

三、重新进行市场定位

此外，场馆在市场上定位即使很恰当，但在下列情况下，还应考虑重新定位：(1)新的会展场馆出现在本场馆附近区域，侵占了部分市场，使我方的市场占有率下降。(2)客户需求或偏好发生了变化，使本场馆业务骤减。

重新定位是指会展场馆为自身重新确定某种形象，以改变客户原有的认识，争取有利的市场地位的活动，这主要由城市环境出现变化或发生其他重要事件导致。如由于金砖国家元首会晤在厦门举办，随着知名度的巨大提升，厦门的会展场馆也具备打造承接高端会议目的地的潜在可能。

任务二 了解会展场馆市场定位的原则

各个会展场馆由于自身禀赋不同，面对的客户群体不完全一致，所处的竞争环境也不同，因而市场定位所依据的原则也不尽相同。总的来讲，市场定位所依据的原则有以下几点：

一、根据具体的场馆特点定位

会展场馆自身因素都可以作为市场定位所依据的原则。比如热点城市中心地带的场馆与偏远地区场馆，其定位自有不同。一件仿皮皮衣与一件真正的水貂皮衣的市场定位自然不会一样。同样，不锈钢餐具若与纯银餐具定位相同，也是难以令人置信的。

二、根据特定的行业及用途定位

会展场馆营销和地方产业紧密相连，尤其对于中小城市的场馆，其市场定位应当把所在区域的主要行业纳入考虑。如浙江慈溪展馆侧重宣传小家电展会，福建南安大力推广水暖展，福建厦门海沧沧江会展中心与中医药博物馆毗邻，都是为了更大限度地发挥区域产业优势。

三、根据顾客得到的利益定位

会展场馆提供给客户的利益是客户最能切实体验到的，也可以用作定位的依据之一。

四、根据使用者类型定位

正常情况下，每一个会展场馆都有自己潜在客户，将市场拓展重点指向这一类特定的使用者，根据他们的看法塑造恰当的形象。有些中小城市的会展场馆由于展会较少，特色产业也没有太大规模，因此相应调整策略，面向消费类参展商来调整自己的定位，也会取得明显的效果。

事实上，会展场馆进行市场定位依据的原则往往不止一个，而是多个原则同时使用。因为要体现自身形象，全方位地发挥优势，故而市场定位必须是多维度的、多侧面的。

任务三　了解会展场馆市场定位的方式与应用

一、会展场馆市场定位方式

会展场馆市场定位有许多具体的策略与方式可供选用，主要有以下几种：

(一)避强定位

这种策略是企业避免与强有力的竞争对手发生直接竞争，而将自己的产品定位于另一市场的区域内，使自己的产品在某些特征或属性方面与强势对手有明显的区别。这种策略可使自己迅速在市场上站稳脚跟，并在消费者心中树立起一定形象。由于这种做法风险较小，成功率较高，常为多数企业所采用。

(二)迎头定位

这种策略是企业根据自身的实力，为占据较佳的市场位置，不惜与市场上占支配地位、实力最强或较强的竞争对手发生正面竞争，从而使自己的产品进入与对手相同的市场位置。由于竞争对手强大，这一竞争过程往往相当引人注目，企业及其产品能较快地为消费者了解，达到树立市场形象的目的。这种策略可能引发激烈的市场竞争，具有较大的风险。因此，企业必须知己知彼，了解市场容量，正确判定凭自己的资源和能力是不是能比竞争者做得更好，或者能不能平分秋色。

（三）重新定位

这种策略是企业对销路少、市场反应差的产品进行二次定位。初次定位后，如果由于顾客的需求偏好发生转移，市场对本企业产品的需求减少，或者由于新的竞争者进入市场，选择与本企业相近的市场位置。这时，企业就需要对其产品进行重新定位。一般来说，重新定位是企业摆脱经营困境，寻求新的活力的有效途径。此外，企业如果发现新的产品市场范围，也可以进行重新定位。

二、会展场馆市场定位应用

解决定位问题，能帮助企业解决营销组合问题。菲利普·科特勒在《营销管理》一书中说，营销组合（产品、价格、分销、促销）是定位战略战术运用的结果。会展场馆市场定位应用中要执行以下几种方法。

（一）区域定位

区域定位是指企业在进行营销策略时，应当为产品确立要进入的市场区域，即确定该产品是进入国际市场、全国市场，还是在某市场、某地等。只有找准了自己的市场，才会使企业的营销计划获取成功。

（二）行业定位

行业定位是指企业在制定营销策略时要考虑将产品或劳务销售给什么职业的人。将饲料销售给农民及养殖户，将文具销售给学生，这是非常明显的，而真正能产生营销效益的往往是那些不明显的、不易被察觉的定位。在进行市场定位时要有一双善于发现的眼睛，及时发现竞争者的视觉盲点，这样可以在定位领域内获得巨大的收益。

（三）个性定位

个性定位是考虑把企业的产品如何销售给那些具有特殊个性化需求的人。这时，选择一部分具有相同个性偏好的人作为自己的定位目标，针对他们的爱好实施营销策略，可以取得最佳的营销效果。个性定位在场馆营销管理上的应用，仍处于摸索阶段。

模块二 会展场馆营销管理的任务与客户管理

会展场馆营销管理不同于会展企业的其他内部管理活动，如项目管理、财务管理、人事管理等，具体表现在如下几方面：

(1)会展场馆营销管理所牵涉的对象不是处于会展企业内的，而是处于会展企业外的不特定对象。对于顾客消费的了解，不像其他管理信息那样易于获得，而必须投入大量的人、财、物才能获得。因此，会展场馆营销的效果也需仔细评估。

(2)会展场馆营销管理的中心是交易过程。这是会展企业与外界环境最重要的相互作用，其影响会及时显现且非常重大，不像其他管理活动，其影响固然大，但时间性的要求则不如会展场馆营销管理那样明显。

(3)由于会展场馆营销管理与外在环境的密切性，任何调整不仅仅涉及会展企业内部的行动，并且还要求外在环境的配合。

任务一 了解会展场馆营销管理的工作任务

一、会展场馆营销管理的工作任务

由会展场馆营销管理的定义上看，可以从分析、计划、执行和控制四个方面来论述会展场馆营销管理的工作任务。

(一)分析方面

1.会展营销环境分析

指会展场馆经营者可以通过 SWOT 分析方法对营销环境进行系统的、有目的的分析，明确场馆的优势(S)、劣势(W)、营销机会(O)和威胁(T)。首先，会展场馆的优势、劣势分析。会展场馆组织机构优劣分析包括采购决策层人员的经营观念与素质、部门的设置和分工协作、中层管理人员的素质以及基层工作人员的职业形象等，通过对这些内容的分析就可以确定场馆的组织机构能否有利于场馆营销活动顺利有效地开展。第二，会展场馆营销机会、营销威胁分析。场馆外部营销环境为场馆经营管理提供营销机会或产生营销威胁。场馆外部营销环境包括市场、顾客、竞争、劳动力市场等众多因素。我们应该认真审视营销环境，善于发现更多的机会，避免各类挑战带给场馆的不良后果。

许多城市已经将会展作为区域经济发展的重要引擎，如杭州将打造“新经济会议目的地”作为发展目标，成都将打造“国际会展之都”列入“三城三都”的建设内容中，西安则全力打造“一带一路”国际会展名城等。除此之外，大型会展活动在选择目的地的时候，考量的不仅仅是会展场馆及其周边的配套环境等，而是越来越看重举办城市的整体形象和气质。如此一来，会展已从拼展馆设施时代转身拼城市整体形象时代。面对竞争，会展场馆如何结合城市定位进行自我包装和推广，吸引更多的目标客户，提高品牌的价值和影响力，是摆在会展场馆经营者面前的重大课题。对营销环境进行科学而准确的分析，才能有针对性地通过采取会展服务、形象设计、定价、渠道、促销、宣传等手段，更好地进行市场推广活动。

其中，营销分析特别应当注重以下两方面：

一是深挖特色。每座城市都有其独特的文化符号。近年来，在旅游市场火爆的网红城市都有深入人心的城市标签。以“一座来了就不想离开的城市——成都”为例，其城市营销意识萌芽较早，早在 2003 年就邀请张艺谋导演拍摄短片将成都的城市文化推向世界，继而成为网红城市的领先者。火锅、串串、熊猫、春熙路、宽窄巷子……众多鲜明的地域符号是成都成为网红城市的关键基础。但在百花齐放的同时，也需要突出重点，强化城市形象的独特性，比如对接梦工厂，将城市元素植入电影《功夫熊猫 3》中，让熊猫成为成都地域特色的典型标签。

二是注重新兴事物。无论是传统文化还是传统产业，在坚守本质的基础上，要以积极开放的态度拥抱互联网时代的新兴事物，或许会碰撞出意想不到的火花。以西安为例，2018 年可谓是其城市营销元年，除自身城市营销意识的觉醒外，还得力于专业“外脑”的加持。2018 年 4 月，西安市旅发委与抖音短视频建立合作，双方以抖音产品为基础，推广西安的文化旅游资源，联合推出“四个一计划”对西安的城市文化进行全方位包装。同年，西安又与国际知名公关公司携手，助力西安向世界讲好城市故事。无独有偶，杭州近年来在城市目的地品牌上取得的卓越成效也在某种程度上得益于与第三方品牌公司的强强联合。

2.应用大数据对会展场馆客户进行分析

会展行业所谓的大数据是应用大数据对会展场馆客户进行分析，记录每位观众在整个展场的行为轨迹,服务于商贸配对以进行精准营销。当然在营销渠道的拓展和对营销渠道有效性的评估方面,还很缺乏。此外,大数据时代的一个重要特征是对数据的专业分析。即便从技术手段上可以实现海量数据的收集,没有专业的数据分析人员,对大数据的分析解读也无法完成,实现大数据效应最大化更无从谈起。

大数据的主要用途之一在于预测,即基于对消费者洞察的分析和推断。因此,理想情况下产品的研发、设计应该基于大数据对消费者偏好的"捕捉"和归纳。

3.会展市场分析

我国会展业历经 40 余载的发展,产业规模不断扩大,产业链不断拓宽,带动性逐年增强,经济效益日益显著,以每年 15%以上的年均增长速度发展。目前,我国已有 40 多个城市将会展业提升到城市经济发展的支柱产业战略地位。会展通过举办大型国际会议和展览,带动当地的旅游、交通运输、餐饮、文化、商贸等相关产业的繁荣,从而带来一系列的经济效益与社会效益,产业化是会展业发展的必然趋势。我国会展业将进一步与其他产业融合发展,继续推进会展各大要素与其他产业的深度对接和资源整合,从而进一步扩大会展业规模,提高会展发展速度,挖掘会展内涵价值,提升会展整体产业质量。对会展市场的分析,一般从市场容量、市场格局、前景预测等几个方面入手。

4.会展场馆的服务设计

服务设计是新经济发展下的产物,从产品设计的具象化上升为服务系统的抽象化。从百度百科的定义"有效地计划和组织一项服务中所涉及的人、基础设施、通信交流以及物料等相关因素,从而提高用户体验和服务质量的设计活动"可以看出,服务设计与普通的服务提供区别在于对资源的有效整合,用"设计"思维建立一项服务中所有人与人、人与物、人与环境等相关者之间的联系。会展场馆的服务设计不妨从以下两个方面加以考虑:

其一,提升客户体验。这也是各界普遍理解的服务设计,以客户需求为核心,系统地思考并激发客户从服务前、服务中、服务后与提供服务的人以及物的每一个触点,最常见到的呈现形式就是客户旅程地图。通过梳理会展场馆的客户旅程地图,客户与前台服务人员的触点有数十个环节,借助服务设计把握住几个关键节点以最大化提升客户满意度,起到事半功倍的效果。最常见的思路就是在服务设计领域中经常被提及的"峰终定律",如何通过高峰时刻与终值时刻的服务优化,让客户在场馆感受到超出预期的体验,即为场馆服务设计的破题方向之一。这一点需要结合场馆自身特点以及客户需求进行设计。例如，拥有餐饮服务的场馆可以在茶歇、宴会等用餐环节进行设计，围绕会议主题进行，实际呈现给予客户有惊喜感的体验。

除了峰终定律，首因效应也常被应用，客户对于场馆乃至城市的第一印象某种程度上也会决定客户的后续服务体验。第一印象包括外部和内部，外部是客户所感受到会展场馆所在的城市印象，包括城市基础设施、环境管理、城市文化以及相关的会展活动政策；内部因素与场馆直接相关，场馆的建筑设计是否吸引客户，包括外观是否好看，内部是否好用。销售人员的初次接触是否给客户留下良好的互动体验，包括对其行业的了解程度以及能够提供解决方案的专业程度等。“一见钟情”更容易激发客户后续的愉悦体验。

其二，提高服务效率。服务设计基础是以“人”为核心，很多人提到服务设计首先想到的是用户体验，但实际上，它所涉及的对象还包括提供服务的工作者。换句话说，服务设计不仅关注客户的感受效果，还需要提高服务流程的效率。从整个服务流程来看，许多大型综合场馆都是多环节综合管理，例如会展活动进场涉及前期敲定合作的销售，需求跟进的协调以及各个需求落地的相关部门。在这其中，需要有明确的信息传递、有效的沟通方法，先使内部流程高效起来。

5.会展场馆之间竞争分析

经过分析周围场馆间的竞争优势与不足，以及了解了自身的处境，会展场馆在寻找到自身具有诸多的竞争优势之后，必须选择最有价值意义的优势，并发扬光大。会展场馆客源的市场更注重的是：市场的细分以及市场的定位。场馆需要确定的是建立一种还是若干种竞争优势。会展场馆一般只选择一个特点，并将这个特点成为本行业之中的龙头，如果特点越多也就能吸引越多的细分市场。

2019 年，我国展览馆的数量与面积均保持增势，数量达到 173 个，室内可租用总面积增至 1076 万平方米①，但展馆资源区域发展不平衡现象尚存在。随着区域经济的发展，西部地区的会展行业发展后劲十足，未来展馆资源有望从沿海城市逐渐向内陆城市发展。另外，随着天津国家会展中心、中国国际展览中心二期等大型展馆项目落地，展馆总供给预计将继续增加。

2018 年以来，除了北京、上海、广州等一线会展城市以外，一些省会甚至是

---

① 数据来自中国国际贸易促进委员会编纂的《中国展览经济发展报告 2019》。

地级城市也有两个及以上由不同主体经营的会展场馆。随着这种情况逐渐增多,会展场馆之间的竞争将呈现城市间的竞争及同城场馆竞争交织形态。

(二)大数据时代下的会展场馆营销计划

除了做好营销计划中有关会展场馆营销形势的概括总结,会展经营的机会、威胁、优势、劣势的确定和评价,会展场馆营销目标、策划的确定,会展长期和短期营销计划的制定,进行准确的销售预测等方面的基础工作以外,还应该充分使用互联网时代下层出不穷的新工具、新理念,做好会展场馆营销计划工作。

伴随着会展业市场的快速发展,网络营销、微营销、体验营销、服务营销、数据库营销等营销模式层出不穷,侧面反映了参展企业对观众个性化需求及体验愈加重视。会展场馆营销,已经开始从微机时代转移到移动互联网时代,利用互联网、新媒体等手段整合营销,成为会展行业正在兴起的营销新变革。相较于传统会展场馆营销模式面临的种种短板和困境,新形势下的会展场馆营销模式呈现出新的特点,在制定会展场馆营销计划时,也应当因时而变。

在会展行业,互联网的应用及发展从来就不是一个新鲜事物,中国会展市场是最早利用互联网的行业之一。例如早期对互联网的基本理解和应用,从建设展会官方信息网站开始。目前会展场馆营销互动方式多种多样,有针对性的精准营销,传播性强、渗透性广,效果较为显著。

大数据时代的互联网,是链接了整个会展产业的互联网,集合了全球30万或以上的展会官方网站的信息,集合了全球几百万采购商和展商,连通了会展酒店、会展机票、会展运输、会展搭建等全产业链。

同时,利用互联网信息数据查询、对比及现场照片和视频观看了解展会,利用大数据分析、匹配和信息推送功能,向适合的展商、采购商推送优质的展会项目,展商和采购商根据自己需求制订全年的参会计划。并且,在网上实现展位预订、门票预订、机票酒店预订以及各种展会配套服务的在线预订。

视野拓展

微信在会展营销中的实际应用[①]

会展营销的受众对象主要包括参展方与专业用户,接下来以微信营销与专业用户为对象的会展营销相融合为例,对其展开研究。

---

① 张力宇.新形势下会展营销创新策略研究[J].散文百家:新语文活页,2017(7):241.

一、创建公司微信公众号

第一步要做的便是申请一个公司单独的微信公众号。企业在微信用户端依据相关步骤提示便可直接完成申请注册。微信公众号通常有两个方面:一个是服务号,另一个是订阅号。将两者做对比后发现,服务号彰显更多优势,因此大部分企业会优选创建服务号。

二、扩发“粉丝”数

不管哪种销售形式,最关键的在于能吸纳大批受众。在微信销售过程中,怎样增加大量“粉丝”的关注,变成现阶段营销中首要解决的问题。但是此项工作并不是一朝一夕就能实现,需要消耗大量精力与时间。

第一,要建设单独的销售队伍。微信是一种社交软件,能促进人们之间展开交流和沟通,优秀的销售方案与队伍的协作与团结密不可分,因此要重视塑造与锻炼营销队伍成员应用微信的水平。

第二,不要将所有精力与时间全都花在线上销售上,因为起步时期的线上销售的范畴比较局限。要把工作重点转移到线下运营,科学的线下运营能为线上销售提供有利条件。一是能把微信公众号置于企业展台较为醒目的位置,让客户及时发现且积极邀请其完成“扫一扫”;二是销售队伍成员可到人流比较聚集的商业区域展开有关宣传工作。

第三,在线下运营的前提下最大化地获得线上“粉丝”拓展。利用之前的“粉丝”团体来深入开拓“粉丝”范畴,例如常常组织一些福利抽奖或者推送一些吸引眼球的广告等。

三、企业公众账号变成内部员工个体账号

经过前两个环节后,企业现已能实现了相应的销售任务,但是要想继续增加“粉丝”量,便有一定难度了。因此,企业要利用相应的对策来预防销售效果停滞不前。企业要定期开展微信销售培训活动,激励广大员工主动参加,锻炼销售人员运用自身的微信社交圈来增加企业“粉丝”数的认识,而且统一编制群发具体内容。

比如:某一单位的全部成员积极利用朋友圈的功能,鼓励身边朋友、亲属来关注其单位公众号,此时企业的“粉丝”量便会迅速增加。若再组织相应转发、集赞等送礼物的活动,调动“粉丝”参与互动的积极性,便能更加调高企业的社会效益。这里需要重视的是新媒体营销论文,设计要满足现代人的审美要求,切忌添加过于显眼的广告,以免引发抵触心理。

四、后期平台的维护和监管

要想稳定企业“粉丝”数，企业要积极运用微信公众平台的各种功能，以此来维护用户关系，主要可从以下几方面着手改善。

(1)功能监管。企业可积极运用微信公众平台具备的专属监管性能，针对相关内部商品信息展开随时更新，例如其自定义菜单与自动回复功能。

(2)用户监管。用户监管工作主要包括两方面：一方面是用户消息监管，解决用户发起的各种问题，而且要做好相关记载、解析工作。另一方面是用户账户监管，要掌握用户的相应背景，展开精细区分，提高企业在用户心中的地位。

(3)统计数据信息。微信自带的自主统计“粉丝”数目、允许表格与数据信息的输出等功能，有利于企业针对相关数据展开全面探究，为企业决策提供参考依据。

(4)实现承诺。运用微信展开销售活动的过程中，如果允诺给予一些小奖品或者其余奖励的，均要在指定的时间中达成承诺。

图 4-1　社会网络

(三)组织和执行方面

会展场馆营销的组织和执行与其他行业类似，主要内容有：观念在全体员工中的灌输、营销导向的会展组织机构的建立、选择合适的营销人员并加以培训、各种促销活动的开展、营销部门内部及与其他部门之间的广泛交流和密切配合、信息系统的建立、价格制定及销售渠道的建立等。

中国大部分展会主办机构及场馆，都是在近 30 年中发展起来的，其国际化营销进程严重滞后；而欧美发达会展国家的场馆及展会主办机构，早就在全球经济较发达的国家或城市建立办事处和分公司，搭建全球会展营销和观众组织网，向全球推广他们的会展场馆和展会项目，以完成他们的全球化布局。这些做法值得国内会展场馆经营单位借鉴。

(四)控制方面

会展场馆营销必须及时分析、归纳和总结会展营销数据，用既定的绩效标准来衡量和评价会展营销活动的实际结果，分析各种促销活动的有效性，评估营销人员的工作成绩，对异常情况采取必要的纠正措施。

二、会展场馆营销管理的新技术

会展场馆营销管理是一种包括分析、计划、执行和控制的综合性活动，注重产品、价格、促销、渠道、人力、有形展示和过程的相互协调和适应，以实现有效的营销，其目的在于使期望中的交易达成，有效的管理可增加企业和顾客双方的利益。

许多会展场馆开始使用 APP 等管理方式进行营销管理，用这种综合型应用软件，集资讯、活动、服务、会员等多功能于一体，对内可优化管理，对外可提升体验，是智慧场馆不可或缺的重要组成部分。当万事万物都被赋予互联网属性，人类的社群模式、交易模式、生意模式、信息获取方式也随之改变。会展场馆的信息化需求也愈发强烈，APP 的上线，可有效改善场馆冗繁无章、展商用餐混乱无序等既有痛点，以更迅捷小巧的形式联动线下场景，延伸业务边界，推动生态化发展。值得一提的是，不同于其他专注新客拓展的流量级 APP，会展场馆 APP 的核心诉求更侧重发掘并优化超级用户体验。因此，在 APP 的推广过程中，场馆无须一味获客，大可通过用户沉淀，在后期运营中圈定超级用户、刻画用户画像，开展精准营销。从线下空间运营到线上线下相融的场景运营再到人群运营，场馆 APP 能以更多资讯、更多交易、更多连接来提升以下三方面的价值。

(1)全流程价值。试想一下，最新鲜的展会活动可在线上一键购票，地下车库可自动寻车线上缴费，展商订餐无须排队送餐到位，场馆服务可在手机端畅行……APP 作为场馆服务集成体，可由点及面连接场馆已有业务、贯穿服务流程、打造场景关系链。同时，移动化、数字化的 APP 的后端系统为数据的实时处理、合理分类提供支持，这将有效提升场馆的运营管理效率，解放部分一线人力。

(2)全数据价值。会展场馆为线下流量的洼地,如何变现流量是场馆的发展趋势之一。APP 或是很好的突破口。APP 可视为会展场馆业务的流量抓手,将线下的人流量转化为线上的用户流量,通过各种模式促成无限场景内的流量突破,并在构建场馆自有流量池的同时,生态化地连接多元的流量主体,构建立体而多元的用户体验。

(3)全生态价值。场馆提供服务的本质在于经营人群,APP 运营亦是如此。通过会员积分体系,辅以勋章、成就等外显标识强化认知,并通过账户余额、优惠券、特权等形式进行奖励,在 APP 端构建用户成长体系,可有效促活客户、提升用户黏性。除此之外,APP 可帮助会展场馆将活动资源、人脉资源、产业资源与区域及城市互通互联,进一步促进周围消费升级,助推地方产业发展,提升社会生态效益。

APP 只是一种形式,更为重要的是 APP 背后的逻辑,即应用互联网思维。采用信息化手段,创造基于全流程、全数据、全生态价值,为会展场馆带去无限场景内的业务拓展可能性。未来更轻、更快技术应用或可持续赋能会展业,诸如 Instant APP 与小程序等轻量级应用或将引爆会展场馆的无限场景想象。

任务二 掌握会展场馆营销客户管理工作

会展场馆的客户管理是一项重要的基础工作,客户管理一般指客户关系管理(CRM)。客户关系管理指的是:企业为提高核心竞争力,利用相应的信息技术以及互联网技术来协调企业与顾客间在销售、营销和服务上的交互,从而提升其管理方式,向客户提供创新式的、个性化的客户交互和服务的过程。其最终目标是吸引新客户、保留老客户以及将已有客户转为忠实客户,增加市场份额。

一、会展场馆客户的类型

(一)组展商

组展商包括政府相关部门、展览会公司和行业协会等。展览会的组织者也就是组展商是会展场馆经营的最直接客户,组展商是连接会展场馆和参展商及各类资源的重要纽带。只有通过组展商与各方面的沟通合作,才能保证展会的正常运作。一般来说,业界把展会的组织者称为组展商。

(二)参展商

参展商是组展商最直接、最重要的客户。组展商整合种种资源,目的就是希望参展商在展会上能够赢得利益,或是达到直接的销售额,或是达成商务贸易洽谈,寻找到新的合作伙伴,或是推广出新产品等等。

(三)参观者

可以划分为专业观众和普通观众两类。专业观众是参展商的潜在客户,他们观展带有一定的商务目的。而普通观众则主要是最终消费者,他们中的大部分人来展览会只是为了观看。展览会的性质虽由展览会组织者决定,但可以通过参观者的成分反映出来。参观者是参展商的衣食父母。对客户关系管理应用的重视来源于企业对客户长期管理的观念,这种观念认为客户是企业最重要的资产,并且企业的信息支持系统必须在给客户以信息自主权的要求下发展。

成功的客户自主权将产生竞争优势,并提高客户忠诚度,最终提高公司的利润率。客户关系管理的方法在注重关键要素的同时,反映出在营销体系中各种交叉功能的组合,其重点在于赢得客户。这样,营销重点从客户需求进一步转移到客户保持上,并且保证企业把适当的时间、资金和管理资源直接集中在这两个关键任务上。

二、会展场馆客户关系的运作及管理策略

(一)会展场馆客户关系管理对象

会展场馆广义的客户,是指会议与展览过程中的主要参与者,这些参与者往往是会展的利益主体,基本由五部分组成,包括会展组织者、会展参与者、专业观众、会展所在地、相关媒体,这五者与会展中心相辅相成,共同构成了会展场馆生态圈。

1.会展组织者

会展组织者是会展活动的发起者,会展的诸多事宜的执行者和监督者,以及活动后期的处理者,在整个会展营销环节,占据绝对的主导者地位角色。会展组织者通常包括主办方、承办方和代理商三类。

主办方是指展会和会议的组织者。从当前的我国会展活动的情形来看,会展的主办方包括:各级政府部门、各级贸易促进组织机构、各类行业协会、商会、联盟和部门大型规模的会展专业公司。

承办方一般是指对会议和会展活动的直接操控运行的会展策划公司。会展的承办方主要负责展会的具体运作过程。目前,我国对于展会的承办方施行

严格的资格审定制度，一般都需要获得政府有关部门的批准获取办展资格方可。

代理商是参与会展招商、招展的分销商角色。在实际运作过程中，往往是一场大型展会中十分活跃的协办单位，从侧面角度也可以把代理商定性成为会展组织者必不可少的组成部分。代理商可以丰盈主办方的业务网络，扩大规模，从物资、资金流等方面提高会展水平。

2.会展参与者

会展参与者主要包括参会者和参展商。

参会者是指参加会展活动的代表。其目的是以会展活动为平台，发布信息、交流资源、商洽事宜、获取潜在市场。会展活动能否成功，关键就在看有没有能吸引参会者的"卖点"。"卖点"我们可以理解成为：活动的主题、议程、举办地、活动中心、嘉宾构成等创意设计。

参展商是指参加展会的有目的性的展出商品或者服务的企业或者机构组织。

参展商一般是受到会展组织者的邀请，通过相应的协议或者合同，在特定的时间和地点展示自身产品或者服务的主体。参展商是一场展会的绝对重要组成成分，而同样，对于参展商而言，参加展会活动是其营销活动的重要组成。通过参展的形式，可以集中地宣传新产品、新技术，找寻潜在客户，并了解行业领域内最新的动态或者客户需求。

参展商是展会服务的主要付费购买者，也是展会承办方主要营销服务的对象。作为参展商，往往要十分认真地考虑参展的目标、条件、效益等一系列因素，谨慎做出决定、决策。会展业发展到今天，会展承办方与会展参与者已不再是一种简单的传统形式下的交易关系，而是一种长期的稳定的合作关系。会展承办方希望通过举办会展活动获得经济利益上的回报，而会展参与者需要通过参加会展活动达到集中宣传品牌，获取潜在市场份额的目的。

因此，会展承办方只有提供更加令人满意的服务，参展商才会觉得参加的展会活动物有所值，才愿意为其买单，最终实现双赢。

3.专业观众

专业观众是和普通观众对应的，专业观众一般是指从事专业性会展所展示产品的设计、开发、生产、销售、服务等不同环节的观众，其很可能是参展商的潜在目标客户群体。

通常情况下，如果会展主办方或者承办方不进行刻意控制，一个展览会除了拥有专业的观众外，是同时会有一定数量普通观众的，这主要取决于展览会的性质和定位。而对会展活动本身，普通观众的价值往往体现在人气以及口碑传播的价值上。因为普通观众观展一般不以达成交易为目的，而是出于兴趣和爱好而来了解下展品情况，导致参展商通常都不太重视普通观众。只有在类似消费类产品或者服务型的展会上，普通观众才会得到重视。因此专业性或者品牌性的展会活动，专业观众的群体所占比例，将直接影响着会展活动的招商工作开展顺畅与否，以及参展商的质量。

4.会展所在地

会展所在地包括国家、城市、地区、酒店、宾馆等，它是会展营销活动中的利益主体之一。会展所在地，上到一个国家，下到一家酒店或者宾馆，对于参展商来说都有十分重要的意义。会展所在地的地理位置，交通环境，知名度，综合环境构成等因素，往往都是吸引参展商参加展会或会议的主要条件之一。

众所周知的一个例子就是2000年的博鳌成为亚洲论坛的永久会址。多年过去，今天的博鳌已经家喻户晓。当地的旅游业、海洋产业、加工生产业、其他服务型产业都得到了难以估计的发展，亚洲论坛给博鳌带来的是一座难以估价的金矿。由此可见，会展的所在地是会展营销活动的利益主体，也是关系到参展商是否决定要参展的主要条件。

5.相关媒体

相关媒体是指与会展组织者或者参展企业机构等有关利益体有着千丝万缕利益关系的宣传媒介，其价值在于帮助实现提高企业形象、会展产品以及展会的知名度。

会展组织者必须高度重视与各类媒体的合作，充分整合和利用媒体资源。合作不仅仅是宣传，还包括联合举办各类活动，扩大影响力，以便促进招商。

一次展会的成功与否，关键不是看来了多少人。因为多方因素所限，能够实际到场的人数毕竟有限。我们要看的是媒体对这次展会的报道有多么充分。此观点充分道出了会展营销过程中，媒体资源的重要性。

狭义的会展场馆客户，主要指与会展场馆有直接业务往来的市场主体。根据不同客户对会展场馆影响程度的不同，把客户划分成战略客户（对场馆有重大影响的客户）、主要客户（是会展场馆的主要盈利的客户）、交易客户（对会展场馆价值不大的为数众多的客户）、风险客户（可能让会展场馆蒙受损失的客户)。

一般而言,应与战略客户建立长期、密切的客户联盟型关系;与主要客户发展长期、稳定的学习型关系;与交易客户维持原先的交易型关系;应拒绝为风险客户服务,及时终止与他们的关系。

(二)会展场馆资源分配策略

会展场馆应为不同的客户关系匹配相应的场馆资源。对于与战略客户的联盟型关系,场馆应投入足够的资源,致力于长期的密切合作,提升场馆的市场战略;对于与主要客户之间的学习型关系,场馆应为长期的互利发展投入较多的资源;对于交易型关系,场馆不应为其投入过多的资源;对于风险型客户,场馆应慎重投入。

(三)促进客户关系健康发展策略

客户关系的健康发展,一方面要维系现已建立的与价值客户(战略客户和主要客户)之间的良好的知识交换关系;另一方面要促进客户关系的提升发展,使交易客户向主要客户转变,主要客户向战略客户转变,从而实现场馆盈利最大化的目的。

(四)其他策略

在选择会展场馆时,各参展者会考虑到当地的政治、文化、经济要素,以及他们做生意的方式,不同的文化背景自然对营销产生不同的要求。会展场馆有硬件设施的考虑,包括面积和地面承载力等等。

考虑住宿交通餐饮的档次规模。不同的会展参加人员的消费水平不同,提供相应的服务水平也就不同。

考虑安全问题。会展场馆是一个人流量很大的地方,随时都有可能出现紧急事故。了解参展人员的个人情况,如平均年龄、通常行为、过去的会展经历,分析他们可能出现的各种医疗情况。

考虑周边旅游环境要求。外地参展商到场馆参加展会,他们是商务旅游者,会前会后有时要求周边有些具有吸引力的景点。

考虑个性化要求。现代社会讲究个性,人们的要求也是多样化的,不排除部分参展企业要求设计自己的展台等,作为成功的场馆经营者都要考虑到这些问题,并及时给出发展策略。

任务三 了解大数据条件下的客户管理

会展业是最重视数据的行业之一，但是在从一般数据向大数据过渡的过程中，会展业仍处在探索的初级阶段。

在会展大数据方面值得称道的领域主要体现在会展现场的管理方面。通过观众“跟踪”技术(RFID 技术或蓝牙 NFC 技术)，优化门禁系统，特别是跟踪观众在会展场馆的活动轨迹和规律，分析人们对产品及企业的关注度，并调整展览的运营管理。这方面已经有一些很好的实践和探索。

利用上述技术，一方面，展商和买家(终端)可以在现场利用相关技术实现对彼此位置的准确感知，尝试更高效率的贸易合作；在展后，展商也可以查询哪些客户到过展台，对哪些产品感兴趣，以实现精准营销和产品结构及功能的调整。另一方面，主办方通过大数据了解客户喜好和感兴趣的产品信息，可以更好地对展览项目进行调整，为客户服务。

一、大数据下会展场馆客户管理的参数分析

在会展场馆营销管理上，借助大数据，可以对以下一些参数进行分析：

客户概况分析(profiling)，包括客户的层次、风险、爱好、习惯等；

客户忠诚度分析(persistency)，指客户对某个产品或商业机构的信用程度、持久性、变动情况等；

客户利润分析(profitability)，指不同客户所消费的产品的边缘利润、总利润额、净利润等；

客户性能分析(performance)，指不同客户所消费的产品按种类、渠道、销售地点等指标划分的销售额；

客户未来分析(prospecting)，包括客户数量、类别等情况的未来发展趋势、争取客户的手段等；

客户产品分析(product)，包括产品设计、关联性、供应链等；

客户促销分析(promotion)，包括广告、宣传等促销活动的管理。

大数据的主要用途之一在于预测，即基于消费者洞察的分析和推断。因此，理想情况下产品的研发、设计应该基于大数据对消费者偏好的“捕捉”和归纳。具体到展览，在“展览立项”分析上，大数据还很少发挥作用。

在营销方面，会展业对大数据的利用也乏善可陈。无论在营销渠道的拓展和对营销渠道有效性的评估方面，都没有看到典型的案例。此外，大数据时代的一个重要特征是对数据的专业分析。即便从技术手段上可以实现海量数据的收集，没有专业的数据分析人员，对大数据的分析解读也无法完成，实现大数据效应最大化更无从谈起。在这方面，会展业还“任重道远”。

二、大数据下会展场馆客户管理面临的问题

大数据条件下会展场馆客户管理面临的问题还有很多，主要涉及以下几点：

（一）数据量处理

对比其他诸多行业，会展业支配的数据量并不大。大数据之所以比数据多了个“大”字，是因为在数据的数量上、获取数据的速度和方式上，包括对数据的分析处理上的差异。其中，“量”是大数据的一个维度。从举办单个展览项目来看，目前主办方处理数据的量是有限的，即使规模达到几万平方米的大型展览项目，通过传统数据库以及传统的数据处理方式也能从容应对。

大数据关于样本等于全部、重关联不求因果的理念，更多的是基于海量数据的现实。因果分析是人类探索自身和自然的终极理想，过去是将来也是。从这个意义上说，传统数据库通过因果分析实现精准营销和精细化运营仍然是会展业的主要操作方式。

（二）需要专业的数据分析能力

对于大数据，分析技术和能力要求更高。业内目前有一种倾向，过度关注数据采集技术和大数据的意义，对于数据分析能力关注极少。对于大多数企业而言，不要好高骛远，即便是踏踏实实地做好对传统数据的分析，也是个挑战。

（三）会展场馆数据基础设施建设

一方面，主办方对基础设施要求逐渐提高，最基本的带宽要求在很多会展场馆都没有达到；另一方面，一旦会展场馆对 IT 基础设施进行大幅度升级，又会造成主办方的矛盾心理，对数据安全的担心增加。当然，这是个具有中国特色的问题，中国的会展场馆经营方对自办展的喜好或者说“情结”，尽人皆知。在中国的诚信环境下，主办方产生疑虑难以避免。

（四）投入产出问题

不同的企业对于大数据应该有不同的态度和方式。考虑问题的原则应该是投入产出比。总的说来，由于投入巨大，无论场馆方还是组织方只有比较有

实力的企业才可以考虑在大数据方面进行投入。小企业即使有在大数据方面探索的雄心，也只能退而求其次，寻求与第三方服务商的合作。

最后，对会展大数据的研究和应用，目前所做的只是“九牛一毛”，远谈不上穷尽。大数据除了在会展立项、营销、管理和运营等方面将产生积极作用之外，围绕人员流动密集、物流集中的会展活动应该还有其他层面的应用。其中，关键是投入产出比和利润模式问题。在利润模式方面，是有了清晰的利润模式再去收集数据，还是在数据的收集之后再去挖掘数据的其他使用价值和利润模式，是很多行业都会碰到的、令人困惑的问题。

任务四　客户关系管理的功能与作用

一、客户关系管理的进程

最早发展客户关系管理的国家是美国，在 1980 年初便有所谓的“接触管理”(contact management)专门收集客户与公司联系的所有信息。到 1990 年则演变成包括电话服务中心支持资料分析的客户关怀(customer care)。客户关系管理(customer relationship management，CRM)，是伴随着因特网和电子商务的大潮进入中国的。计算机、通信技术、网络应用的飞速发展，使得客户关系管理新理念实际应用成为可能。客户信息是客户关系管理的基础，由于数据仓库、商业智能、知识发现等技术的发展，使得收集、整理、加工和利用客户信息的质量大大提高。办公自动化程度、员工计算机应用能力、企业信息化水平、企业管理水平的提高都有利于客户关系管理的实现。我们很难想象，在一个管理水平低下、员工意识落后、信息化水平很低的企业从技术上实现客户关系管理。

二、会展场馆客户关系管理作用和新技术应用

良好的客户关系管理不仅可以改善企业服务，提高客户满意度，通过快速沟通提高市场营销效果，带动企业销售收入增长；而且可以优化企业业务流程提高企业的快速响应和应变能力，使企业的资源得到合理利用；也可以为财务金融策略提供决策支持，为适时调整内部管理提供依据，从而推动企业文化的变革。

会展行业在国内发展迅速，会展场馆之间的竞争也愈加激烈，竞争的焦点已从传统办展模式时代向会展大数据时代过渡，发展到一定阶段必然会从初期

关注展览硬件和规模，向软件和服务质量进行提升。引入大数据管理方式，加强客户关系的管理以及客户数据统一管理，配合数据分析研究客户生产、销售状况，以此为基础建立完善的服务体系，有助于进行个性化互动，提高客户满意度，提升服务质量，提高会展企业的竞争力。

互联网技术作为客户关系管理和服务质量提升的重要工具，通过大数据平台，将进一步延伸作为展会与参展商、买家的桥梁，根据客户所需，定期为客户推送相关的行业资讯，实现增值服务，个性化定制服务，提升整体服务水平及客户满意度。

模块三　国内会展市场的现状和发展趋势

由于会展中心素有城市客厅之称，各地政府对建设会展中心有较大的动力和热情。近些年随着展馆数量的快速增加，总体上呈现展能过剩状态。市场竞争的激烈，导致各展馆对营销的重视程度不断提高，很多场馆立足自身，发掘潜力，增大对营销的投入，加强对营销的管理，实现扩大市场份额的目标。

任务一　了解国内外会展市场的发展现状

会展业作为现代服务业的重要支柱之一，其全球市场的规模正在逐步扩大。据相关研究机构研究表明，近年来随着经济全球化趋势的深入发展，全球会展行业呈平稳发展态势。全球会展行业将以 5.19% 的年复合增长率增长，2019 年，全球会展行业市场规模达到 373.6 亿美元。其中，新兴市场如亚太和中东非地区将迎来高速增长，欧美等成熟市场将会保持稳定的增长。

一、全球展览业因新冠肺炎疫情陷入严重困顿

2020 年，因新冠肺炎疫情(COVID-19)影响，全球展览业陷入严重困顿，无论是发达经济体还是发展中经济体国家基本没有恢复举办线下展会。据全球展览业协会 UFI 称，与 2019 年相比，全球贸易展览业务将收缩 60%。根据最

新的COVID-19损害评估，与展览和旅游相关的活动中，总产值约1800亿美元和190万个工作已经受到影响，与展览参与者之间的约2960亿美元的合同未按预期产生。UFI报告称，全球范围内，2020年上半年的行业收入平均比去年同期下降了三分之二。2020年下半年，尽管世界许多地方逐步开放，但展览业中的许多公司仍面临着巨大的收入下降和利润损失，这也影响到在展会上签订合同的所有参与者。[①]

受新冠肺炎疫情影响[②]，2020年中国主办方的出境展以及中国企业的出境参展，全面停摆，为改革开放以来罕见情形。其中，以出境办展为主营业务的展览企业如米奥会展公司，被迫陷入经营亏损境地。与此同时，境内办展中国家化元素较高的展会也受到严重影响，中国第一大展广交会被迫线下停办转线上，其他境内涉及国际展商及观众的展览内容基本告停。

2020年是中国展览业自改革开放以来最为困难的一年。由于停办线下展会，加之线上业务支出增加，上半年出现了全国性的行业性亏损。中小型民营企业大量歇业，大量员工的工资减发或停发。随着线下展览的恢复，这种状况在下半年逐步好转，但大多数企业年度经营亏损已成定局。广东省2—5月延期或取消的展会达172个，涉展总面积达946万平方米。其中，广州市展会82个，涉展总面积达445万平方米。全省组展机构营业收入大幅下降，半数企业降幅超过50%，收入减少1000万元以上的企业占21%。会展场馆租金收入剧减。展览工程企业几无业务。由于国际疫情持续，全国出境展业务全面停摆。

2020年下半年国内疫情缓解，线下展览逐步恢复举办。到年末，全国举办线下展览总数为5408场，展览总面积为7726.61万平方米，虽较2019年分别减少50.98%和48.05%，但中国是全球范围内唯一能够正常举办线下展会活动的国家。

2020年，地方政府对指导展览业发展的政策创新体现于三个案例：一是《上海市会展业条例》经上海市第十五届人大常委会第十八次会议表决通过，此为国内首个省一级的会展业法规。二是四川省委、省政府印发《关于加快构建“4+6”现代服务业体系推动服务业 高质量发展的意见》，明确将商务会展定为六大成长型服务业之一。此举为编制四川省会展业“十四五”发展规划定下了基

① UFI：2020年全球展览业贸易将收缩60%[EB/OL].(2020-07-23)[2021-08-20]https://xw.qq.com/cmsid/20200723A0MBNY00.

② 以下数据均来自：中国会展经济研究会.2020年中国展览数据统计报告。

调。三是新修订的《海南省支持会展业发展资金管理办法》,不但细化了申请扶持资金的展览、会议项目的条件,而且要求进行项目评估。此举反映了地方政府对于会展业扶持资金的管理正趋向专业化和精细化。

国内展馆建设在2020年保持了热度,广州琶洲展馆(广交会馆)、北京顺义展馆(新国展)的扩建,北京、武汉、厦门、桂林等地大型展馆的新建,以及多地新馆二期工程的推进,显示大型会展中心及其综合体仍然是城市基础设施以及地产经济的重点建设项目。

二、欧美地区市场主导地位稳固

据智研咨询研究,2019年欧洲会展行业市场规模达到165.9亿美元,年复合增长率为4.39%。[①] 欧洲会展行业市场规模将保持一个较为稳定的增长率,其主导地位未动摇。欧洲会展行业市场正在"数字化"进程中,其展会形式、互动与信息分析也均在创新中,博闻等大型欧洲展会企业仍是全球会展行业的领导者。但是,随着全球会展行业市场的发展,欧洲会展行业市场的增长率将低于发展中国家。而当下欧洲会展企业正积极转变发展方式,将他们的本土展览经验输送到新兴市场以获得新的利润增长点。

在北美市场,2019年会展规模达到102.1亿美元,年复合增长率为4.7%。北美市场亦将保持一个较为稳定的增长率,从居民可支配收入和生活水准上看,北美已经是一个成熟的市场,且这个市场中有大量的竞争企业。北美自由贸易协定积极地促进了这个地区货物与服务的贸易。各个展会中,先进科技的进步及其应用给展商带来了潜在的收益。美国政府认为,会展是经济的重要的刺激因素,因为会展同时促进了旅游业和就业率。

三、亚太和中东非市场规模扩大

目前,国际会展行业形成了以欧美国家为中心,辐射亚太、中南美、中东非的格局。亚太地区、中东非地区会展市场占比不断提升。其原因在于,一方面随着国际会展行业的不断发展,众多国际知名的会展品牌纷纷进入亚太、中东非市场,通过行业细分、跨地域的协调、延伸以巩固自身地位;另一方面亚太、中东非地区经济的高速发展以及人民生活水平的日益提升,促使当地贸易需求增加,当地会展市场规模亦随之增长。未来,亚太及中东非地区的会展行业市场规模将大幅度增长,其在全球会展行业占比将不断提高。2019年亚太地区市场

---

① 数据来自中国国际贸易促进委员会编纂的《中国展览经济发展报告2019》。

规模达到78.69亿美元，年复合增长率达7.36%，年复合增长率居全球首位。

而中东非地区市场规模2019年达到16亿美元，年复合增长率为6.99%，年复合增长率仅次于亚太地区。中东非地区中，例如海湾阿拉伯国家合作委员会成员国的国家经济和人均收入正在高速增长，且国家财政政策的倾向和现代化进程的加快使得这个地区的展览中心正逐步增多。在政府对会展行业的鼓励下，中东非地区在会展行业的潜力正逐步积攒并显现。

四、业界对中南美地区市场仍处于观望状态

此外，目前业界对中南美地区市场仍处于观望状态，其市场国际化程度不高，尚处于待开发阶段。2019年其市场规模达到11.1亿美元，年复合增长率为5.59%。中南美地区会展行业市场的外部支持环境相比于其他几个地区显得较弱。经济的持续动荡成为投资者信心减少的主要原因。尽管如此，由于巴西、墨西哥、智利、哥伦比亚等新兴市场国家的人民生活水平的提升，中南美地区的会展行业市场仍然保持一个较为稳健的增长趋势。这个地区的会展行业企业会有策略性地与欧美会展企业合作，共同扩大这个地区的会展行业市场规模。

任务二　了解国内外会展市场的发展趋势

一、世界会展产业“东移”趋势明显

据UFI统计报告及Technavio的行业研究报指出，伴随着亚太、中东非、中南美等新兴市场国家经济发展的提速，国际会展产业出现了重心由发达国家向发展中国家转移的趋势。

欧美国家在保持行业主导地位的同时，市场增速放缓，而亚太、中东非地区因人均可支配收入和生活水准的提升，其会展行业市场正以较高的年复合增长率快速增长。步入“新常态”的中国更加渴望有更多、更大的平台进行自我展示，一系列国际会展的成功举办也为会展行业带来了难得的机遇，作为全球第二大经济体的展览市场将越来越令世界展览业瞩目。过去几年里，米兰、汉诺威等国际展览业巨头纷纷在中国移植或者举办新的展览会，成绩斐然。可以预见，中国经济的进一步转型将为国际市场带来更加巨大的机会，国际市场和中国市场的双向需求将带动世界展览业加速“东移”。与此同时，为了展现中国制造，国家也将充分利用出国展览平台，将中国企业的形象输出到国外，国内的出

国展览行业也将迎来历史性机遇。

二、专业性展览会已成未来趋势

综合与细分是设定展会内容的两种思路。从展览业的发展看，展会的内容从综合到细分，是展览业发育成熟并迈向专业化的重要标志。欧美展览大国已经开始细分行业之后的“再细分”，展览内容极具专业性，使采购商能够以最快的速度找到所需的产品。在我国，由于追求展览经济的规模效应和“大而全”的展示效果，偏综合性的展会仍大量存在。近几年，许多综合性展会开始将内容细分成专业性主体展览会或主题馆。虽然与欧美相比这种划分仍显粗放，却已体现出中国展览业专业化进程的加速。随着政府介入的逐步减少，中国展会将在市场的要求下对内容进行更合理、更专业的细分，许多大型展览会有可能分为规模更小、专业性更强的展览会，与国际展览业的发展更为紧密地联系在一起。

受益于政府的推动作用，以及宏观经济各个行业对会展服务的需求不断深化，我国展馆设施建设方兴未艾，单体会展设施大型化趋势明显，在建、待建场馆单个平均面积均超过 10 万平方米。

随着中国国际化进程的加快，中国展览行业凭借其活跃性和交流性将继续保持平稳增长的态势，在稳定内需和扩大对外开放的过程中发挥更为积极的作用。但可预见的是，国内展览经济高速增长的时代已经过去，展会市场将在新常态中进行结构优化和整合，利润水平将处于平稳状态，从业者将主要通过创新办展方式和提升服务质量来实现良性增长。

三、国内会展业将迎来巨大的发展空间

会展经济能够带动第三产业的综合发展。具体来看，会展业不仅能带来场租费、搭建费等直接收入，而且还能拉动或间接带动数十个行业的发展，如商业购物、餐饮、住宿、娱乐、交通、通讯、广告、旅游、印刷、房地产等；不仅能积聚人气，而且能促进各大产业的发展，对一个城市或地区经济发展和社会进步产生重大影响和催化作用，一个好的会展对经济拉动效应能达到 1∶9。

作为现代服务业重要组成部分，未来国内会展业将从依靠规模增长向提升质量效益转型。我国的会展经济正处于改革升级的过程中。尽管我国的展览发展还比较快，但如今欧美会展已经完成了专业化、市场化，正进入后专业化与后市场化的阶段，中国必须迎头赶上，才能做大做强。

会展业作为一个“无烟产业”“朝阳产业”，已率先在以北京、上海、广州为代

表的经济水平较高、基础设施较完善、第三产业较发达的城市迅速崛起，形成了以“北上广”等为核心的环渤海、长三角、珠三角三个会展城市群。随着“西部大开发”“东北振兴”和“中部崛起”国家战略的逐步实施和边境贸易的迅速发展，分别以成都、重庆、大连、沈阳、武汉、郑州等城市为内核的西部、东北、中部三个会展城市带初步形成。此外，分别以福州、厦门和海口、三亚为内核的海峡西岸经济区和海南国际旅游岛，简称海西、海南两个会展城市圈正在浮出水面。以上三大会展城市群、三个会展城市带和两个会展城市圈，构成了中国会展经济的大体框架。经过不断的功能定位和竞争合作，逐步形成了平等互动、均衡协调、各具特色、梯次发展的中国会展经济大格局。

模块四 国内会展场馆营销实务

会展场馆不管采用哪种管理模式，均会面临安全风险高、市场细分难度大、运营成本高、人员流动率大等共性问题。其中，场馆运营者最关心的运营痛点当属综合性会展场馆的生意从哪里来？显然，传统的以场租为主要来源、以物业为核心的运营管理理念已经不适合会展业的发展趋势，生意存在于暗流涌动的变化中。

任务一 了解国内会展场馆存在的问题

一、会展场馆规模偏小，条件落后，服务配套设施不足

先进国家的会展场馆大多都是规模庞大并且具有国际影响力。例如德国的汉诺威展览会就拥有世界上最大并且深具影响力的展览场地，总占地 100 多万平方米，是世界上展览会的发源地。虽然我国有会展场馆 200 多个，但大多数都是规模偏小，展览面积在 10 万平方米以上的少之又少。并且由于国情的限制，我国的会展业发展起点较低，大多数的会展场馆条件落后，设备简陋，展馆扩建缺乏资金；一些依靠自筹资金所创建的场馆整体水平都不太高，配套服

务设施落后，以及展馆的管理水平也较落后。

二、展馆建设政府性强，市场化水平低

中国的经济增长呈现粗放式、外延式模式，也就决定了中国展览业走的也是一种政府建设、行政管理的道路。这种发展模式所要的是绝对数量的递增，而不是经济总体效益的提高，导致我国的会展场馆收益水平以及市场化水平降低。目前，我国展览产业每年举办近 2500 个展览会，[①]会展活动规模已经很大，但会展产生的效益低、产值低，政府某些部门的行政意识强，未按市场规律进行经营。

三、会展场馆科技含量少，智能化水平低

在科技迅猛发展的如今，运用现代科学技术对会展场馆进行智能化设计，创造舒适、安全、便捷的展览环境，已成为会展场馆建设的特定要求和必然的趋势。在我国国内当前的会展场馆设计中，科技含量低是需要解决的重大问题。总投资超过 5 亿多元人民币的南京国际展览中心是国内极少的智能化会展场馆之一。该展览中心机电设备投资约 2 亿元人民币，约占总投资的 40%，智能系统投入已经超过 4500 万元人民币，总共约占总投资的 8%。南京国际展览中心在场馆设计以及设施方面为国内其他会展场馆的智能化建设提供了很好的借鉴。更应该注意的是，其他场馆的设计必须进行充分的可行性的研究论证，如果一味地去效仿或不切实际追求大而全，往往会造成设备的利用率低下和很大程度的浪费，而且会降低智能场馆的投资回报率。

任务二　掌握会展场馆的营销方式

从表面上看，会展场馆营销是在销售有形的场馆。但从本质上看，它是在销售一种无形的服务。会展场馆营销的这种特点，使它成为一种既有产品营销的属性，也有服务营销属性的综合型营销；拥有有形的产品营销和无形的服务营销的双重特性。

---

① 体感互动设计[EB/OL].(2021-06-06)[2021-08-20] http://www.taojindi.com/qyxx/mnhc－210530517228402.html.

一、公共关系营销

公共关系营销的传播方式比较多，它可以利用多种媒体传播，也可以自己进行直接的传播。但公共关系营销对媒体的利用，大多以新闻报道的形式出现，而不是做广告。另外，公共关系营销的作用不仅仅是针对目标参展商，它还针对会展的其他方面。公共关系营销的社会公认程度一般比较高，更容易被目标参展商以及潜在的客户所接受。

公共关系营销往往可以采取下面的一些方式：第一，办展的单位可以通过召开新闻发布会、人物访谈、记事的特写以及新闻特别报道等多种形式，通过媒体进行新闻传播。新闻宣传的内容具有一定的新闻价值和一定的时效性，并且真实可靠。第二，办展机构可以通过加大与社会之间有关方面的交往来增加会展的影响。如组织联谊会、俱乐部、进行行业研究和策略性的拜访等，还可通过扩大社会交往来与各方面建立长期且稳定的关系。第三，办展机构亦可以通过以会展的名义针对一些富有新闻价值的事件或公益事业进行赞助和支持，借以提高会展的知名度和美誉度。

二、网络营销

通过与传统的营销方式相比，网络营销的优势非常明显，它因此也被办展机构在营销会展场馆时大量采用。在进行场馆营销时，网络营销的方式通常有三种：第一，办展机构建立自己的会展专门网站，通过精心设计，通过将该会展的有关详细内容发布在网上，并在其他营销活动中告诉客户本网站的网址，使他们根据需要可以随时随地上网查询相关内容，预订展位，提出意见。会展办展单位可以依据筹备的进展状况随时随地更新网上的内容。第二，办展单位也可以不组建会展专门网站，而将会展的有关内容交给行业的专门网站，由他们帮助在网上推广本会展。办展机构负责向他们提供会展的有关资料，由他们在网上设置专门的主页，以便客户浏览。

三、直复营销

直复营销简单的可以说是一种互动的营销系统，它使用一种或者多种媒介，以达到在任何地方都能够产生可以度量的回应，以及达成交易的效果。它的最大特点是其营销效果是可以测量的，办展机构可以非常准确地了解对营销进行回复的顾客比例，还知道他们回复的内容是什么。因此，直复营销的效率非常高。我们经常接触的直复营销方式包括：直接邮寄型营销、会展现场推广、直接回访客户以及其他媒体营销等。

任务三　掌握会展场馆的营销创新

会展场馆营销创新，首先在意识上要在以下几个方面有突破。

一、会展认知从“陈列馆”到“大会展”(图 4-2)

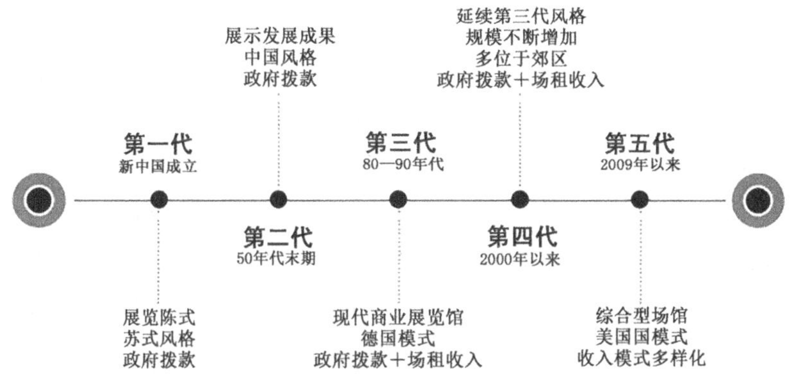

图 4-2　“五代场馆”理论示意图

从场馆的名称变化可以窥探出中国会展业的变化。最早的会展场馆以苏式风格的展览馆为主，往往以行政区划来命名，如北京展览馆等；第二代会展场馆以展示新中国工农业发展成果，如全国农业展览馆、辽宁工业展览馆等；改革开放后，会展场馆作为中国对外开放形象的展示平台，因此场馆名称多为国际展览中心；2000 年任兴洲率先在国内提出“会展经济”的概念，此时兴起的第四代、第五代会展场馆才开始用会展中心或博览中心来命名。场馆的命名不仅能体现场馆代际的更迭，也反映了业界对会展的认知程度。随着“会、展、节、演、赛”的“大会展”概念深入人心，场馆运营者要做的不仅仅是对概念认知的与时俱进，更要为概念的落地“铺好温床”。

二、会展场馆功能从“术业有专攻”到“功能拟合”

专业的会展场馆与当下热门的特色场地（诸如高端酒店及艺术中心、演艺中心、剧院、书店、酒吧等）二者间功能的边界越来越模糊，大有拟合之势。在前者将触角伸向 IP 特展、演艺活动市场时，后者也不甘示弱，高端分享会、读书会、小型展览等举办得也是不亦乐乎。场馆管理者既要抓住机遇更要正视挑战。要不断挖掘和发挥专业场馆在层高承重、吊点数量、运输通道等工程或技术参数方面的专业优势，将更多创意类活动请进会展场馆。

三、角色定位从物业管理到空间运营

传统会展场馆功能单一，收入主要源于展览场地的出租，此时的场馆管理者更像是“包租婆”，当然还可能附带物业管理的职能。随着综合性会展场馆管理业态日趋复杂，收入结构日益多元，场馆运营者要认清自己的角色定位。此时管理者的职责早已上升到空间运营和关系维系的高度，促进多元业态的协同和可持续发展成为关键要务。

四、客户认知从“大规模”到“大客户”(图 4-3)

会展场馆的销售往往铆足劲儿来引进一场规模较大的会议或展览，但可能并不会想到要去拜访某个设计展，某场路演、走秀、市集等活动的主办方。场馆销售不光要开拓丰盈现有客户资源库的类型，还要有“大客户”思维，对准战略客户。紧抓微软、阿里、联想、宝马等全球知名公司的合作机遇，深度挖掘对方的合作需求，打包合作行业会议、年会、周年庆、客户答谢会等系列活动。

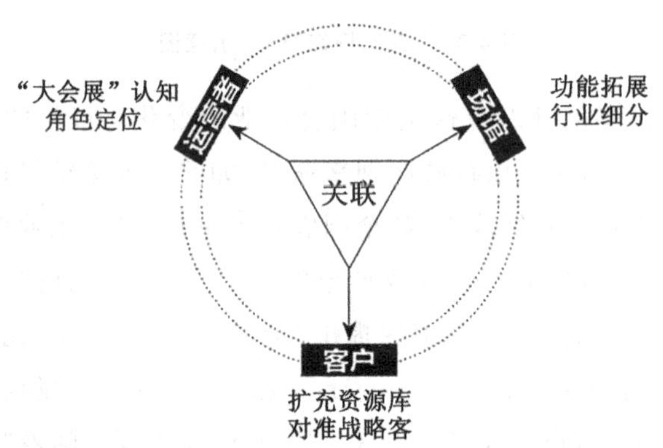

图 4-3 运营者、场馆和客户三者的关联图

五、市场策略从销售到深耕行业(图 4-4)

国内大多数会展场馆的销售部通常分为会议部和展览部两类，进阶的场馆会在会议部下设协会会议、政府会议和企业会议的销售小组。对于综合会展场馆，建议其借鉴国际知名公关公司或咨询公司的业务分类，采用行业细分的方式，根植于行业的需求。大的销售中心下设医药、汽车、电讯、金融、制造、快消、

文娱等事业部，最后统一对接到协调中心及运营中心。此举能够更深入地了解行业，更及时地获取行业诉求，更全面地服务好“客户的客户”。由此形成强劲的核心竞争力，积累起坚实的业务、客户基础和良好的市场口碑。

图 4-4　综合会展场馆的销售结构运营图

思考练习与实践

一、简答题

1.会展场馆市场定位的基本概念是什么？

2.会展场馆市场定位的原则有哪些？

3.会展场馆营销管理的特点是什么？

4.会展场馆客户的类型是什么？

二、论述题

1.请阐述会展场馆客户关系的运作及管理策略。

2.谈谈大数据下会展场馆客户管理面临的问题。

3.国内外会展市场的发展趋势是什么，会展场馆的营销创新方式有哪些？

◆ 项目五 ◆
会展场馆经营管理

会展场馆一般是由当地政府投入巨额资金进行建设的大型建筑，会展场馆的建设能够带动相关行业的发展，提升当地会展经济的水平；会展场馆常被建设成城市的地标性建筑，在该城市知名度广。会展场馆一旦落成，就决定了会展业借以发展的地理环境，周边的基础设施及配套设施与会展业的发展互为支撑。因此，会展场馆区位选址在哪儿，如何进行展馆设计就显得至关重要。

学习目标

1.了解境外和国内会展场馆的经营模式；
2.了解会展场馆经营管理的危机；
3.分析会展场馆自办展的优势和劣势；
4.掌握中国会展场馆管理的主要问题；
5.掌握会展场馆经营管理市场化的策略；
6.掌握会展场馆自办展的路径。

模块一 会展场馆的经营模式

会展业是朝阳、环保产业，被喻为城市经济发展的引擎，会展业普遍受到世界各国的关注。由于建设周期长、投资巨大、回收时间长，纵观全球会展业，会展场馆的最大投资主体便是政府。而会展场馆的经营主体有三个：政府、协会和公司，根据不同国情，有不同的经营模式。会展场馆采用不同的经营模式会对场馆利润和绩效产生一定的影响。

任务一 了解境外会展场馆的经营模式

会展经济最早是从欧洲地区发展起来的，美洲、亚洲会展经济也各有特色，在世界会展经济舞台上均占有一席之地。结合施昌奎、武晓芳、永树理、赵光洲等学者观点，境外会展场馆的经营模式主要有四种：德国模式、英国模式、美国模式和中国香港模式。

一、德国模式

德国模式的做法是产权国有，在国有产权的前提下实现会展场馆与展馆项目经营的一体化。政府不直接参与会展场馆的经营管理，而是把会展场馆以租赁或委托管理的方式授权给从事专业会展的公司进行经营。这种模式的优势是可以利用国家强有力的资源优势，支持会展场馆的后续经营发展，保障性较强。劣势在于仅限利用会展场馆的租赁或经营服务，模式较为单一，经营状况缺乏效益保障。

德国政府直接投资场馆建设，坚持“一个展览公司＝一个会展城市”原则，政府主要为本市会展经济的发展提供基础建设和政策支持。例如汉诺威政府为其蜚声国际的汉诺威展览中心投资场馆周边停车设施，建立发达的公路和轨道交通网，从而使汉诺威展览中心成为国际市场交流的最佳场所；政府通过授权使专业行业协会在业界内具有绝对权威，而行业协会通过建立行业规章制度和自律机制来完成行业内的管理和协调职能。成立于1907年，总部设在科隆的AUMA就是德国展览业的最高联合会，也是代表德国政府进行宏观调控的唯一的会展管理机构。

德国各展览城市的市政府大部分直接控股本地著名大型展览公司，展览公司同时还拥有本城市的大型展馆。如汉诺威展览公司主要由州、市两级政府投资，其中下撒克森州政府投资51％，汉诺威市政府投资额占49％；法兰克福展览公司由该市政府投资60％，黑森州政府投资40％。不过，德国虽然是由政府全资投资建设展馆，这些展馆建成后也是要按照市场化的方式运营。严格来说，德国的展馆只能算是“准公共产品”。

二、英国模式

这种模式是建立在会展产权私有化的前提下，实现会展投资和会展并购的一体化运作。这种模式的优势是可以利用资本运作的力量快速做强做大会展产业，实现会展场馆经营模式的快速转型和扩展，灵活应对国际会展市场变化，适应会展产业的创新和可持续发展。劣势是在投资和并购中必须面对复杂的市场风险。

英国许多展览馆为提高展览场地的利用率，在改造和新建过程中都增加了场馆的分隔功能。因此，许多中小型的展览可以同时在一个展馆内举行而互不干扰。另外，各展览场馆还制订了各种分期收费的优惠政策。例如，在英国的Earls Court 展馆中，展览组织者只需支付5%的场租押金就可以使用场地举办展览，而95%馆租金额可以在组织者收到参展商费用后再交纳，这就大大减轻了组织者的经济负担，有利于资金周转。

从就业角度考量，英国政府会对能够解决就业问题的展览馆的建设进行补贴。在确定补贴项目和规模时，一个场馆或展览项目得到资助数额的多少往往取决于其解决就业的能力，并且资助款项一般不是一次性发放，而是随着工程或项目进展的情况分期支付，这样就可以进一步达到监控的目的，从而保证工程或项目能够实现就业目标。

三、美国模式

这种模式是利用国内市场内需，在业态方面进行创新，在会展经营方面实行综合性全面发展。美国模式的优势是可以淡化会展场馆的淡旺季和空窗期，充分提高场馆利用率，实现稳定综合收益；劣势是业态创新难度较大，涉及综合管理方面的问题比较复杂。

美国政府对会展业的支持与德国不一样，它不是直接拨付资金，而是在宣传推广和服务方面为企业提供便利。美国政府对会展业的支持具体由美国商务部(Department of Commerce)负责，商务部每年筛选出符合要求的美国出国展或国内展大约30个，每个展会最多只能获两次支持。

四、中国香港模式

中国香港模式是政府规划土地的使用并且提供土地，然后委托地产公司建设场馆。香港会展中心首期建成于1988年、二期工程在1997年香港回归之前完成。会展中心首期工程政府用土地换展馆(即政府拨出周边土地给新世界集团，而该集团则建设若干展览馆面积给政府)，二期工程完全由政府投资。中国香港模式在场馆建设方面为全世界提供了一个很好的范本，即打破了会展场馆只能由政府全额投资的做法。目前这种模式广泛被各国接受，纷纷以各种形式引进外资或者民间资金建设场馆。我国可以在场馆建设方面引进公开招标的做法，采取 BOT(build-operate-transfer)模式即建设—经营—移交模式，基本思路是：由政府或所属机构对项目的建设和经营提供一种特许权协议(concession agreement)作为项目融资的基础。由本国公司或者外国公司作为项目的投资者和经营者安排融资，承担风险，开发建设项目，并在有限的时间内经营项目获取商业利润，最后，根据协议将该项目转让给相应的政府机构。有时，BOT 模式被称为"暂时私有化"过程(temporary privatization)。采取这种模式的一个前提是，后续的经营能够有可预期的、稳定的现金流，以收回建设方的投资；也可以采取"PPP"(public-private partnerships)模式，即政府首先对投资项目进行公开招标，然后与中标企业共同投资建设，并且交由企业方经营，最后双方依照协议分配项目收益。一定年限之后，项目产权移交给政府。

例如上海新国际博览中心是由上海市浦东土地发展(控股)公司与德国汉诺威展览公司、德国杜塞尔多夫展览公司、德国慕尼黑国际展览有限公司共同投资建设的，目前运营状况良好；北京奥运会的主会场——鸟巢在建设的时候也采取了 PPP 模式。

从世界展览场馆的建设和维护看，展览场馆的建设和维护都离不开政府财政资金的支持，所不同的只是经营与管理方式的差别，计划经济体制下展览场馆一般实行的是国有国营模式，而市场经济体制下展览场馆一般实行的是民营公助模式。

视野拓展

展览场馆投资大，投资周期长，私人资本一般不愿承担如此大的投资风险，所以，世界上大多一流的展览中心都是由政府投资兴建的。比如说，德国汉诺威展览中心(Hannover Exhibition Center)就是由政府投资兴建的。汉诺威展览中心整个场地占地 100 万平方米，共 27 个展馆，室内展览面积达到 49.8 万平方米。最新落成的 27 号展馆位于展场西南角，展览面积为 31930 平方米。德国政府除直接投资场馆建设以外，还投资改善场馆周边停车设施，建立发达的公路和轨道交通网，从而使汉诺威展览中心成为国际展览交流的最佳场所。另外，一些大型展馆设施的改建和扩建一般也是由政府来完成的。法国巴黎凡尔赛南北展场的改建和扩建就是由政府承担的，竣工之后，展览面积将达到 80 万平方米，从而使巴黎的展览设施达到世界一流的水平。

在市场经济条件下，发达国家政府对会展行业的管理更多的是依靠行业协会来完成。AUMA是德国展览业的最高联合会，它是由参展商、采购商和博览会组织者三方力量组合而成的联合体，是代表德国政府进行宏观调控的唯一的会展管理机构。AUMA为确保德国博览会市场的透明度，制定了许多具体的规章制度和措施，对每年举行的国内外博览会和展览会进行协调，避免重复办展和恶性竞争，对会展名称给予类似商标的保护，以确保名牌展会不受侵害。AUMA还根据章程要求，在会议、展览的类别、展出地点、日期、展期、周期等方面进行协调，从而保护了参展商、组织者、参观者多方面的利益。另外，AUMA还聘请专家和学者对展会进行考察，并对会展经济进行深入研究，定期发表最新研究报告和成果，为德国政府管理会展经济提供了重要的参考依据。此外，它每年还与经济部、农林部、能源部等政府部门进行协调，拟订下一步的会展经济发展计划，该计划一旦获得批准，AUMA便会同有关部门及专业展览公司具体运作和执行这一计划。

法国也依托CFME-ACTIM对会展经济进行行业协调和管理。海外会展委员会技术、工业和经济合作署(CFME-ACTIM)是法国政府授权管理会展经济的行业组织和权威机构。在法国，CFME-ACTIM的地位就像AUMA在德国一样，具有极高的权威性，代表法国政府行使宏观管理职能，发挥行业协调功能。它除了制定具体的行业管理制度、组织人员培训以外，还负责会展经费的预算和支配，选择参展的题目、国家地区和预算计划，听取涉及国的大使馆经济处和有关企业的意见。另外，法国国际专业展促进会规定：同一个专题的展会只接纳一个，条件必须是法国质量最好的展会。

任务二　了解国内会展场馆的经营模式

由于历史原因，我国场馆的投资主体和经营主体依然是以各级政府为主，政府行为不仅仅体现在场馆的投资，还体现在政府对于场馆经营管理的强烈干预。由此产生了一系列问题，例如：国有企业“所有者缺位”和“所有者越位”现象同时并存，管理效率和服务水平低下；政府把会展中心作为形象工程来投资，淡化了其作为市场主体的地位，也加重了地方保护主义和低水平的重复建设，完全的国有投资、国企经营使民营资本和外资进入会展中心的建设面临着巨大的进入壁垒。

据统计，自从2006年以来，我国每年对场馆建设的资金投资高达40亿元左右。然而场馆的快速建设并没有达到预想的效果，场馆的营业收入增长比较缓慢。造成这种结果的原因，首先应该在于场馆的盲目建设，导致了场馆的利用率和出租率低。其次，就是场馆的经营管理不完善造成的。这种原因会导致场馆的浪费和闲置。而且，在一定程度上导致场馆的恶性竞争，阻碍我国会展业发展。

一、国内会展场馆经营模式

国内大型会展场馆主要分布在北京、上海、广州、深圳以及成都等会展中心城市，而中小型会展场馆在全国各地遍地开花。纵观这些城市会展场馆的经营格局，大部分由政府全额投资，也有部分经由多种所有制形式筹集资金进行的投资，包括国有控股、民营投资、股份制等。国内的会展场馆经营模式主要包括以下几种：

（一）国建国营模式

国建国营模式指由国家投资会展场馆并由国家进行经营，这是在会展场馆管理方面最熟悉、最常见的模式。主要是指由各级政府投资建设，然后由出资政府下辖的事业单位或国有企业负责场馆的运营。这种模式是现阶段的主流管理模式，国家展览中心和广交会的场馆就是采用此种模式，前者属于国家贸促会，后者隶属于国家对外贸易中心。

由于政府无法直接投资，政府出资往往是通过下属的事业单位、国有企业或者成立新公司（依旧是国企）来进行。所以，国有企业是会展场馆建设最主要的投资主体，并且同时拥有场馆的产权与管理权。近年来，随着政府职能转变、场馆三方（业主、投资方和管理方）意识转变以及会展业市场化的不断推进，会展场馆的产权与管理权开始分离，场馆输出管理案例随之增加，如北辰时代旗下管理的场馆就已经达到7家。将管理权分离并引入专业团队，有利于更新场馆管理理念、提升管理水平，更重要的是能够盘活场馆资产，让场馆成为更加适合市场运行规律的主体。

（二）国建民营模式

国建民营模式指由政府投资建设场馆，但选择市场化企业负责展馆的经营，将所有权和经营权进行分离。由于目前建设场馆的投资巨大，如上海国家会展中心的投资额为50亿元，单就政府投资回报率而言，这种投资金额仅银行借款利息偿付就已经是巨大压力。而所有权与经营权分离可以减轻场馆在经营方面的成本压力，激发管理活力，可采取多元化经营方式运营会展场馆。

(三)PPP 模式

PPP 模式，财政部将其定义为政府与社会资本合作模式，是政府与社会资本为提供公共产品或服务而建立的全过程合作关系，以授予特许经营权为基础，以利益共享和风险分担为特征，通过引入市场竞争和激励约束机制，发挥双方优势，提高公共产品或服务的质量和供给效率。自 2014 年国务院下发 43 号文后，PPP 模式成为地方政府提供(准)公共产品和服务的力推方式。会展场馆领域符合投资规模较大、需求长期稳定、价格调整机制灵活、市场化程度较高的 PPP 模式适用范围，因此，这两年 PPP 模式在会展场馆领域慢慢走俏。

会展场馆拥有建设投资规模较大、需求长期稳定、市场化程度较高、需要专业运营团队等特点，有必要开辟多元化的融资渠道以及寻找拥有丰富资源的专业运营团队合作，这些都与 PPP 模式相适应。PPP 模式不仅是一种融资模式，更重要的是要将社会资本的活力及多元化带入到项目建设及运营中去，通过市场化运作，政府有限地参与实施与监督，规范法律法规及 PPP 操作流程，从而使社会资本与政府形成共担责任、共享利益、资源互补、灵活快捷的双赢局面，能够为大众百姓提供更好的基础设施服务。因此大型会展场馆引入 PPP 模式建设运营具有多方面的优势：

1.社会资本充分参与设计，为后续提供便利。社会资本从运营的角度出发，通过参与评审，防止展馆的设计与实际需求脱节，为今后的运营及建设提供便利。相对于其他类型项目，会展类 PPP 项目具有一些自身的特点。比如，项目后期的使用与运营单位有着密不可分的关联。设计、施工与运营思路是不可脱节的，在项目准备阶段就应让运营单位介入，将运营的思路体现在方案设计中。在执行阶段的施工图优化、设备采购、周边配套等一系列事项都应围绕着后期运营打造。

2.资金容易得到保障。由社会资本与政府方共同缴纳项目资本金，并以项目公司名义进行融资活动，因而项目建设的资金能得到有效的保障。

3.以绩效为导向良好合作。通过对运营的绩效考核，减少了建设期的风险、提高了运营阶段的营收，社会资本与政府双方成为互利互补的合作体，风险和利益共享、社会资本的回报机制与运营考核挂钩，能更好地为项目服务，也为社会大众服务。

(四)民建民营模式

民建民营模式,企业市场主体是民营私人资本或其他资本,通过组建场馆经营管理公司来负责经营管理。虽然会展场馆具有类似于公共产品的属性,但其对周边所配套的酒店、写字楼、商业、住宅项目等物业具有很强的带动效应。所以,其投资主体中也不乏民营企业的身影,如成都世纪城新国际会展中心、昆山国际会展中心等。

民建民营模式的典型代表为成都世纪城新国际会展中心。成都世纪城新国际会展中心是成都会展旅游集团下属企业,属民营资本投资,专门负责成都会展中心的运营管理。公司经发展形成以会展旅游拉动区域经济、带动城市建设的多业态协同和大会展集群复合经营道路,创立了独特的多元化、多产业联动的“会展业的成都模式”。该模式以民营投资建成会展综合体,由企业投资并经营,实现市场化运作,调动集团旗下酒店服务和旅游资源,按市场规律和顾客需求进行整合,拥有自我造血、自我发展的机能。

(五)国际合作模式

国际合作模式在会展场馆投资及管理领域逐渐走俏,引进国际知名会展公司的项目资源、管理经验和品牌影响,是国际合作模式的主要目的。从目前合作案例来看,主要有三种方式:

一是共同投资建设运营场馆。上海新国际博览中心,由上海浦东土地投资发展有限公司与德国的三家公司(慕尼黑展览有限公司、杜塞尔多夫展览有限公司和汉诺威展览有限公司)投资兴建,总投资为 9900 万美元,在总投资中中方投资占 50%,三家外资公司投资占 50%。经营管理以外方为主,整个经营管理期为 50 年。该模式通过引进国际先进管理团队,实现会展场馆的高效管理与利用。

二是场馆建成后,成立合资管理公司,共同负责运营管理。例如笔克(香港)有限公司参与管理郴州国际会展中心。作为郴州市首个会展中心,郴州会展中心是一个大型现代化的多功能会展中心,设施完备。笔克 2014 年 6 月 16 日宣布获得管理合约,为郴州会展中心提供管理服务。根据协议,笔克将负责为郴州会展中心提供一系列营运及设施管理服务,包括主办及承办会议展览和其他活动、场地管理、设施租赁及其他配套设施服务,如停车场及餐饮管理服务。借助笔克参与过奥运会、世博会等多个大型展会组织运营工作经验,郴州成功举办了首届湘南承接产业转移投资贸易洽谈会,并被湖南省政府定为该节会永久会址,每年举办一届。湖南省政府还把中国(湖南)国际矿物宝石博览会

(简称矿博会)举办地永久落户郴州。

三是国际公司的轻资产输出管理。汉诺威展览公司与广东(潭州)国际会展中心的合作,这可以被认为是外资公司进入中国场馆轻资产输出管理领域的第一例。潭州会展中心,由广州市顺德区政府成立的国有独资公司——广东潭州国际会展有限责任公司作为会展中心的运营平台。汉诺威公司将为潭州会展中心的运营管理提供运营咨询服务,并“将派出高层管理人员协助和支持会展公司的决策和运营管理,打造会展中心的运营管理团队,按德国汉诺威展览场馆的服务标准为客户提供优质、高效的服务”。因而,汉诺威参与的重点是“提供咨询服务”、“协助和支持运营管理,打造团队”以及“模式复制”。双方利益关联度和深度远不是上海新国际博览中心模式可比拟。

以上三种方式中第一种方式风险共担、利益共享,有利于实现双方资源利用最优化的目标,而后两者的共同体意识弱化,外资公司本土化融入的程度和主观优势的发挥会受到挑战。未来,随着会展业国际化步伐的加快,场馆投资管理领域的国际合作会进一步发展。如开展外商投资外方经营模式,即利用外商投资来进行场馆建设并由外方进行专业化管理。

视野拓展

全国首个会展类 PPP 项目是晋江市国际会展中心。晋江地处福建东南沿海,与台湾一水之隔,素有“泉南佛国”“海滨邹鲁”的美誉。县域经济基本竞争力常年居于全国百强县(市)第 5～7 位。

晋江市国际会展中心 PPP 项目(以下简称晋江会展项目)于 2015 年底由龙元建设与环球国际联合体中标,是全国首个会展类 PPP 项目,2016 年被评选为国家第三批 PPP 示范项目。项目位于晋江市西园街道博览片区(美旗城对面),总投资约 9.7 亿元,规划总用地面积约 180.7 亩,总建筑面积为 9.95 万平方米,其中地上建筑面积 7.05 万平方米,地下建筑面积 2.9 万平方米,项目建成后能提供约 2000 个室内展位及 1246 个停车位。合作期为 12 年,其中建设期 2 年,运营期 10 年。

项目的实施机构为晋江市商务局,政府出资人代表为福建省晋江城市建设投资开发集团股份有限公司,社会出资人代表为龙元建设集团股份有限公司与环球国际服务有限公司,其中龙元建设为专业的施工总承包企业,环球国际服务有限公司为专业的会展运营公司。

2019 年 6 月 28 日,北辰会展公司以牵头人身份与中建二局组成联合体,成功签约大同国际会展中心 PPP 项目。项目总投资 17.87 亿元，生命周期 18 年，其中建设期 3 年，运营期 15 年。项目位于大同市御东新区，用地面积 292 亩，总建筑面积 12.9 万平方米，其中展览中心 3.5 万平方米，会议中心 2.3 万平方米，酒店 3.8 万平方米，地下配套功能区 3.3 万平方米。建成后将由北辰联合体与大同市政府共同出资成立的公司全面负责运营管理工作，对于补充完善大同城市会展功能、促进地区经济发展将起到实质推动作用。

虽然 PPP 模式在实践中面临许多挑战，市场反应褒贬不一，但是在会展场馆领域的应用前景值得期待。一方面，PPP 改变了会展场馆的投资模式，有望解决场馆建设成本和收入倒挂的问题。在目前场馆投资模式中，国有企业占据主力地位(其中有很大一部分公司是当地政府的融资平台公司)，政府很难从“当家人”角色中剥离出来，市场化也就无从谈起。而 PPP 模式使得投资主体发生变化，从风险分配框架来看，项目设计、建造、财务和运营维护等商业风险由社会资本承担，法律、政策和最低需求等风险由政府承担，对于风险分配的界定，清晰地反映出各自职责所在。其难点在于如何保证职责分工不流于形式，让政府与社会资本真正做到各司其职、各谋其事，进而加速实现会展场馆领域政府与市场的良性平衡。

另一方面，PPP 模式扩大了会展业务的空间，即专业会展场馆管理公司的生存空间。过去，会展场馆的投资回报率很少被提及。当社会资本进来后，这一指标自然而然地成为被关注的焦点，实现指标的解决方案就是引入专业力量，由此触发了对专业咨询顾问和运营管理机构的需求。从业内同行对这一新业态的灵敏嗅觉和迅速行动来看，PPP 模式打开的市场空间及其增长潜力还是相当可观的。同时，专业设计规划意见的介入，有效减少了场馆硬伤的存在，为后期运营管理打下了基础。

无论是政府意识的转变还是市场空间的延展，两者最终指向的都是会展场馆专业化运营管理的普及。

任务三　掌握中国会展场馆管理的主要问题

一个好的会展项目对举办城市的经济拉动效应显而易见。因此一些城市将发展会展业列入城市发展总体规划中，提出建立“会展城市”的目标，将会展业作为城市的新经济增长点。与一般会展活动项目相比，大型会展活动具有规模大、效益高、影响范围广等特点，对举办地所产生的拉动效应显著。因此，各城市竞相争夺大型会展活动的举办权。为了举办大型会展活动，各地政府会斥巨资兴建档次高、功能全、科技含量高的大型甚至是超大型会展场馆，并加强场馆周边的基础设施建设。不少展馆在举办过重要展会后便归于沉寂，如何经营管理好这些投入巨大的展馆并产生效益，是各地政府在发展会展经济时亟须解决的问题。

视野拓展

积极探索大型体育场馆赛后公益与商业并存的运营模式[①]

长期以来，我国大型体育场馆由于管理体制、市场发育、资产属性等方面原因，其赛后维护运作对政府还具有极强的依赖性。2014 年 10 月，国务院发布的《关于加快发展体育产业促进体育消费的若干意见》提出要“以体育设施为载体，打造城市体育服务综合体，推动体育与住宅、休闲、商业综合开发”。大型体育场馆作为体育产业的有机组成部分，在赛后应转变传统的运营模式，走场馆产业化之路。

北京“鸟巢”公益与商业的探索

2008 年奥运会主会场“鸟巢”可谓我国规模最大的体育场馆之一，在奥运会之后，承载着举办中国大型体育赛事，以及北京市各种田径运动会的任务，同时也满足着首都人民的健身需求，这些都是其公益性所在。然其每年的营运成本高达 1.5 亿元人民币，如果仅靠承办体育赛事及旅游门票收入，根本难以维持正常运作，更谈不上发挥其公益性。为此，探索赛事、旅游、文艺演出等商业化运营模式就势在必行。

在实际的商业化运营中，“鸟巢”在奥运会之后走的是多业态商业化运营之路。除了人们熟悉的旅游之外，大型体育赛事场馆服务也是“鸟巢”的运营项目。鉴于“鸟巢”在世界上的知名度，一些大型体育赛事也选择在“鸟巢”举行。其中，2009 年与 2011 年意大利超级杯两次在“鸟巢”开战；2014 年 10 月，“南美德比超级杯”阿根廷队和巴西队移师“鸟巢”，争夺南美足坛王者桂冠。一次世界高水平足球赛事不仅给“鸟巢”带来了巨大的人气，同时也给“鸟巢”带来了一定的场馆收入。

---

① 张爱平，张守忠，吴健.公益性与商业性博弈：我国大型体育场馆的赛后运营之困[J].乐山师范学院学报，2019(12)：116-117.

除体育比赛和旅游外，“鸟巢”还成了一系列大型文艺演出的场地。如 2009 年 5 月 1 日，“成龙和他的朋友们”北京演唱会在此举行，成为“鸟巢”史上第一场演唱会。中国音乐家协会、北京中信联合体体育场运营公司、中国对外演出公司三家单位联合宣布，由 2009 年开始，每年都将固定在 6 月 30 日在国家体育场举办“中国北京鸟巢夏季音乐会”。2014 年王力宏“MUSIC－MAN II 火力全开全球巡回演唱会”两次入驻“鸟巢”；2012 年与 2013 年，五月天“诺亚方舟北京演唱会”亦两次入驻“鸟巢”。2014 年汪峰“峰暴来临”世界巡回演唱会入驻“鸟巢”。

东京“巨蛋”体育场商业探索

作为日本最为知名的大型体育场，东京“巨蛋”体育场的知名度不亚于北京“鸟巢”。东京“巨蛋”体育场是一座拥有 5.5 万个座位的大型多功能体育场馆，主要用于体育、旅游和文艺演出等多业态综合运营。

东京“巨蛋”体育场曾经举办过 1990 年麦克·泰森与詹姆士·道格拉斯世界拳击重量级冠军战、2000 年与 2004 年美国职棒大联盟揭幕战、2005 年 8 月美国职业美式足球联盟会前赛，还有职业摔跤、综合武术、K－1 格斗赛事。相对体育赛事，日本的文艺演出更为丰富，在东京“巨蛋”曾经举行过许多场著名歌手的演唱会，包括麦当娜、滨崎步、东方神起、滚石乐队等一系列音乐演唱会。

一、中国会展场馆管理的主要问题

中国会展场馆的管理面临着以下几大问题。

(一)多头行政管理模式

中国现行的会展管理模式属于多头行政管理模式，政府没有统一的会展管理部门；不同展会根据其性质、内容范围和规模的不同，分属不同的政府主管部门管理。这种管理模式主要是通过设置市场准入和项目审批方式来管理。政府在新建会展场馆项目的审批上没有统筹规划，没有对本地区已有会展场馆进行调研分析而盲目上项目，使得很多会展场馆项目沦为政绩工程和形象工程。

目前，我国会展场馆管理主要是以政府为主导的单一场馆运营方式。据统计，我国场馆的 75％为国有，9％为三资企业，9％为私营企业，7％为股份制及其他类型企业。一般大型会展活动的举办权是由政府取得的，而其经营有两种形式，分别为政府经营、“政府为主，民助为辅”。政府管控下的大型场馆，其经营竞争意识不强，缺乏营销观念，往往出现管理效率低下、管理人员不专业、服务水平低下等现象。

(二)外资进入和新兴互联网技术,冲击着陈旧的经营理念

由于很多会展场馆的管理机构由政府机构转化形成,在管理和经营中还带有计划经济色彩,"等、靠、要"思想严重,并非真正的企业化运作,市场化水平不高,经营管理观念落后;同时,会展方面专业管理人才缺乏,场馆维护的技术保障人员、熟悉会展流程的会展项目承接人员、场馆市场营销、项目统筹等人才的匮乏,也导致大型会展场馆营销手段单一,竞争能力不强。而外资进入中国会展市场,更对中国会展业带来了前所未有的冲击。外资注入带来成功的展览理念、管理模式、销售网络,在加剧竞争的同时使得我国会展场馆管理利用的传统管理运营模式面临直接威胁。

另外,互联网络等新兴信息交换平台也对传统的管理理念带来冲击。随着互联网应用,包括电子商务的发展与普及,许多商业信息交换经由互联网便可实现更为快捷高效的沟通,颠覆性的信息交换环境,对传统大型会展场馆的商业信息集散服务功能的提升与特色经营提出新的挑战。

(三)场馆建设过于盲目,场馆功能重复率高

我国一些城市的政府本着发展地方会展经济或出于"政绩工程"的需要,在建设场馆时不考虑场馆建设战略上的科学规划与选址上的统筹布局,盲目兴建场馆。会展场馆的建设应与本地的会展资源相匹配,盲目建设会展场馆,会导致会展场馆得不到很好利用;而且会展场馆运营成本很高,如果本地区的会展资源有限,将让会展场馆的经营陷入困境。另外,一些城市重复建设同一规模的会展场馆,导致同等规模的场馆过多,出现恶性竞争的情况。

有些城市的地方政府在场馆建造时出于"形象工程"的需要,把场馆建成城市的标志性建筑,片面追求外部设计的新颖独特,不考虑内部构造是否适合布展需要。我国有些造型新颖独特的豪华场馆不仅增加了场馆的建筑成本,而且浪费了许多有效使用面积,使场馆从外表看起来很宏伟壮观,但实际上可用于展览的面积却不大。而世界会展强国德国在建设场馆时却始终本着实用主义的原则,慕尼黑展览中心从外面看起来就像一排排厂房或仓库,却承接了无数个世界级的大型展览。

视野拓展

我国大部分会展场馆供给形式单一,供给质量不高。例如重庆四大会展场馆主要为会展活动提供场地,并依靠场地的租赁或承接来展或自办展的形式进行盈利。因此,重庆会展场馆为会展产业提供的仅仅是场地及相应的配套设施与服务,会展场馆经营者仅提供最基本的产品。重庆会展场馆的修建主要集中在2005～2013年,展馆在建设时往往是从规模、面积等角度出发,对于场馆的配套设施的关注度并不高,如重庆国际博览中心,场馆内外均无座椅设置,场馆周围无餐饮、商场等配套设施,尚无法满足会展活动参与者娱乐、消费、休息等综合性需求。在会展场馆基本产品供给中,供给质量相对较低。此外,重庆场馆在建设时,展览场馆的功能定位比较单一,场馆的综合服务能力较弱。如重庆展览中心,主要针对重庆人文生产的展示,重庆市农业展览中心则主要针对科技成果和农业产品的展示。但在现代展会中,会展中心必须具备完善的功能,场馆功能过于单一,所面对的有效市场就大幅减少,只能承接与其功能相对应的展会,会展场馆发展的局限性较强。

(四)过于注重场馆建设,不重视场馆经营管理

在我国会展场馆新建热潮下,全国很多城市都争先恐后地投资建设会展场馆,而各地普遍存在重建设轻管理的问题。会展场馆建设完成后,管理水平跟不上,出现会展场馆闲置、经济效益差甚至严重亏损的情况。由于会展场馆建设项目需要投入大量社会资源,个人和企业一般很难介入,我国会展场馆大部分都是政府投资建设,政策干预现象严重,场馆的经营管理市场化水平、经营绩效不高的现象非常普遍。

(五)市场竞争激烈引发恶性竞争

随着我国会展业的快速发展,各地纷纷新建会展场馆,使得部分地区的场馆建设供大于求,各会展企业之间为了争取展会竞争激烈。除北京、上海、广州等几个少数会展业相对发达的一线大城市会展场馆利用率能够达到50%以外,其他很多城市的会展场馆处于“吃不饱”状态,导致会展场馆空置率高、经营困难。在我国当前政府监管不力和行业协会功能弱化的情况下,场馆之间的恶性竞争变得非常普遍。为了争夺会展客源,吸引展会,很多会展企业之间相互压价,招商招展过程中甚至出现不管展会品质、规模,只要给场租就照单全收的情况。这些恶性竞争导致展会同质化严重、品牌展会缺乏,不仅造成城市资源内耗,客观上滋生了一些欺展、骗展现象的发生,也不利于会展业的健康发展。

(六)场馆服务水平低

场地、自办展和服务是会展场馆能够提供的三大产品,其中场馆服务的弹性最大,场馆服务水平的高低直接影响场馆的形象,是提高场馆社会效益和经济效益的重要手段。目前，我国大部分会展场馆的服务仅停留在场馆设施设备的维修保养、安全保卫、环境卫生、消防、绿化以及车辆交通管理等物业管理方面，缺乏会展组织、展商招待以及相关的配套服务，服务水平低下。

(七)专业会展人才缺乏，场馆人才瓶颈严重

我们知道，会展场馆是提供会展服务的场所，会展场馆从业人员正是服务的提供者。而由于我国会展业起步较晚，会展教育发展缓慢、教育体系还不健全，会展从业人员得不到专业的会展教育，有经验的会展从业者也很难得到进修机会。

对于会展场馆来说，人才结构为：场馆市场的营销人才、项目统筹人才、技术保障人才、场馆物业人才四个层面。我国目前的会展场馆从业人员大多都是半路出家的，缺乏专业的会展理论知识，更缺乏在会展场馆经营与营销方面的经验与管理，使得现在很多会展场馆经营管理水平低下。因此，职业管理人才，尤其场馆市场营销、项目统筹人才缺乏是问题的症结所在。

目前，我国的会展业从业人员还只能从会展活动中慢慢摸索积累经验，高级会展管理人才通常都有很丰富的办展经验，但是这类人员紧缺。另外会展项目策划、项目统筹以及会展营销人才也是会展人才市场的重要缺口。

二、中国会展场馆管理的应对之策

借鉴国内外会展场馆经营模式研究的成功经验，针对大型会展场馆经营管理的现状分析，结合我国现行经济环境与信息环境，必须切实提高会展场馆的综合利用效率。可以考虑通过后续整合开发与原有场馆建设的互相补充和协同，对会展园区和周边地区及所在城市产生功能性辐射，形成比较完整的城市经济发展圈层及功能结构。

(一)加强政府宏观调控，严格会展场馆建设的审批制度

会展场馆的建设应与区域经济社会发展相协调，与会展业整体发展相适应。在规划建设会展场馆之前应对所在地经济状况、产业结构、办展环境深入调研，实事求是地论证项目可行性。在会展业比较发达的城市如北京、上海、广州等可规划新建或扩建大型会展场馆，以满足当地会展业快速发展的需要。其他区域性会展中心城市，应根据市场需求，合理布局。区域内同一城市或城市之间会展场馆资源应该共享，避免低水平重复建设和资源闲置。政府应加强会展场馆建设项目的前期评估领导工作，强化对会展场馆建设的审批管理，对5万平方米以上的投资大、规模大的大型场馆建设项目可以试行中央专家评估许可制。

(二)发挥行业协会的作用,规范会展场馆之间的竞争

会展行业协会的最主要职能就是行业管理和协调。一方面,它与政府密切配合,共同制定一套行业道德与行为规范,一旦有会员违反,就召集会议讨论解决,甚至提出制裁措施,以维持公平竞争的秩序;另一方面,在展览会主题、展出时间安排、摊位价格、展览会质量水准等方面,在会员单位之间进行协调,以更好地维护会员的正当权益。为规范我国会展场馆之间的竞争,就必须建立专业的会展行业协会。政府授予会展行业协会一定的职权,强化会展行业协会的作用,利用会展行业协会的监管机制规范竞争。

(三)提升战略思维能力,加强政府的宏观调控

在会展场馆的经营管理上,首要的是提升办会者特别是政府部门的战略思维能力,将会展场馆的建设和后续可持续经营发展问题,纳入城市的总体发展规划中进行统筹规划。场馆建设之前充分论证,谋定而后动。在实现会展场馆建设的宏观调控方面,借助政府管理对本地区所需场馆数量、规模、周边配套设施和人文环境科学调研的基础上做出可行性指导。中央近年来要求减少不必要的展会活动等政策,只是促使地方政府逐步减少对大型会展活动的财政支持,转而以更符合现代展览业发展规律的方式,对展览业提供宏观调控、政策、公共服务等方面的支持与指引。政府淡出会展场馆的市场化经营并非撒手不管,事实上,西方会展发达国家对会展的有序发展都进行了有力调控。例如,德国会展经济发达,但在宏观调控下,会展城市和大型会展中心却屈指可数。既避免了资金浪费和恶性竞争,又充分保证了会展中心的规模效益。因此,建议加强政府的宏观调控,严格大型会展活动场馆建设的审批,在城市总体规划中提前思考和谋划会展场馆的后续开发利用和可持续发展问题。

(四)完善场馆功能,打造多元化、高品质会展场馆

大型会展活动的举办会提高城市的知名度、美誉度,丰富举办城市的办展经验,进一步推动城市会展业发展。举办城市可以以此为契机继续深化大型会展活动对城市会展业的影响,在活动后场馆的后续利用方面,可以对场馆进行二次开发和利用,以场馆及周边配套设施为中心打造城市会展中心。对于城市会展业来说,一个规模大、设备齐全先进、高品质的会展品牌场馆是必不可少的,可以大大提升城市会展业的竞争力。因此应该不断完善大型会展活动场馆的外部构造和内部结构,可以在场馆内设置会议室、报告厅、多功能厅等,引进先进完备的声扩设备、同声传译系统、电视会议系统等,通过场馆内外的不断完善，满足“展中有会”“会中带展”以及展览、会议和大型节事活动的需求。同时，加强场馆周边配套设施建设，具体包括交通、停车场、酒店、休闲娱乐场地。

（五）科学规划大型会展活动后场馆的后续经营

1.打造集大型会展、人文生态旅游、高级商务于一体的会展旅游产业区。大型会展活动的场馆一般都选择建在郊区或者是新城区。因此在大型会展活动结束后，可以将大型场馆结合周围环境打造集大型展览展示、会议、人文生态旅游、高级商务于一体的会展旅游产业区。位于郊区或新区的场馆周边一般具有当地特色的自然、人文、历史景观资源以及休闲娱乐度假场所，可以以企业投资运营为主开发承接大众型展览、度假会议等项目，并将会展与旅游结合在一起，有效推动城市会展旅游业的发展。虽然这种方式的场馆后续利用仍然需要政府及企业的投资、对运营管理的要求较高，但是从城市会展发展的长远目标考虑，该方式具有较强的可行性，也符合一些城市会展业的发展现状。

2.以场馆为中心打造大众休闲娱乐、商务交流中心。大型会展场馆的后续利用还可以通过打造新的商业中心模式进行后续利用。利用场馆及周边的基础设施深入发展会展业，可以以场馆为中心建立会展街区。在政府相关政策支持下，依托城市公共文化活动中心规划建设新兴都市商业中心。在场馆外围建造博物馆、艺术馆等，吸引国内会展、广告、印刷、传媒公司等迁驻街区内，形成会展主题街区，进而相继发展周边的酒店、餐饮、娱乐休闲购物场所，吸引其他类型的公司进驻逐渐改造成符合市民生活、工作和休闲娱乐，具有完整功能的综合性城市区域。

（六）加快会展场馆市场化经营转型，实现混合所有制经营模式

认真贯彻落实党的十九大和十九届三中、四中全会精神，积极发展混合所有制经济，实现股权多元化，促进资产保值增值。大力引进民营资本和外资，实现会展场馆产权的多元化和分散化。场馆经营管理走市场化发展之路，拓宽融资渠道，鼓励多种形式的参股管理及多种经济成分的企业举办会展，鼓励会展管理公司和会展场馆的兼并重组，提高规模竞争力、品牌知名度和办展能力。据此方针，可成立独立的超脱于会展场馆之外的管理公司，实施有效会展场馆管理模式，即在管理一个或多个会展场馆基础上总结出一套行之有效的管理模式，形成独立品牌，达成所有权与经营权分离，实现混合所有制经营模式。借助会展管理公司的人才和管理经验优势，整合会展资源，推动会展经营管理的集团化进程。

(七)会展场馆的经营管理需要拓宽会展的概念

在会展场馆的经营管理中要突破会展即是“会议＋展览”的传统思维禁锢，在场馆经营活动中融入“大会展”理念，主动引导市场新需求。会展场馆的核心产品为场地，场地的需求者除展览活动外，还可能有包括婚庆活动、产品发布会、会议活动、大型讲座、文艺表演活动等。因此，会展场馆经营者需要尽量拓展服务范围，通过“大会展”范围内的各种场地需求来弥补会展场馆利用率低、闲置率高、资源浪费等问题。会展场馆的经营者在新的潜在市场中，一方面吸引相关的大型活动在会展场馆内开展，另一方面进行自办活动的举办，双管齐下，稳固会展场馆在展览及其他活动中场地供给者的地位。

会展场馆在经营中必须开辟场馆多元化经营之路。会展场馆可以利用会展活动聚集的人气，开发具有吸引力的旅游文化产品、餐饮、娱乐等项目，推动会展产业链向旅游产业、文化产业延伸，提高场馆的利用率，实现场馆综合收益。例如，泰国最大、档次最高的会展中心 IMPACT 会展中心，其室内展览面积约 24 万平方米，拥有与展览配套的 VIP 室、会议中心、商务中心、四星级酒店、游乐场、风格各异的餐厅、商场、超市等，配套设施先进、功能齐全，可容纳不同类别、层次和规格的展览与会议同期举办。IMPACT 不仅面积大，利用率也很高，展馆收益非常好；虽地处曼谷郊区，但该区域商业氛围良好，区域内各类西餐厅、咖啡厅、泰餐馆、面馆及购物商场等鳞次栉比，不仅参展参会人员，包括周边的居民、办公室职员都会光顾，人气极高。IMPACT 已不仅是举办展览、会议及大型活动的场地，更成为该区域的商业中心，成功带动了整片地区的商业繁荣和良性循环。因此，积极应对市场竞争，开辟适合城市商圈功能结构的多元化经营之路，不失为提高大型会展活动场馆利用率的有效途径。

(八)巩固现有展，吸引巡回展，创办自办展

每个会展场馆每年都有一些固定档期的展会，对于这些固定档期的展会，场馆要通过优化服务，加强联系，巩固关系使这些展会长期驻扎下来，并且要帮助展会组织者扩大展会的规模。另外，会展场馆还可以通过吸引巡回展和创立自办展的方式提高会展场馆的利用率。首先，从巡回展来看，大型的巡回展不仅可以提升主办城市和会展场馆的知名度，还能给城市的相关产业以及会展展馆带来巨大的经济效益。以全国糖酒会为例，全国糖酒会由中国糖业酒类集团公司主办，一年两届，分春、秋两季举行。目前，每届糖酒会的展览面积均在 15 万平方米以上，参展企业 3000 家左右，专业采购商达 15 万人，成交总额 200 亿元左右，是中国食品和酒类行业规模最大、影响最广的展览会，被业内人士称为“天下第一会”。[①] 仅这一个糖酒会对会展场馆利用率的贡献相当于十几个小型展会。其次，自办展对于弥补场馆淡季业务的不足，提高场馆淡季利用率也起到重要作用。如上海国际展览中心的乐器展，目前在行业内已经享誉盛名，居于亚洲第一。但会展场馆在做自办展时要注意展会题材不能与已有的展会题材重复，并且要把自办展做成品牌展。总之，会展场馆要增加展会数量，扩大展会规模就要做到巩固现有展，吸引巡回展，创立自办展，只有这样，才能进一步提高会展场馆的利用率。

(九)利用信息化提高服务质量，提升场馆综合运营能力

会展场馆的服务是场馆取得竞争优势的重要武器。加强会展场馆的服务就是要借鉴国外先进会展场馆的服务经验，综合提供从展商进入场馆到离开场馆期间所需要的全部服务，具体包括展位预订、展商接待、信息咨询、装撤展位、现场管理、展会评估等一系列配套服务，并且服务要做到热情、周到、细致，提升展商的满意度和好评率。

互联网络等新兴信息交换平台给场馆经营带来了冲击，但从另一方向解读，若能够充分利用移动互联网技术的发展创新，便可将大数据、“互联网＋”转化为会展业新的成长机遇，也为场馆运营模式和会展营销模式掀起一场变革。微信、微博以及各种会展移动应用APP等逐步成为服务于主办方、参展商和现场观众的标准配置。智慧场馆、智慧会展作为今后场馆运营、会展营销的发展趋势，移动互联网技术、会展大数据的应用将成为会展业新的核心竞争力，成为场馆间服务平台上的制胜利器。因此，建议充分利用信息技术，全力构建会展企业互联网体系，开展新媒体营销，以关注客户体验为焦点，实现基于O2O的会展服务，利用信息化创新服务模式提高服务质量，提升场馆综合运营能力。

(十)多渠道吸引人才

目前，我国的一些本专科院校以及职业技术学院在培养会展专业人才方面起着关键的作用，近几年来为会展行业输送了大量会展专业人才。会展场馆可每年从这些会展专业的毕业生中择优录用适合其需要、有成长潜力的专业人才；会展场馆还可以高薪聘用会展业发达国家会展场馆管理的优秀人才，利用

---

① 2020全国糖酒会［EB/OL］.［2021-05-20］. https://shanghai.11467.com/info/5962779.htm.

国外的人才优势带动本地场馆管理人才的成长；会展场馆还可以与国外会展场馆合作，进行人才引进与人才进修相结合，提高现有会展场馆从业人员的管理水平。

视野拓展

据国内学者武晓芳等的研究，目前各国会展场馆的投资模式有德国模式、英国模式、美国模式和中国香港模式（该模式在模块一中的任务一里已作了具体阐述）。最主要的有两种：一种是德国模式，另外一种是中国香港模式。德国模式是指政府直接投资场馆建设，政府主要为本市会展经济的发展提供基础建设和政策支持，专业行业协会在业内具有绝对权威，通过建立行业规章制度和自律机制来完成行业内的管理和协调职能。中国香港模式是指政府规划土地的使用并且提供土地，然后委托地产公司建设场馆。中国香港模式为许多会展城市提供了一个很好的范本，广泛地被各国接受。中国香港模式较为符合我国现阶段会展发展水平，我国各城市的大型会展场馆的建造可以采用中国香港模式建设。在建造场馆的过程中引入本国公司或外国公司作为场馆建设项目的投资者，采用合作经营模式，共同承担建造及经营风险，缓解了双方的经济压力。在大型活动结束后，引入的投资者作为场馆的经营主体，拥有了更大的经营自主权，同时引入的投资者在场馆的后续经营开发过程中往往比政府经营场馆更专业、更有经验。既可以减轻城市政府的财政压力，也有助于实现场馆的规范化、专业化、持续化运营。

模块二　会展场馆经营管理市场化

会展场馆市场化经营管理问题的关键在于如何更加有效地遵循市场趋利性原理，协调处理好政府与市场的关系，进一步激发包括民营资本在内的市场主体的内生动力，进而更好地服务于会展经济的先导作用。在会展场馆建设和运营的市场化进程中，政府的作用始终不能小觑，政府部门要做的是主动转变角色,出台有利于会展业繁荣发展的政策法规,更多从宏观层面加强指导和协调,避免同城同域的同质竞争带来本土市场的内部争夺,以此来有效保证会展业健康有序地向前进行。这也是当前会展场馆运营管理在市场化进程中的一个关键因素。

任务一 了解会展场馆经营管理的危机

会展场馆作为会展活动的载体,与展会的安全息息相关,危机的产生也将不可避免地给场馆方带来各种损失。因此,场馆管理必须重视会展危机的管理,特别是注意潜在危机的预防。

一、会展场馆设施管理的危机分析

会展场馆的通道间距和防火器材都有相关严格的规定,例如火灾、踩踏等事件也都有合理的应急措施。但是,在场馆正常运作中,物流是否便捷,清洁人员是否高效,人员流动是否合理等问题往往受到忽视。就展品运输而言,会展场馆方既不能提供统一的运输设施服务,也没有明确的路线安排和有效的秩序管理规定,这样使得布展、撤展过程中存在着严重的财产安全和人身安全隐患。另外,当展会发生紧急情况时,物资运输以及人员抢救是否高效有序,同样也存在疑虑。

二、会展场馆人员管理的危机分析

会展场馆人员管理方面最主要的问题,在于管理层对危机管理的意识还不够到位。首先是场馆对自身的定位存在一定偏差,场馆应该不仅仅作为会展活动的场所,还应对展会过程中的服务和管理负起相应责任。其次,在管理过程中,工作人员的管理作风需要进行改善,“硬碰硬”式的警告和报复对解决利益纠纷没有任何帮助,反倒为危机的爆发埋下隐患。此外,会展危机具有突发性和紧迫性,管理人员在事故发生后往往没有太多回旋余地。因此会展场馆危机管理需要建立健全的事前危机管理体系,而在这一点上许多场馆的现行管理方法依然存在缺陷。

任务二 掌握会展场馆经营管理危机的解决方案

一般来说，对于会展危机的处理办法通常使用的是PPRR模式，包括预防(prevention)、准备(preparation)、应对(response)和恢复(recovery)这四个阶段。在使用过程中直接划分为事前、事中和事后三个管理方向。针对上述危机的预防和控制，我们可以从以下几点着手。

一、事前管理

1.树立危机意识。首先，管理部门应该根据往届展会经验，罗列所有可能存在风险的行为，进行风险评估，分级并筛选出高风险行为。其次，场馆方应定期开设危机管理培训，提升工作人员对风险行为的敏感程度，提高管理人员的处理能力和心理素质。

2.构建信息网络。为更好了解展会实况与展商信息，场馆应提供专门的互联网信息交流平台。第一是方便场馆方收集展会资料，提前分析展会危机管理的预防重点。第二是方便场馆方和展商客商之间的互动交流，及时发现问题，及时反映意见。

3.优化服务设施。优化场馆提供的服务设施及提高展会工作效率，也会降低危机爆发的风险。场馆方在确定服务种类和制定收费标准的过程中应该参考参展商的意见，尽量扩大服务范围，统一服务管理，避免利益纠纷。

二、事中管理

1.确保信息对称。为防止事态蔓延和舆论的持续发酵，管理人员必须立刻获取现场信息迅速采取行动。一方面安排工作人员反映现场实况，另一方面可以通过网上互动平台，保证信息即时对称。

2.避免二次危害。在危机管理方案确定之前，管理人员应立即控制现场，疏散周围群众，及时制止事件中的不恰当行为，避免产生二次危害。

三、事后管理

1.舆论控制。在会展场馆危机产生时，场馆应立即对事故作出声明及解释，控制危机发生现场，表现场馆形象的积极面。在事后可以邀请媒体采访事故发生过程，宣传场馆的危机解决能力，转“危”为“机”，提升场馆美誉度。

2.联系客户。在危机结束后，为确定危机波及的范围，场馆方应立即联系本次展会的相关客户，询问客户对此次危机的态度，并为危机造成的损失进行道歉。此外，场馆方应尽可能留住展会的主要客户，保证展会的长久运营。

3.吸取教训。场馆方应积极对待所有危机，将其视为会展危机管理的经验和案例，总结危机管理过程中的数据资料，继续完善会展场馆危机管理系统。

任务三 掌握会展场馆经营管理市场化的策略

会展场馆经营管理市场化体现在场馆建设投资市场化、经营管理市场化、场馆的营销、场馆经营的商业模式和政府管理宏观化方面。

一、会展场馆政府管理宏观化

我国会展场馆结构严重不合理，中小型展馆居多，大规模的展馆很少，形成只见森林，不见树木的局面；另外由于会展经济地区之间的发展不平衡，各地区之间的会展场馆建设也不平衡，这种不平衡本是一个很正常的现象，但是如果没有政府进行宏观调控，那么中国的场馆建设会在各地低水平的重复建设道路上越走越远。

在市场化的过程中，政府的角色和行为决定着场馆的市场化是否彻底。政府应该退出会展场馆的直接经营管理，但是可以作为股东，更多扮演政策制定者和地区协调者的角色，为本地区会展业的发展提供更加健康的经济环境。

随着我国市场经济的不断深入，会展场馆建设和经营的市场化是一个大趋势。政府如何转变自身角色，出台关于会展行业的一些政策法规，保证我国会展业正常有序地进行，是会展场馆经营管理在市场化进程中的一个关键因素。

政府在会展场馆经营管理中发挥宏观作用，发挥与市场经济相适应、符合会展业需求的职能，主要体现在以下几个方面：

(1)营造环境

市场化环境中，办展的需求由市场决定，政府不再强制性介入展会，而是引入企业、协会参与。这时，政府就应营造良好氛围，创造公平竞争的市场环境，为那些专业的、真正想投入展会、办好展会的企业提供机会。另外，营造会展业良好环境，还应包括相应法律规范的制定。在取消审批制、政府退出办展的过程中，市场经济的局限性，在一定程度上会影响会展业的健康发展，产生盲目竞争。因此,政府也不能完全放手不管,而是应该从宏观上进行规划,为会展业发展做出有效指挥。

(2)培育后备力量

这里所说的"后备力量"指的是支撑会展业发展的场馆及周边设施建设、会展人才以及实力会展企业。场馆及周边设施是实现会展做大做强的必要条件,但这些耗资巨大的基础设施建设需要政府参与完成。会展人才是发展会展业所必需的关键力量,传统的政府办展因为是政府人员主管而使展会缺乏专业性,因此亟须会展专业人员的加入。因此国家在规划会展业时应把会展教育摆在重要位置。目前,我国会展教育已初显成效,全国开设会展经济与管理专业的本科院校已达到108所,并还在继续增加,也为会展业源源不断地输送着专业人才。会展企业则是发展会展业的主要力量。作为办展主体,会展企业实力的强弱关系到展会质量的好坏。因此,政府在引入企业办展时要对企业进行考量,还可给予适当的资助,可通过减免税收、降低门槛等,帮助展览企业承办展会。

(3)调控与监管

会展业强大的经济效应和广泛的产业链决定了办展不可能靠一家公司单独完成。涉及交通、食宿、安保、物流、旅游等多个行业和部门,会展企业难以协调各方关系,此时,政府就应发挥调控作用,请有关部门给予一定的支持。政府还要在会展业发展中发挥市场监管的职能,通过建立监管体制,规范办展行为、防范可能发生的问题。包括建立市场准入机制、保护知识产权、信用维护等。另外,还应推动建立地方会展行业协会,充分发挥行业协会组织的"服务、协调"作用,填补政府监管的空白,做好地方政府和会展企业的桥梁。

会展场馆在经营管理的市场化中更需政府的引导与扶持。在会展场馆建设和运营的市场化进程中,政府的作用始终不能小觑。政府部门要做的是主动转变角色,出台有利于会展业繁荣发展的政策法规,更多从宏观层面加强指导和协调,避免同城同域的同质竞争带来本土市场的内部争夺,以此来有效保证会展业健康有序地向前进行,这也确实是当前会展城市场馆运营管理在市场化进程中的一个关键因素。同时进一步激发包括民营资本在内的市场主体的内生动力,更好地服务于会展经济。

视野拓展

国际上,也有一些国家如德国和新加坡在会展业发展中发挥着非常好的宏观管理作用，并推进会展经济健康有序发展。德国会展业的发展历史并没有由完全市场主导型的英国悠久，但却已成了如今会展业的头号强国，其中的重要因素，就是德国政府起到了主导作用。德国拥有众多规模大、管理完善、设施先进的展览中心，如汉诺威国际展览中心、法兰克福展览中心、杜进而塞尔多夫展览中心等，大多以政府为重要投资方，但政府并不直接管理，而是将经营权和办会权交给展览中心或大型展览公司，这样的管理模式使展馆经营具有灵活性，企业化的管理方式也更符合现代市场竞争的要求。德国会展实力强劲的另一个主要原因就是权威会展管理机构AUMA（德国经济展览和博览会委员会）的存在，它是由政府授权的、唯一能够作为政府代表的机构，在管理会展业方面，地位不可动摇。该机构成立于1907年，AUMA在进行会展业管理时，会制定众多制度和规范，防止出现重复办展、侵犯知识产权、冲击知名展会、不正当竞争等现象，符合德国严谨的作风。德国政府对会展场馆实行宏观化管理，并不意味着政府对市场放任不管，AUMA便代表着德国政府实施宏观化管理的职责。

新加坡政府在对会展业实施宏观化管理时主要采取以下两点措施：

(1)成立新加坡展览会议署

展览会议署(SCB)成立于1974年，主要工作是协调、配合会展公司开展工作，不属于管理部门，不收取展览企业的任何费用，也不制定相关法规，只是积极地做好协调工作。另外，新加坡展览会议署十分重视对新加坡会展业的宣传工作，通过参加出国展览或会议，对本国加以宣传。在本地办展时尽其所能地提供最优质的服务，以提升新加坡的知名度和美誉度，使越来越多的会议、展览选址新加坡，新加坡也成了许多大型国际展览集团进军亚洲的首选地。

(2)制定发展规划和扶持政策

新加坡因为优越的地理优势、完善的城市设施、便利的交通网络、良好的自然环境、一流的服务业水平等条件，使发展会展业成为发展经济的不二之选，政府也综合考量了这些优势因素，将会展业进行有效规划、着重发展。比如授权有政府背景的新加坡海港集团建设展览中心，发展会展教育、培养专业人才等，还与全国各行业、部门全力配合，制定扶持会展业发展的一系列服务准则、协调计划。此外，还特准AIF对展会进行评估，对符合标准的展览会授予资格证明，并发放数量可观的资金赞助。为了减轻展览企业的办展压力，政府通过减免税收、降低展馆租金、免除审批手续等方式，增强企业的竞争活力。

二、会展场馆经营管理市场化

在政府进行完全投资和完全经营管理之下，会展场馆往往会出现管理效率低下、管理人员不专业、服务水平低下、官僚等现象。因此，无论政府完全投资还是采用“PPP”模式，会展场馆的经营管理都迫切要求私有化。而且随着会展场馆建设投资市场化，这部分资金必然要求在场馆的经营管理方面有一定发言权，这是任何一种资本在投资回报方面的正常要求。

学者武晓芳认为，在政府完全投资情况下，可以采取“公有托管”或“公有民营”方式。(1)公有托管方式。在经营的过程中，政府并不直接经营和管理，而是委托一个专业委员会来从事管理和监督，这也被称为“委员会管理模式”。如美国麦考米克展览馆就采取委员会管理模式；(2)公有民营方式。政府以公开招投的方式选择民营企业对会展场馆进行经营，管理企业必须对政府做出一定经营目标的承诺，这种经营管理模式目前应用的比较广泛，其好处是政府可以缩减大量隐性和不可预知成本开支。这两种情况下，受委托的“委员会”或者管理企业可以适当开发自办展来保证自己的经营目标和提高场馆的利用率。针对我国现在大多数场馆的经营现状，这种方式似乎更加适合我国的国情。

在“BOT”或者“PPP”投资模式下，进入会展场馆的民间资本会自然而然地遵循市场规律进行运作。例如香港会展中心由政府(出土地)和新世界(建场馆)建设而成，但管理者是新世界集团，管理期 20 年。每年管理公司按递增形式把营业额的百分比交付政府，之后自负盈亏。这种体制避免了政府直接管理的官僚弊病，最大限度地调动管理者的积极性，利益的推动使管理者必然会充分利用会展中心现有资源进行拓宽经营范围，开源节流，获取利益最大化。

三、会展场馆在经营管理中重视发挥平台价值

互联网让平台模式炙手可热。“平台”已成为一个专业术语，畅销书《平台战略》将其定义为连接两个或更多的特定群体，为他们提供互动机制，满足所有群体需求，并从中赢利的商业模式。会展业虽然不同于互联网行业，但其运作模式具备平台属性。国家战略的推进使得会展业获得新的发展机遇，尤其是“一带一路”释放强大助推力，会展活动成为中国资本“走出去”的开路先锋。会展场馆则成为促进“一带一路”倡议布局落地的重要平台，“一带一路”沿线新建的敦煌丝绸之路国际会展中心、宁夏国际会议中心、西安丝路国际会展中心等正在发挥着重要的战略使命。

会展场馆在经营中如何发挥平台价值？

首先,会展场馆自身必须是一个拥有健康基因的良性平台。过去,政府通过各种投资渠道斥巨资修建场馆,多是希望通过地标性建筑来提升城市形象,对场馆外观的关注大于对场馆功能的关注,导致场馆投入使用后屡受诟病。不合理的功能配比导致运营低效,重视奇葩的外形设计而忽略了后期清洁成本;看重高大上的公共空间忽略了能源成本,等等。所以,会展场馆在规划之初就应考虑场馆建成后的运营管理问题,满足平台上包括主办方、参展商、参会者、服务商、员工等不同群体的使用需求和利益诉求,以此提升用户体验和场馆运营效率。

第二,会展场馆在经营管理中能为会展项目创造价值。如果说会展场馆自身的良性更多归于硬件条件,创造价值则依赖其软性要素。谷歌开发者大会、苹果新品发布会选址旧金山莫斯克尼会议中心,大会期间数以万计的科技、商业精英云集于此,共同分享最前沿的信息,体验最新颖的服务,这一切的实现,离不开莫斯克尼会议中心专业的设施条件和细致高效的服务能力。如今,莫斯克尼会议中心已成为全球最重要的科技发布平台之一。这正是会展场馆的应该追求的价值所在,它能对会展项目的成长发挥重要的平台支撑作用,对品牌度不高、号召力不强但具有发展潜力的会展项目,可助其一臂之力。而对于品牌展会,二者可以相得益彰,共荣发展。

第三,会展场馆在经营管理中能推进会展项目实现价值升华。会展场馆不同于其他业态,除了要扮演市场角色还要承担政治使命,既要成为城市品牌的代言,也要在区域经济发展及产业升级中有所作为,甚至有时还要服务于国家战略。上述提到的"一带一路"沿线的场馆建设力度,已经清晰地勾勒出:会展业及会展场馆的平台价值已经超越了服务某个单一产业领域的范畴,正在成为国家调整经济结构、寻求国际间合作、丰富和优化发展途径的重要工具,其在国民经济中的影响力将愈加突出。

2016 年 9 月 G20 杭州峰会期间,与会各国元首除了注重全球方案的制定,还很看重这次交流机会。会议间隙,杭州国际博览中心主会场外的茶歇区成为"双边会议"的临时场所,各国元首的会晤交流不断上演。这充分体现了会展业及会展场馆平台价值的重要性。微观上,会展场馆还连接着主办方、参展商、参会者、专业观众等不同群体,为他们提供交流、沟通、学习的平台;宏观上,会展场馆承载着城市品牌、区域发展、产业升级、国家战略等使命。当然,会展场馆的平台价值还不仅于此,行业的发展、技术的进步为我们衍生了更多的发展空间。不断创造价值即是价值升华,这也是会展场馆的价值所在。

四、丰富会展场馆经营管理的商业模式

丰富会展场馆商业模式，提升场馆供给质量。会展场馆的经营可从加深与会展产业链的联系入手，丰富会展场馆的盈利模式。场馆的租赁、承担来展或自办展的模式在会展场馆经营活动中已经有较好的运作，在此基础上可增加会展场馆的供给内容，供给会展产业全价值链的多元化产品与服务。会展场馆在提供场地、配套设施与基本服务的基础上，进一步开发与会展活动相关的会展搭建、会展物流、会展广告、会展旅游、购物、金融等系列延伸产品，从而提高会展场馆现有资源的利用率，满足会展活动参与各方的需求，实现会展产业链的整合。

另外会展场馆经营定位时需要考虑到场馆的综合性发展，会展场馆不仅仅是作为展会的场地，还可以形成集住宿、餐饮、娱乐等多功能为一体多功能综合体。因此，会展场馆可以尝试加强场馆的功能定位，使会展场馆未来能够满足多功能的需要。会展场馆还需要完善其相应的配套设施。会展场馆作为会展产业的依托，基本配套设施则是会展场馆的多渠道经营的基石。会展场馆一方面需要跟进基本配套设施的建设，另一方面需要紧跟现代科技发展的脚步，实现会展场馆配套设施的现代化与科技化，提升会展场馆供给的质量。

五、会展场馆经营管理需遵循可持续发展原则

会展场馆的建设是一项巨大投资，建设周期长，经济回收慢。另外，全球经济发展方向是低碳化、绿色化。因此，会展场馆投入使用后，经营方必须遵循可持续发展原则，推进会展经济健康发展，最大地发挥会展活动的平台价值。

1.加强政府宏观调控，严格会展场馆建设的审批制度

会展场馆的建设应与区域经济社会发展相协调，与会展业整体发展相适应。在规划建设会展场馆之前应对所在地经济状况、产业结构、办展环境深入调研，实事求是地论证项目可行性。在会展业比较发达的城市如北京、上海、广州等可规划新建或扩建大型会展场馆，以满足当地会展业快速发展的需要。其他区域性会展中心城市，应根据市场需求，合理布局。区域内同一城市或城市之间会展场馆资源应该共享，避免低水平重复建设和资源闲置。政府应加强会展场馆建设项目的前期评估领导工作，强化对会展场馆建设的审批管理，对 5 万平方米以上的投资大、规模大的大型场馆建设项目可以试行中央专家评估许可制。

2.转变经营观念,变被动等待为主动出击

会展场馆要提高利用率,就必须转变“等食吃”的思想,主动出击,采取灵活的市场营销手段。具体来说,会展场馆可以与旅游企业合作,参与城市整体促销,在城市的推介活动中推销自己;还可以加入某一专业行业协会,利用行业协会的营销渠道推销自己;或者通过电视、广播、报纸、专业杂志、移动传媒以及网络等营销手段宣传自己,让目标客户了解会展场馆,进而接受会展场馆,愿意与会展场馆合作。

3.发挥行业协会的作用,规范会展场馆之间的竞争

会展行业协会的最主要职能就是行业管理和协调,一方面,它与政府密切配合,共同制定一套行业道德与行为规范,一旦有会员违反,就召集会议讨论解决,甚至提出制裁措施,以维持公平竞争的秩序;另一方面,针对展览会题目、展出时间安排、摊位价格、展览会质量水准等方面,在会员单位之间进行协调,以更好地维护会员的正当权益。为规范我国会展场馆之间的竞争,就必须建立专业的会展行业协会。政府授予会展行业协会一定的职权,强化会展行业协会的作用,利用会展行业协会的监管机制规范竞争。

4.加强会展场馆的服务

会展场馆的服务是场馆取得竞争优势的重要武器。加强会展场馆的服务就是要借鉴国外先进会展场馆的服务经验,综合提供从展商进入场馆到离开场馆期间所需要的全部服务,具体包括展位预订、展商接待、信息咨询、装撤展位、现场管理、展会评估以及配套服务等一系列服务措施,并且服务要做到热情、周到、细致,增加展商的满意度和好评率。

总之,随着我国市场经济的不断深入,会展场馆建设和经营的市场化是一个大的趋势。政府如何转变自身角色,出台关于会展行业的一些政策法规,保证我国会展业正常有序地进行,是会展场馆经营管理在市场化进程中的一个关键因素。

模块三　会展场馆自办展的经济贡献

目前,我国会展场馆投资建设虽然有多种模式,但在经营管理方面还是以政府为主。会展场馆的经营管理多为租赁模式，即场馆只作为展会的举办场地，场馆的所有权和管理权归场馆所有者，使用权归展会的主办方所有。场馆主要靠租赁费用盈利。这种传统的盈利模式相对单一且被动。展会的主办方总是想竭尽全力地降低成本费用，而场馆的所有方则是靠赚取租赁费用营生而不断地提高费用，二者之间存在矛盾，在行业中便会出现一些恶性竞争现象。而会展场馆自办展模式恰恰避免了这种矛盾，将二者统一了起来。

任务一　分析会展场馆自办展的优势和劣势

何谓会展场馆自办展模式？会展场馆的自办展是指展馆经营方或所有者直接举办或承办会展活动。这种盈利模式解决了传统模式在使用权和所有权分离之间的矛盾，同时通过发挥会展场馆的场地、服务等优势，降低展会的成本费用，并在会展活动淡季自办展会，提高场馆利用率，拓宽会展场馆的盈利渠道。会展场馆自办展为了获得更多的参展商和参观者，便会不遗余力地注重其服务质量，提高展会的知名度，利用各种渠道进行宣传营销。自办展模式是一种有利于展会、场馆共同发展的盈利模式，不少世界知名的展馆都很推崇这一盈利模式，如德国的汉诺威展览中心等。

一、会展场馆自办展的优势(strength)

1.展会可信度高

因为会展场馆拥有场馆所有权，展馆作为固定资产具有不可移动性，而且它也不同于只提供无形服务的展览公司，为了其持续运营以及维护名誉，几乎不可能发生骗展等类似事件。

我国的大多数展会均是由展览公司筹备管理的，展会举办的效果好坏与场馆的利益影响不大。而自办展由会展场馆筹备规划，展会举办成功与否和质量的好坏会直接影响到会展场馆的经济利益和社会声誉。因此在自办展模式中，会展场馆会不遗余力地进行筹划和管理，以达到展会举办的最佳效果。这种模式既有利于提高展会举办的质量，也有利于提高场馆本身的知名度。如拥有汉诺威展览中心的汉诺威展览公司培育出了汉诺威消费电子、通信及信息博览会(世界上规模最大的展会)、汉诺威工业展、欧洲机床展、汉诺威商用车展等世界知名的展会。

2.可以避免工作程序冗余

租赁式的展会在举办前期和后期，都需要展览公司和会展场馆进行多次的沟通洽谈，在展会举办期间的相关事宜同样需要双方进行协商。整个过程的程序比较烦琐，在时间精力、人力物力上的成本较大。而在展馆自办展盈利模式中，展馆作为会展的主办方，从前期的招展、到展会期间的配套服务，再到展后的调查工作，能够由会展场馆一体化完成，使参展商不需要再经由展览公司，减少了工作程序的冗余和因信息不对称造成的不必要的麻烦，省去了很多中间环节所产生的时间成本和人力成本，为参展商增加了效益。

3.促使相关配套设施和服务产品的到位

鉴于自办展举办质量的好坏会直接影响到场馆本身的利益，会展场馆为了更好地举办展会，会将场馆内部及周边的配套设施和服务产品发展到位。会展场馆内部相关服务项目如日用品、会议用品、翻译、餐饮、商店、票务、银行等的设置和完善，以及场馆外部的交通系统、停车场、住宿等配套设施的建设。如德国的汉诺威展览中心拥有 26 个展馆，为了方便观众的通行，免费的巴士在展会期间穿梭于各个展馆，且不同的线路还用不同的颜色标在站牌和车窗上，方便参观者搭乘。

二、会展场馆自办展的劣势（weaknesses）

1.不公平性问题

由于会展场馆自己办展，这就会与相应行业领域内的其他展会主办方进行竞争，而这种竞争很有可能演变成一种恶性的竞争，它会破坏市场的良性机制，进而会影响到整个城市的品牌形象。

2.有培育价值的展览题材局限性大

我国各个行业协会在近几年会展业迅速发展之际，积极参与办展，主办了大部分行业内享有盛誉的展览。对于会展场馆来说，在选择一个有发展前景的展览题材方面受到了很大的制约。这就要求自办展主办方能够综合考虑各方面的因素，正确地选择办展题材。

3.缺乏有管理和策划经验的专业会展人才

在自办展创立初期，需要大量的会展专业人士进行展前调研、展览策划和招商等工作，需要有经验的项目经理人负责指导监管工作。这些专业人才需要具备较强的招商、策划、执行和协调能力，从而确保自办展项目的顺利进行。

三、会展场馆自办展的机会(opportunities)

1.政府支持

在传统体制下,我国大多数展馆都有主办展会的资格。在我国,大部分展馆都是由相应的展馆经营公司来组织经营,展馆的作用以及收入来源就是举办、承办各种展览会,所以展馆自然具有举办展览的民事责任能力,并且积累了不少参与承办或协办国际性展会的经验。

2.我国会展业发展态势良好

近几年,在我国举办的国际性会展活动对我国会展行业的发展起到很大的推动作用,例如世博会的成功举办使得上海会展业基础设施有了根本性的改善,为自办展的发展奠定了良好基础。

3.行业贸易类展会机遇较大

我国是生产和消费大国,据国家商务部统计,2020 年中国进出口贸易总额达到 32.16 万亿元人民币,与 2019 年相比增长了 1.9%,创下历史新高。其中,出口额达到 17.93 万亿元,同比增长 4%,同样打破原有纪录;进口额达到 14.23 万亿元,同比下降 0.7%;贸易顺差为 3.7 万亿元,同比增加 27.4%。数据显示,2020 年中国的第一、二、三大贸易伙伴分别是东盟、欧盟、美国。其中,东盟与中国的进出口贸易总额达到 4.74 万亿元,欧盟与中国的进出口贸易总额达到 4.5 万亿元,美国与中国的进出口贸易总额达到 4.06 万亿元。

值得提及的是,2020 年 11 月 5 日,《区域全面经济伙伴关系协定》(RCEP)终于正式签署,经过 8 年谈判,世界上人口数量最多、成员结构最多元、发展潜力最大的自贸区就此诞生,意味着全球约三分之一的经济体量形成一体化大市场。此外,鉴于当前中国蓬勃发展的经济状态,英国智库经济商业研究中心(CEBR)还表示,预计中国将提早 5 年在 2028 年超越美国成为全球第一大经济体。[①] 中国经济和对外贸易的快速发展,为会展业的健康发展打下了良好的基础。因此,展馆可以结合所在地的行业优势,与行业协会合作办展,实现该行业与自办展会双赢的目的。

当然,一些大型的跨国会展企业纷纷抢占中国市场,加剧了我国自办展的市场竞争,如德国汉诺威、意大利米兰和德国法兰克福展览公司这三个世界展

---

① 不负众望!2020 年中国贸易额达 32.16 万亿,成为全球外贸第一大国[EB/OL].(2021-01-15)[2021-05-20]https://baijiahao.baidu.com/s? id=1688945532673940086&wfr=spider&for=pc.

览业巨头都在上海设立了分支机构。这些企业有着强大的资金优势、技术优势和先进的专业管理经验，是国内会展场馆自办展的强劲对手。

视野拓展

全面解读《区域全面经济伙伴关系协定》(RCEP)[①]

一、RCEP的总体情况

《区域全面经济伙伴关系协定》即RCEP，是一个现代、全面、高质量、互惠的大型区域自贸协定。RCEP协定由序言、20个章节(包括：初始条款和一般定义、货物贸易、原产地规则、海关程序和贸易便利化、卫生和植物卫生措施、标准、技术法规和合格评定程序、贸易救济、服务贸易、自然人临时流动、投资、知识产权、电子商务、竞争、中小企业、经济技术合作、政府采购、一般条款和例外、机构条款、争端解决、最终条款章节)、4个市场准入承诺表附件(包括：关税承诺表、服务具体承诺表、投资保留及不符措施承诺表、自然人临时流动具体承诺表)组成。

RCEP是目前全球体量最大的自贸区。2019年，RCEP的15个成员国总人口达22.7亿，GDP达26万亿美元，出口总额达5.2万亿美元，均占全球总量约30%。RCEP自贸区的建成意味着全球约三分之一的经济体量将形成一体化大市场。RCEP囊括了东亚地区主要国家，将为区域和全球经济增长注入强劲动力。

RCEP是区域内经贸规则的"整合器"。RCEP整合了东盟与中国、日本、韩国、澳大利亚、新西兰多个"10+1"自贸协定以及中、日、韩、澳、新西兰5国之间已有的多对自贸伙伴关系，还在中日和日韩间建立了新的自贸伙伴关系。RCEP通过采用区域累积的原产地规则，深化了区域内产业链价值链；利用新技术推动海关便利化，促进了新型跨境物流发展；采用负面清单推进投资自由化，提升了投资政策透明度，都将促进区域内经贸规则的优化和整合。

RCEP实现了高质量和包容性的统一。货物贸易最终零关税产品数整体上将超过90%，服务贸易和投资总体开放水平显著高于原有"10+1"自贸协定，还纳入了高水平的知识产权、电子商务、竞争政策、政府采购等现代化议题。同时，RCEP还照顾到不同国家国情，给予最不发达国家特殊与差别待遇，通过规

---

① 全面解读《区域全面经济伙伴关系协定》(RCEP)[EB/OL].(2020-12-20)[2021-05-20]https://www.sohu.com/na/433143394_120207613.

定加强经济技术合作，满足了发展中国家和最不发达国家的实际需求。可以说RCEP最大限度兼顾了各方诉求，将促进本地区的包容均衡发展，使各方都能充分共享RCEP成果。

二、RCEP协定签署对我国有何重要意义？

RCEP自贸区的建成是我国在习近平新时代中国特色社会主义思想指引下实施自由贸易区战略取得的重大进展，将为我国在新时期构建开放型经济新体制，形成以国内大循环为主体、国内国际双循环相互促进新发展格局提供巨大助力。

成为新时期我国扩大对外开放的重要平台。我国与RCEP成员贸易总额约占我国对外贸易总额的三分之一，来自RCEP成员实际投资占我国实际吸引外资总额比重超过10%。RCEP一体化大市场的形成将释放巨大的市场潜力，进一步促进区域内贸易和投资往来，这将有助于我国通过更全面、更深入、更多元的对外开放，进一步优化对外贸易和投资布局，不断与国际高标准贸易投资规则接轨，构建更高水平的开放型经济新体制。

助力我国形成国内国际双循环新发展格局。RCEP将促进我国各产业更充分地参与市场竞争，提升在国际国内两个市场配置资源的能力。这将有利于我国以扩大开放带动国内创新、推动改革、促进发展，不断实现产业转型升级，巩固我国在区域产业链供应链中的地位，为国民经济良性循环提供有效支撑，加快形成国际经济竞争合作新优势，推动经济高质量发展。

显著提升我国自由贸易区网络"含金量"。加快实施自由贸易区战略是我国新一轮对外开放的重要内容。RCEP签署后，我国对外签署的自贸协定将达到19个，自贸伙伴将达到26个。通过RCEP，我国与日本建立了自贸关系，这是我国首次与世界前十的经济体签署自贸协定，是我国实施自由贸易区战略取得的重大突破，使我国与自贸伙伴贸易覆盖率增加至35%左右，大大提升我国自贸区网络的"含金量"。

任务二　掌握会展场馆自办展的路径

会展场馆已经选择举办自办展，就要在具体运营中做好充分的准备工作，将展会办好，经过对展会项目运营的分析和研究，会展场馆举办自办展的对策如下。

一、会展场馆在举办自办展时要进行准确的市场定位

会展场馆想要举办自办展，应当首先考虑当地的经济产业基础、市场需求、地域文化，选择当地的优势经济产业等作为展会主题的备选项目。结合场馆所在地的优势资源和产业，举办自办展才有吸引力和生命力。如若没有优势经济产业或贸易为依托，很难对参展商产生吸引力。而一个得不到参展商认可的展会，本身就很失败。因此自办展的发展一定要建立在市场定位的基础上。衡量一个展会成功与否，不在于展会的规模，而在于参展企业对这个展会的认可程度，因此准确的市场定位是举办自办展的基石。如作为世界制造业中心之一的苏州，已经形成了电子信息、精密机械、轻工业、食品制药等较为完整的产业链。目前，以中国苏州电子信息博览会、华东线路板展、亚太电子展等为主体，苏州已形成具有地方特色的 IT 行业展览群体。

二、会展场馆在举办自办展时要分析项目可行性

在自办展实施之前，会展场馆要对市场进行调研，如题材的可行性，与国内外的同类型展会进行对比，以确保自己项目的特色和生命力。确定办展项目之后要研究方案的科学性，制定周密的计划，从招展开始制定工作计划、宣传计划，有条不紊地按计划进行。

三、会展场馆在举办自办展时要建立品牌

品牌效应对一个展会是否成功影响巨大，品牌效应强的展会影响力大，对参展商以及观众更有吸引力。展馆培育自办展时，首先可在区域内形成自己的品牌效应，然后一步一步推向全国，尔后走向国际。

只有知名的品牌展会才会有长久的生命力，吸引越来越多的参展商和观众。世界上知名的会展场馆都拥有一定数量的品牌展览会，如法兰克福国际展览公司旗下知名展会品牌有法兰克福日用品展览会，是广为人知的消费品行业知名品牌，展品包括礼品、室内装饰品和厨房用品、日用陶瓷；办公文具贸易展览会，是全球首屈一指的文具展览会，在全世界专业纸制品、文具方面具有很强的影响力；圣诞世界装饰品展览会，是节庆礼品行业内最为重要的贸易盛典，为国际圣诞礼品制造业以及圣诞礼品消费市场提供广阔的商贸合作空间等。会展场馆自办展模式的发展也应培育自己的展会品牌，先要在区域内提高影响力，再推向全国乃至世界。

四、会展场馆在举办自办展时要避免重复办展

自办展的发展能弥补展馆淡季空置的使用，但是在举办自办展时，尤要注意的是避免同类型展会的重复举办。重复办展现象是在全国很多展馆都存在的普遍问题，重复办展给同类型的展会带来了不利的影响，同时也带来了利益的下降和声誉的破坏，互相之间恶性竞争的结果便是两败俱伤。避免重复办展也是对展会品牌和会展场馆的一种保护，若在同一时期举办过多同类展会，会导致参展商和观众的分流，降低展会质量，影响到展会的利益和声誉，不利于品牌的保护。例如，上海国际展览中心自办的展会像乐器展、特种花卉展，厦门国际会展中心的厦门国际佛事用品展、厦门国际石材展，都是特意与所有外来展会避免重复而选择的。

五、会展场馆在举办自办展时要培育专业人才

会展场馆的人才主要包括场馆市场的营销人才、项目统筹人才、技术保障人才和场馆物业人才四个层面。目前我国会展场馆的从业人员专业素质良莠不齐，有的缺乏专业知识理论，有的缺乏实践操作经验。而自办展对于人才的要求不仅是简单的场馆管理，还需要熟悉展会前期筹划调研、现场管理运营和后期总结调查等方面。因此对于专业的人才需求量和质量要求更高，自办展的发展必须依赖有专业素养的会展专业人才。

任务三　分析境外自办展的路径

随着中国会展经济快速发展，国内会展协会、公司等不仅在国内运营自办展，还将自办展办到了境外，既提升了办展效益，又收获了丰富的办展经验。自2001 年起，中国纺织品商会已经连续 20 年在澳大利亚成功举办了每年一届的澳大利亚中国纺织服装服饰展，近 5 年来该商会又独立在加拿大、迈阿密、柏林举办了国际服装纺织展(简称 ATS 系列)。同时，又在缅甸、菲律宾举办了中国国际纺织机械展、中国国际纺织品展。

在境外办展的关键是既要有国际性，符合国际办展规则，按国际展览的标准和要求办展，同时又要体现专业性，才能吸引行业参展商和专业观众。

一、突出国际性

多年的办展、参展经验告诉我们，单一国家展会对参展商的吸引力非常弱。因此，境外展会，要么是与当地的展会同期同馆举办，要么是国际化运营。展商国际化除了能够对当地买家产生更大的吸引力外，还可以避免因为过度突出中国展商而受到展会举办国或其他竞争国家产业的排斥。国际化还包括吸引展会主办国企业和行业机构，邀请展会举办国家的行业组织、国际知名第三方服务机构等参与展会项目，用开放的平台吸引行业内各相关机构到展览中，实现共赢发展。实践证明，当我们以开放的姿态向各国同行敞开胸怀并赢得对方尊重时，我们在相关国家的自办展项目也必将迎来更加宽松的发展环境和相关合作伙伴的支持。

二、商业化运营与政府支持兼顾

商业化运营可以有效确保展会的定位和发展始终符合市场需求，在健康的轨道上运行，稳定的展会盈利也是展会长久健康发展的基础。与此同时，来自国家和各级政府的支持对于一个海外展会同样重要，因为创办初期的宣传投入、营销投入巨大，这时政府主管部门的专项资金支持十分必要。同时各级政府也可以充分利用成功的商业化展会平台宣传推广相关省市的产业集群地优势，提升产业影响力。如中国纺织品商会近年为内蒙古羊绒产业集群、常熟服装城等量身定制的整体展会推广宣传服务，得到了地方政府主管部门的好评，也获得了良好的收益。

政府对企业境外办展的支持可施行如下措施：

首先，我国专业从事境外办展的企业非常少，政府要加强对境外办展的宏观调控，要制定相关政策，鼓励、支持、推动企业境外办展，制定明确的激励政策，设立专项发展资金，对于办展规模大、专业性强、具有品牌推广优势、有发展潜力的境外办展企业予以奖励性补贴，树立行业标杆，增强企业境外办展的积极性。其次，对现有会展资源进行整合和优化，对相关人员进行培训，引进一批具有海外办展经验和国际化水平的高端专业人才，逐步形成具有国际领先水平的、有中国特色的会展业航母。再次，组织成立境外办展协会，做好境外展会的宣传、引导、协调工作，调动企业境外参展的积极性，平衡参展商、参观者和展会组织者之间的利益，出版和发布展览指南，提供与展览相关的信息、咨询和培训工作，成为业界与海外沟通的桥梁，扩大境外办展的规模和影响力。

三、突出专业性

当前展览业竞争十分激烈，各行业类别都有大量的同类型展会参与竞争。在此情况下，突出细分市场的专业化展会往往会受到市场更多关注。当今的展览市场已经不是靠规模取胜的时代，成功的展会都应该专注于特定行业，甚至是某个细分市场，定位精准的专业化展会才是真正有价值的参展平台。如近年中国纺织品商会打造的境外展会，在规模上与大型专业展会尚有较大差距，但在展会内容上突出了专业性，包括专业观众、专业买卖配对、高端专业论坛、流行趋势发布、时装秀等元素。事实证明，专业化的展会对参展商和专业观众具有更大的吸引力。

印度尼西亚作为东南亚最大经济体，是“海上丝绸之路”战略重要支点。中国工程机械工业协会和中国贸促会机械行业分会共同主办和组织印度尼西亚国际工程机械及基础设施展览会(ICON)，展会突出工程机械和基础设施方向。通过展会平台可以助推企业形成合力，促进中国企业给当地用户提供整体解决方案。不仅如此，展会还能助推政府之间和金融机构等达成沟通和金融支持，获得良好的信息咨询、售后服务、配套支持等保障。印尼正处于极度需要发展基础设施建设的阶段，随着中国优质的建筑及工程机械产品越来越受到印尼市场的欢迎，ICON 的举办将为中国建筑工程企业走进印尼提供良好的平台。

四、培养国际会展人才[①]

随着我国会展业的不断发展、成熟，会展国际化趋势日益显现。然而，我国现有会展人才培养体系存在一定缺陷，使得高端国际化会展人才极其匮乏，难以满足境外办展的人才需求。一方面，人才培养模式单一，校企合作不够紧密，大部分学生缺少相关实习机会，教学内容和实践指导相脱节。另一方面，由于我国会展业起步较晚，会展专业师资缺乏，具有行业经验的师资更少，使得会展人才培养的数量和质量难以与世界发达国家相比。

为满足我国境外办展的人才需求，应做到以下几点。

(一)应加大引进和培养国际会展专业人才的力度

注重引进一批具有国际会展专业背景、拥有海外会展实际经验的人才，加强双师型教师队伍建设，使教师的知识结构、实操经验紧跟国际会展市场发展需求。增加现有师资队伍出国深造学习的机会，使现有师资掌握国际先进会展

---

① 杨婧.2019 年我国境外办展概况分析与对策研究[J]商展经济，2020(10)10-11.

管理理念，了解国际会展业发展动态，从而更有效地结合我国会展业发展实际，培养国际化会展人才。此外，加强与海外高校开展会展专业的合作办学，联合开发课程，或引进优质课程和教材、专业师资，吸收和借鉴对方先进的教学理念、教学方法、教学管理模式和评估方法，共建会展专业实训基地，利用会展强国的教学资源和优势，培养具有国际视野的复合型会展人才，逐步建立国际化会展人才培养模式和课程标准。

(二)完善校企合作机制，使专业与产业充分融合

目前，大部分校企合作还停留在初级阶段，学生仅能在展会中通过担任志愿者获得有限的实际经验，无法真正将理论与实践相结合。德国作为会展强国，其产、学、教良好互动的校企合作模式，为会展业的发展提供了坚实的人力基础。因此，应借鉴德国的“双元制”模式，开展以会展项目为载体、学生为主体、师生共同参与的人才培养机制，建立学生工作室，使学生的实训课程与会展实际工作相融合，鼓励学生通过自主学习、与会展企业互动协助的方式完成相应的实际工作，鼓励教师与会展企业管理者通过互通互鉴的方式完成相关知识体系搭建，确保实践教学贴近会展企业项目和真实工作情景。

(三)注重外语能力培养，提升会展专业人才的综合素质

为进一步提升会展专业人才的综合素质，需加强学生外语能力的培养。要在传统的商务英语教学基础上，注重会展专业英语的渗透，以小班授课、会展情景模拟等方式，增强学生会展英语听说交际能力。此外，韩语、德语、缅甸语、阿拉伯语等小语种的培训也应纳入会展专业教学体系，以适应会展国际化发展需求。组织专业教师和校外导师辅导学生参加各类会展学科竞赛，如亚洲会展青年挑战赛等，激发学生对会展专业的学习兴趣，培养逻辑推理和解决问题的能力，建立创新思维习惯。

五、加强境外办展的风险管理[①]

由于境外组展单位及参展企业缺乏会展项目管理体系的科学指导，面临质量、进度、法律、客户投诉等潜在风险的负面影响，导致会展项目目标不能顺利实现。

(一)应树立知识产权保护意识

境外办展的组织机构和参展企业要对展品在展出国家和地区进行知识产

① 杨婧.2019年我国境外办展概况分析与对策研究[J]商展经济，2020(10)10-11.

权注册，以免展品在他国被抢注。如老干妈、同仁堂、五粮液等商标皆曾被他国企业抢注，因此我国企业在参展前应及时对产品进行知识产权保护，防止抢注之人以知识产权人的身份指控或起诉我国企业侵权。

（二）展前应对产品相关知识产权进行检索

境外办展的组织者和参展企业要对竞争产品的相关知识产权进行检索，排除可能造成侵权的产品参展，以降低参展可能导致的法律纠纷，也可防止因侵权产品参展而导致企业其他非侵权产品被撤离的风险。

（三）携带相关权利证明文件

境外参展企业应准备好相应的权利证明文件，如企业营业执照、产品的相关书面材料以及展品的权利证明文件等，以防止展品在境外参展时被扣查。

（四）组展机构和企业应维护自身合法权益

在境外办展时，组展机构和企业应尊重他国执法机构的执法命令，在展品构成侵权的情况下，及时与申请人取得联系，争取庭外和解，以免承担巨大的赔偿金和诉讼费用。参展企业在应对他国查抄时，应采取积极的应对措施，选择法律途径讨回公道，维护自己的合法权益，而不是忍气吞声。

因此，要加强境外组展、参展企业风险防范意识，加强对境外国家和地区相关法律法规的了解，增强协调和处理纠纷的能力，以保护境外参展企业的合法权益，也有利于维护境外参展企业在国际市场上的名誉。

视野拓展

（由于新冠肺炎疫情影响，2020 年境外办展基本停滞，此引用 2019 年数据。）根据中国会展经济研究会发布的《2019 年度中国展览数据统计报告》显示，2019 年我国主办方境外办展的数量和面积，均较 2017 年、2018 年有大幅上涨，但仍未达到 2016 年办展的数量和规模。2019 年我国境外办展数量达 79 场，与 2018 年相比增加 20 场，涨幅达 33.9%。展览面积 52.8 万平方米，涨幅达 31.34%，展会平均展览面积为 0.67 万平方米。

2019 年，我国 79 场境外办展中，有 36 场为独立办展，43 场为合作办展，分别占境外办展总数的 45.57%和 54.43%。境外办展机构数量共计 24 家，其中行政机构 7 家，商协会 7 家，企业 10 家（国有企业 6 家，民营企业 4 家）。在 24 家境外办展机构中，能够独立办展的仅有 7 家，占 29.2%，这说明大多数办展机构以合作办展为主，而具备在海外自主办展能力的专业机构较少。米奥兰特国际会展独立办展达 23 场，占比 29.11%，成为办展数量最多的办展机构。

2019 年我国境外办展涉及 7 个行业或领域，排名前三的行业为房产家居(17 场)，纺织服装(11 场)，工业机械(8 场)，共占专业展总数的 80%。2019 年，在中国境外办展的 79 场展览中，“一带一路”沿线国家举办的展览有 62 场，数量占总数的 77.21%，展览总面积达 40.67 万平方米，占中国境外办展展览总面积的 77.03%。自 2015 年“一带一路”倡议提出以来，“一带一路”沿线国家逐渐成为我国境外办展的热门举办地。据商务部发布的《中国展览数据统计报告》显示，2015—2019 年，“一带一路”沿线国家在中国境外办展的热门举办地中的占比达 70%以上。

此外，我国与金砖五国贸易增长显著，俄罗斯、巴西、印度和南非成为中国境外办展的重要举办地。2019 年在金砖五国举办的展览共 16 场，占中国境外办展的 20%，展览总面积达 12.97 万平方米。

2019 年，中国境外自主办展组展机构中，只有米奥兰特国际会展和浙江远大国际会展有限公司成为国际展览协会(UFI)成员，占境外办展机构总数的 8.3%，在 79 个展览项目中仅有 19 个项目获得国际展览协会 UFI 认证，占境外自主办展总数的 11.39%。这说明我国获得境外自主办展资质的企业尚少，且境外自主办展中仅有少数展览获得国际展览协会认证。

思考练习与实践

一、简答题

1.境外会展场馆和国内会展场馆的经营模式分别有哪些?

2.会展场馆经营管理中会出现什么样的危机?

3.请分析会展场馆自办展的优势和劣势。

4.中国会展场馆管理的主要问题有哪些?

二、论述题

1.会展场馆为何要选择自办展模式，自办展会带来哪些经济贡献?

2.会展场馆经营管理市场化的策略是什么?

3.请阐述国内会展场馆自办展的路径。

三、案例分析

中国纺织品商会成功地在境外举办了多场自办展，请问它有哪些成功经验值得借鉴?

◆项目六◆ 会展场馆财务管理

财务不同于其他部门，本身并不能创造什么价值，但由于会展场馆财务提供实际经营结果数据，直接向管理层提供经营决策的信息，因此会展场馆财务实际上是一个经营决策中的重要管理部门。

学习目标

1.了解会展财务管理的概念；

2.会展场馆财务管理的主要内容；

3.会展场馆财务管理的主要职能；

4.影响会展场馆财务管理目标的因素。

模块一 会展场馆财务管理主要内容

会展场馆财务管理是在一定的整体目标下，关于资产的购置（投资），资本的融通（筹资）和经营中现金流量（营运资金），以及利润分配管理。会展场馆财务管理是通过价值形态对会展场馆资金运动进行决策、计划和控制的综合性管理。

任务一 了解会展场馆财务管理的概念

一、会展场馆财务管理概念

会展项目财务管理就是遵循客观经济规律，通过对会展项目资金的筹集、运用和分配的管理，利用货币价值形式对会展项目的经营状况进行综合性的管理。

会展场馆财务管理是指会展场馆在办会办展等经营过程中对财产、资金成本、利润及分配等活动，实行管理、调节和监督的总称。其内容包括：财务收支计划的编制、执行和检查，分析各项资金的筹措管理和使用，以及成本管理和票务管理等。

会展场馆财务管理的要求，简单地说就是：各项财产、物资、资金都要有完整的账目记载；有明确的使用保管责任制，有严格的交接手续；固定资产、流动资金的使用、费用摊销、成本核算等都要严格执行国家有关规定。调拨或购买的财产、设备、材料等都要验收入库，及时入账；发出物资要办理会计手续，建立和健全仓库盘点制度和现金管理制度；对于盗窃侵吞和破坏国家财产的犯罪分子必须依法惩处，从而保护财产、物资等完整无损，账物相符，使财务工作更好地为会展场馆办会办展等经营活动服务，不断提高经济效益。

二、会展场馆财务管理的主要特点

（一）收入信息量大

会展场馆的收入包括摊位费、会务费、报名费、赞助费、代办费等，内容多、弹性大，如果不加以审计控制，很容易出差错。

（二）业务范围已超出纯会计业务

财务部包括会计部、成本控制部和采购部，具体工作还有收银、收入、审计、总账等岗位。会展场馆的业务范围不单单停留在会计业务上，而有更多的管理内涵。

（三）成本控制的复杂程度高

会展场馆的商品说到底就是服务，而服务具有无形性的特点，因此成本控制非常复杂。

三、会展项目财务管理的对象

财务管理主要是资金管理,其对象是资金及其流转。因此,现金流转的平衡是财务管理中最基本的平衡。

(一)现金流转的概念

在生产经营中,现金变为非现金资产,非现金资产又变为现金,这种周而复始的流转过程称为现金流转。这种流转无始无终,不断循环,又称为现金的循环或资金循环。由于会展项目最终交付的是会展项目服务产品,而不是实物产品,所以会展项目的现金流转主要反映为资金的耗费,如用现金支付人工成本、租借活动场地、支付营销费用等。这些被耗费的资金是活动主办方制定活动各项收费价格的参照基础,通过销售门票、出租广告牌位、出租摊位、赞助等方式取得收入而得到价值补偿。

(二)会展项目的记账

记账遵循收付实现制,收付实现制可以准确地反映会展项目的现金流动,更能反映会展项目的现金支付能力。在会展项目主办会展场馆进行财务管理时,再结合权责发生制原则分析根据收付实现制原则所记载的各项收入和支出项目。

1.权责发生制

又称应计制,是以应收应付作为标准来确定本期收入和费用以计算本期盈亏的会计处理基础。具体讲就是凡是当期已经实现的收入和已经发生或应当负担的费用,不论款项是否收付,都应作为当期的收入或费用处理;凡是不属于当期的收入和费用,即使款项已经在当期收付,都不作为当期的收入和费用。

2.收付实现制

又称现金制,是以款项的实际收付为标准来确定本期收入和费用,计算本期盈亏的会计处理基础。在现金收付的基础上,凡在本期实际以现款付出的费用,不论其应否在本期收入中获得补偿均应作为本期应计费用处理;凡在本期实际收到的现款收入,不论其是否属于本期均应作为本期应计的收入处理。

(三)现金流转的平衡

在会展项目中,如果在同一会计期间现金流入量和现金流出量相等,财务工作将大大简化。但在会展项目实际运作过程中,现金收支平衡的情况极少,而会展项目财务管理的目的就是要使会展项目的现金流不中断。

任务二 了解会展场馆财务管理的要求

会展场馆财务管理需要做好以下几点工作：

一、做好财务管理的基础工作

建立健全各种原始记录，并有一套有关原始记录的填制、传递、使用、保管、归档程序和制度；要建立健全完整的定额体系，定额的制定既要保持相对稳定，又要定期修订，使定额尽可能先进、合理；要完善计量工作，因为准确的计量工作是保证原始记录真实可靠的重要前提，也是准确考核定额的基本条件。

二、建立健全各项财务制度，保证财务管理工作的正常开展

财务制度包括固定资金管理制度、流动资金管理制度、专项资金管理制度、财务收支审批制度等。这些制度的建立要在充分调查研究的基础上，做到既简便易行，又能满足生产经营需要，有利于调动部门和职工积极性。

三、编制财务计划，加强计划管理

在编制计划时应结合市场及本单位的具体情况，制定出切实可行的、具有开拓性的财务计划，如展位销售计划、成本计划、费用计划、利润计划、外汇收支计划等。应以成本计划为中心形成会展场馆完整的计划体系，在编制计划时应注意长期计划与短期计划相结合。

四、组织日常管理

根据管用结合、权责结合、专业管理与群众管理相结合的原则，加强统一领导；要实行归口分级管理；要根据资金管理与物资管理相结合的原则，在加强资金管理的同时，搞好物资管理和各项财务指标的预测工作；认真检查各项财务计划的执行情况。

五、加强财务分析

在对会展场馆各项经济指标形成的条件和原因进行排列、测定和分析的基础上，从中发现取得成功的经验或找到存在的问题及其原因，以利于改善企业经营管理，提高经济效益。

任务三 掌握会展场馆财务管理的内容

一、会展场馆财务管理的原则

(一)成本效益原则

成本效益原则的核心就是要求会展场馆耗用一定的成本能够取得尽可能大的收益,以及在效益一定的条件下最大限度地降低成本。按照成本效益原则的要求,在较长的时间内,会展场馆的成本必须呈下降趋势,而效益必须呈上升趋势。这是投入产出原则的价值体现,是会展场馆得以延续和发展的基本要求。

(二)风险与收益均衡原则

一方面,投资的风险与收益成正比,盈利往往要冒较大的风险。另一方面,只有获利能力强的会展场馆才能真正有实力维护资本经营的安全,而获利能力低下的会展场馆在激烈的市场竞争中,往往无法避免风险。风险与收益均衡原则的核心就是要求会展场馆不承担超过收益限度的风险,在收益既定的条件下,最大限度地降低风险。

(三)资源合理配置原则

财务管理使得各项经营要素的搭配情况直接体现在有关的财务指标和各相关财务项目上。资源合理配置原则的核心就是要求会展场馆的相关财务项目必须在数额上和结构上相互配套与协调,以保证人尽其才、财尽其用、物尽其用,从而获得较为满意的效益。

(四)利益关系协调原则

利益关系的协调直接影响到会展场馆财务管理目标的实现。利益关系协调原则的核心就是要求会展场馆在收益分配中(包括税金的缴纳、奖金的发放、利息的支付、工薪的计算等),既要保证国家的利益,也要保证自身和员工的利益;既要保证投资人的利益,也要保证债权人的利益;既要保证所有者的利益,也要保证经营者的利益。并且以此不断改善财务状况,增强财务能力,为提高效益创造条件。

二、会展项目财务管理的内容

(一)筹资管理

为了保证会展项目的如期成功举办,必须预先筹集一定数量的资金。会展项目的主要资金来源包括主办单位拨款、预收摊位费、报名费、赞助费、代办费等,内容多,弹性大。

中小会展场馆,融资难一直是中小会展场馆发展的瓶颈 。由于会展场馆自身特征,偿债能力弱、融资规模较小、财务规范性差、缺乏完善的公司治理机制等问题,中小会展场馆抵御风险的能力一般较弱。因此,大型金融机构一般缺乏相关的金融服务方案,主要因为银行为了控制风险,设置了复杂的风控手续,最终实现收益一般较低。会展项目一般的筹资渠道如下:

(1)质押贷款、担保贷款;

(2)银行借款(贷款等级评定标准);

(3)自行筹集资金;

(4)会展场馆赞助资金。

众所周知的上海世博会,美国馆花费 6100 万美元,筹款相当费劲,最后是美国花旗银行赞助 500 万,其余资金由海尔美国公司赞助。

视野拓展

投资的重要性

投资界流传着这样一种说法。在 1977 年,如果在你用 6410 美元购买一辆波速牌汽车的同时,也拿出同样多的钱以每股 2 美元买入波速的股票,那么到了 1986 年,它的股价达到每股 312 美元(复权)。你最初的投资上涨了 156 倍,你的钱足够让你买上一座豪华别墅和好几辆高档汽车。但如果当初你只是买了波速汽车,而没有买它的股票。那么到了 1986 年,你的汽车已经报废,你依然过着平常的生活,忙于买各种打折的商品。

这个说法形象地说明了投资对改变一个普通人经济命运的重要性。

(二)营运资金管理

营运资金(working capital),也叫营运资本。广义的营运资金又称营运资本,是指一个会展场馆投放在流动资产上的资金,具体包括应收账款、存货、其他应收款、应付票据、预收票据、预提费用、其他应付款等占用的资金。狭义的营运资金是指某时点内会展场馆的流动资产与流动负债的差额。

营运资金在会展项目的全部资金中占有相当大的比重,而且周转速度快,形态易变,所以是财务管理工作中的一项重要内容。

营运资金管理是对会展场馆流动资产及流动负债的管理。一个会展场馆要维持正常的运转就必须要拥有适量的营运资金,因此,营运资金管理是会展场馆财务管理的重要组成部分。据调查,公司财务经理有60%的时间都用于营运资金管理。要搞好营运资金管理,必须解决好流动资产和流动负债两个方面的问题。换句话说,就是下面两个问题:

第一,会展场馆应该投资多少在流动资产上,即资金运用的管理。主要包括现金管理、应收账款管理和存货管理。

第二,会展场馆应该怎样来进行流动资产的融资,即资金筹措的管理。包括银行短期借款的管理和商业信用的管理。

可见,营运资金管理的核心内容就是对资金运用和资金筹措的管理。

(三)成本费用管理

成本费用是会展场馆生产经营过程中资金消耗的反映,可以理解为会展场馆为取得预期收益而发生的各项支出,主要包括制造成本和期间费用等。成本费用是衡量会展场馆内部运行效率的重要指标,在收入一定的情况下,它直接决定了公司的盈利水平。成本费用指标在促进会展场馆提高经营管理水平、降低生产经营中的劳动耗费方面起着十分重要的作用。

成本费用管理是指会展场馆对在生产经营过程中全部费用的发生和产品成本的形成所进行的计划、控制、核算、分析和考核等一系列科学管理工作的总称。加强成本费用管理,具有重要意义。它既是会展场馆提高经营管理水平的重要因素,也是会展场馆增加盈利的要求,并且为会展场馆抵抗内外压力、求得生存发展提供了可靠保障。

成本费用管理也就是对资金耗费的管理,降低成本费用是提高会展项目利润的根本途径。会展项目的成本费用管理,就是指项目组织者为保证项目目标的实现而制订成本预算,并对项目实施过程中发生的成本费用进行检查、监督和控制,努力将实际成本控制在预算范围内的管理过程。

(四)利润管理

利润是会展场馆生存发展的核心指标,不论是投资人、债权人还是会展场馆经理人员都非常关心会展场馆的盈利能力,而利润管理是会展场馆目标管理的重要组成部分。其行为结果会直接或间接地影响到各经济主体的利益。利润管理是在法律允许的范围内进行的,既是法律制度所允许的,同时还体现了法律制度对会展场馆相关利益主体不同利益的认可和尊重。适度的利润管理对会展场馆的不断成长起着举足轻重的作用,但过度的利润管理也会给会展场馆带来一些不利的影响,不利于会展场馆的经营决策。

利润是一定时期内的经营成果,是会展项目在经营期内的收入减去成本后的总额,提高经济效益是一切经济工作的出发点和归宿点。会展项目组织者通过合理制定项目的目标利润规划,采取各种有效措施,挖掘各项资源的潜力,尽可能地提高项目的盈利水平。

三、会展场馆财务管理的任务

(一)保证会展场馆生产经营资金需要,提高资金利用效果

会展场馆经营管理过程就是资金的使用回收过程,财务管理要根据市场及本会展场馆实际情况,正确及时地组织各种资金来源,加强资金管理,努力以最小的消耗完成生产经营的各项任务,取得最好的经济效益。

(二)降低成本,增加盈利

财务部门应通过与会展场馆其他部门的相互配合,控制消耗,节约费用支出,并在现有生产经营能力下,不断挖掘会展场馆各方面的潜力,节约资金使用,降低成本,提高会展场馆盈利水平。

(三)组织销售收入,正确分配盈利

财务管理要加强市场预测和会展场馆内部经济预测,及时收回各种应收账款,加速会展场馆的资金周转;并按照国家规定按时足额地缴纳各种税款;正确分配会展场馆盈利。

(四)正确处理各种经济关系

在会展场馆经济活动中,财务管理要正确处理好会展场馆与国家、会展场馆与会展场馆之间以及会展场馆内部各种经济关系,保证会展场馆生产经营活动的顺利进行。

(五)实行财务监督,维护财经纪律

要及时分析检查会展场馆财务计划的执行情况,按照国家财政政策和财政纪律办事,及时纠正各种偏差,以保证会展场馆生产经营活动的正常开展。同时要控制财务收支,及时发现并制止不合理的收入和支出,避免各种违法现象发生。

任务四　了解会展场馆财务管理的指标与分析

一、会展场馆财务分析指标

会展场馆财务分析的指标通常有四大类：盈利能力指标、运营能力指标、偿债能力指标和发展能力指标。

（一）盈利能力指标

用来分析会展活动盈利能力的分析指标主要有：主营业务利润率、成本费用利用率、总资产回报率、净资产收益率和资本保（增）值率等。其中，通过分析主营业务利润率可以发现会展经营理财状况的稳定性、面临的危险和可能出现的转机迹象；分析成本费用利用率可以反映展会主要成本的利用效果，增强展会进行成本控制的着力点等。

另外，在盈利能力指标分析中，还包含着对社会贡献率和社会积累率的分析等。

（二）运营能力指标

会展场馆运营能力是指展会基于外部市场环境的约束，通过内部人力资源和其他资源的配置组合而对财务目标所产生作用的大小。会展运营能力分析一般从人力资源运营能力的分析和生产资料运营能力的分析两个方面进行。

（1）人力资源运营能力的分析主要指标为劳动效率，它是展会主营业务收入净额与平均职工人数的比率，反映展会人力资源的效率。

（2）生产资料运营能力分析的主要指标有应收账款周转率、存款周转率、流动资产周转率、固定资产周转率和总资产周转率等。

（三）偿债能力指标

会展偿债能力是指展会偿还到期债务的能力，包括短期偿债能力和长期偿债能力。用来衡量短期偿债能力的指标主要有流动比率、速动比率和现金流动负债率等；用来衡量长期偿债能力的指标主要有资产负债率、产权比率、已获利息倍数和长期资产适合率等。

（四）发展能力指标

会展发展能力指标是指展会在生存的基础上扩大规模、壮大实力、做大做强的能力。分析展会发展能力的指标主要有营业增长率、资本积累率、总资产增长率、固定资产成新率、3 年利润平均增长率和 3 年资本平均增长率等。

二、会展财务分析方法

会展财务分析方法主要有四种:趋势分析法、比率分析法、因素分析法和差额分析法。

(一)趋势分析法

趋势分析法是通过对比两期或连续数期财务报告中的相同指标,确定其增减变化的方向、数额和幅度,来说明展会财务状况和经营成果变动趋势的一种方法。这种方法具体如下。

(1)比较重要财务指标。将不同时期财务报告中的重要但相同的财务指标或比率进行定基动态比较或进行环比,直接观察其增减变动情况和幅度,分析发展趋势,预测发展前景。

(2)比较会计报表。对资产负债表、利润表、现金流量表进行比较,计算和比较有关项目变动的绝对额以及相对额。

(3)比较会计报表项目构成。计算出会计报表中各组成项目占总体指标的百分比,从而比较各组成项目的变动情况并分析其变化趋势。

(二)比率分析法

比率分析法是把某些彼此存在关联的项目加以对比,计算出比率并据此确定展会经营变动情况的一种分析方法。常用的比率指标有构成比率、效率比率和相关比率等。运用这种方法,能把在某些条件下不可比较的指标变为可以比较的指标。

(三)因素分析法

因素分析法又称因素替代法,是用来确定几个互相关联的因素对分析对象影响程度的一种分析方法。使用这种方法要注意因素分解的关联性和连贯性。

(四)差额分析法

差额分析法是利用各个因素的实际数与基准数或目标值之间的差额,计算各个因素对总指标变动影响程度的一种分析方法。它是因素分析法的一种简化形式。

模块二 会展场馆财务管理的职能和目标

会展场馆财务管理目标是会展场馆组织财务活动、处理财务关系所要达到的根本目的，它决定着会展场馆财务管理的基本方向，是会展场馆财务管理工作的出发点。会展场馆财务管理目标从它的演进过程来看，均直接反映着财务管理环境的变化，反映着会展场馆利益集团利益关系的均衡，是各种因素相互作用的综合体现。

任务一 了解会展场馆财务管理的职能

每一家会展场馆对财务管理都很重视，会展场馆规模不同，会展场馆性质各有差异，财务机构的设置、人员配备、机构内部岗位设置也不尽相同，但从会展场馆财务应具备的职能上看，无论会展场馆财务机构、岗位如何设置，人员如何配备，作为会展场馆管理过程中不可或缺的财务管理，应具备以下七个方面的职能，做好七件事，尽管这些职能在不同的会展场馆强弱显现不同。

一、会展场馆财务算好账

会计核算是会展场馆财务管理的支撑，是会展场馆财务最基础最重要的职能之一。会计的基本职能无论是二职能论（反映与监督），三职能论（反映、监督及参与决策），还是五职能论（反映、监督、预算、控制与决策），其第一项职能都是反映，反映职能通过什么来实现，那就是会计核算。

会计核算作为一门管理科学，而且是一门硬科学，它有一套严格的确认、计量、记录与报告程序与方法。会计核算的方法和具体要求包括设置账户、复式记账、填制和审核凭证、登记账簿、成本计算、财产清查、编制财务报告。设置账户是对会计核算的具体内容进行分类核算和监督的一种专门方法。复式记账是指对所发生的每项经济业务，以相等的金额，同时在两个或两个以上相互联系的账户中进行登记的一种记账方法。会计是用价值的方式来记录会展场馆经营过程、反映经营得失、报告经营成果，会计的审核和计算只有在业务发生后才能进行。因此会计核算都是事后反映，其依据国家的统一会计制度，会计政策，会计按照大家所熟知的“会计法”“会计准则”“财务通则”等进行分类整理。作为管理科学一个分支，它有一整套的国际通行的方法和制度，包括记账方法、会计科目、会计假设及国家制定的会计准则、制度、法规、条例等。这些东西为整个会计核算提供了较多的规范，目的是要得出一本“真账”，结论具有合法性、公允性、一贯性，相对来讲结论是“死的”，不同的人对相同的会计业务进行核算，在所有重大方面不应存在大的出入。在财务的七件事中，此职能最能得到大家的认可，也是如今会展场馆财务管理中运用较好的职能之一。

二、会展场馆财务管好钱

除会计核算外，会计最重要的职能就是监督了。会计监督是全方位的，包含会展场馆各个方面，其中对会展场馆资金的监督是每家会展场馆都非常重视的事。对任何会展场馆来说，资金的运用与管理都是非常重要的事。资金于会展场馆而言犹如人们身上血液，没有、多了、少了、流动快了、流动慢了、不动了、带病了，都有可能使会展场馆破产。作为会展场馆的价值管理的财务部门，其重要职能包含资金的筹集、调度与监管，简单地说就是把会展场馆的“钱”管好。

资金的运用与管理有别于会计核算，没有一套严格的管理方法。会展场馆间差别较大，资金计划、筹融资、各项结算与控制，都属于资金运用与管理范围，会展场馆性质、资金量、会计政策、信用政策、行业特点、主要决策者偏好，甚至资金调度人员的经验都可能给会展场馆资金运用与管理带来偏差。通过建立会展场馆资金管理制度可在一定程度上防止资金的使用不当，但要提高会展场馆资金效用，单靠制度很难实现。除应建立一套适合会展场馆的资金审批、监控系统外，更需要选择有一定经验的人员进行此项工作。

三、会展场馆财务理好关系

会展场馆的财务管理过程和目标可以概括为：通过优选投资项目、优化资本结构和合理的分配政策，提高投资报酬率，降低财务风险，追求场馆价值最大化，并最终实现各方面的利益均衡。同时，会展场馆在进行资金的筹集、投放、使用、收入和分配的过程中，与各方面存在着广泛的联系，主要体现在以下方面：

(1)与政府税务部门之间的关系；

(2)与投资者和被投资者之间的受资和投资关系；

(3)与债权人和债务人之间的债务、债权关系；

(4)与场馆内部职能部门之间的资金结算关系；

(5)与场馆职工之间的劳资分配关系。

其中所有者、经营者和债权人之间构成了会展场馆最重要的财务关系。上述错综复杂的财务关系，形成了场馆财务管理的内部系统和外部环境，如何协调好财务关系，有效组织财务管理，是我们需要重点关注的问题。以下我们重点阐述会展场馆与投资者及与债权人之间的关系。

(1)会展场馆与投资者之间的财务关系

会展场馆与投资者的财务关系是指投资者向会展场馆投入资金，以及会展场馆向投资者支付投资报酬所形成的经济关系。场馆的投资者按照合同、协议、章程的约定，履行出资义务及时形成场馆资本金，获取参与经营、分享利润的权利。场馆接受资金后，加以利用，取得利润后，按照出资比例或合同、协议、章程规定的分配比例向投资者分配利润。会展场馆与投资者之间的财务关系体现所有权性质，反映经营权与所有权的关系。

(2)会展场馆与债权人之间的财务关系

会展场馆与债权人的关系是指场馆向债权人借入资金，并按借款合同的规定按时支付利息和归还本金所形成的经济关系。场馆向债权人借入资金，并按照借款协议或合同中的约定按时向债权人支付利息作为对债权人出资的回报，并到期偿还本金。场馆与债权人之间的财务关系表现为债务与债权关系。

四、会展场馆财务监控资产

财务部的第一职能是会计核算，核算的目的当然不是为了几个阿拉伯数字。会计核算是用价值手段全面反映会展场馆实物运动的过程，实物从这个车间到那个车间，从这道工序到那道工序，无不在会计核算的反映之内。因此除了要求账账相符、账证相符外，账实是否相符，也是财务部的职能之一，也是财务履行其监督职能的一个重要方面。财务部门可通过定期与不定期进行资产的抽查与盘点，将会展场馆资产实物与财务记录数据是否相符进行对比，从资产监管的角度来参与会展场馆资产管理，以保证财务记录的真实性及会展场馆资产的安全与完整性。

五、会展场馆财务管好信用

信用管理作为会展场馆财务管理的内容之一，本不应单独列为财务职能，但由于其重要程度，及信用管理的复杂性，促使会展场馆将其从财务管理职能中分离出来单独形成职能。过剩经济时代，会展场馆经营少不了与客户之间发生一些往来款项，其中不乏赊销。随着赊销业务的增加，会展场馆呆坏账可能性也加大，在毛利率不高的情况下，一笔呆坏账往往超过会展场馆全年利润。为防止呆坏账的发生，会展场馆间的信用管理与控制也越来越被会展场馆重视。

会展场馆的信用政策往往与销售业绩直接联系在一起，采用什么样的信用政策，客户的信用记录又如何，直接关系到会展场馆销售量和呆坏账数量。因此会展场馆进行信用管理是十分必要的。各客户的购货量、货款支付的及时性、业务过程中是否容易合作等等，市场部门和财务部门掌握都较全面。根据会展场馆管理中的相互制约原则，会展场馆信用管理工作一般落实在财务部门进行管理。信用管理成为财务工作的重要职责之一，管好客户信用也就控制了会展场馆呆坏账的发生率。

六、会展场馆财务做好参谋

管理会计主要从管理的角度，根据决策者的需要重新将会展场馆以往发生的财务事项进行重新组合、分解，利用趋势预测等方法，为决策者提供一些决策数据。虽然管理会计的重要来源是财务会计，但不像财务会计那样有严格的方法、政策限制，不受财务会计“公认会计原则”的限制和约束，得出的结论往往带有一些假设成分。会展场馆会计决策与会展场馆会计核算不可分割，成为财务管理重要内容之一。

会展场馆财务应在会计核算与分析的基础上，结合管理会计，对会展场馆生产经营、融资、投资方案等提供好决策数据，做好参谋。

七、会展场馆财务计好绩效

谈到绩效考核，少不了各项完成指标的计量与比较。这些计量与比较当然少不了会计方面价值计量。生产过程中的增值、费用控制、产值等，这些都是财务会计的计量范围。在价值计量上，会展场馆还没有哪一个部门能比财务部门更专业和全面。因此会展场馆绩效考核工作少不了财务部门的参与，绩效考核中的大部分计算工作成为财务职责工作之一，分解、计算各部门绩效是财务部需做的七件事之一。

总之，作为会展场馆管理中心的财务，无论会展场馆规模大小，会展场馆财务都少不了以上七个方面的职能。尽管仅少数大型会展场馆对这几个方面的职能有明确分工，绝大多数会展场馆，由于财务机构、人员的限制没有对这些职能进行明确分工，而把其中的较多职能赋予财务经理等少数人身上。但无论如何分工，七件事一件也少不了。

任务二 了解学术界关于财务管理目标的观点

我国财务管理目标经历了 1978 年以前的产值最大化阶段和改革开放初期的利润最大化阶段。实践告诉我们，这两种目标都不是财务管理的最终目标。关于财务管理目标，如今学术界主要存在以下五种观点。

一、股东财富最大化

股东财富最大化是指通过财务上的合理经营，为股东带来最多的财富。持这种观点的学者认为，股东创办会展场馆的目的是扩大财富。他们是会展场馆的所有者，其投资的价值在于它能给所有者带来未来报酬，包括获得股利和出售股权换取现金。

二、会展场馆价值最大化

是指通过会展场馆财务上的合理经营，采取最优的财务政策，充分考虑货币的时间价值以及风险与报酬的关系，在保证会展场馆长期稳定发展基础上使会展场馆总价值达到最大化。持这种观点的学者认为，财务管理目标应与会展场馆多个利益集团有关。可以说，财务管理目标是这些利益集团共同作用和相互妥协的结果。

三、会展场馆经济增加值最大化

持这种观点的学者认为，会展场馆财务管理目标应当具有系统性、相关性、操作性和效率性，同时提出了满足以上四个财务管理目标特征的会展场馆财务管理目标的最优选择——会展场馆经济增加值最大化。

四、会展场馆资本可持续有效增值

持这种观点的学者认为，会展场馆资本可持续有效增值是会展场馆理财目标的理性选择，会展场馆资本持续有效增值可通过上述财务指标体系来体现。然后，通过这一系列的指标分析，评价会展场馆的经营状况，从而判断会展场馆是否达到了财务管理目标或财务管理的水平如何。

五、资本配置最优化

有的学者提出，新经济的出现对会展场馆财务产生了巨大的冲击，经济体制、会展场馆组织形式、理财观念的变化对会展场馆财务目标产生极大的影响，同时指出新经济条件下会展场馆的财务管理目标应定位为资本配置最优化。

任务三 了解会展场馆财务管理目标影响因素

会展场馆财务管理目标受不同时期、不同理财环境和不同国度等因素影响，归纳起来会展场馆财务管理目标受到以下共同因素的影响。

一、会展场馆财务管理目标影响因素

(一)财务管理主体

财务管理主体是指会展场馆的财务管理活动应限制在一定的组织内，明确了财务管理的空间范围。由于自主理财的确立，使得财务管理活动成为会展场馆总体目标的具体体现，这为正确确立会展场馆财务管理目标奠定了理论基础。

(二)财务管理环境

财务管理环境包括经济环境、法律环境、社会文化环境等财务管理的宏观环境，以及会展场馆类型、市场环境、采购环境、生产环境等财务管理的微观环境。这些环境都是影响财务管理目标的主要因素。

(三)会展场馆利益集团利益关系

会展场馆利益集团是指与会展场馆产生利益关系的群体。现代会展场馆制度下，会展场馆的利益集团已不是单纯的会展场馆所有者。影响财务管理目标的利益集团包括会展场馆所有者、会展场馆债权人、政府和会展场馆职工等方面。不能将会展场馆财务管理目标仅仅归结为某一集团的目标，而应该是各利益集团利益的综合体现。

(四)社会责任

社会责任是指会展场馆在从事生产经营活动，获取正常收益的同时，应当承担相应的社会责任。会展场馆财务管理目标和社会责任客观上存在矛盾：会展场馆承担社会责任会造成利润和股东财富的减少；会展场馆财务管理目标和

社会责任也有一致性：首先，会展场馆承担社会责任大多是法律所规定的，如消除环境污染、保护消费者权益等。会展场馆财务管理目标的完成，必须以承担社会责任为前提。其次，会展场馆积极承担社会责任，为社会多做贡献，有利于会展场馆树立良好形象，也有利于会展场馆财务管理目标的实现。

二、会展场馆财务管理的战略价值

会展场馆财务管理战略是资源配置的战略。只有站在战略高度才能看到会展场馆财务管理战略的价值，其价值包括以下三个方面。

（一）支持会展场馆发展战略的实现

会展场馆发展战略的基础是分析会展场馆资源状况，然而资源定价的不确定性及负债性，往往造成会展场馆发展战略缺少现金流量支持，从而成为无米之炊。财务管理战略能够准确预测会展场馆最大现金流量，即会展场馆拥有最大化资源的价值表现。这种预测能够准确知道会展场馆资源状况，从而修正会展场馆发展战略，使之更加符合实际。当会展场馆发展战略落实后，财务管理战略才能够落实各阶段的现金流量，为会展场馆发展战略的实现提供有力支撑。

（二）发现盈利空间，防范运营风险

财务管理战略分析会展场馆价值链，表现会展场馆利润在价值链上的时空分布，从而提示会展场馆管理重点，也界定价值链上各责任中心对会展场馆价值实现的具体贡献。在价值链的分析过程中，也会看到资源配置的风险，为运营风险控制提供预警。此外，财务管理战略为会展场馆管理精细化、科学化提供有力支持。

（三）建立会展场馆稳定运行机制

财务管理战略通过财务管理权限的分配，支持会展场馆法人治理结构的有效运行，同时形成出资人和经营者财务体系，保证会展场馆稳定运行。再者，财务管理战略分析会展场馆利益相关者的利益要求及利益冲突，从战略高度解决利益矛盾，从而为会展场馆稳定运行提供有力支持。事实上，如果利益相关者达不到预期利益满足，会展场馆也就没有稳定的运营环境。

思考练习与实践

一、简答题

1. 会展场馆财务管理概念是什么？

2.会展场馆财务管理的特点是什么？

3.请分析会展场馆财务管理的要求。

4.会展场馆财务管理有怎样的战略价值？

二、论述题

1.请阐述会展场馆财务管理的主要内容？

2.影响会展场馆财务管理目标的因素有哪些？

3.请阐述会展场馆财务管理的主要职能。

◆ 项目七 ◆
会展场馆现场管理

会展场馆现场管理指场馆工作人员依照相关合同，在实施布展、展出和撤展过程中对项目进行现场管理，以确保展览成功举办的过程。现场管理工作具有时间紧、任务多、要求高等特点，需要在规定时间内对场地、展位、安全、物流、广告位、咨询等多方面进行管理，场馆现场管理工作是对人才实践操作能力的具体考验。

学习目标

1.理解会展场馆现场管理的内容；

2.掌握会展场馆现场管理的阶段；

3.掌握会展场馆现场多样化的管理方式。

模块一　会展场馆现场管理的内容

会展场馆的现场管理工作是场馆管理过程中的重要内容之一，良好的场馆现场管理是成功举办展会的重要保证。会展项目分为展览和会议两个大类，两类项目的现场管理都是指场馆通过现场管理，为用户在完成其目标的过程中提供硬件设施和软件服务，确保项目成功举办。主要包括物业管理、组织管理、展台展具管理、综合服务管理等。

任务一 了解会展场馆现场管理的对象

会展场馆现场管理是展示场馆综合能力的直观方式，展商和观众在现场体验中得出对场馆最感性却有力的评价与记忆。因此，优质的场馆现场管理是场馆获得好评的重要方式。宏观角度出发，场馆现场管理主要是对人、财、物的管理，其中以“人”为核心，会展项目中参与的人数众多，看起来广泛复杂，但其类型却很简单。下面我们从场馆现场管理的对象展开学习。

一、参展商的现场管理

参展商是会展活动中重要的构成要素之一。会展场馆对参展商的现场管理主要包括：为参展商介绍会展场馆现场的基本情况、帮助参展商进行现场策划与布置、协助参展商运输展品、为参展商提供搭建展台服务和现场个性化服务等方面。对于特别重要的参展商，会展场馆还可以提供定制化的现场管理，以维系客户关系。

二、观众的现场管理

展会的观众一般分为专业观众和普通观众。专业观众是展会的宝贵资源，专业观众的数量体现了展会的专业化水平，由于专业观众在展会中的重要地位，展会一般对专业观众到场情况极为重视。普通观众也是展会中不可或缺的部分，普通观众的数量影响着现场的气氛和秩序，场馆对两类观众都要进行相应的现场管理，主要包括：登记服务管理、餐饮管理等。此外，为专业观众还可以提供更为细致的管理，例如，为其提供展品信息，帮助专业观众匹配合适的参展商等。

三、工作人员与志愿者的管理

会展场馆的工作人员在管理展会现场的同时，也要进行被管理，以实现场馆现场管理制度化、规范化、专业化的目标；会展场馆的现场管理内容复杂多样，多数展会通过招募志愿者，分担工作人员的压力。但是，志愿者的工作能力、个人素养各有不同，会展场馆在招募志愿者进行现场管理的同时，也要对其进行严格把关、专业培训和现场监督。

四、其他人群的现场管理

展会现场还会邀请新闻媒体、行业协会、国际组织等机构到场参会，这些管理对象的种类虽然繁多，但是需求基本统一，主要为获取展会信息。对此类对象的管理，可以定制嘉宾现场管理方案，以实现高效便捷专业化管理。

任务二 了解会展场馆现场管理的特点

一、无形性

会展场馆现场管理提供的服务是无形的、抽象的。参展商和观众不能像购买其他商品一样提前体验现场管理的服务水平。因此，场馆的现场管理水平很难用具体的指标去衡量，一般都是留给参展人员直观的感性体验。如果某项管理工作不到位，就会给参展人员留下负面的印象。因此，会展场馆务必重视现场管理工作，从细节入手，细微之处才能展现真正的管理水平。只有将一般人都忽略的小事处理妥善，才能在众多会展场馆中脱颖而出。

二、复杂多样性

会展场馆的现场管理内容复杂多样，主要体现在管理对象的多样化，既有参展商、观众、各类服务商、媒体机构等，还有内部工作人员、兼职人员、志愿者。由于参展人员的年龄、文化背景、职业、教育水平等因素影响，导致他们的个性、喜好、需求各有不同。因此，会展场馆的现场管理在标准化管理的基础上要注意个性化管理。此外，会展场馆现场管理的事物也是广泛的、复杂的，举办一场展会，展前、展中、展后不同阶段有不同的现场管理工作。因此，会展场馆现场管理具有复杂多样性。

三、差异性

会展场馆现场管理的差异性主要包括两个方面：一是会展场馆现场管理不同于按统一规格生产出来的有形产品，现场管理的构成成分及其质量水平差异变化较大，每个场馆所提供的现场管理水平都不一样。即使在同一个会展场馆中，不同的管理人员提供的同类管理也会不同，同一管理人员提供的同一种管理也会在不同时间和不同场合，因员工价值观、情绪、工作态度和客户对象的不同而发生变化。二是由于参展人员的文化程度、经历、性别、职业、情绪、个人需求等因素的不同,而导致对现场管理的要求和评判标准不一。

案例分析

忠实于服务的上海新国际博览中心[①]

随着新的大型展馆建成使用,上海展馆经营进入全新的竞争阶段,上海新国际博览中心有限公司(SNIEC)总经理迈克尔将如何带领公司迈向新里程?他对未来又有怎样的愿望和期许?

记者:上海新国际博览中心的销售面积与使用率一直在全国的场馆中名列前茅,保持如此高的使用率的关键是什么?核心的服务和理念是什么?

迈克尔:非常简单,我们忠实于我们的服务。忠实于服务,只做单纯的场馆服务方。与产品制造商不同,我们没有自己的产品,不需要攻克技术难题,也没有复杂的产品生产、销售环节。我们是服务行业,我们重视客户的需求。我一直告诉我的团队,一定要倾听客户的想法,而不是凭自己的猜想以为客户需要什么。一定要主动去问客户有什么要求,然后按照客户的要求,设定解决方案。为此,我们启动和实施 SNIEC 2.0 计划,旨在将我们的服务水平提升到一个新的高度,目的是打造中国最佳服务质量场馆,永续 SNIEC 市场竞争力。

记者:PIP 小组作为 SNIEC 2.0 计划的一个重要组成部分,您能详细介绍一下吗?

迈克尔:PIP 小组全称是 Performance Improvement Project,即提高服务效率项目小组。它是从公司的各个部门抽调一些熟知我们公司业务的员工组成的一个小组,会根据主办方对我们反映的一些问题,或者自己发现的一些问题进行实时讨论,然后想出一些对策进行改善。它会帮助我们在全公司内各个环节中去寻找一些不足,然后进行弥补与改进。PIP 小组不定期与客户面对面交流,就是主动邀请 15~20 个客户在一起谈一谈,倾听他们各自都有什么要求,哪些服务还需要改进。这样及时地了解客户真正需要些什么,以便于我们提高服务。非常开放,效果也非常明显。另外,PIP 小组成员来自公司所有的部门,像市场部、客服部、设施部,当然也包括财务部、总经办都会参与到这个小组中来,可以说集中了公司所有的资源。这样一旦客户反映了什么问题,我们就会根据相应的属于哪个部门或哪几个部门快速地进行协调解决。例如,它如果反

① 打造中国最佳服务质量场馆——访上海新国际博览中心总经理迈克尔[EB/OL].(2016-12-10)[2021-07-21]https://www.yixuelunwen.com/dajjemi/241332.html.

映的是财务方面的问题，就会联系规划控制部和财务部一起商量怎么去解决；如果是现场服务问题，就由客服部和市场部一起处理。这样会大大提高工作效率，节约时间成本。

记者：许多场馆在承接展会项目的同时，也将业务链向上游拓展，自行培育展览会。对此，您如何看待？

迈克尔：我们只做独立的展馆服务方。主办方的展会进入我们的展馆后，我们不会去和他们竞争，因为我们要保证主办方的利益不受损害。这也是我们打造优质服务场馆的一个重要方面。这对我们的招商工作很重要，国外的客户尤其是欧美国家的客户，他们非常担心来到中国以后，他们的展会能否受到保护，是否会遭遇不正当竞争。因为他们听说了一些奇怪的事情，比如有些展馆在主办方进来后，就自己去办一个很相似的展会，这对主办方是不公平的。我们去年引进的 CES ASIA（亚洲消费电子展），母展在拉斯维加斯，现在他们把中国的第一站放在了上海，放在 SNIEC。之所以会选择 SNIEC 来开拓他们的中国市场，最重要的一点就因为 SNIEC 是单纯的场馆出租方，从来没有自己的展会。这样可以让主办方打消顾虑，放心办展。

任务三 掌握会展场馆现场管理的要点

会展项目一般分为展览项目和会议项目，两者在现场管理的要点上存在些许差别。例如，展览项目中会涉及展品的搬运、展台的搭建，而会议项目中一般没有此项流程。接下来，我们从展览项目和会议项目两个方面展开，依次分析会展场馆现场管理的要点。

一、展览项目现场管理的要点

展览项目现场管理通常指场馆工作人员依照办展单位与场馆双方签订的合同，在实施布展、展出、撤展过程中对展览活动进行现场管理，为保证参展商和观众在完成其目标的过程中提供硬件设施和软件服务，以确保项目成功举办的管理过程。主要包括：场地、展位、安全、物流、水电气、展具租用、商务、公共广播、餐饮、保洁、广告位、展示工程、咨询、特殊服务等。展览现场管理时间紧，任务多。（见表 7-1 某展会时间规划甘特图进度表）

表 7-1 某展会时间规划甘特图进度表

项目 \ 时间		2021 年 5 月至 2021 年 9 月	2021 年 10 月至 2022 年 3 月					
			10 月	11 月	12 月	1 月	2 月	3 月
确定及考察展馆、场地								
制定工作进度表								
制作筹备企划书								
选定专业顾问公司								
市场调研								
确定主题								
绘制平面图及展区划分								
编制参展商手册								
宣传推广								
展位销售	第一轮招展							
	第二轮招展							
	招展后续工作							
招商	资料数据库整合							
	国内招商							
	国外及同类展会招商							
安排展览议程								
目标观众组织								
寄发通知及发布新闻								
工作人员培训								
展场布置设计								
布展安排及细节								
开幕式								
现场管理及活动								
会务安排								
撤展								
总结、评估及反馈								

(一)筹备期

成熟的展会筹备期是从这个展会开始前12个月甚至更长的时间开始的。会展场馆在展会的筹备期应该进行场馆宣传和营销,吸引更多适合场馆的项目。此外,场馆设备的保养与维护、场馆考察路线的设计与优化、展位平面图的编制与调整、代理商和服务商的考察与筛选等都将为成功的展会现场管理工作奠定基础。

(二)准备期

展会前1～5个月时,会展场馆为提供优质的现场管理应该根据时间规划表启动以下工作内容:

一是参展商手册的制作,包括展会期间活动安排、展台搭建与布置、撤展须知、广告价格、住宿餐饮安排、安全消防须知、办理相关手续须知等。根据国内对展会的管理规定,办展单位在组织展会布展前需要到工商、消防、安保和海关等部门办理工商报批、消防报批和备案、安全保卫报批和备案、海关报批和备案等有关手续,手续办妥后展会才能开始布展。

二是内部工作人员和外部人员协同会议。例如,需要与展会指定承建商和展品运输代理公司进行协调和沟通,共同交流对展会布展的意见和建议。及时解决展品运输过程中可能出现的各种问题,保证布展现场秩序井然。

三是场馆设施设备的检查、服务区的设置、展位画线工作等。展位画线工作指的是按照各参展商租用的场地面积和位置,画好每个展位的地域范围,确定租用展位的具体位置,方便参展商在展位内搭建和陈列展品。

(三)布展期

布展阶段,现场施工单位较多,容易发生安全隐患,场馆中的消防、安保、人员保障、车辆保障、物品保障都要进行多重预案。会展场馆现场管理人员需要每天进行展会现场排查,形成工作日志。

(1)参展商报到和进场

各参展商凭参展合同及有关证件到展会现场报到,需向场馆支付各种款项,领取相关证件和办理进场手续。

(2)展位搭建协调工作

不管是标准展位还是特装展位,会展场馆都要严格监督承建商,督促其按照展会标准进行展台搭建;对于展位搭建中出现的各种问题,会展场馆都要及时协调处理。

(3)展品运输和海关现场办公

为方便参展商的展品运输，场馆需设置大货车引导区、建立无货物通道等。对于海外参展的展品要及时办理海关通关手续。如果海外参展商比例较大，可以邀请海关到现场办公。对于所有海外参展展品，会展场馆要陪同海关进行现场抽样查验。

(4)现场施工管理和验收

会展场馆要管理各承建商的现场施工，如现场用电、动火、噪声、展位高度控制、电线电缆的安装和走向、灯光的设计和使用、搭建展位材料的防火性能、展位之间通道宽度控制、重型机械的地面承重控制、标准展位的标准配置等。

(5)消防和安全检查

展位布置完毕，场馆需要进行全面、系统的消防和安保检查，保证展会符合消防和安全要求，及时整改现场可能存在的安全隐患。

(6)保洁计划

展会布展期间会产生大量的垃圾，会展场馆要及时收集和运出并进行分类处理。

(四)展览期间

展览期间的场馆现场管理是指展会开幕到展会闭幕这段时间场馆现场的管理工作。展览期间是展会进行组织管理最集中的时段，是会展场馆与参展商和观众等有关机构进行直接的、面对面交流的最佳时机，更是会展场馆中所有部门都需要进入高度集中运营状态的时刻。展览期间的管理工作包含的事务众多，需要多方面的协调配合，某一方面的疏忽或失误可能会对整个展览造成严重影响。会展场馆对展览期间的现场管理工作历来都极为重视。

展览期间主要工作包括：展览期间的客户工作，例如观众的现场接待与安排；展览期间的公关活动，例如开幕式和新闻报道工作；服务商的管理工作，例如服务商违规、违章事件的处理。此外，还有知识产权保护工作、活动的协调管理工作、客户信息收集整理工作、安保工作等。

(五)撤馆期间

闭幕标志着本届展览正式结束，然而并不意味着会展场馆现场管理工作就此结束。展览闭幕后，撤展期间还需要会展场馆的大力介入，对现场进行必要的管理。

此阶段的管理工作主要集中为搭建物的拆除和展品的运离、参展商租用展具的退还、场馆的清洁、账务的结算、撤展安保等工作。

二、会议项目现场管理的要点

会议现场管理工作通常指会展场馆工作人员依照会议主办单位与场馆双方签订的合同约定，实施会前、会中、会后的现场管理，以确保会议项目成功举办的过程。主要包括：场地的会前布置，设备的提供和维护，安全、物流、水电、空调、餐饮、保洁、广告位、咨询、特殊服务等。

会议现场管理工作是由管理、策划、实施、服务、会场布置等多方面的特定工作有机结合在一起的整体。这些工作相互作用、相互依赖。因此，广义上的会议现场管理，既包括发生在会议现场的租赁、广告、保安、清洁、仓储、会场布置等专业管理，也包括餐饮、旅游、住宿、交通、运输等相关行业的配套管理。

根据会议规模可分为：小型会议（＜100 人）、中型会议（100～1000 人）、大型会议（1000～10000 人）、特大型会议（＞10000 人）（表 7-2）。按照会议形式可以分为：年会、专业学术会议、论坛、研讨会、专题讨论会、文化交流会、新闻发布会、产品推介会、洽谈会等。

表 7-2 一般会议规模与参会人数

会议规模	参会人数/人
小型会议	＜100
中型会议	100～1000
大型会议	1000～10000
特大型会议	＞10000

一般情况下，会议客户对场馆中的功能区需求都比较高，例如需要会间茶歇厅、视听设备控制室、同声传译室、嘉宾休息室、媒体接待厅等。

（一）会前准备

在会前准备阶段，会展场馆需要进行的现场管理主要包括：接待会议项目人员实地考察，相互确认会议的报到日期、会议名称、到会人数、会议室的使用日期和会议室摆设方式；准备会议所用相关用具，例如提供和检查会议所需的音响、灯光、摄影等设备；提供报名登记、翻译服务、纪念品制作、新闻稿撰写、记者会安排、文宣材料印制、资料分发、人力支持等准备工作；掌握准确的机票、船票、相关酒店信息等。

(二)会中管理

会议举办期间要为参会人员提供经验丰富的接待人员进行全天协助会务工作,可为参会贵宾提供 VIP 接待与协助,为特殊人群提供特殊管理等。会议期间场馆应该主动为参会人员提供全市范围内机场、火车站接送服务,提供会议期间的后勤保障工作和财务管理工作等。会议中间休息阶段,会展场馆的相关工作人员应尽快整理会场,补充和更换各种用品。

(三)会后管理

会议结束,会展场馆工作人员应微笑向参会人员道别,并请会务组人员签单;仔细检查会场,看是否有参会人员遗忘的东西和文件等,检查设备设施是否有损坏,做好记录;将会议用具、设备整理好,做好保洁工作后,关闭空调、电灯、门窗;如果参会人员不立刻返程,可以安排参会代表进行会后考察活动。

模块二　会展场馆现场管理的阶段

会展场馆现场管理是对现场实施的总体管理,内容庞杂,具体包括开幕式管理、闭幕式管理、现场工程管理、人员登记与证件管理、场馆广告位管理等。场馆的现场管理工作贯穿于项目的全过程,在整个项目流程中,场馆优质、专业、积极的现场管理既是展会成功举办的保证,也是提升场馆竞争力的重要环节。

任务一　掌握展会现场开幕式程序

展会一般以举行开幕式的形式向社会各界宣布展会正式开始。举办开幕式既可以营造气氛,广泛传播,引发社会关注,扩大影响,又可以给整个展会项目一个具有仪式感的开端。一般展会项目中,开幕式都有领导嘉宾出席,新闻媒体报道,并伴有一系列表演活动,是一项较为大型的活动,涉及的层面很多,事务也相对复杂,需要事先经过周密的部署和仔细的筹划。

一、开幕式现场准备工作

(一)会展场馆现场布置

1.场馆外

开幕式前,会展场馆需要提前布置好展会开幕式背板、门楼、展会横幅。背板上需要展示展会名称,开放时间,展会的主办、承办、支持单位等机构的名称。为了营造热闹、喜庆的气氛,还可以在开幕式现场布置飘空气球、路牌和相关机构的广告牌等。场馆工作人员需要充分考虑天气状况,确定是否在场馆前广场上搭建舞台。此外,确定主持人和嘉宾讲台的具体位置。

2.场馆大厅

场馆工作人员需在大厅布置好场馆、展区和展位分布平面图,各服务网点分布图,各参展企业及其展位号一览表及名录牌、展会简介牌、展区参观路线指示牌、展会宣传推广牌、展会相关活动告示牌等。

3.各展馆

在具体的展馆中除了需要布置参展商展位以外,各展馆还需布置相应展馆(展区)的主要展览内容揭示牌、参观路线指示牌、本展区服务网点引导牌、至其他展馆(展区)的路线引导牌、本展区参展企业及其展位号一览表等。

4.其他设置

一般情况下,主办方会邀请行业主管部门、行业协会人员、专家等作为嘉宾出席开幕式。场馆工作人员要为嘉宾提前安排嘉宾休息室或会客室,除配备茶水、咖啡、小点心外,还可放置展会的介绍资料或配备专门的接待人员和翻译。

场馆还应设置联络咨询服务中心及各展区的联络咨询服务点,安排专门人员负责接待和联系客户,现场处理和解答客户的有关问题。

(二)媒体接待与新闻管理

1.新闻发布会

新闻发布会是指以某一社会组织的名义邀请新闻机构的有关记者参加,由新闻发言人来宣布有关重要信息并接受记者采访。当今社会,大众媒体的传播力量强大,无论是公司成立还是推出新品,或是项目签约、合作等具有里程碑性质的事件,相关组织为了扩大宣传,提升知名度,多数会举办新闻发布会。

新闻发布会是展会开幕程序中的重要组成部分,它向媒体通报展会筹备情况,并告知社会各界展会将按计划如期举行,吸引关注。新闻发布会是展会宣传常用的宣传方式之一,也是加强展会与新闻界联系的有效办法。

展会召开新闻发布会主要有四个时机:展会筹备之初,通过媒体对公众进行消息发布和事件提示；招展临近结束，通过新闻发布会告知社会此次招展的成果，激励犹豫不决的参展商参展；展会开幕前，通过媒体的宣传，扩大声势；展会闭幕时，主要用于展示成果，塑造形象或者化解危机。

为展现统一的公众形象，场馆在发布会前要根据展览主题，组织熟悉情况的工作人员成立专门的小组，负责起草发言提纲和报道提纲，其内容要求全面、准确、简明、扼要。场馆内部工作人员要统一学习新闻发言人的发言提纲和报道提纲的内容，避免口径不一，引起记者猜疑，引发公关危机。

2.新闻中心

为了展现场馆的管理水平和实力，一般场馆都会设置专门的新闻中心，方便记者及时发稿和小憩。场馆在布置新闻中心时，要配备电脑、传真机、写字台等设施。可以放置展会相关资料供媒体人员参考，此外还可以配备一些茶水、咖啡及点心，营造良好的氛围。新闻中心仅供媒体工作人员使用，以确保新闻报道准确且及时发布。

3.媒体接待与新闻通稿

场馆需要安排对展会情况非常熟悉的工作人员接待和联络新闻记者，有意识地组织、引导和安排各新闻媒体对展会进行正面新闻报道。根据专业媒体或大众媒体的不同需求提供不同的展会材料，主要包括展会背景介绍、展会相关活动安排计划、展会参观指南以及小礼品等。为统一宣传口径，场馆可以准备新闻通稿供媒体记者使用。

新闻通稿起源于美国，原本是新闻通讯社的专利。新闻通讯社在采访到重要新闻后，以统一的稿件方式发给全国媒体，媒体再转发该新闻。例如美联社消息、路透社消息、新华社消息等。

展会新闻通稿的选题定位要准确，要明确列出本次展会的特点和亮点，用全面翔实的数据增强新闻的可信度，同时可以附加背景资料，如嘉宾名单、展会行业背景和展会图片等。

新闻通稿的形式主要有消息稿和通讯稿。消息稿，字数较短，一般在1000字以内，发布快，有的媒体在发布会结束不到一小时就可以登出；通讯稿，篇幅较长，内容充实，一般是深度分析，重点报道。消息稿一般是一篇即可，通讯稿则可以从不同角度提供多篇报道。

(三)开幕时间、地点与程序

1.开幕时间

开幕式一般在展会开始的第一天上午举行，但如果有重要领导人在特定时间才能参加剪彩仪式，开幕式时间也可以推后，前几天的展出可以称作“业内人士预展”或者“贸易日”等。面向普通观众开放的展览会的开幕式可以安排在节假日举行；面向专业观众的专业展览会，尽量安排在工作日举行。

确定展览开幕式时间应遵循“三不宜”原则：不宜太早，不宜太晚，持续时间不宜太长。因此，多数展会的开幕式在早上 9 点左右开始，持续 1.5 小时左右后结束。

2.开幕地点

为聚集人气，开幕式的地点一般选择在场馆前广场举行，临时搭建舞台。不过，主办方也要充分考虑天气状况，如果遇到炎热天气或者雨雪天气，应提前通知嘉宾、媒体记者做好相应准备，避免中暑或者感冒。如果遇到极端天气，场馆应提前准备应急预案，保证开幕式顺利举办。

3.嘉宾接待与管理

开幕式一般会邀请相关行业的政府官员、参展单位的领导、行业协会负责人参加，如果是国际型展览还会邀请国际行业协会驻中国办事处负责人作为嘉宾出席。被邀请的嘉宾本身就带有影响力和话题性，具有很大宣传价值。场馆可以借助嘉宾影响，增强媒体宣传力度，吸引更多的观众参观展览；另外，嘉宾都有一定的购买权和建议权，对展会的贸易效果起到直接影响。

因此，场馆在嘉宾接待与管理工作中，一定要注意落实嘉宾名单并多方沟通，最好指定专人负责接待，告知其准确的时间、地点；事先准备签到簿，合理安排嘉宾在开幕式上的位置排序。

4.开幕式的程序

开幕式的常规程序为礼仪小姐引领嘉宾就位、主持人介绍到场嘉宾、嘉宾致辞、领导讲话、开幕表演、重要领导人宣布展会正式开幕、邀请嘉宾和观众进场参观。有些开幕式在当天还会举办晚宴或者酒会，以答谢主要参展商和相关人士。

开幕式中需要注意对各种细节的处理。例如：鸣放礼炮，要提前布置好礼炮的地点，地点的选择要安全且合理，不要在人员密集的地方，又要把握距离，距离太远，无法营造出良好的气氛。此外，鸣放礼炮的时机要准确、恰当。

场馆工作人员要及早与重要的领导商榷出席时间，定时向他们汇报展览进程，以便领导对展会项目有所了解。临时更换发言领导，需要随机应变，调整秩序，避免因细节失误给到场嘉宾留下负面印象。

(四)主要娱乐活动

1.表演

展会开幕式中的表演活动既可以调动现场气氛、丰富展出内容,也有助于参展商优化展出效果。主办方可以根据场合的不同确定表演的类别。在开幕式,为营造热烈、隆重的气氛,一般选择舞狮、锣鼓、鸣放礼炮等表演活动。在欢迎晚宴或答谢晚宴中,可以精心组织地方特色节目表演、出席嘉宾节目表演等。在特殊主题展会中,可以设计与主题相关的表演。例如,航展的飞行表演,车展的漂移表演,音响乐器展的音乐表演等。在开幕式热闹的气氛中,场馆工作人员一定要保持冷静、理智,做好现场的安全保卫工作,避免意外发生。

2.观众互动

现在,展会越来越注重互动营销,观众希望在互动中获得体验感和满足感,主办方希望在互动中营造良好展览氛围。特别是一些特殊主题的展会,其活动内容设置不断丰富,在一些国际动漫画展览会上,主办单位为了让参观者能真正融入其中,邀请优秀 COSPLAY 团队来展览会现场表演、交流,并且安排 COSPLAY 大激斗互动活动。

特别提示

新闻发布会的时间选择

新闻发布会的时间尽量不要选择周一、周五,因为多数报社的例会在周一、周五举行,所以新闻发布会的时间尽可能选周二、三、四;此外,注意避免与社会重大活动的时间冲突。

早报、晚报的截稿时间不同,早报记者参加新闻发布会应在中午、下午,如要在当天晚报或电视晚间新闻报道,最好安排在上午 9:30—10:30。

考虑到交通问题,为方便记者到会参会,发布会时间一般在上午 10 时或下午 3 时为佳。

发布会持续时间在 1~1.5 小时,正式发言时间不超过 1 小时,应留有时间让记者提问,会后一般为记者准备工作餐,最好的形式为自助;如果危机的影响确实十分轰动,发布会可以选择在特殊的时间进行,比如晚间、凌晨。

任务二 理解展会现场工程管理的内容

会展场馆现场工程管理覆盖参展商进场布置、展览期间、撤馆结束整个过程，主要包括给水、排水、能源、电力、通信、建筑等内容。标准的会展场馆现场工程管理能够通过合理安排、布置和维护以上设施、设备，达到高效、安全使用场馆的目标。

一、为展位服务的公共设施

会展场馆现场展位公共服务设施主要包括单相或三相电插座、电话和电脑线、压缩空气、饮用水、排水和燃料供应。公共服务设施一般放在有 3 米或 6 米宽盖子的地下沟渠系统内，以适应展位的布局。管线和电缆的位置、彩色标示、隔墙、阀门和开关等公共设施必须符合安全要求。

二、建筑工程服务设施

布展和撤展期间，场馆现场都需要建筑施工，建筑工程服务设施主要安放在场馆顶棚的空处，包括空气暗槽、电缆、电线保护管内的母线、喷洒灭火系统、扩音器、闭路电视、连接到信息板上和屏幕上的电脑系统等。

三、供电设备

会展场馆的主要供电线路为三相交流电，线路频率为 50 赫兹，标准供电电压为 220/380 伏。主变压器的最小容量应为高峰负荷的 150%。会展场馆的供电系统要满足各个不同展览活动的电力要求，在线路负荷方面一定要做好充分的估计。展厅和会议室内都要设有足够的电源接口。

四、给水排水设备

给水排水设施是为展会提供生活用水、美化环境用水、消防用水以及排水重要基础设施。会展场馆的供水系统应包括给暖区域的循环管网、空调的冷冻水管道、卫生间的冷热水供给等，排水系统包括整个展馆的冷水、热水和废水排泄系统。在展厅规划时要充分考虑，设置足够的给水口和排水口，时刻保证输水管道的畅通。

五、空气调节系统

人们对环境的要求越来越高，现代化的场馆中都需要有空气调节系统，以保证展会现场温度适宜、空气清新。展厅内的空调系统可以调节为适宜人群的温度、相对湿度、空气流动速度和空气洁净度，使人们长时间处于舒适状态。

一般大型展会的展厅需要每小时进行 6～10 次的换气，如果现场人数过多，则需要调高频率。现在一些较新的会展场馆采用天窗自然换气系统，由计算机按照内外部环境温度、湿度自动控制调节窗的开启度，提高了展厅内的空气质量。场馆中的卫生间和厨房等区域需要分离的通风设备，应设置为独立的空气处理区。

六、照明设施

在展览期间，需要高度布设灯具为展位提供补充光线。展览照明对于展品的展出和现场空间气氛的营造起到重要作用，因此，场馆中灯光的安装与使用也是一项需要慎重考虑与规划的工作。

七、网络与信息通信系统

会展场馆在展位、会议室、办公用房等场所均提供多部直线电话，国内展馆内基本都有中国移动和中国联通的无线覆盖系统，支持手机等移动设备使用。除此之外，会展场馆还应适当设置供领导和代表团使用的保密电话，更好地满足展览活动中的各种通讯需要。

为满足到场人员的上网需求，会展场馆应配备智能化网络系统，如电子登录系统、电脑查询系统等，并提供包括 ADSL、无线宽带网、有线宽带网在内的多种上网服务。会展场馆还可以在主要公共区域设置触摸屏，为参观商和观众提供信息查询、交流的渠道。

为提高场馆的竞争力，场馆应当不断更新馆内的高科技试听设备，例如智能的投影墙和屏幕、照相机监测器、精密的扩音系统、同声传译系统等。

八、公共广播系统

公共广播系统负责向展厅、办公室、走道等区域提供可靠的、高质量的背景音乐以及紧急广播、业务广播等服务。在发生火灾及其他紧急情况时，公共广播系统可以与消防联动，进行火灾紧急广播，在紧急疏散时起到指挥作用。

九、消防系统

会展场馆要高度重视消防安全工作，严禁将易燃、易爆、剧毒或者有污染的物品带入场馆内。场馆内必须按照场馆面积和预计到场人数设置紧急通道，配备充足的消防器材，布局规划场馆时要留出足够的安全疏散通道，主通道宽度不得小于 5 米，严禁在电梯、楼梯口等安全疏散通道摆放任何物品。

十、过道管理

为保证人流的畅通和安全，会展场馆必须规定走道的宽度，禁止展览者的展台、道具、产品占用走道。展览期间，参展商为吸引人群，会在展台前进行表演和多媒体展示，往往造成堵塞。对此，场馆应制定标准，严格要求，例如表演必须与走道保持一定距离等。

十一、电梯管理

为实现在大型展览期间参观人流在不同层面大规模快速流动的目标，场馆应该在中央人流密集区和回廊区安装足够的自动手扶电梯。在实际使用时，根据现场具体流量情况来确定不同的运送方式，以节约能源。需要注意的是自动扶梯和客梯绝对不能被用作运送任何货物、设备或家具，展品及大件货物仅可通过货物电梯进行运输。自动扶梯在展会停开期间不能当作楼梯通行使用。

十二、展品和展台限高管理

在搭建展台时，场馆要对展架及展品进行明确的限制规定，尤其对双层展台、楼梯、展台顶部向外延伸的结构要进行严格的限制。当然，限高并不是完全禁止超高，如果参展商办理有关手续并达到技术标准，也有可能获准超高建展台和布置展品。

十三、展具材料安全和消防安全

很多国家规定，展具必须使用经防火处理的材料，限制使用塑料和危险化学品，严禁将易燃、易爆、剧毒或有污染的物品带入场馆。为保证场馆现场安全，绝大部分国家的展览会对电器都有严格的规定，所用电器的技术指标必须符合当地规定和要求，并且严禁参展单位擅自装接电源和乱拉、乱接电线。

特别提示

展览施工管理规定

为了加强对中国国际展览中心院内的展览施工管理，维护施工秩序，保证服务质量和展览会的安全，保证展览会的顺利进行，中国国际展览中心特制定《中国国际展览中心展览施工管理规定》，适用于所有在中国国际展览中心进行展览施工的单位。

任务三　掌握人员登记与证件管理的程序

为了规范展会入场秩序，会展场馆对入场人员要实行人员登记和证件管理，只有拥有展会认可的证件的人员才能进入场馆内部。此项工作一方面是为了确保展会的秩序和安全，另一方面是出于对展会相关数据统计的需要。现场人员登记与证件管理工作发生量大、处理时间短，容易发生意外。因此，做好观众的组织接待工作非常重要。

一、现场登记管理

(一)预先登记

预先登记是时下组织和管理展会十分流行的一种方式。通过预先登记，会展场馆可以提前获知到访观众的数据，为主办方和参展商提供了分析观众信息的海量数据基础。预先登记还可以为观众提前准备展会资料，预先处理收费事宜，预先排房等，减少开展第一天的工作量。

当今，观众不再拘泥于使用传统的信件、传真、电话实现预登记，更多的是使用电子邮件、手机短消息、网络注册等方式实现预登记，既节约成本又可以进行实时沟通。例如，通过网页版信息管理系统进行预登记，观众通常只要登录指定网站，填写在线登记表后单击“发送”，就能收到主办方回复的电子确认函或者手机二维码、人工电话等。观众凭借确认函中的条形码或二维码就可以在展会现场进行扫描入场，与时俱进的预登记手段简化了会展场馆观众入场的管理工作。

(二)现场登记

相关数据表明，60%的观众会在展会的第一天早上到达现场，场馆的现场登记和检录工作非常重要，处理不好，极易发生拥挤，导致观众入场不顺利等情况发生。

现场登记和检录过程中，会展场馆要尽可能地简化程序，提高观众注册效率。首先，场馆相关工作人员的态度要认真，服务要专业，并且熟悉注册流程，提前准备好注册资料（观展登记表、观展指南、展览会刊等）；其次，场馆现场注册台的搭建要合理，保证足够大的注册空间，避免拥挤甚至踩踏事件发生，若发生紧急事件，需要冷静机智应对突发事件；最后，注册现场分工要明确，各司其职，在检录的同时一定要做好引导工作，避免观众因不熟悉路线发生拥堵。

二、证件管理

（一）证件类型

展会证件能够证明到场人员的身份，起到维持现场秩序，保证场馆安全的作用。展会中的证件种类繁多，有车辆证件、人员证件、物品出馆证、记者证、当日入场券等。主要分为三大类：第一类是证明展会到场人员身份的证件，如参展商证、观众证、嘉宾证等；第二类是证明展会工作人员身份的证件，如布展证、撤展证、管理监督证等；第三类主要是为进出场馆车辆或者物品配发的证件，包括车辆通行证、专业物品证等。

展会证件的发放与使用，通常由主办或承办单位根据需要制作和发放，场馆工作人员根据主承办单位提供的各类证件样本和证件的有效期，对持证人进行资格认可和放行。

传统的展会证件式样通常设计为长方形的胸卡，胸卡上内容主要为持有者的个人信息和展会信息。随着时代的发展，高科技不断涌现，如今的展会证件中出现了条码胸卡、二维码胸卡、磁条胸卡、智能芯片胸卡等新形态。

（二）证件设计原则

展会证件属于企业识别系统，因此，在便于区分人员身份的基础上要求其形式、类别、构成方法、特点设计上要与展会的风格统一。展览证件设计属于艺术设计范畴，在设计时，应遵循以下几个基本原则：

1.准确表达展览会主题

展览会证件是展览活动信息的主要载体，它反映了整个展览活动的主题、性质、特征、时间、地点等内容。因此，展览会证件的形象设计必须与其内在的含义有紧密的联系。

2.力求创意独特

展览证件设计的创意是指根据展览会的主题和理念，依据美学法则进行独特的构思和创作。通过巧妙的构思和设计，将展览会的寓意与优美的表现有机地结合起来，让证件成为令人赏心悦目，印象深刻的信息载体。

3.富有时代气息

人类社会生活方式和节奏不断改变，反映在设计上就是由具象到抽象，由复杂到简洁。证件的设计要体现时代信息，符合流行时尚的趋势导向。现代科学和信息技术的发展已改变传统的信息传递方式，展览证件的设计应充分利用各种高科技进行创作，让证件更富有现代气息。

4.展现文化特色

富有文化特色的设计才能真正体现展览证件的文化性。通过展览证件设计，充分展现本民族文化的传统、特色和精神。但是，需要注意的是展览证件设计要符合使用对象的直观接受能力、审美意识、社会心理，还要避免出现人们禁忌的图案和文字。

5.遵循艺术规律

证件的设计要遵循艺术创作的规律，创造性地探求艺术表现形式和手法，使设计具有高度整体美感，获得最佳视觉效果，是证件设计艺术追求的准则。构图既要简练、概括，又要讲究艺术性；色彩要单纯、强烈、醒目。

三、会议接待管理

(一)观众的接待与管理

不同的展览观众需要不同的接待方法，传统划分方法中参展观众大致可分为有组织的集体观众和个人零散观众，专业观众和普通观众，国外观众和国内观众。为了做好展会观众接待与管理工作，在进行观众登记时，场馆工作人员会为观众提供参观指引。对观众起参观指引作用的主要有：展会参观指南、展会证件、门票和展会会刊等。其中参观指南发挥着重要作用，展会参观指南是场馆编印的用来指引观众参观展会的册子。到会的观众、媒体记者和嘉宾借助于参观指南可以更加快速地找到自己要去的展馆或者展区，还可以轻松地找到某一个具体的参展商的位置。

参观指南主要包括以下四个方面的内容。

(1)展会的基本内容：展会的名称、展览时间和地点、办展单位名称和展会的展品范围等。

(2)展会的介绍：展会的规模、参展商数量和来源、展品的特点、展会相关活动安排等。

(3)展区和展位划分与安排:展会的展区、展位划分图,各展区的位置和范围,各参展商名录及其展位编号一览表,知名参展企业的名字及具体位置等。

(4)其他有关图表:展馆在该城市中的位置及交通图、展馆内部交通图、展馆内各服务网点的分布图等。

现在,很多场馆将纸质的观众参观指南电子化,在现场设置电子查询系统,让观众查询使用指南更加便捷。

(二)行为障碍者的接待与管理

当今,场馆的现场管理与服务越来越追求人性化,场馆为方便行为障碍者观展、参会,提供一系列人性化的设施和服务,不仅为行为障碍者提供方便,也提升了场馆的对外形象。例如,青岛奥帆中心奥运分村为行为障碍者提供无障碍坡道、客房无障碍卫生间。考虑到乘坐轮椅人士的高度问题,青岛奥帆中心奥运分村无障碍电梯里设置有较低的楼层按键,方便乘坐轮椅人士使用。电梯中还专门为盲人设置了盲文按键。

案例分析

冈萨雷斯对北京残奥会无障碍设施的评价[①]

首都机场航站楼的无障碍设施给我留下了十分深刻的印象,那里的无障碍卫生间、无障碍电梯、低位柜台、低位电话等,每一套设施的尺寸、高度都经过了专家的严格检测,几乎达到了尽善尽美的程度。残奥村的无障碍设施同样十分完备,每个房间的门都很宽,轮椅能够在房间内轻松地来回移动;地面很平,这样轮椅在移动时就不会遇到障碍。从景观、道路到生活设施等人性化的便利设计,将让各国运动员在这里度过一个美好的赛期。

任务四 了解会展场馆广告位管理的内容

会展场馆管理者要发挥自身优势,科学规划、大力开发场馆内外适宜发布广告的设施,例如大型显示屏、多媒体触摸屏等。场馆管理者在谋求经营收益的同时,也要履行好监督管理之责,切实保证广告设施的质量和安全,切实保证

---

① 北京残奥会筹办得到高评价 实现北京比赛无障碍[EB/OL].(2007-09-05)[2021-07-21]http://2008.sohu.com/20070905/n251981260.shtml.

发布广告内容的合法性与真实性。

一、会展场馆广告业务的承接

(一)承接单位

在我国,承接广告业务的单位主要分为三种:专营单位、兼营单位、代理单位。承接展览广告的单位必须具备以下条件:具有独立承办广告业务的资质、资金、场所和制作设备;具有一定政策水平和业务水平的编审人员和管理人员;具有一定设计、制作广告的技术力量。

(二)展览广告承接的程序

(1)由承接单位与办展单位洽谈,了解对方所做广告的内容、质量、规模、范围、方式及其他特殊要求;

(2)认真进行成本核算,定好价格,签订合同;

(3)由承接部门交给设计部门,设计部门设计出小样交给办展单位审查通过后,进行施工制作;

(4)展览广告要在规定时间内高质量完成,一般要在开展前制作完毕,经检查符合要求后,方可张挂或播映。

二、会展场馆广告的载体

(一)室外喷绘类

主要包括场馆的玻璃幕墙、会议中心玻璃幕墙、室外广场桁架、广场灯杆等。

(二)租赁广告设施

主要包括场馆地面桁架广告位、场馆广场广告位(气柱、拱门、易拉宝等)。

(三)场馆自有设备类

主要包括室外 LED 显示屏(多用于视频广告播放)、场馆室内显示屏、会议中心室内显示屏等。

(四)室内广告类

主要包括场馆楼层横条幅、小吊旗、查询系统显示屏及机身、会议中心楼层护栏横条幅、场馆内电梯广告等。

(五)网站广告类

主要是场馆网站主页中的合作伙伴链接处广告、弹幕广告、流媒体广告等。

(六)其他

主要包括场馆车库入口广告、车库柱头广告、车库内墙面广告等。

模块三 会展场馆现场管理的多样化方式

会展场馆现场管理的发展方向是专业化，由于场馆现场管理工作涉及面广，内容繁杂，把现场管理中非核心价值的工作外包给其他更专业的机构来完成，也是社会分工和专业化的必然结果。此外，会展场馆的现场管理方式也应该根据管理对象进行多样化改进，从而达到标准管理与个性化管理共同实现的目标。

任务一 了解服务承包商的类型

服务承包商是会展项目管理工作中的重要成员，在展览中服务承包商主要为主办方、承办方、参展商、观众等各类机构提供展览全过程中的服务。会展服务承包商协会(ESCA)将目前的服务承包商分成三类：

一、会展总承包商(GEC)

又称总体服务承包商(GSC)，此类承包商能够提供展会筹办所需要的各种官方商品和服务。可以说，GSC可以实现参展商"一次性购买"的所有需求。总体服务承包商的代表服务有：设备与材料的保管；运输与搬运；展台搭建；维修与拆卸；水、电、燃气、照明的接入；场地装饰等。

在一些特殊的行业和机构内，参展商有权自行挑选服务承包商来制作、安装和拆卸展品或展台，虽然这些工作GSC可以完成，但是一些参展商组织专门的机构和独立服务承包商来完成此项工作。这类服务承包商为指定承包商(EAC)。

二、参展商指定承包商(EAC)或专业服务承包商

专业服务承包商，即为展会提供某项专门服务的公司，包括视听设备的提供者、电力供应商、花木公司、摄影公司、模特公司、专业家具租赁公司、登记服务公司等。此外，也包括参展商指定的承包商。

三、合伙人

综合承包商或专业承包商的供应商。尽管综合服务承包商是由展会经理人选定的，但仍然存在着总承包商无法完全控制展会服务的情况。

目前，我国为会展行业提供支持与服务的附属或配套的辅助层并没有“专门”化。服务商通常是以投标和竞标的方式和会展业形成横向产业互补，并没有出现一体化发展趋势。我国会展服务商作为一种行业力量还有待强大，我国工商登记在册的展览服务商约三千多家，其中有品牌影响力、专业性强的公司比重很小，随着规范化和标准化建设的深化，市场竞争将整合和淘汰一批企业。

任务二 掌握场馆现场的个性化管理方式

会展场馆个性化管理基本含义是指在会展场馆标准管理的基础之上，为展商和观众提供具有个人特点的差异化管理，以便让客户感到被重视。个性化的管理有助于吸引更多的参展商慕名参展，也会给观众留下深刻印象，形成口碑传播，塑造场馆良好形象。

一、针对人群的个性化管理

场馆现场管理内容不再千篇一律、千人一面，而是应该将到场人群进行分类，根据不同人群的喜好进行个性化管理。例如针对到场的儿童，可以设立儿童看护中心和儿童游乐园。集中管理儿童，不仅可以释放携儿童到场的与会者的压力，让其以更加轻松愉悦的心情参展、观展，也可以降低场馆儿童走失频率。

针对女性客户提供个性化管理，可以为其设立独立的化妆间和更衣室，提高女客户对场馆的好感度。针对特殊人群设置残障人士的专用通道、专用洗手间、专用电梯设备、专用试听设备等。针对来自不同国家或地区的人员，提供个性化的管理。

会展场馆的个性化现场管理，不仅可以满足客户的需要，还可以赢得客户的信任与认可。

二、投诉与建议渠道个性化

场馆的现场管理终极目的是让参展商满意、观众满意、组委会满意。投诉与建议渠道的通畅和个性化是提高客户满意度的重要因素。多数到场参展商、观众投诉并不是为了获得补偿或者无理取闹,他们更多的是为了得到解释。场馆千万不要消极怠慢投诉的客户,认为对方是在制造麻烦;当遇到客户投诉,场馆工作人员要耐心解释、灵活处理、争取原谅,这样才能缓解客户的愤怒情绪,从而提高客户满意度。因此,场馆可以考虑在现场管理过程中个性化管理投诉与建议渠道,让观众和展商不再投诉无门、失望而归。

三、场馆现场布置个性化

当今,参加展会的观众不再缺乏购物的渠道和娱乐的场所,到会人员希望在展馆中看到更多与众不同的事物,获得独特的、新奇的、有品质的体验感。如何进行场馆现场的个性化布置,为参展商和观众营造一种惬意的交流场景,是场馆现场管理中需要重视的问题。现在,越来越多的大型国际会展场馆更像交流、休闲的场所。例如,德国汉诺威展览中心内部装饰考究,到处都是鲜花和绿色植物,每个展馆都设置风格不同的休息区域,给客户营造了轻松、愉悦的场景。

任务三　掌握场馆现场的智慧化管理方式

信息技术迅速全球化,以名片和纸质材料交换信息的传统会展模式已经落后,而以物联网技术为支撑,分析整理大数据,提供智能化、信息化的新型管理模式的智慧会展模式开始流行。智慧会展以智慧场馆为实现平台,使展会资源能够被高效利用,办展时间和成本被大量节省。同时也打破了会展活动时空的局限性,促使商务洽谈效率提高,用户响应速度加快。

在未来,便捷高效的智慧会展一定是全球会展产业的发展方向。会展场馆作为举办会展活动的重要载体,理应去提升场馆智慧功能,建设完善的智慧展馆,进行智慧化的现场管理。

一、智能门禁系统打造有序的入口管理

入口管理是场馆现场管理的重要部分,很多展会因拥挤的人群拉低了展会的整体质量,甚至造成安全事故。智能门禁系统的使用让持电子门票的观众可以自行扫描进入,提高了观众入场效率。针对主办方、参展商所持的证件可多

次扫描进入展会,而观众只能一次有效,智能门禁系统会对各种用户每次的扫描信息进行记录,能合理、科学地控制展会观展流量,适时调整观众入馆时间,提升场馆的接待能力。

二、扩大无线网容量,实现沟通无障碍

互联网时代,展商需要网络进行展品展示,观众需要网络实现远程沟通。因此,场馆中无线信号的强度成为评价场馆现场管理的指标之一。为了用较少的投入扩大场馆内部无线网容量,可以开发和建设多方共赢的系统建设方案(WIFI系统业务方案)为场馆提供智慧化管理。2014年,重庆国博中心完成了国博场馆、连廊、登录厅的AP(无线访问接入点)点位分布,扩大了场馆内的WIFI信号覆盖。重庆国博中心千兆级WIFI基础已建成,能够同时供3.3万人在线,任何人进入展馆的WIFI覆盖区都可以接入重庆国博中心的WIFI,免费使用。

三、智能定位导航提高现场管理效率

会展场馆的面积一般都比较大,区域众多,初次到访的观众和展商很容易迷路和忘记停车的具体地点,越来越多的智慧化场馆利用科技从根本上解决了这一问题。例如,智能停车导向系统能快速指引观众到达停车的准确位置。自动车辆引导系统可以对停车场中车辆进出数量进行监控,实时分析停车位数,上传至智能显示屏以供场馆工作人员现场指挥调配车辆。动态立体交通系统可以帮助观众快速找到目的地,实现准确定位导航,还可以提供路径导航、反向寻车、智能缴费等一系列便捷服务。

四、在线交易打造展会O2O模式

会展场馆的智慧化管理要尝试将线下的商务机会与互联网结合,使得线上线下一体化。2013年,在广州琶洲馆举办的第114届广交会上,多家参展企业首次使用智慧展览进行展品展示并达成交易。

五、挖掘大数据,提升现场管理水平

会展场馆在现场管理中可以运用互联网、定位导航等先进技术,收集每个展馆和展台前观展的人流量、停留时间、APP注册信息、浏览记录、收藏记录、成交记录等数据,对这些客户数据进行分析,形成相关报告,作为数据增值产品提供给参展商,提高场馆现场管理的智慧化水平。例如,西部旅游博览会结束时,

场馆工作人员不再只凭借感觉做展后工作总结，而是拿实际可靠的数据进行分析，发扬优势，改进不足，总结经验为下次展会做好准备。

案例分析

武汉市民之家智慧展馆

武汉市民之家智慧展馆实现了场馆的智能控制系统和管理的智能性。工作人员可以对展馆使用传统的集中控制和新型的无线终端控制两种方式进行管理，极大地减少了工作人员日常工作任务，降低了错误率。智慧展馆除了拥有人工控制还加设了各种传感器以便展馆实现自我调控，给客户带来了更舒适的参展观展体验，提升了客户的满意度。

思考练习与实践

一、简答题

1. 简述展览项目现场管理工作的要点。

2. 简述参观指南主要包括的内容。

3. 简述开幕式现场需要准备的工作内容。

二、论述题

1.结合案例论述分析会展场馆现场的智慧化管理方式有哪些？

2.结合案例论述会展场馆现场的工程管理主要包括哪些方面？

3.假如你是某会展场馆的负责人，你会如何开展场馆的现场管理工作？

◆项目八◆
会展场馆品牌管理

品牌是产品或服务用于和其他竞品相区分的某个名称、术语、象征、记号、设计或其组合。品牌是一种无形的资产，承载着消费者对产品或服务的认可，消费者的认可也是品牌实现增值的源泉。现代社会，人们越来越注重品牌。因此，场馆的品牌管理是场馆经营中的重要事项。

学习目标

1.理解会展场馆品牌的特征与价值；

2.掌握会展场馆品牌的定位与塑造方法；

3.掌握会展场馆品牌的传播方式；

4.理解会展场馆品牌保护的方法。

模块一　会展场馆品牌的特征与价值

国际上，品牌竞争愈演愈烈，会展场馆品牌化发展是场馆发展的必由之路。会展场馆的品牌价值巨大，场馆品牌作为会展场馆的无形资产，往往可以转化为有形资产。但是，场馆品牌又具有表象性和不确定性等特征，学习会展场馆品牌管理并非一件简单的事情，必须从场馆品牌的特征和价值等基础概念开始。

任务一 了解会展场馆品牌的定义与实质

一、会展场馆品牌的定义

从会展产业出发，会展场馆品牌是指具有一定的规模，反映行业先进技术和市场发展趋势，并在同类场馆中具有一定的知名度和影响力，在行业内起指导作用的场馆。从会展场馆自身角度出发，场馆品牌是指场馆和其他同类场馆进行区分的某个名称、术语、象征、记号、设计或其组合。场馆品牌是一种无形资产，这种无形资产可以转化为有形资产，创造出更多的价值。

品牌会展场馆的评价指标主要是：能否提供专业化服务；是否拥有一批忠诚度高的参展商和观众；是否产生较好的经济价值和社会价值；是否得到权威协会和行业领导者的认可与支持；是否拥有广泛的品牌推广；是否具有规模效应。

当今，人们越来越注重品牌，会展产业也需要一批有实力的场馆形成品牌效应。为推动会展场馆的品牌化发展，场馆必须走内涵式发展路线，提高场馆的产品与服务质量，改变单纯的数量扩张和低水平重复办展的状况。优质的品牌会展场馆不能只追求场馆内在面积的扩大，还应该打造良好的配套服务设施，促进场馆品牌的内涵式发展。

二、会展场馆品牌的实质

品牌是一种错综复杂的象征，是商品属性、名称、包装、价格、历史、声誉、广告形式的整合。在当代社会，品牌及其意义更具有象征性、体验性，即品牌与其所代表的观念、精神有关。

会展场馆品牌的无形价值需要一定的载体得以呈现，即通过某种特定的标志或名称与竞品进行区分。会展场馆品牌的载体一般由两个部分组成：品牌名称和品牌标志。会展场馆品牌通过特定的标志及名称形成的一种形象认知、品质认知和客户忠诚度，属于场馆的无形资产。

会展场馆在塑造品牌的过程中，需要培育独特的品牌文化，进行差异化定位，不断创新，壮大实力，将场馆品牌从低附加值转向高附加值，只有当会展场馆的品牌被会展市场广泛认可后，场馆品牌才能产生其相应的市场价值。

三、会展场馆品牌化之路的必然性

(一)市场环境改变

国内会展市场正逐渐向国际化迈进,国内会展场馆将面临国际会展场馆的强大竞争。一系列新兴的国际化现代场馆将给国内传统会展场馆造成强烈的冲击,特别是无品牌的会展场馆。

品牌竞争的结果就是杂牌、弱势品牌逐步淡出市场。在不远的将来,国内将结束小品牌纷争的时代,形成少数强势品牌一统天下的局面。在这样的市场环境下,为更好地应对国际会展场馆品牌的挑战与竞争,国内会展场馆应树立积极的品牌管理意识,确立会展场馆的品牌战略,打造强势会展场馆品牌。

(二)行业竞争加剧

社会步入知识经济时代,技术的创新速度不断加快。会展行业中竞争者大量涌现,客户的选择余地进一步扩大。迫使会展场馆把竞争的重点放在塑造知名品牌、增强品牌优势上,以求在客户心目中建立与众不同的品牌形象,打造场馆的差异化竞争优势。

(三)客户个性化需求

当今,客户的消费行为呈现多元化,客户的需求呈现个性化。从某种程度上说,场馆的品牌个性已经成为客户选择产品的价值标准。场馆在推广宣传过程中,起决定性作用的不再是场馆本身,而是场馆独特鲜明的品牌形象,是场馆经营者给客户营造的场馆“感觉”,只有高品质、高信誉、高水平的个性化场馆品牌才能在客户心目留下长久印象。

案例分析

麦考密克会展中心带来的会展场馆品牌思考

麦考密克会展中心位于芝加哥,是美国最有影响力的展览中心之一。每年有2000多场专业展览与会议在此召开,如北美最大的专业汽车展——芝加哥汽车展、全球三大艺术展览之一——芝加哥艺术展、全美最大的家庭用品博览会——芝加哥国际家庭用品展览会等。

麦考密克会展中心具有较高的知名度、较大的影响力,拥有较丰富的功能、较好的规模成效,可以为会展活动提供较规范的服务。麦考密克会展中心以品牌为基础,开展品牌化的会展场馆盈利模式。与一般场馆相比,品牌化场馆不但可以赢得更多的客户,而且可以提高其所提供服务的附加值。此外,品牌展馆还可以吸引到更多的政府和私人投资,用以进行场馆和周边基础设施的建设，而完备的设施又会进一步提升场馆及周边地区的地产价格，进一步扩大会展场馆的盈利空间，形成良性循环。

麦考密克会展中心积极推进节能环保的可持续发展模式，建筑材料主要使用钢材和石膏板等可再生材料，部分建筑采用了环保建筑材料和结构，有效降低了冷热空调能耗。展馆建有 940 多米长的雨水池，能储存 20 万立方米的雨水。场馆的洗手龙头、冲便器和浇花装置都有感应设备，有效减少了自来水的浪费。部分展馆还能通过二氧化碳感应装置调节排风系统，对涂料、座椅、地毯都采用低挥发材料以提高室内空气质量。展馆设有垃圾分类和回收设备，在展馆使用的保洁产品为无污染和不破坏大气层的产品。展馆的叉车以丙烷为能源，保安巡逻车采用混合动力能源。场馆广场通过外包形式提供各种服务，例如，笔记本电脑租赁、网络接入、激光打印、邮政、自动取款等。此外设有多个餐厅、咖啡厅、急救中心、育婴室、咨询台、美容室、礼品店、存衣间等功能区。展馆还设有公交站、城市铁路站、出租车站，并提供出租车拼车服务。场馆的建筑群与城市公路、停车场以及人行道、天桥自然连接。展品运输车辆可经货车车道直接进入展馆，行人与车辆各行其道，秩序井然。

与其他场馆相比，麦考密克会展中心的服务、环保、交通等具有明显的竞争力，所以才享有较高的知名度，较大的影响力，从而形成自己的场馆品牌。同时，将其发展成为场馆的一项重要的无形资产。

任务二　掌握会展场馆品牌的种类与特征

一、会展场馆品牌的种类

（一）按照会展场馆品牌的知名度划分

按照会展场馆品牌的知名度辐射范围，可以将其划分为国际品牌、国内品牌、地区品牌和当地品牌。

1.国际品牌场馆

国际品牌场馆指在国际市场上拥有较高知名度的场馆品牌，例如汉诺威博览中心、法兰克福展览中心、杜塞尔多夫展览中心等。此类会展场馆历史悠久，所在城市一般都是国际会展之都，是国内会展场馆学习的榜样。

从品牌渠道来看，以上国际品牌场馆均属于外来品牌。国外的会展产业发展早，比较成熟。因此，国外场馆品牌拥有强大的品牌优势，国际知名度高、规模大、服务质量好、举办知名品牌展览频率高。

2.国内品牌场馆

国内品牌场馆指在国内市场上拥有较高的知名度的场馆品牌。我国的广州国际会展中心、上海国际展览中心均属于国内品牌场馆。从品牌渠道来看，此类品牌场馆属于自有品牌，是依靠本国资源打造出的并一直发展进步的场馆品牌。随着我国会展产业的发展，国内品牌场馆在规模、服务质量上和国际品牌场馆实力相当，国内品牌场馆要依靠内涵式发展道路转型为国际品牌场馆。

3.地区品牌场馆

地区品牌场馆指的是省内品牌场馆，此类品牌场馆一般场馆规模较小，多举办地区性的会议和贸易展览活动，例如广州锦江展览中心、广州百越展览中心等。

4.当地品牌场馆

当地品牌场馆指的是县城范围内的场馆品牌，此类场馆一般只有本市县的居民熟悉和了解，多举办当地的小型贸易展等。

一般情况下，会展场馆品牌的知名度与场馆的规模成正比，举办大型的国际型会议和综合型展览活动的大型场馆，其规模庞大，知名度也相对较高，当地政府的投入力度也较大。一般举办地区型的会议和贸易展览活动的小型会展场馆，场馆规模相对较小，其知名度也较低。

(二)按照会展场馆品牌专业领域划分

根据承办项目内容的不同，可以划分为不同的专业领域，在不同的专业领域内也有各自的场馆品牌。一般可分为会展型、博览型、艺术型、体育型场馆。

1.会展型

传统会展含义下的会议举办场馆和展览举办场馆。此类场馆可同时或分别举办会议和展览活动。例如中国国际会展中心、大连星海会展中心等。

2.博览型

指对有关历史、自然、文化、艺术、科学、技术的实物、资料、标本等进行收集、保管、研究并陈列其中一部分供人们参观、学习的专用建筑。例如中国丝绸博物馆、故宫博物院等。

3.艺术型

指以陈列展出美术工艺品为主，主要收集有关工艺、美术藏品，进行版面陈列和工艺美术陈列的建筑物。例如重庆美术馆，场馆内具有立体广阔的空间效果，陈列有众多美术藏品，供人们参观欣赏。

4.体育型

指为开展群体型体育活动而设置的体育活动教学、训练和竞赛的公共体育场所。例如国家体育场、国家游泳中心等。

场馆的类型是多样且丰富的，主题公园、文化馆、城市规划馆、剧院都属于场馆的类型之一，因专业领域的不同，各自拥有该领域内的品牌场馆。此外，会展场馆品牌的种类划分标准也是多样的，还可以按照品牌的持续时间划分、按照品牌的来源渠道划分、按照场馆的性质划分、按照场馆的功能划分等。

二、会展场馆品牌的特征

(一)会展场馆品牌是无形的

会展场馆品牌虽然是客观存在的，但它不是具体的有形的物体，场馆品牌需要通过一系列的物质载体来呈现。会展场馆品牌的直接载体是场馆建筑物、场馆标志、场馆名称、场馆装饰等；间接载体是场馆价格、场馆质量、场馆服务、场馆认可度等。会展场馆品牌的内涵、个性、品质、特征虽然是无形的，却能为品牌拥有者创造巨大的价值和超额回报。例如迪士尼游乐园的品牌价值是其有形资产的好几倍。

(二)会展场馆品牌是多种元素的综合体

会展场馆品牌通过场馆的标志、符号、价格、文化内涵等多种元素呈现，形成完整的品牌概念，是多种元素的综合体。同时，会展场馆品牌也以自身丰富的内涵和多样的元素向客户传递多种信息。需要注意的是，会展场馆品牌是与其他场馆进行区分的独特标识，具有差异化的场馆品牌标志才能够引起客户的兴趣。

(三)会展场馆品牌的专有性

会展场馆品牌的专有性体现在两个方面：一是不同的会展场馆拥有不同的品牌，不同的品牌代表着不同场馆的产品和服务；二是场馆品牌属于知识产权范畴，具有专有性，会展场馆可以通过在有关国家部门或单位登记注册申请专利保护自身品牌权益，并用优质的质量与服务经营场馆品牌，提高场馆品牌信誉，获得社会认可。

(四)会展场馆品牌具有强大影响力

会展场馆品牌代表着场馆的形象和地位，甚至反映着场馆的综合实力，是场馆联系市场、维系客户的纽带和桥梁。强势的会展场馆品牌能够在市场竞争中占据有利位置，吸引新顾客，留住老顾客，提高市场覆盖率和占有率。会展场馆品牌具有强大的影响力,它是会展场馆参与市场竞争的资本。

视野拓展

2020—2021 年度中国十大品牌场馆

1.广交会场馆

广交会展馆即中国进出口商品交易会展馆,坐落于中国广州琶洲岛,将人性理念、绿色生态与高科技、智能化完美结合,如同璀璨的明珠闪亮于世界。

广交会展馆自 2008 年全面启用以来,凭借 33.8 万平方米的超大型室内展览空间、先进的软硬件设施、独特的使用效果和一流的展览综合配套服务,成为众多国内外品牌展览活动的发轫之地,更是大型和超大型规模专业展会首选的举办之地。每年,在此成功举办的专业展会及活动多达百场以上,可谓名展汇聚,活动荟萃。

展馆总建筑面积 110 万平方米,室内展厅总面积 33.8 万平方米,室外展场面积 4.36 万平方米。其中展馆 A 区室内展厅面积 13 万平方米,室外展场面积 3 万平方米;B 区室内展厅面积 12.8 万平方米,室外展场面积 1.36 万平方米;C 区室内展厅面积 8 万平方米。

2.国家会展中心

由国家商务部和上海市政府合作共建,集展览场馆、配套商业中心、配套办公楼和配套酒店于一体,世界上面积较大的建筑单体和会展综合体,国家会展中心项目总建筑面积 147 万平方米,拥有 40 万平方米的室内展厅和 10 万平方米的室外展场,配套 15 万平方米商业中心、18 万平方米办公设施和 6 万平方米五星级酒店。

3.上海新国际博览中心(SNIEC)

上海新国际博览中心(SNIEC)是上海一个大型展览中心,位于浦东龙阳路 2345 号,1999 年 11 月 4 日奠基,2001 年 11 月 2 日正式开幕。上海新国际博览中心由多家国内外机构合作投资与建设,包括上海浦东土地发展(控股)公司、德国汉诺威展览公司、杜塞尔多夫展览有限公司及慕尼黑展览有限公司。由美国 Murphy/Jahn 设计事务所负责设计。

上海新国际博览中心(SNIEC)坐落于上海浦东开发区,比邻世纪公园。SNIEC 东距浦东国际机场 35 公里,西距虹桥国际机场 32 公里。中国首条磁悬浮列车和地铁 2 号线在中心附近汇聚,与多条公交线路编织起的交通网络拉近了博览中心与城市各个角落的距离。

SNIEC室内面积20万平方米，室外面积13万平方米。拥有17个展厅、三个入口大厅和一座塔楼，根据市场需求情况，还将建造一座塔楼，包括酒店、办公室和会议中心。展厅设有灵活性分隔、卡车入口、地坪卸载、设备、办公室、小卖部及餐厅和板条箱仓库。

4.新中国国际展览中心（CIEC）

新国展位于北京市顺义空港工业开发区西侧，东邻首都国际机场，西靠温榆河生态走廊，总规划用地155.5公顷，地上总建筑面积66万平方米。其中展馆及附属设施地上建筑面积40万平方米，包括16个可分合的单体、单层、无柱、大空间展厅；综合配套设施地上建筑面积26万平方米，包括综合商业楼10万平方米，内配有购物、餐饮、健身、娱乐等设施，酒店和商务写字楼共4座。

新国展为展览行业量身定做，每个展厅既可以独立承办小型展览布展，又能通过内部连廊彼此相互联通，以便承办大型展览。其功能达到国际展览业展馆建设一流水平，是中国顶级专业化展馆之一。整个建筑群东西方向有京承、机场两条高速公路从两侧穿过，南北方向与五环路、六环路两条高速路相连。展馆主要出入口处均设置了公交车、出租车、巴士停靠站，城市规划中还安排有直达展场15号轻轨铁路，为从市区来参展的观众人群提供了最便捷的交通工具。

随着国务院批复的北京城市总体规划的实施，北京市顺义区承担现代制造业、国际交往、空港物流业、国际展览业、体育休闲和居住的功能。新国展落户顺义，对带动区域经济发展起到重要的作用。

5.国家会议中心

国家会议中心位于北京奥林匹克公园中心区内，满足大型会议、展览、多种公共活动和酒店客房需要的大型会展中心，是由北京北辰实业股份有限公司投资建设的，总占地面积12公顷，总建筑面积53万平方米，总投资50亿元，建筑南北长400米，东西宽150米，檐高40米。其中会议、展览面积27万平方米，配套项目建筑面积26万平方米(包括两家酒店、两栋写字楼)。

6.香港会议展览中心

香港会议展览中心（简称香港会展中心；Hong Kong Convention and Exhibition Center，HKCEC），香港会议展览中心位于香港湾仔，是香港区海边最新建筑群中的代表之一。除了作大型会议及展览用途之外，这里还有两间五星级酒店、办公大楼和豪华公寓各一幢。而它的新翼则由填海扩建而成，内附大礼堂及大展厅数个，分布于三层建筑之中，是世界最大的展览馆之一。1997年

7月1日香港回归中国大典亦在该处举行，成为国际瞩目的焦点。而它独特的飞鸟展翅式形态，也给美丽的维多利亚港增添了不少色彩。展馆由香港贸易发展局拥有，并由新创建集团的全资附属机构——香港会议展览中心（管理）有限公司管理。

香港会议展览中心于1988年11月开幕，此后，香港的贸易展览事业蒸蒸日上。1988年该中心开幕时的建筑成本为16亿港元（2.07亿美元），这数字并不包括地价在内。1997年完成的第一次扩建工程耗资48亿港元（6.2亿美元），包括填海工程费用。而于2009年第二次扩建共耗资14亿港元（1.8亿美元）。

7.深圳会展中心

深圳会展中心是集展览、会议、商务、餐饮、娱乐等多种功能为一体的超大型公共建筑，由深圳市政府投资兴建，德国GMP公司设计，总投资32亿元人民币。会展中心总建筑面积28万平方米，东西长540米，南北宽282米，总高60米，地上六层，地下三层。深圳会展中心是深圳市最大的单体建筑，是钢结构与玻璃穹顶及幕墙的结合。

深圳会展中心同时具备强大的展览和会议功能，8大展馆、25个会议厅、3大餐饮区及优良的配套服务。

深圳会展中心交通快捷便利，南邻滨河快速干道，与口岸、港口及高速公路相连，驾车驱往深圳火车站仅需15分钟，至深圳机场仅需30分钟。地铁1号、4号线在会展中心站接驳，通过市政地下通道可从馆内直达地铁站。仅需步行150米即达皇岗口岸。十多条公交线路经达会展中心。

8.成都世纪城新国际会展中心

成都世纪城新国际会展中心位于成都市城南新区。整个项目分为展馆区、国际会议区、酒店及文化设施区、商务办公区、商业住宅区五大部分，总建筑面积约173万平方米。“世纪城”位于城南新区内，西为人民南路南延线天府大道，北邻成都市主要干道外环线，交通条件非常优越。除天府大道外，红星路南延线直达世纪城；府南河自东边流过；北侧为世纪公园和高尔夫球场；东部及西部为河滨绿地。

成都世纪城新国际会展中心是中国西部建筑规模最大、功能配套最完备、设施最先进的多功能会议展览中心。全新的展馆必将给展会带来更好的贸易平台。“世纪城”分为五大功能区，东侧为展览馆区，展览馆呈扇形向府南河展开，计17个大小展馆，12万平方米。世纪城，被称为一座“城市里的森林”，200亩生态水网构筑的城市湿地中栖息着各种鱼儿和水禽。

9.上海世博展览馆

上海世博展览馆是上海世博会永久性场馆,集先进、前沿软硬件设施与优美环境为一体的国际展会活动中心。上海世博展览馆位于世博轴西侧,紧邻中华艺术宫、世博中心以及梅赛德斯-奔驰文化中心。它连接南浦大桥、卢浦大桥、打浦路隧道、西藏南路隧道等过江要道,坐拥周边数十条公交线路,轨道交通7、8号线(耀华路站),8号线(中华艺术宫站3号口)可直达展馆。

10.保利世贸博览馆

保利世贸博览馆位于广州,是保利世界贸易中心的重要配套项目,集展览、会议、品牌展贸、商务办公、餐馆、住宿于一体,是华南地区较具影响力的会展中心。

保利世贸博览馆占地28770平方米,地上建筑面积9.23万平方米,拥有6个标准展厅,层高12米,净高9米,可提供超过6.6万平方米的租用面积,容纳国际标准展位4020个。博览馆拥有完善的配套设施和良好的承重能力,适合举办各类展会及活动。

交通便利,通过公路可全程高速直达广州新白云国际机场,仅需40分钟车程;到达广州火车站、广州火车东站、天河客运站仅需25分钟车程。借助环城高速公路可顺利接驳珠江三角洲城际高速公路网,2～3小时内可到达珠三角各主要城市及港澳特区。人流物流进出广州十分便捷。

任务三　理解会展场馆品牌的价值与功能

一、会展场馆品牌的价值

(一)劳动价值

经济价值理论的多样化,使得会展场馆品牌价值被赋予了不同的内涵。劳动价值理论认为品牌能使该产品获得比未取得品牌名称时更大的销量和更多的利益,还能使该品牌在竞争中具有更强劲、更稳定、更特殊的优势。

(二)品牌价值

会展场馆一旦形成了自己的品牌,就可凭借品牌在会展市场中释放强有力的竞争力,吸引更多知名展会的到来,提高会展场馆的市场占有率;场馆品牌还可以提高场馆的议价能力,有利于场馆获得超额回报;此外,会展场馆的品牌作为一种无形的资产,在会计和财务上是可以进行评估的。

(三)情感价值

品牌作为一种无形资产之所以有价值,不仅在于品牌形成与发展过程中积累的经济价值,还在于它能为相关主体带来一系列情感效用。会展场馆苦心经营和维护场馆品牌,就是为了让场馆的品质得到公众的认可,让公众认为其具有“诚信、守法、可靠、专业、价值、高效”的美誉,建立起与参展商、观众之间的情感联系。

(四)社会文化价值

成功的品牌场馆是多元文化的载体,它不仅自身蕴含着深刻的文化内涵,而且可以吸引来自世界各地具有不同文化、思想、观念的参展商和观众进行文化交流,加快了文化传播与交融,引导人们思维和生活方式的改变。

此外,会展场馆是城市形象的窗口,品牌场馆本身就反映着一个城市的发展水平。品牌场馆不仅能提高当地城市的吸纳和辐射能力,而且能迅速提高城市在国内、国际上的知名度和影响力。

(五)决策价值

单就参展商和观众而言,品牌场馆的价值还体现在决策价值,可以从三个方面来理解场馆品牌的决策价值:一是品牌场馆能简化参展或参会决策,降低选择的时间成本和心理成本;二是良好的品牌场馆有助于降低参展或参会的风险成本;三是品牌场馆能扩大参展商品的消费群体。

二、会展场馆品牌的功能

(一)会展场馆品牌的识别功能

识别功能是品牌最基本、最原始的功能,它是指品牌能尽快帮助消费者找出所需要的产品,减少消费者在选购商品时所花费的时间和精力。会展场馆的品牌通过场馆的标志呈现,代表着场馆的品质、服务、设备、特色和承诺。会展场馆品牌的识别功能体现在展会主办方能够根据展会特点和自身需求,选择具有良好形象的品牌场馆,节约时间成本和心理成本。

(二)会展场馆品牌的增值功能

品牌作为一种无形资产,是可以作为商品被买卖的。品牌知名度、美誉度和忠诚度能让品牌自身的价值不断增长。例如在北京名牌资产评估有限公司的评估中,2019 年中国最有价值品牌的平均价值比 2018 年增长了 14.7%。可见,场馆的品牌是场馆的聚宝盆,需要耐心经营与管理。

(三)会展场馆品牌的权益保护功能

会展场馆的品牌具有专有性,品牌通过注册后,受到法律保护。如果有人非法使用,场馆可以通过法律途经保护自身合法权益不受他人侵犯。当参展商和观众认为场馆品牌与质量不符合时,也可以通过适当的途径与手段,保护自身的权益。近年来,博物馆引发的相关著作权、商标权、专利权等知识产权纠纷不断。国家博物馆、成都金沙遗址博物馆、上海博物馆等知名品牌场馆为了保护自己的正当权益不受侵犯屡屡卷入相关纠纷中。

(四)会展场馆品牌的促销功能

品牌是会展场馆赢得市场竞争的有力武器,会展场馆可能因为出众的品牌形象吸引更多的参展商和观众的眼球,帮助场馆在激烈的市场竞争中赢得关注度,在会展市场中占据有利地位。此外,品牌场馆也会因其定位准确,吸引到众多品牌展会的青睐,实现强强联合。

视野拓展

故宫博物院的品牌保护之路①

2010 年 10 月 1 日,故宫博物院踏足文化创意领域,上线了"故宫淘宝"的店铺,脱掉高冷外衣,第一次以如此接地气的方式走近百姓。2013 年,故宫博物院开始涉足新媒体,官方微博目前粉丝 246 万,公众号阅读大部分破 10 万,当近 600 岁的故宫放下傲娇的身段,出人意料地成为网红,网友们纷纷被圈粉。2016 年,故宫参观人数突破 1600 万,是世界上参观人流最大的博物馆,同年播出的电影版纪录片《我在故宫修文物》,豆瓣评分高达 9.4 分,超过了《舌尖上的中国》,成为年度最具影响力的纪录片。

看似大火的背后,却是故宫博物院用一场又一场的品牌官司在捍卫我们的民族文化遗产。2001 年 8 月,故宫博物院起诉中国商业出版社,对方连续出版《中国宋元瓷器图录》《中国清代瓷器图录》,未经许可抄袭 790 多张照片以及文字说明,最终法院判决故宫博物院胜诉,中国商业出版社被判赔款 65 万余元并赔礼道歉。2015 年年底,故宫博物院印制《故宫日历》,28.5 万册一抢而空,市场销售却有 100 万册。"70%是盗版,我们在此要呼吁捍卫知识产权",故宫博物院院长单霁翔如是说。据故宫博物院调查,目前市场上已有上百种产品注册了

---

① 你可能不知道,故宫火了的背后离不开一次又一次打品牌官司[EB/OL].(2017-03-29)[2021-07-27]http://www.alonely.com.cn/caijing/20170329/107044.html.

"故宫""紫禁城"字样商标,其中不乏知名企业。"紫禁城拉面馆""紫禁城婚介所"等类似招牌把故宫的品牌弄得非常滑稽,"故宫""紫禁城"品牌被滥用成为困扰故宫发展文化产业的主要障碍。

故宫博物院认为:尽管这些商标与故宫博物院注册商标不相类似,与企业性质也没有任何关系,但在商标中使用"故宫""紫禁城"文字,很容易误导公众,一旦出现质量等问题,极易给"故宫""紫禁城"商标和故宫博物院声誉造成损害。故宫博物院曾向商标局提出 20 件商标异议,认为一些单位、个人申请注册"故宫""紫禁城"商标违反了《商标法》,严重损害故宫博物院的合法权利。2006 年 6 月 1 日,国家工商总局商标局认定"故宫""紫禁城"为驰名商标,同时陆续发出商标异议裁定书认为故宫博物院所提异议理由成立。故宫博物院院长单霁翔称:故宫博物院会加强对无形资产的保护利用,使博物院的无形资产发挥出更大作用。

截至目前,故宫先后申请注册十几个(类)服务商标涵盖珍宝估价、艺术品鉴定、观光旅游、文娱活动、文化教育展览、书籍出版等几十个小项目。故宫已经成为我国文博界第一家拥有注册商标的单位。打破围墙的故宫正在利用其庞大的 IP 资源转型,故宫的品牌保护意识相信能给中国其他博物馆以及文化产业公司带来一些借鉴意义。

模块二　会展场馆品牌的定位与塑造

在竞争日益激烈的市场环境下，塑造会展场馆品牌已经成为场馆竞争和生存的黄金法则。品牌塑造是一个系统的长期的工程,其中品牌定位是塑造场馆品牌的首要环节,对会展场馆品牌的塑造发挥着重要作用。精准的会展场馆品牌定位,有助于让场馆在市场竞争中脱颖而出,占据独有的市场空间。

任务一　了解会展场馆品牌的定位

品牌定位理论大体经历了几个阶段的演进,其核心内涵也在演进中不断丰富和深化。营销学家菲利普·科特勒提出定位的核心就是寻找差异化;荷兰营销专家莱兹伯斯指出定位包含品牌的相对价格和品牌的内在因素两个基本的维度;迈克尔·特里西和弗雷德·威斯玛提出要在产品领先、经营出色和服务亲和三个方面实现定位差异化。

关于会展场馆品牌定位的概念,我们以菲利普·科特勒提出的定位理论为基础展开探讨。菲利普·科特勒的定位理论认为要根据客户对于某种产品属性的重视程度给本企业的产品确定一个具体的市场位置,让它在特定的时间、地点对某一特定阶层的消费者出售,帮助产品与其他厂家的产品进行竞争。

品牌定位就是指品牌所有者所设想的品牌在消费者心目中独特的位置。会展场馆的品牌定位就是指会展场馆管理者在会展市场中寻找到属于场馆的适当的独特的市场位置,占据此类市场。一旦出现此类办展需求时,参展商首先想到该类会展场馆。

会展场馆的品牌定位可以在市场定位和产品定位的基础上,对场馆品牌进行差异化定位,其目的是在市场上树立一个鲜明的、区别于竞争对手的、符合客户需要的会展场馆形象,以独特的品牌定位吸引更多的参展商和观众,从而获取社会效益和经济效益。

案例分析

陕西西安博物馆的品牌定位①

陕西西安博物馆是国家现代化大型博物馆,它的场馆品牌定位之路具有借鉴意义。鉴于陕西在中国历史上的地位,总设计师中国工程院院士、著名的建筑设计大师张锦秋提出博物馆的整体外观以天圆地方理念进行创作,突出体现中国传统文化思想,与同院的小雁塔以及荐福寺古建筑群相得益彰、交相辉映。

馆舍为“中央殿堂,四隅崇楼”的唐风建筑群,主次井然有序,高低错落有致,气势雄浑庄重,融民族传统、地方特色和时代精神为一体。该馆现有藏品37万件,基本上反映了陕西出土和传世文物的概貌,馆区占地6.5万平方米,建筑物与其他博物馆不同之处在于采取了相对集中的布局,从而最大限度地增加了绿地面积,使主馆处于绿树环抱之中。

陕西西安博物馆以“古都西安”为主题,在主题上与其他博物馆进行区别,

① 西安这座世界一流博物馆,被誉为华夏宝库[EB/OL].(2020-10-23)[2021-07-27]https://www.sohu.com/a/426587855_99923100.

利用自身独特的历史特殊优势，以西安作为13王朝的古都和一千多年建都史为主线，以历代文物的展示为基础，突出反映西安的都城发展史和都城社会生活状况。

在“古都西安”的主题下，又分为“千年古都”和“帝都万象”两部分。“千年古都”部分以“西周丰镐”“秦阿房宫”“汉长安城”“隋、唐长安”“明、清西安”为章节，集中反映历代都城规模、格局以及唐代以后城市的发展变化情况；以模型、图板等形式突出了城市规模及重要的宫殿建筑。在模型制作方面，特别突出了隋唐长安城，同时还制作了汉长安城、宋元城、明清西安城的模型等。“帝都万象”部分分为“周秦文明”“汉唐风采”“府城华章”三个章节，以各个历史时期文物的基本用途为组合，从不同的侧面再现帝都生活的万千气象。

当游客一旦想起曾经游览的历史博物馆，脑海中首先浮现的都是西安博物馆，这就是陕西西安博物馆品牌定位的绝妙之处。

任务二　了解会展场馆品牌塑造的基础

一、会展场馆品牌塑造的含义

会展场馆品牌塑造是指给场馆以某种品牌定位并为此付诸行动的过程或活动。会展场馆的品牌塑造是一个系统的长期的形象工程，场馆的品牌知名度、美誉度和忠诚度都是品牌塑造的重要内容。

二、塑造会展场馆品牌的原则

（一）文化性原则

任何一个成功的国际品牌，都会体现出这个国家和民族的文化内涵。例如“可口可乐”体现了自由奔放的美国精神；“西门子”则体现了德国人注重质量、追求细节的严谨精神。会展场馆品牌塑造过程中要坚守独特的文化内涵，才能在众多品牌场馆中独树一帜。

（二）求异性原则

塑造品牌形象的过程中，展现出品牌的独特性是十分关键的任务。如果会展场馆的品牌形象与其他已有场馆过于相似，就难以在参展商和观众心目中留下深刻印象，甚至会被认为是毫无创意的模仿，成为令人鄙夷的“山寨”。因此，会展场馆在进行品牌塑造过程中要注意求异性原则。

(三)长期性原则

品牌形象是会展场馆形象的重要组成部分,会展场馆形象是一个系统工程,在塑造会展场馆品牌形象时要注意长期性原则。会展场馆品牌形象必须与其他子系统协调一致,相互配合,长久使用。

三、会展场馆品牌塑造的基础

会展场馆的品牌之路是一条内涵式发展的道路,其品牌塑造首先要从自身出发,所以场馆自身的质量、工作人员的管理水平、周边配套设施等一系列软硬件条件都是塑造场馆品牌的基础。

(一)会展场馆质量过硬

会展场馆的质量必须过关,场馆的质量是场馆品牌形象的基石,是场馆品牌的本质和生命。会展场馆必须与国际接轨不断引进国际新技术,才能为塑造场馆品牌形象提供必要的保证。

会展场馆没有良好的质量和基础设施,会展场馆的发展也就无从谈起。因此,会展场馆必须配备配套的交通设施、货物电梯、停车场等。例如会展场馆往往需要大面积的停车场或停车楼,德国汉诺威博览会展馆专门配备具有电子导向系统的 5 万个停车场位。

随着中国居民私人拥有车辆数量不断增加,停车场地预留的充足性将是会展场馆设计中值得重视的因素。

(二)会展场馆周边配套完善

会展场馆不应该是一片孤岛,而应该是配套完善的"迷你城市"。会展周期长,一般展会都在 3 天左右,如果没有完善的周边配套设施,参展商和观众很难在场馆中获得愉悦的参展体验,更不用提塑造场馆品牌。因此,会展场馆周边要尽力打造集餐饮、娱乐、休闲、办公区域为一体的展馆综合体。

(三)会展场馆管理水平出众

会展场馆工作人员的管理水平直接影响到参展商和观众的现场体验。例如展览项目涉及内容广、任务重,会展场馆如果可以提供优质的搭建服务、展品运输服务等,就可以给参展商留下良好的印象。

(四)会展场馆品牌意识强烈

会展场馆要树立全体员工的品牌意识,让员工明白塑造品牌的重要意义,使员工自觉自愿地为塑造场馆品牌形象做出贡献。会展场馆提供的优质服务能给主办方、参展商和观众带来最直观的品牌感受,这种感受是感性且深刻的。

任务三 掌握会展场馆品牌的塑造方法

世界著名的会展场馆都开始走专业化和品牌化道路，品牌场馆与普通场馆相比拥有更高的知名度和更大的规模，有助于会展场馆发挥聚集效应，在会展市场中占据优势地位。

一、精准定位打造会展场馆品牌文化

会展场馆根据自身体量、区域市场状况、功能规划、场馆特色和优势进行精准定位。根据品牌定位挖掘场馆的品牌个性，逐步打造场馆品牌文化。会展场馆的品牌文化要能够体现场馆的定位、个性、组织文化、精神内核和发展目标，品牌文化往往以“品牌口号”进行高度总结概括，并得以实际体现。在“品牌口号”背后应该是完整的场馆品牌文化体系，包括组织发展战略、人力资源战略、社会责任战略等。目前，我国会展场馆中鲜有响亮且广为人知的品牌口号，多数场馆的品牌文化体系建设还处于初级阶段。

二、创立鲜明的品牌识别系统

品牌识别系统(CI 系统)是品牌塑造过程中的重要内容。国外许多大型的知名会展场馆实施 CI 系统已有一定时间。对于我国会展场馆而言，CI 系统还是一个比较新的概念。CI 系统主要包括理念识别(MI)、行为识别(BI)、视觉识别(VI)三个方面。

理念识别(MI)包括会展场馆的经营理念、文化内涵、组织精神等。一般以品牌口号为具体的表现方式。

行为识别(BI)即会展场馆传递给社会的形象及其行为准则。会展场馆对内所有的工作岗位都要制定详细的职责、程序和标准，让场馆日常的管理和服务行为全面规范化、标准化。此外，行为识别还包括场馆对外的行为活动，如热心公共事业等。

视觉识别(VI)所包含的项目最多，传播效果最为直接。许多场馆对于 CI 系统的导入主要是从视觉识别系统开始。视觉识别系统包括场馆标志、标准色、标准字、内部陈设、工作服、名片、礼品袋、大型发光字、公共设施设计、会议服务用具、导示系统和广告风格等。凡是能够展现场馆形象的视觉要素均要统

一、规范。

鲜明的品牌识别系统能够提高会展场馆的识别度，加深展会主办方、参展商和观众对场馆的印象，从而产生品牌认同感。

三、联手品牌展会实现整合营销

国际上具有知名度的品牌场馆基本都拥有长期合作的品牌展会，例如芝加哥汽车展长期在美国麦考密克会展中心举办。此外，会展场馆可以打造属于场馆独有的展览品牌。自办展的培育期较长，一般短期很难实现较大利益，所以许多展馆对自办展的兴趣不大。但是，一个展会品牌的成功培育将带来巨大的经济回报，场馆收益将呈现逐年增加的趋势。会展场馆在塑造品牌的过程中，可以联手品牌展会或者打造自有展会品牌，整合资源，借势营销，实现场馆品牌升级。

四、定制化营销策略

定制化营销策略是以会展场馆的整体品牌定位策略为基础，制定灵活的营销策略，例如按照淡旺季、国际展和国内展、专业展和消费展、传统展和新型展分别给予不同的优惠政策。广州的中国进出口商品交易会展馆在国内知名展馆中率先实行内外展并轨的价格策略，对海外参展商给予国民待遇。该场馆通过灵活且系统的营销策略给参展商留下专业化的印象，塑造了独特的品牌形象。

案例分析

石家庄国际会展中心的品牌形象设计[①]

石家庄国际会展中心项目是河北省“三年上水平”重点工程，于 2013 年 10 月竣工。它是石家庄市的地标性建筑，会展中心的品牌形象设计方案评选也备受全市人民及省内外朋友的关注。为提高场馆品牌识别，提升石家庄国际会展中心知名度，正邦品牌顾问服务集团负责为石家庄会展中心设计 LOGO。

经专家评审确定了三个优秀方案，三个优秀方案在《石家庄日报》进行了媒体公示，公开向市民征求意见，引起了广泛关注。结合专家意见和市民投票结果，石家庄会展中心的场馆标志和品牌形象终于确定下来。

---

① 石家庄国际会展中心奠基 330 米超高地标[EB/OL].(2018-05-29)[2021-07-27]http://www.hzchs.org/show.asp? id=670.

模块三 会展场馆品牌的传播与保护

会展场馆品牌的传播指的是场馆运用大众传播媒介进行品牌宣传推广的过程，最终目的是让目标受众了解、认同场馆传播的内容和理念。场馆的品牌传播是塑造场馆品牌的重要途径。通过品牌传播与塑造，品牌进入成熟期后场馆应采取品牌保护方法来维护品牌形象，对于场馆来说品牌的保护是一场至关重要的竞赛。

任务一 掌握会展场馆品牌的传播方式与渠道

海量信息时代，人们开始学会有选择地接受那些对他们有用的能满足他们需求的信息。品牌传播方式的选择与策略至关重要，如果品牌传播方式选择不当、策略不合理，就难以收到好的传播效果。因此，会展场馆在进行品牌传播时必须考虑到通过怎样的传播方式才能满足目标用户的需求。

一、广告传播

品牌的广告传播是指品牌所有者以付费方式，委托广告经营部门以策划为主体，创意为中心，通过传播媒介对目标受众进行的以品牌名称、品牌标志、品牌定位、品牌个性等为主要内容的宣传活动。

广告是提高场馆品牌知名度、信任度、忠诚度，塑造场馆品牌形象的有力工具。会展场馆在进行品牌的广告传播时需要注意：首先要进行会展市场研究，了解目标受众的消费心理和消费习惯，寻找卖点；其次，会展场馆要根据场馆品牌所处的市场时期，制定不同的广告传播内容、媒介选择策略和资金投入比例。

(一)传统媒体广告

虽然在互联网技术的冲击下，传统媒体日渐式微。但是，由于传统媒体的公信力较高，大多数企业进行品牌形象推广时依然会选择报纸、杂志、广播、电视等传统媒体，塑造品牌形象。场馆在品牌塑造的过程中需要注意的是广告风格要与自身品牌形象相符，注重连续性和统一性，清晰准确地传播场馆的品牌形象。

(二)社会化媒体广告

社会化媒体以其互动性、交互性、快速性得到越来越多人的关注,会展场馆在进行品牌塑造的过程中,可以利用社会化媒体进行宣传和推广。为了迎合社会化媒体用户的需求,会展场馆品牌形象传播的内容要独具个性和特色,才能吸引网络用户的关注、喜爱和传播。

(三)自媒体广告

自媒体的出现改变了传统媒体自上而下的传播模式,每个人都可以成为信息源。为塑造场馆品牌形象,传递场馆的价值理念,场馆可以开通属于自己的媒体平台,发布广告,进行品牌宣传。此外,自媒体的开设让客户的反馈途径变得多样,场馆与客户之间的互动更加便捷。自媒体平台是场馆进行品牌传播的重要途径,成本低且可靠。

二、公共关系传播

现代营销理论中,任何一个组织都需要维护公共关系,会展场馆也不例外。会展场馆在塑造品牌形象过程中,公共关系传播能够通过第三方渠道为品牌传播有利信息,从而教育和引导受众。对品牌形象而言,公共关系与广告传播如车之两轮,两者的重要性和互补性不言而喻。

(一)社会活动

品牌形象最终要在社会公众心目中得以呈现,所以会展场馆品牌形象的塑造应面向公众,以公众为核心,高度重视公众的态度。会展场馆可以通过举办和参与系列的公益活动来进行场馆品牌宣传推广,借助公益活动的力量,塑造良好的社会形象,给公众留下积极正面的品牌记忆。

(二)权威协会

会展场馆应该积极加入行业联盟,权威协会的支持无形中给场馆提供了坚实的后盾,提升了场馆的可信度。特别是 UFI(国际博览会联盟)的资格认证,经过其认证的场馆更容易发展成为品牌场馆。

(三)人际传播

人际传播是形成品牌美誉度的重要途径,在品牌传播的众多方式中,人际传播最易被受众接受。人们在内心深处都渴望真挚、美好的感情出现。会展场馆工作人员可以让场馆品牌作为沟通的桥梁,用真诚的态度与参展商和观众进行交流,传递场馆的品牌理念,让场馆在用户心中占据一定的情感空间,达到品牌传播的目的。

(四)新闻事件

会展场馆品牌的公共关系传播可以巧妙地借助热点,制造新闻,进行品牌宣传和推广。需要注意的是,在传播品牌的过程中要选择正面的、积极的新闻事件进行借势,因为受众会自动将新闻中传递的信息与场馆品牌进行联系和对应,负面的新闻事件只会给场馆带来不利影响。当场馆在品牌传播过程中遭遇负面影响时,也可通过危机公关化解负面消息和社会压力。

三、促销传播

促销活动可以在短期内提高产品品牌的曝光率,但是长期以来促销作为一种促进品牌传播的方式却没有得到人们的重视。主要是因为对于品牌形象而言,大量使用促销手段会降低客户对品牌的忠诚度,淡化品牌质量概念。所以,以促销或者价格策略进行品牌传播的方式更适合知名度较低的场馆和淡季时期的场馆。

从上述会展场馆品牌的传播方式可以看到,场馆品牌传播的途径主要包括大众媒介传播、分众传播、群体传播、人际传播,四种传播途径的受众范围各有不同。会展场馆在通过不同途径进行品牌传播的过程中,需要选择与之相适应的传播内容和策略,才能达到有效的品牌传播。

任务二 掌握会展场馆品牌保护的方法

会展场馆品牌的塑造需要经历形成期、成长期,才能进入成熟期和知名期,每个时期都要投入物力、人力、财力。所以,一个成熟的会展场馆品牌的塑造不是件容易的事情。成熟期的会展场馆品牌作为一种无形资产已经在发挥巨大作用,所以如何维护品牌不被侵犯,不被淡忘,需要场馆使用合理的维护方法,让品牌为场馆持续创造更多的价值。

一、树立正确的品牌竞争意识,着力提高品牌核心竞争力

我国已经进入品牌竞争时代,会展场馆要走品牌化之路已经成为共识。会展场馆在维护品牌形象的过程中,要树立正确的品牌竞争意识,着力提高品牌核心竞争力。

(一)不断提升会展场馆质量

会展场馆的质量是塑造场馆品牌的基础,也是决定会展场馆品牌生命力长短的重要因素。对于会展场馆而言,一流的设施设备、优质的服务、出色的管理是赢得主办方、参展商和观众青睐的敲门砖,也是维护场馆品牌的长久之道。有些场馆希望通过广告效应“短平快”地制造品牌效应,这样做只能带来短期效应,难以持久。

(二)诚信经营树立良好口碑

良好的信誉可以增强会展场馆品牌的核心竞争力,为场馆带来更多利润。会展场馆经营要以诚信为本,通过诚信经营树立场馆的良好口碑。总之,稳定的产品质量和诚信经营的理念是塑造场馆品牌核心竞争力的关键,会展场馆要想在会展市场中维护和发展自身品牌,就要核心竞争力过硬。

二、准确定位场馆品牌,提供差异化产品

每一个场馆品牌都要有属于自己的市场定位,场馆在准确进行品牌定位后,还要不断追踪分析目标参展商或观众对场馆品牌的认知、态度和行为变化,建立场馆客户信息反馈系统,通过分析客户的需求和偏好的变化,进行差异化服务,为客户提供满足其个性需求的产品。

让客户准确、清晰地识别并记住场馆品牌的个性,是驱动客户认同、喜欢乃至忠诚于品牌的主要力量。会展场馆品牌的维护就是要求场馆尽全力去了解和分析目标客户对品牌的感觉和信念,根据目标客户需求层次的变化,对场馆品牌进行维护,凸显品牌的独特性。

三、善用媒体维护场馆品牌

在会展场馆品牌维护工作中,除了善用一些传统媒体,进行正面形象传播,还要打造好场馆的自媒体平台,通过自己的平台发声,维护场馆品牌。会展场馆可以创建场馆的官方网站、运营场馆的自媒体平台、编辑百度词条等。当有关场馆的负面消息出现后,要迅速进行危机公关,尽量缩小负面消息的传播范围。

思考练习与实践

一、简答题

1.简述会展场馆品牌的价值。

2.简述会展场馆品牌的塑造方法。

3.简述会展场馆品牌的传播方式。

二、案例分析

杭州国际博览中心荣获 2017 年度“金五星”之优秀会展场馆奖①

2017 年 7 月 4 日至 6 日，第七届中外会展项目合作洽谈会(EPFIC)在北京雁栖湖国际会展中心隆重举行。杭州国际博览中心作为参会代表，受到国内外展商、专业观众的广泛关注。继荣获 2016—2017 年度中国最受主办方欢迎的会议中心后，杭州国际博览中心又再次获得 2017 年度“金五星”之优秀会展场馆奖。这些荣誉的获得是行业、学者以及观众对杭州国际博览中心的认可和高度肯定。

杭州国际博览中心因于 2016 年 9 月 4 日～5 日成功举办了 G20 杭州峰会而享誉世界。2016 中国杭州 G20 峰会主会场就位于杭州国际博览中心的四层，总面积约 2000 平方米，为 45 米边长的方正空间，体现“天圆地方”的朴素哲学观。

杭州国际博览中心位于素有“人间天堂”美誉之称的杭州，其作为浙江省重点项目规划建筑面积 84 万平方米，设有展览中心、会议中心、综合物业、屋顶花园(城市客厅)、地下商业及车库等五大功能区。展览中心设计国际标准展位 7500 个(其中 1000 个为室外展位)；会议中心能满足举办 APEC、达沃斯等高规格的国际会议；规模 6 万平方米的屋顶花园结合城市客厅能满足高规格接见、高标准宴会、高档次精品展的需要，城市客厅与钱塘江对岸的“城市阳台”遥相呼应，形成一个新的城市亮点。根据《杭州市城市总体规划》，钱江世纪城将与钱江新城共同构成杭州城市新中心和杭州中央商务区，是杭州由“西湖时代”逐步迈向“钱塘江时代”的重大举措。杭州国际博览中心共有 5 层，61 个会议室，大会议厅 3000 平方米，宴会厅 1800 平方米，多功能厅 1300 平方米，其中大会议厅配备 16 路同声传译，能满足国际会议需求。

杭州国际博览中心隶属于杭州奥体博览中心萧山建设投资有限公司，由中

---

① 杭州国际博览中心荣获 2017 年度“金五星”之优秀会展场馆奖 [EB/OL].(2017-07-11)[2021-07-28]https://www.sohu.com/a/156171152_120702.

国最大的会展输出管理集团——“北辰会展”管理运营。北辰会展集团是北京市国资委下属的一级国有企业，其先后接待服务第十一届亚运会、第六届远南残疾人运动会、第四次世界妇女大会、第二十九届奥运会、北京国际电影节等众多国际国内重大会展活动，曾多次为全国人大、北京市人大和政协会议提供优质服务。特别是2014年北京APEC会议周期间，北辰会展承担了7天会期中6天的接待服务重任，用完美无瑕的表现精彩诠释了“北京服务”和“中国服务”。目前，在北京召开的国际性、有影响的超大型会议中，有三分之二以上落户北辰会展。

一、以专业经验管理新兴场馆

杭州会展业的发展依据“企业主体，市场运作，政府支持保障”的总体战略，不断提升杭州会展产业的综合竞争力。杭州国际博览中心作为会展场馆的新起之秀，以绝对的综合优势成为推进杭州会展产业链发展不可或缺的力量。

北辰会展始终秉承标准化服务与个性化服务相结合的理念，做会展行业服务标准的开拓者和优质服务的践行者。北辰会展集团以其在业界毋庸置疑的专业管理水平，凭借丰富的会展运营经验，对杭州国际博览中心进行全方位、多角度、精细化的管理运营，用最短的时间、最高的效率、最优的质量，使场馆运行步入正确的前行轨道。

二、打造实力会展场馆

杭州国际博览中心坐拥得天独厚的地理位置以及方便快捷的交通网络，综合优化的区位布局为举办高标准会展奠定了良好的环境基础。杭州国际博览中心业态灵活组合，配套设施齐全，功能完善，拥有最先进的展览和会议设备、最优秀的管理团队、最佳的服务保障，集会议、展览、酒店、商业、写字楼五个业态于一体，是杭州市目前面积最大的会展综合体。

自身硬件优势是打造完美场馆的基本条件，至臻细节的高标准服务体验则是带给客户完美会展体验的重要因素。杭州国际博览中心专业的服务人员、会展业人才及管理人才具备接待高端国际会议的服务资质，力争将每个项目、每个环节都做到细致入微展现标准化的高品质服务水平。

以优秀的硬件设施与优越的服务品质作为场馆运营的基础亮点，杭州国际博览中心以累积的丰富资源和出色的业务能力，全面拓展市场的深度与广度，开展系统化的调研，对总体资源进行整合，根据企业定位确定有效客户，积极开展定向联系。

三、专业姿态活跃市场

杭州国际博览中心以专业化姿态积极开拓，战略性意向合作项目日期已排到2022年，积累了丰富的展会资源。展会项目中，达到1000人以上的项目有9项，500～1000人的项目有4项。大型项目居多展现了场馆优势，提升了杭州国际博览中心的综合实力。凭借北辰集团20多年雄厚的会展资源优势，为杭州引进国际化项目4项，与此同时发展周边省市地区项目入杭10余项，更加活跃了杭州的会展市场。

1.接办国际化展览

2019年，第十五届中国国际会展文化节、第五届杭州国际跨境电商博览会暨全球电商品牌峰会以及第五届浙江国际健康产业博览会均在杭州国际博览中心荣耀登场；2020年，更有杭州国际汽车后市场博览会、杭州国际经济网红产业链博览会、中国(杭州)国际绿色建筑及装饰材料展览会等大型专业性展会闪耀落户杭州国际博览中心。

2.专注专业化会议

杭州国际博览中心18000平方米的会议室面积，配备专业齐全的会议设施，更有16路同声传译满足各种国际化高端会议需求。世界杭商大会、首届实验医学大会、中国物流企业家年会、吉利汽车大会等专业大型会议均落定杭州国际博览中心。据统计，杭州国际博览中心现已签约会议参会人数共计3600多人次，专业化程度高的大型会议，让杭州国际博览中心的专业性服务得到体现。

3.吸引知名大企业

杭州国际博览中心北辰大酒店以准五星的奢华服务与安全舒适的空间吸引了包括网易(杭州)网络有限公司、浙江特产集团有限公司、杭州热联集团股份有限公司等多家国内知名大型企业纷纷签订长期客房、餐饮消费合约。与各知名企业的长期深度合作为杭州国际博览中心在业界内的长足发展奠定了深厚基础。

坐落于钱塘江南岸的杭州国际博览中心，正以势不可挡的新秀之姿，迅速崛起，倾力打造优质会展场馆品牌形象，在会展行业中崭露头角。在未来的规划发展中，杭州国际博览中心将积极探索利用多种智能化设施，引进新技术，从而整体提高会展业的专业化服务水平；积极优化会展环境，参与举办各类市场化项目，提升市场化服务水平；积极拓展国际发展空间，实施“走出去”战略，承接更多国际性会展活动；采用高效节能的系统设施，秉持资源循环利用、低碳环保的可持续发展策略，积极推动绿色会展理念。

问题与思考：

1.请回答杭州国际博览中心有哪些良好基础条件。

2.请分析杭州国际博览中心的品牌价值。

3.请根据杭州国际博览中心的现状，试分析如何保护杭州国际博览中心的场馆品牌形象。

◆项目九◆
会展场馆风险管理

风险管理是会展场馆管理的重要组成部分，它贯穿于会展场馆建设前、建设中和使用中的整个生命周期。了解会展场馆风险管理的概念与特点，掌握会展场馆风险的类型和发生规律，强化风险意识，学会使用风险识别和预警方法对会展场馆的风险进行有效控制，有利于会展场馆的良性运营与发展，有利于场馆成功举办更多展会。

学习目标

1.理解会展场馆风险管理的概念与特点；

2.了解会展场馆风险管理的主要类型；

3.掌握会展场馆风险的识别与控制策略；

4.了解会展场馆建设与使用阶段存在的风险。

模块一　会展场馆风险管理的概念与特点

会展业是高度敏感的产业，其发展需要政治局势稳定，经济发展态势良好，社会运转和谐，城市交通等配套设施齐全。在诸多因素的影响下，容易出现多样的风险事件，破坏会展活动的运行环境。场馆作为展会的主要发生场所，是风险事件的集中地。因此，实施有效的场馆风险管理，预防或降低风险，对实现会展产业的可持续发展至关重要。

任务一 了解会展场馆风险管理的概念

从企业管理的角度出发，风险是指未来的不确定性对企业实现其经营目标的影响。风险管理是指项目管理机构对可能遇到的风险进行预防、识别、评估、应对和监控的过程，是以科学的管理方法实现最大安全保障的实践活动的总称。风险管理在一定程度上可以最大限度地降低项目损失并提高成功的概率。风险管理的要点不仅在于避免和预防风险的发生或减少风险带来的损失，还在于发现有利于发展的机会，尽快从风险事件中恢复。

会展场馆的风险事件可能发生在多个阶段，例如在洽谈筹集展会资金时期、大力推广营销时期、展品运输搬运时期、展会进行时期、展会结束撤馆时期都有可能发生风险事件。会展场馆的风险管理就是指场馆针对不同阶段存在的风险隐患进行预防、识别、评估、应对和监控的管理过程。最有效的风险管理是避免一切风险的发生，但是在现实层面很难实现。因此，当风险发生，会展场馆如何进行应对和控制，尽可能地降低风险带来的损失也是场馆风险管理的重要内容。

国际上，非常重视对于风险的管理，很多国家早就制定了关于政治、经济、外交、军事等方面的风险防范机制。其实，自然灾害、安全事故等风险事件随时都有可能发生，不仅是国家需要增强风险意识，企业乃至个人同样需要。作为城市的窗口、贸易的桥梁、交流的平台、传播的媒介——会展场馆，强化风险意识，建立风险管理机制，不仅可以确保会展场馆正常安全运行，降低场馆损失，也是对城市安全高度负责的体现。

视野拓展

"风险"词意的演进

在远古时期，以打鱼捕捞为生的渔民们，每次出海前都要祈祷，祈求神灵保佑自己能够平安归来，其中主要的祈祷内容就是让神灵保佑自己在出海时能够风平浪静、满载而归；他们在长期的捕捞实践中，深深地体会到"风"给他们带来的无法预测无法确定的危险，他们认识到在出海捕捞打鱼的生活中，"风"意味着"险"，因此有了"风险"一词的由来。在国外早期的运用中，风险也是被理解为客观的危险，体现为自然现象或者航海遇到礁石、风暴等事件。

现代意义上的“风险”一词，已经大大超越了“遇到危险”的狭义含义，而是“遇到破坏或损失的机会或危险”。从19世纪初开始，经过两百多年的演义，风险一词越来越被概念化，并随着人类活动的复杂性和深刻性而逐步深化，并被赋予了从哲学、经济学、社会学、统计学甚至文化艺术领域的更广泛更深层次的含义，且与人类的决策和行为后果联系越来越紧密，风险一词也成为人们生活中出现频率很高的词汇。无论如何定义风险一词的由来，但其基本的核心含义是“未来结果的不确定性或损失”，也有人进一步定义为“个人和群体在未来遇到伤害的可能性以及对这种可能性的判断与认知”。

任务二　掌握会展场馆风险管理的特点

在会展场馆举行的任何展会都存在一定的风险，结合风险管理和展会管理各自独有的特点，我们将会展场馆风险管理的特点归纳如下。

一、时效性

展会的阶段性和会展场馆生命周期性的特点，导致会展场馆在不同时期面临的风险类型是不一样的。因此，会展场馆的风险管理呈现时效性。所谓时效性，一方面是指会展场馆在不同的生命周期所面临的风险事件是不同的，例如建设前、建设中和投入使用后所承担和控制的风险是不同的；另一方面是指会展场馆在举办活动的不同阶段所面临的风险是不同的。风险的承担者只需在特定的时间内承担这些风险。例如，延期或停办的风险只存在于会展项目的前期准备阶段；展中的风险则主要是火灾、盗窃、意外伤害等。

二、有偿性

风险具有不确定性，没人可以预测风险事件发生的准确时间和地点，也无法准确感知风险的规模与范围。面对风险的不确定性，场馆进行风险管理更多的是预警和监控。但是，会展场馆风险管理计划的编制、识别、分析、监控和处置都需要耗费大量的人力和物力资源。会展场馆风险管理的有偿性主要表现在用来预防或降低未来可能出现的问题所造成的损失，其真正的价值只有在未来才能体现出来，风险管理的投入在未来既有可能抵消，也有可能多于风险事件本身所造成的损失。

三、变化性

会展场馆的风险管理是一个动态变化的过程。某一会展活动的目标、时间和费用计划确定下来,其风险管理计划也应当随之完成。但是,在进行风险管理过程中,如果会展活动的时间、费用等因素有重大变化时,相对于这些因素的风险也需要重新进行评估。即便是同类型的展会,因举办时间、地点、具体场景的不同也会导致风险事件呈现不同特点,之前的风险管理计划要随之发生改变,无法套用。所以,会展场馆的风险管理因会展的动态特征呈现变化性。

四、信息依赖性

风险是人们对周边环境的一种感知与判断,进行风险管理的过程更多的是通过对周边环境信息的收集、整理后的经验判断。会展场馆风险管理就是在收集与分析风险情报和外界信息的基础上进行的,具有较强的信息依赖性。会展场馆风险的识别、预测和评估的准确性与会展风险管理部门的信息处理能力密切相关。

此外,会展场馆风险发生后,现场情况错综复杂,信息真伪难辨,容易导致信息通道被干扰,场馆内的风险管理计划无所适从。因此,有效的会展场馆风险管理还有赖于场馆内部所有部门与负责安全保障部门之间及时进行信息沟通,共同制定相应的行动计划和风险处理措施。

任务三 理解会展场馆风险管理的必要性

从城市形象出发,会展场馆是一个城市形象的展示窗;从经济贸易出发,会展场馆是一个城市的贸易平台;从产业经济出发,会展场馆是会展产业的有力支撑;从大众传播出发,会展场馆聚集多样文化,促进各类信息的交流。

会展场馆是城市重要的组成部分,会展场馆中发生风险事件,不仅仅是带来经济上的损失,还有可能破坏城市形象、损害人民利益。因此,会展场馆的风险管理显得尤为重要。

对于会展场馆来说,风险管理就是通过风险预防、识别、评估、应对和监控的有效手段,有计划地控制和处理场馆风险,最大限度地保证场馆的正常运行。通过任务二的学习,我们知道会展场馆的风险管理是复杂的、动态的、变化的。如何在会展场馆的管理中,识别风险、评估风险、控制风险、降低风险、化解风险是风险管理的重要内容，会展场馆风险管理的必要性因此凸显。

一、风险管理有利于确保会展场馆的正常运行

风险分为可控和不可控。对会展场馆进行风险管理有利于会展场馆充分了解自己所面临的风险类型及其严重程度，针对一些显现的可控风险进行有效的预防，采取相应措施避免或降低风险带来的损失。针对一些不可控的或者潜在风险进行评估，分析它们的发生概率和带来的最坏影响，做好预警方案，当风险发生时能够最大程度上降低损失，保证会展场馆的正常运行。

二、风险管理有利于提高会展场馆的经济效益

风险管理具有有偿性的特点，部分会展场馆因此排斥进行风险管理。可是，一旦发生突发性风险，前期的风险管理投入效用就能体现出来，预防措施可以将会展场馆的损失减少到最低限度。此外，有效的风险管理制度能让会展场馆的工作人员拥有安全感，增强其扩展业务的信心，提高领导层经营管理决策的正确性，降低会展场馆现金流量的波动性，从而提高会展场馆的经济效益。

三、风险管理有利于会展场馆树立良好的社会形象

人是展会、会展场馆最重要的资产，有效的风险管理有助于营造一个安全、稳定的展会活动环境，从而建立起参展商、专业观众、普通观众对会展场馆的信心。通过客户之间的口碑传播，帮助会展场馆树立有责任心、有社会担当的良好形象，形成良性循环。因此，会展场馆有必要进行高效合理的风险管理工作，将可控风险消灭于萌芽，将不可控风险带来的损失降低到最少。

案例分析

会展活动的高风险性

在创造经济和社会综合效益的同时，会展活动也存在着很高的风险性。会展活动能否成功举办受很多因素影响：政治、军事、文化、法律、自然灾害甚至一些突发事件的影响。当今，每一届奥运会、世博会的申办过程中，都有很多国家同时竞争申办，每个国家都投入大量的人力、物力、财力，成功者最后只有一个，对于申办失败的国家而言，其大量的投入便成为申办失败的风险损失。

一般来说，在某个地区举办展览首先需要有稳定的政治局势。2008 年北京奥运会和 2010 年上海世博会之所以选址中国，与中国拥有稳定的政治环境分不开。2003 年突如其来的“非典”，使得中国会展业受到重创，很多展会被迫取

消，一些小型会展公司宣告破产。

伊拉克战争带来两个结果：石油价格浮动和安全环境恶化。前者必然使会展活动的重要环节航空运输成本大增，安全环境的恶化使得展商和客商谨慎出行，这两个结果会直接影响到世界会展业。战争对中东地区会展业的打击是毁灭性的。当前的中东地区，莫说作为特殊贸易活动的展览会，就是正常的贸易活动都受到影响。对于中东地区企业来说，出去参展的积极性也因战争而大大挫伤。美国客商考虑出行安全问题，出境参展因此减少。“9·11”事件对美国会展业的影响到现在还未消除，许多商业性展览会效果大减，伊拉克战争无疑又使尚未完全复苏的美国会展业雪上加霜。

模块二 会展场馆风险管理的主要类型

风险是多样的，不同的研究者基于各自的研究对象提出相应的会展场馆风险事件类型。根据会展场馆运营情况，可以将场馆风险类型分为市场风险、经营风险、财务风险和沟通合作风险。因此，我们从项目风险管理、财务风险管理、信息沟通风险管理、安保风险管理等方面出发进行模块二的学习。

任务一 了解会展场馆的项目风险管理

会展场馆的项目管理风险主要指会展场馆经营方面带来的不确定性引发的风险，例如出现新的竞争对手导致合作展会更换场馆、展览项目进行时场馆现场出现问题、场馆举办的展会招展招商不顺利等。

会展场馆的项目风险管理是指通过风险识别、风险分析和风险评估对场馆运营展会项目中可能存在的风险提出应对措施和手段，对项目经营的风险实行有效的控制，妥善地处理风险事件造成的不利后果，帮助场馆以最少的成本达到项目总体目标的实现。会展场馆的项目经营风险一般是可控的，也是可以提前识别和预防的。

在展会项目推广期，为避免展会招展不顺、宣传效果不佳，会展场馆应该与主办方、参展商共同合作，精心策划宣传推广方案，整合资源，提高展会项目的知名度。

在展会项目布展期，会展场馆工作人员应该严格按照风险预防机制评估展台的搭建、展品材料安全等事项，避免风险事件发生。布展期间，极易发生展台倒塌事件。例如 2019 年第 125 届广交会布展现场就发生展台倒塌事件，现场混乱。2017 年 10 月 22 日，武汉一会展中心布展现场展架倒塌，造成人员和财产损失巨大，附近展台也受到严重影响。此类事件不胜枚举。

展会项目举办期间，会展场馆也会面临各类风险事件，例如诈骗事件。2014 年上海国际汽配展在浦东新国际博览中心如期举行。然而，现场近 200 家已经交了钱的参展商却无法进场参展，原因是上海沪昕展览有限公司冒用展会名称招商却无法落实展位。事实上 2014 年上海国际汽配展是由法兰克福展览(上海)有限公司主办。

以上经营类风险事件都是可以控制在萌芽时期的，由于会展场馆管理人员缺乏项目经营风险管理意识和培训，导致可控的风险演变为灾祸，为会展场馆带来损失。

任务二　了解会展场馆的财务风险管理

财务活动贯穿于会展场馆经营活动的整个过程中，例如筹措资金、长短期投资、分配利润等都可能产生风险。会展场馆财务风险是指场馆在各项财务活动中由于各种难以预料和无法控制的因素，使场馆在一定时期、一定范围内所获取的最终财务成果与预期的经营目标发生偏差，甚至导致场馆发生亏损。

会展场馆应该通过维持合理的资金结构，慎重选择投资项目等措施进行风险的规避与管理。以下因素都可能引发场馆财务风险，在进行场馆的财务风险管理过程中需要引起注意。

一、会展场馆财务风险管理机制不健全

会展场馆需要设立专门的机构来对场馆经营管理活动中可能存在的财务风险进行分析和管理。财务风险管理局限于场馆内部各职能部门的自我分析和控制，这是一种管理程序不全面、管理机制不健全的表现，容易导致场馆无法

及时预见、识别和反馈影响场馆财务目标实现的各种风险因素，从而引发财务风险。

二、会展场馆财务管理制度执行不力

建立健全的财务风险管理制度并对已有制度不断地优化、完善，是会展场馆规范经营行为、完善财务管理机制、落实财务管理责任的有效方式，也是会展场馆识别、分析、规避财务风险的有效途径。

部分会展场馆存在财务风险预警机制执行不力的现象，会展场馆建立健全了财务风险管理制度就必须强化执行。如果执行不力，也会出现忽视财务风险隐患的情况，财务风险难免产生。

三、会展场馆管理人员财务风险意识缺失

会展场馆管理人员财务风险意识不足、合作意识不强。在日常工作中，相关工作人员只关心自己分内的事，不关心其他部门的经营管理活动，致使会展场馆内部缺乏相互监督、相互制约的管理机制，让原本可控的财务风险发生。

四、会展场馆资金管理、收益分配政策不规范

会展场馆如果在资金管理、利益分配等方面存在权责不明、管理混乱的现象，场馆资金的安全性和完整性就无法得到保证。容易造成场馆资金使用效率低下、经济效益滑坡，甚至出现亏损，导致场馆财务风险发生。

加强对财务风险的管理是会展场馆经营管理中重要的内容。只有会展场馆上下共同树立财务风险观念，重视财务风险管理，善于对自然和社会环境带来的不确定性财务风险进行科学预测，采取各种防范措施，才能有效地规避财务风险，确保会展场馆的资金安全。

任务三　了解会展场馆的信息沟通风险管理

会展场馆是展会信息传播的中心，会展场馆、主办单位、参展商、观众之间会因信息沟通渠道的不顺畅，信息获取的不对等，引发误解甚至恐慌，引发风险事件。在传播信息和进行信息风险管理的过程中，会展场馆要注重发挥媒体的巨大作用。因为传播媒介是进行“环境再构成”的机构，媒介通过有意识地选取内容，传播给大众，从而影响大众对社会环境的认知与判断。当发生风险事件

后，大众媒体对场馆和展会积极正面的报道，有利于调整社会和相关人员的情绪，降低恐慌情绪，有利于展会的继续进行；大众媒体负面的报道则会引发公共危机，造成新一轮的风险事件。因此，在会展场馆的信息传播风险管理中要注意充分利用媒体的力量，积极发挥其有利影响，减少其不利影响。

随着互联网的发展，新媒体的涌现导致信息的传播机制发生根本改变。当今的信息传播越来越以个人为中心，每个人都是一个信息的发布终端，在这样的背景下，谣言极易产生和扩散传播。因此，会展场馆的信息沟通风险管理在利用大众媒体的同时也要注重对自媒体的运营和管理，可以建立属于会展场馆的自媒体平台，实现与观众、参展商、主办方、社会公众的无障碍沟通，减少误解的发生。

特别提示

展会中的网络营销问题

如今，利用互联网信息技术传播展览会已成为业界的常规手段，互联网营销也成为推广展会的一个重要渠道。但是，由于技术的原因，一些场馆或者展览会的官方网站会出现打不开网页、速度慢、不能上传资料等问题。有的出现此类问题后，一时半会儿还不能处理修复，不仅极大地影响了展会推广，还会给有意向参展的参展商带来不便。

此外，大数据背景下，网络技术公司越来越注重对公众信息的挖掘，甚至采用不合法的渠道试图获取公众信息。因此，很多参展商、观众对于个人信息的安全也提出担忧，不愿再参加社会调查和信息注册。此类问题，是我们应该关注和探讨的方向。

任务四　了解会展场馆的安保风险管理

战争、自然灾害、经济衰退、恐怖袭击等风险都属于不可控风险，此类风险会给风险涉及区域内的所有会展场馆都带去危机。相对于此类低频率风险事件，会展场馆现场的安保风险属于出现频率高的可预知、可分散的风险。

展会期间人员聚集密度高，再加上会展场馆存在大量物资，会展场馆中发生的风险事件以安保类为主。有效地进行会展场馆安保风险管理已经成为影响会展活动成功举办的重要因素。

会展场馆中极易发生的安保类风险事件包括公共卫生事件、火灾事件、偷盗事件、因争议引发的暴力事件、踩踏事件等。2014 年 10 月 3 日，上海秋季房展会上，数十名三湘建筑的业主来到“三湘森林海尚”展区，拉出横幅维权。原因是业主自 2013 年年底入住后陆续发现房屋质量差等问题，但与三湘建筑沟通无果。会展场馆安保人员在现场维持秩序时，与部分维权业主发生冲突，现场一片混乱。

2015 年 5 月，保定市望都县一庙会上，某电动三轮车经销商为了提高销量使用“泼酒精烧车”的方式来证明车漆质量过硬，结果工作人员在向着火的车斗内倾倒酒精时发生爆燃，造成 9 名围观人员被烧伤，其中 8 名伤者是儿童。

2016 年 6 月，某地举办摄影展，由于主办方对参观者的热情估计不足，没有充分考虑人员流动以及安全问题，导致场馆交通一度瘫痪，很多慕名而来的观众只能失望而归。

此类安保类风险事件发生的主要原因是场馆现场治安、消防等部门没有进行风险预警和管控。只要措施得当，此类风险事件是完全可以避免的。

任务五 了解会展场馆的其他风险

会展场馆是人们进行物质、文化和学术等方面信息交流活动的重要平台。会展活动的巨大流量让场馆面临的风险多样化，除了常见的市场风险、经营风险、财务风险、安保风险、信息沟通风险，还可能面临其他多样的风险事件。

例如名誉风险。《信息时报》披露，2007 年以来的一段时间内，广州有些展销会存在虚假招展行为，欺骗客商的举报呈上升趋势，导致广州会展界一度陷入“会展骗子”的局面中，相关会展场馆也因此受到负面影响。

在科技类、创意类展会中，极易发生知识产权纠纷。有些不法公司冒充专业观众，现场窃取参展商的创意和技术。针对此类知识产权纠纷引发的法律风险，会展场馆应该提高重视，合理规避此类风险事件的出现。

案例分析

展台搭建既要美观更要安全

展台对于一个企业来说是一个门面，代表着公司的形象。展台坍塌事件每年都会高频率出现，究其原因，不是因为预算少、质量差，更不是因为搭建商不达标，而是因为展台创意本身出现问题。很多参展商一味追求视觉上的效果完美，脱离现实搭建本身，很多策划人连基础的物理学中的结构承重都不考虑，只追求展台在设计上的独特和美观。

展会现场是人员密集度高的地方，若发生展台坍塌情况，容易对到场人员的人身安全造成危害，破坏展会的秩序，也会对参展商自身的利益造成损害。因此，展台在设计搭建过程中不仅要美观、独特，更要把安全问题放在首位。

2002 年 9 月 20 日，首届中国国际钟表、珠宝首饰、银器及加工设备展览会上，发生了一起罕见的意外事故，正在展出的一家参展商的展位不知何故突然翻倒，倒下的展位砸到了相邻的另一家公司的展位，造成了第二个展位的完全坍塌，连环倒塌的展位引起展馆现场出现了短暂的惊慌，由于展览会现场的参观者人数比较少，没有造成人员伤亡，但是对整个展会和场馆造成了一定的负面影响。

模块三　会展场馆风险的识别与预警

会展场馆的有效管理是会展项目正常运行的基本条件，也是提升会展场馆服务质量的基本保障。风险识别就是在场馆风险事件发生前对可能发生的风险进行预警，通过风险评估体系，针对风险可能发生的概率制定不同的预防措施。合理的风险识别与评估可以将风险阻止在萌芽期。

任务一　掌握会展场馆风险识别的方法

会展场馆风险识别是风险管理程序中的第一步，即在风险刚刚出现或者未出现之前就对风险予以识别。会展场馆如果可以准确、全面地识别场馆潜在的风险，在处理风险事件时就可以做到有备无患，游刃有余。

一、经验总结法

会展场馆应该完善风险预防体系，整理汇总会展场馆已经发生过的风险事件，并按照事件性质和严重程度进行分类。针对各种类型的风险案例，场馆在吸取相关经验教训的同时要制定预防和解决对策。此外，需要注意分析哪些风险事件发生的频率较高，针对此类风险事件要提高重视，仔细分析，尽量从根源上解决问题。

二、现场调查法

会展场馆管理人员应该多到会展场馆现场中直接观察场馆中存在的问题，例如设施问题、安保问题等，做到深入了解并掌握场馆中潜在的风险问题。此外，要多调查咨询参展商、观众的意见，他们作为展会活动的主要参与者，对场馆现场环境的认识会更加深刻和客观。

三、财务报表分析法

会展场馆的经营活动最终都会涉及资金的流转，在场馆的风险管理过程中，可以通过分析资产负债表和经营报表中的会计科目，观察判断会展场馆在运营中存在怎样的潜在风险。特别是在场馆的财务风险管理过程中，对财务报表的分析尤为重要。

四、内部沟通交流法

会展场馆出现风险事件，有些是因为员工内部沟通交流不完善。会展场馆风险管控部门制定的风险预警方案，其他相关部门没有重视，其他部门意识到可能存在某项风险却没有和场馆各部门之间进行交流沟通，导致场馆的风险被遗漏和忽视。因此，会展场馆内部要加强沟通交流，提高应对风险的协作能力。

五、专业咨询法

会展场馆可以委托专业的咨询公司和保险公司参与风险调查与识别，制定风险预警方案。专业的咨询公司接触的相关风险案例多，视野开阔，观察场馆存在的风险时更加全面、细致。此外，保险公司能在一定范围内为场馆的风险事件分担责任，缓解场馆因重大风险事件引发的危机。

案例分析

会议的风险分析单

会议的项目经理经常使用最典型的工具是风险分析单。在风险分析单中，可能的风险被列在第一栏中，在下一个栏目中需要项目经理评估可能会受到影响的利益相关者，并将最坏的案例结果采用1～5分级形式(5为最高)评估，风险发生的可能性也采用1～5分级形式分别在不同的栏目中列出，最后将这些数字相乘，结果列在表示风险水平的栏目中，表中的最后两个栏目分别列出现行的预警措施，以及应进一步采取什么样的措施来减少风险发生的可能性和减少风险所带来的影响。此外，一些风险评价表中还会列出谁应负责任，以及从什么时间开始负责任。通常，这个表是一个可变动的电子版文件，可以进行不断的更新。

表9-1 会议的风险分析单

风险	向谁提供	A	B	风险水平	现行措施	要采取措施	新风险水平	谁应负责
火灾	与会人员	5	1	5	灭火器 警笛 简要介绍	会议开始前向所有参会者进行介绍	5	责任经理
出入拥挤	与会人员	3	1	3	道路清理 宽的通道	清楚的路标	3	前厅服务人员
地毯上被绊倒	与会人员	4	3	12	所有的大小地毯都必须安全	用胶布封住	3	维修部
通信不畅	与会人员	3	3	9	好的音响设备	会前检查	3	声像设备经理
食品中毒	与会人员	5	3	15	有声望的供应商	温度测量器的使用和时间的控制	5	负责人 供应商

附：A＝最坏的案例结果；B＝发生的可能性

任务二 掌握会展场馆风险控制策略

会展场馆在组织会展项目过程中，不管事前预警工作准备得多么充分，现实操作中都有可能出现这样或者那样的风险事件。所以，面对风险事件，会展场馆应该采用怎样的策略，最大限度地降低风险带来的损失是本次任务中要学习的内容。

一、回避风险策略

风险回避是改变项目计划来消除特定风险事件的威胁。回避风险策略是指会展场馆在风险发生可能性很大的情况下，为避免严重的不利后果发生，主动放弃某种利益以达到规避风险的策略。回避风险策略的本质在于回避风险源，进而避免可能产生的潜在损失。在具体实施风险回避策略中，可以在先期回避即在风险发生前，就远离风险，2020 年新冠肺炎疫情期间，多数办展机构选择回避策略，避免风险事件发生；也可以中途放弃。例如，原定于 2020 年 7 月 24 日至 8 月 9 日举行的 2020 年东京奥运会，受新冠肺炎疫情影响，被迫延迟到 2021 年 7 月 23 日至 8 月 8 日举办。

视野拓展①

2020 年初新冠肺炎疫情全面爆发，全球展览行业受到严重打击。在此背景下，数字线上展也迎来急速发展。中国会展经济研究会统计工作专业委员会通过收集各地上报统计数据，同时通过“互联网检索＋抽样问询”的方式，收集并整理出 2020 年境内线上展的相关信息。

2020 年中国境内线上展总计举办 628 场，其中同期举办境内线下展的展览总数达到 509 场，另外 119 场线上展则单独举行。其中广交会作为历年线下展览举办面积最大的境内展受疫情影响被迫线下停办转线上展。

2020 年中国境内举办线上展主要分布在上海、福州、广州、北京、成都、深圳、南京、青岛等城市，2020 年这 8 个城市举办线上展的数量占全国境内举办线

① 2020 年中国数字线上展览行业发展现状分析[EB/OL].(2021-07-01)[2021-07-28] https://www.chyxx.com/industry/202107/960498.html.

上展总数量的65.76%,其中上海举办线上展的数量占全国境内举办线上展总数量的21.18%,占比最大;福州举办线上展的数量占全国境内举办线上展总数量的12.74%;广州举办线上展的数量占全国境内举办线上展总数量的8.12%;北京举办线上展的数量占全国境内举办线上展总数量的7.01%。

联展公司作为2020年中国境内线上展览技术服务企业为399场境内展览提供了技术支撑服务,累计服务参展商数量达到92,514家,是中国境内线上展服务企业技术支撑展览数量最多,服务参展展商数量最多的线上展服务企业。腾讯公司作为2020年广交会由线下转线上的服务企业,同年还服务了另外7个线上展,总计服务参展展商数量达到85,612家企业。

二、弱化风险策略

弱化风险是减少风险事件带来的不利后果,将风险损失尽量降低到可以接受的范围。会展场馆弱化风险策略是指为降低风险发生的可能性或减少不利后果带来的损失采取的系列措施。例如,会展场馆为降低火灾风险发生的概率,使用防火性质的建材、安装自动预警系统;为避免火灾发生时带来的损失,提前配备灭火措施和自动喷淋系统等。需要注意的是,实施弱化风险策略需要技术支撑、人员保证、法律支持和经济可行,通常在早期采取风险弱化策略可以收到更好的效果。

三、转移风险策略

转移风险策略是指通过合同或非合同的方式将风险转嫁给另一个人或单位的风险处理方式。采取这种策略所付出的代价大小取决于风险的大小。当资源有限不能实现弱化和回避策略时或风险发生概率低但潜在损失可能很大时,可以采用转移风险策略。

转移风险的途径主要包括:将担有的风险财产或经营活动转移给他人;通过签订合同和提供保证书实现风险财务转移;参加保险获取专家关于风险管理的建议和保证风险发生后获取财务损失的相应补偿。

四、分担风险策略

分担风险策略指的是会展场馆通过增加控制下的风险单位数量、扩大场馆的经营规模、投资领域分散化、产品差别化经营等方式实现共同分担风险的目的。分担风险策略能增强会展场馆的抗风险能力,但是过分扩张经营也会带来负面影响,例如导致会展场馆工作人员冗余,机构重复等问题出现。

五、风险接受策略

风险接受策略指的是场馆对于不可预见的风险采取被动或者主动接受。如果风险管理中对风险事件已经做好应急计划，属于主动接受风险事件，其他属于被动接受。当风险事件损失数额不大，不会影响大局的情况下，被动接受风险是比较省事的风险处理方式。当不可抗力出现或者在风险回避、风险转移或者风险弱化策略不可行时，或者上述策略执行成本超过接受风险的情况下可以采用风险接受策略。

案例分析

2003 年上海国际车展风险控制策略

2003 年，上海国际车展因非典肆虐而提前闭幕，本届车展颇受关注。上海国际展览公司(以下简称国展)在非典疫情压力之下开始了一场没有硝烟的战争。展览会期间采取了大量预防措施，如在现场设立医学观察站，加强展馆通风及消毒，控制观众流量，减少大型活动等。由于非典疫情的严峻，上海市政府和外经贸委决定将本次车展展期由 8 天缩短至 5 天。

车展开幕前 3 个月，国展就开始启动了全面准备和临战的准备工作。当时有两大因素可能会影响展览会：一是伊拉克战争，二是非典。国展随时关注国际国内形势的变化，及时掌握信息。到 3 月底，排除了伊拉克战争的影响，但非典的问题越来越突出。

车展是一个带有明显公众参与和接触的活动，是非典最容易扩散的渠道。如果控制不住的话，对车展会带来极为严重的后果。作为主办单位，将无法面对参展商、观众及几千名为车展服务的工作人员。就是因为国展全体上下都有这种清醒而充分的认识，因此在以后的行动中都能齐心协力、步调一致。

车展中方案部署全面及时，有一套完善的应变计划。公司内涉及的部门均需要参与应变，既包括正常展出方案也有紧急情况提前闭幕的方案。国展在此次车展的执行方案阶段做到严格细致，有条不紊。在展会提前结束的情况下，有利、有理、争取共赢的态度下妥善处理提出赔偿要求的展商，同时做好解释工作，晓之以理。

模块四 会展场馆建设与使用阶段的风险管理

会展产业的强大经济带动能力，让很多城市规划者意识到会展场馆的重要性，于是纷纷兴建场馆，有些城市甚至把会展场馆作为标志性建筑进行打造，却没有考虑到当地会展产业发展的总体情况。盲目建设不仅浪费了土地资源也浪费了大量的人力、物力、财力，造成经济损失。

任务一 了解会展场馆建设前存在的风险

会展场馆建设前主要存在以下几种风险：

一、投资主体单一，资金投入巨大

会展场馆的建设资金投入巨大，动辄上亿，有些会展场馆甚至高达几十亿元的资金数目。目前，私营企业缺乏投资建设会展场馆的意识和主动性，兴建会展场馆的主体绝大多数为政府机构，导致政府在兴建场馆时承担巨大风险。建设完成后，政府还要继续承担会展场馆使用率不高，投资回报率低的风险。

现在，政府开始引导市场参与会展场馆的建设，虽然一定程度上减轻了政府的资金压力和投资风险，避免建后会展场馆的闲置问题。但是，依然会面临其他风险，例如引资期间无投资人、投资资金无法达到预期效果、投标人压低场馆建设标准、低价竞标等。

二、会展场馆定位缺失，策划不合理

会展场馆建设完毕后是需要长期运营使用的。因此，在投资建设之前就应该考虑全面，需要前期进行合理的策划与定位。例如，新建会展场馆在这座城市乃至全国会展产业中的定位是什么，主要发展方向是什么。有些城市在建设会展场馆过程中一味追求面积大规模大却与城市会展产业发展情况不匹配，盲目追求表面效果，只会给投资带来风险，也会给场馆投入运营后带来压力和风险。

三、宏观环境下的经济政策风险

会展场馆建设前，所处城市的经济环境和政治环境的变化都可能给建设计划带来一定的阻碍和风险。从宏观经济环境角度看，目前世界经济发展不稳定，通货膨胀严重、利率变动都会给场馆融资造成很大影响，不稳定的经济环境使得吸收社会资金建设场馆难度加大。此外，当地政府政策的变动也会影响场馆的建设进度，甚至给场馆建设造成困难。

四、合同与契约风险

会展场馆可能由多家公司共同出资筹建，其利益关系及责任风险的分担需要在合约中进行详细说明。协议合同中难免会有漏洞，一旦出现风险事件，容易引发职责不明的情况，导致公司之间推诿问题，场馆建设进程搁置，造成人员浪费、社会资源浪费。

案例分析

展馆建设"一窝蜂"现象蕴藏巨大的市场风险

近年来，会展行业在膨胀式发展的同时已经蕴藏了巨大的市场风险。一些地区展馆建设"一窝蜂"，利用率不足1/4。2020年7月30日，《中国展览数据统计报告2019》于中国会展经济研究会暨中国会展经济(东莞)论坛上发布。2011～2019年全国展览数量及展览面积都呈现稳步上升趋势。但从增长幅度来看，近年来两项数据增长都趋于平缓。根据报告数据显示，2014年至2017年投入使用展览场馆数量及面积都以较快速度增长，而2018年展览场馆及面积首先出现下降，但2019年两项数据又再次回归增长。

2019年，山东省投入运营的展览场馆达45座，占比15.4%，为全国省(自治区、直辖市)第一，江苏省30座，广东省28座，位居全国第二、第三。广东省投入使用展览场馆的室内可供展览总面积达174.4万平方米，位居第一，山东省达155.6万平方米，上海市达97.7万平方米，位居第二、第三。

展览场馆利用率是评估场馆的重要指标。2019年利用率TOP10一线场馆仍占半席以上，上海新国际博览中心稳居第一。此外，前十位中郑州国际会展中心、厦门国际会议展览中心、成都世纪城新国际会展中心、南京国际展览中心场馆利用率都有较大的提升，可以反映出二线城市会展业正在持续发力。

根据2017～2019年的报告数据显示，展览场馆利用率排名前十位中，前六名利用率都达50%以上。2019年，全国有16座展览场馆项目立项待建，单间展览场馆室内可提供展览总面积预计达170.6万平方米。

一线城市发挥主导优势引领发展，二三线城市持续发力已在前列阵营占据一席之位，展览场馆整体呈上升趋势。但仍要思考的是，仅有约2%的展览场馆利用率达50%以上，如何提升场馆经营管理是当下的难题。

一些地方建设会展场馆动辄提出"高标准""现代化""地标"等口号，投入巨资设计规划却考虑不周、建设粗放，投入使用后才发现各种问题。例如中部某省会城市一个所谓的"国际会展中心"，由于展览面积只有1万多平方米，建成后举办了几次展览便因面积不足不再办展，改作他用，目前该市又在建设一个更大规模的国际会议展览中心。

北京国际展览中心有限责任公司总经理徐强认为，一些场馆动辄投资数十亿元，运营经费也居高不下，以一个15万平方米的大型展馆为例，每年运营经费至少5000万到6000万元。展馆建设投资大、见效慢、周期长，如果没有充足的展会项目，运营经费都成问题。一些地方或许根本不适合办展，却都在盲目地大建场馆。

任务二 了解会展场馆建设中存在的风险

会展场馆建设中主要存在以下几种风险：

一、资金风险

资金风险主要包括预算风险、融资风险、资金分配审计风险等。会展场馆建设中出现资金风险主要原因是：首先，如果建筑市场面临造价升高的压力，会展场馆工程项目在建设过程中往往存在超出原本预算的风险；其次，由于会展场馆建设中除了主体场馆的建设外还包括一系列配套工程的建设，资金的合理分配有一定的难度。

二、施工方面的风险

（一）施工条件带来的风险

会展场馆建设中，施工现场条件受各种因素的影响。由于天气变化可能带来暴雨、台风、高温等不利情况，还可能由于地质灾害而发生风险。此外，道路施工不畅，供水、供电不正常等情况也可能发生，使得场馆建设进度受阻。

(二)施工人员健康安全风险

会展场馆建设中,要着重考虑施工人员的健康安全风险。受施工条件的影响,施工人员的健康安全可能受到威胁,如高空作业、室外作业等。

(三)施工进度风险

会展场馆建设中,技术原因、管理水平原因都可能造成对场馆建设进度方面的影响,使场馆建设进程受阻,期限延长。

(四)施工设计风险

会展场馆建设中,可能会遇到事前资料收集的不准确或者没有代表性,导致场馆修建受阻,还可能发生设计存在缺陷或是技术存在缺陷,最终需要更改设计方案。

三、承包商违约风险

在会展场馆建设中可能因为合同设计不严谨,承包商没有诚意、推卸责任等原因出现承包商违约的风险。

视野拓展

不同规模和不同用途的体育场馆的防范风险

按照国家强制性标准 GB50348—2004《安全防范工程技术规范》中第四章“高风险对象的安全防范工程设计”对单位风险的划分,由高到低可分为三个级别:一级风险、二级风险、三级风险。在对体育场馆的安全风险划分中也采用了这一划分方法。

一级风险单位:能容纳观众 6 万人以上(含 6 万人)的体育场;能容纳观众 6000 以上(含 6000 人)的体育馆;能容纳观众 3000 人以上(含 3000 人)的游泳馆。具备以上条件之一,在举办国家级或亚运会、奥运会、世界单项体育比赛及相应活动时或举办危险程度很大的体育比赛时。

二级风险单位:能容纳观众 2 万人以上(含 2 万人)不足 6 万人的体育场;能容纳观众 3000 人以上(含 3000 人)不足 6000 人的体育馆;能容纳观众 1500 人以上(含 1500 人)不足 3000 人的游泳馆。具备以上条件之一,在举办省、直辖市级体育比赛或全国性、国际单项体育比赛及相应活动时、举办危险程度较大的体育比赛时。

三级风险单位:容纳观众 2 万人以下的体育场;容纳观众 3000 人以下的体育馆;容纳观众 1500 人以下的游泳馆。具备以上条件之一,在举办县、市级地方性、群众性运动会或相应活动时或举办有一定危险程度的体育比赛时。

对体育场馆的要害部位(目标)、重点部位(目标)、一般部位(目标)也分别划为一级风险部位(目标)、二级风险部位(目标)、三级风险部位(目标)。大体可作如下的考虑:主席台(要人)、贵宾室(要人)、通信系统用房、裁判员区、运动员区、竞赛管理区、新闻媒体区、供电设备(变配电机房、发电机房)、信息处理设备、封闭式体育馆的主进风口、安保指挥系统用房、监控系统用房、隔离用房、奖牌仓库、枪械仓库、财务室等要害部位可划为一级风险部位。备勤用房、观众出入口、观众席区、灯控室、声控室、大屏控制室、空调和供水设备等重点部位可划为二级风险部位。其他可划为三级风险部位。

任务三 了解会展场馆使用中存在的风险

会展场馆使用中主要存在以下风险:

一、设备和员工管理风险

(一)设备风险

在会展场馆的使用中,由于各种活动、项目的开展,众多的设施设备在使用过程中可能因为使用者操作不当或意外情况导致设备损坏。此外,在日常的管理维护中,由于管理者的疏忽或规章制度制定不完善导致设施设备出现问题。

(二)员工管理风险

在会展场馆的运营过程中,由于规章制度的不完善、领导者管理不善、员工责任不明确等原因造成团队缺乏凝聚力、工作人员态度消极、场馆工作无法正常进行等风险。

二、筹资风险

当会展场馆经营到一定阶段,原业主已无力继续提供所需资金。尤其是发展迅速的会展场馆,往往会面临资金不足的筹资风险。场馆方需要从各种渠道筹措资金,风险就在于每种获得资金的途径都是各有利弊的,如果经营者不善于扬长避短,便会将场馆陷入困境。

三、持续经营风险

随着时间的推移，市场的需求发生极大变化。技术在不断进步，新生的场馆逐渐兴起，旧的场馆却在不断老化，不能满足时代的需要。会展场馆内部的管理者也会因为各种原因发生替换。在这个时候，会展场馆会面临持续经营的风险。若经营者没在前期考虑这些随时发生的变化，场馆便可能为此付出沉重的代价。

思考练习与实践

一、简答题

1.简要阐述会展场馆风险管理的特点。

2.简要阐述会展场馆风险管理的主要类型。

3.简要阐述会展场馆风险控制的策略。

二、论述题

火奴鲁鲁亚洲发展银行会议的风险管理

在火奴鲁鲁召开的亚洲发展银行会议上最大的新闻是没有新闻。也就是说，好的计划和谨慎的风险管理成功地阻止了骚乱的发生。夏威夷比华盛顿特区和西雅图多一个地理位置优势，夏威夷是一个岛屿，它的地理位置意味着人员进出更容易控制，有人想要示威就意味着要花更多的钱。此外，他们的警员更是多了一个优势：他们了解在西雅图、魁北克、日内瓦及华盛顿特区发生过什么情况。

夏威夷的风险哲学是在问题开始前就让其止步，这就需要有良好的情报搜集能力。威胁被分为三个等级：绿色意味着威胁程度较低；琥珀(黄)色，中等威胁；红色，表示发生威胁程度高。火奴鲁鲁的官员非常清楚很有可能会出现问题，但他们并不是否定一切，这对整个城市活动管理很有帮助。火奴鲁鲁在开始时就部署了大量的警力，直到最后才撤回这些警力。总体上来说，基本原则就是在开始时不贸然行事，这是阻止麻烦继续发展的最好办法。

火奴鲁鲁不仅预演了各种不同的预案，而且还演练了一种权力控制的分散形式。由于现场指挥官和社区官员都在一线，在现场就可以迅速做出调配决定。火奴鲁鲁的官员还强调了灵活性。如果某一特殊的方法没有奏效，分散的指挥部有权决定采用必要的新方法。安全人员不一定要执行市政厅确定的政策。火奴鲁鲁还在形象管理上花了大量的时间，火奴鲁鲁的官员们很清楚同时有两场会议正在进行，他们竭尽全力不让抗议者接近媒体。

以下这些原则可以供我们参考：从开始就控制局势维持控制要比重新获得控制容易得多。

1.确保从一开始就在现场部署了大量的执法人员实行监视。抗议者想吸引媒体的注意，希望自己的行为能在全国范围内被广泛报道。但是，他们并不想被当地警察的监视器记录下自己的全部举动。监视器有可能会使局势平静下来，提醒人们他们将要对自己的行为负责。

2.在麻烦发生前就制止。例如，进行防爆预演，在预演中，让暴乱人群一违法就能被警察部门控制住。

3.不要剥夺宪法赋予人们的权利。人们有权利抗议，但不一定要在他们想进行的地点进行。另外，提供容易控制的远离会议场所的抗议地点。

4.有足够的预算。阻止麻烦和保障会议顺利进行会花费很多钱，但是我们已经从痛苦的经历中得到了教训，消除一个潜在的风险要比试图恢复声誉容易。

5.训练人们监视那些麻烦制造者。麻烦制造者常常很容易识别，尤其是他们在试图伤害他人或者破坏财物时更是如此。

根据上述原则，火奴鲁鲁官员为保障会议顺利召开采用了一系列控制程序，其中包括：

1.医疗卫生计划

(1)通知卫生保健机构准备提供额外的支援，为应对可能发生的生化袭击做好准备，包括列出哪些医院可以处置何种生化问题清单；

(2)向公众有序发放有关信息，如医疗专家的具体电话号码；

(3)鉴于火奴鲁鲁会议中心有大量的玻璃装饰物，因此，要对如何处理碎玻璃和被玻璃炸伤的人制定一项计划；

(4)征募能够进行拘留前检查的医师，以减轻警方的负担。

2.风险计划共享

(1)将诸如可能会在哪里发生抗议这样的情报在整个安全界公布。

(2)在会议开始之前为安全小组成员建立一个具体的网站，访问网站需要口令，并要对访问者的身份进行检测。

(3)对职员的身份进行审查，只有经授权的人才能进入诸如通信中心和卫生设施这样的关键区域；设计一个媒体计划，并且要对全体成员进行安全风险教育。

火奴鲁鲁当地政府的努力是如此成功，以至于很多人根本不知道会议还曾经存在过人身和财产安全威胁。由于极为出色的风险管理，火奴鲁鲁证明：好的风险管理能好到让平常人永远不知道曾经存在过风险。

问题与思考：

1.如果你是场馆负责人，面对案例中的会议，你会提前考虑到哪些风险？

2.案例中如何体现了“好的风险管理能好到让平常人永远不知道曾经存在过风险”？

3.火奴鲁鲁亚洲发展银行会议的风险管理带给我们的启发是什么？

◆项目十◆ 会展场馆绿色管理

长期以来，我国会展业一直处于“一次性消费的模式”，出现了展馆和展台搭建过程中材料污染，展会后的资源回收利用不够，产生大量废弃垃圾等严重影响环境等现象。各种类型的会展场馆建设，导致大空间面积的占用、大量建筑材料的使用、场馆搭建或撤展过程中对周边生态环境的破坏等问题不容忽视。低碳是未来会展业发展做出的必然选择，主办方、参展方、运营商等在内的会展业各市场主体应逐步树立绿色会展的意识，并着手去践行，使会展的策划、组织、运营和评估各管理环节绿色环保。

学习目标

1.了解会展场馆绿色管理内涵；
2.了解境外发达国家或城市绿色会展活动开发现状；
3.分析我国会展场馆进行绿色管理的必要性；
4.掌握我国会展场馆绿色设计存在的问题；
5.掌握我国会展场馆绿色设计实现的途径；
6.掌握会展场馆实施绿色管理的路径。

模块一 会展场馆绿色管理的内涵

随着人们生活水平的提高，倡导自然、低碳生活等相关的环保意识越来越得到人们的关注。会展业的前进和发展也逐渐向着绿色以及环保的道路靠拢，会展场馆的绿色经营理念的提出以及实施,对环境的保护有一定的促进作用。而且,还在一定程度上影响着城市经济以及社会经济的发展。

任务一 了解会展场馆绿色管理内涵

会展场馆绿色管理理念的提出以及实施,对环境的保护有一定的促进作用。而且,还在一定程度上影响着城市经济以及社会经济的发展。其中,会展场馆的绿色管理全面贯彻了现代绿色经营管理的实际要求,把经营管理与环保理念进行了巧妙的结合,提升了对资源以及环境的重视度。

一、何谓绿色会展

(一)国内学者对绿色会展的解释

胡平在借鉴"绿色饭店"定义的基础上得出了"绿色会展"的定义。他认为"绿色会展"必须符合三方面的要求。绿色会展是指那些为参展商等提供的产品和服务符合充分利用资源、保护生态环境和对人体无害的要求而开展的会议和展览采取一系列有效的措施,使展览对环境产生最少的影响,同时节能少耗,降低会展的运营成本,做到环境保护与会展经济的和谐统一。"绿色会展"的经营和发展既要满足当代人的需要,又不对后代人的需要构成威胁。

孙明贵从循环经济的角度出发,认为"绿色会展"是指在发展经济的过程中,遵循循环经济的"3R"原则,保护环境与合理开发、利用各种会展资源,实现会展经济与环境的协调发展,为人类提供更好的会展物质和精神文明。

何卫东从建设绿色会展的角度出发,提出了"绿色会展计划"。综合考虑各种因素,把会展活动的资源节约化与环境友好化作为一项系统工程,用多种措施改善会展活动的各个方面,包括会址、服务、餐饮、住宿、交通、活动和材料供应都能达到节约资源、保护环境的目的。通过减少非可再生资源的利用、使用可再生资源、使用环境标志产品、使用公共交通等,减少会展举办城市资源环境的影响,从而实现低碳经济的发展要求。

综合各位学者的观点,我们可以这么理解,绿色会展是指在会展项目的全生命周期中,通过对资源的合理利用和采取积极的环境保护措施,最大程度降低会展项目对环境的负面影响,创建环境友好型的会展项目。与传统会展模式不同,绿色会展以可持续发展为原则,以信息技术和新材料应用为载体,是一种全新的发展模式,也是贯穿于会展产业上下游的生态体系。

可以说,绿色会展意指会展经济的循环发展,即以会展的每个层面以及各项活动中合理的规划、设计会展活动,做到绿色环保。利用绿色环保理念,减少会展活动中的资源污染,增加可再生资源的使用率,保证废物的合理处理,落实绿色发展理念。"绿色会展"必须符合三个方面的要求:(1)绿色会展是那些为参展商、观众等提供的产品和服务符合充分利用资源、对人体无害的展览;(2)绿色会展是指采取一系列有效的软硬件管理措施,使会展活动对环境产生的污染保持在一个较低水平,同时在节能的基础上降低会展项目的运作成本,做到环境保护和会展项目经济效益和谐统一;(3)绿色会展的经营和发展不以资源消耗为原始动力。

(二)国外机构和学者对绿色会展的解释

国外的机构和学者从多种视角阐述了对绿色会展的看法,如从多重效应、可持续性、利益相关者、关系、网络等视角。总而言之,绿色会展是既要关注经济效益,也要考虑到社会效益和环境效益,发展环境友好型产业(见表10-1)。

表10-1 国外机构和学者对绿色会展的解释

视角	作者	定义
多重效应	德国会议局与会展产业理事会(GCB)	一种在会展计划、执行和撰写书面文件的整个过程中贯彻绿色发展的方式,它要求会展的任何利益相关者都贯彻环境友好的发展方式
可持续性	贝兹(Belz)等	在计划、执行和控制营销资源和项目的时候,不仅要满足消费者的需要,还要考虑社会和环境效益,满足可持续发展的原则,根据市场的机会和风险做出发展方向的判断(以市场为导向的行动),追求保护环境(环保导向行动),并且承担社会责任(社会导向行动)达到企业的目标
利益相关者	盖兹(Getz)等	一种创造、交流传递和交换信息的活动、制度和过程,它对于消费者、客户、同伙人和社会都有最大的价值
关系	格罗鲁斯(Grönroos)	建立、维持和加强与消费者、其他同伙人和社会上的利益相关者之间的关系,通过保护企业的目标来满足相关群体的需要

续表

视角	作者	定义
网络	科特勒(Kotler)等	个人或集体通过创造、提供以及自由地和他人交换物品和服务价值的一种社会过程

绿色会展产业是指与绿色会展相关的生产、经营组织体系,包括供应链单位及会展业主、顾客。20世纪60年代,美国经济学家K.博尔丁提出"循环经济(circular economy)"一词。20世纪80年代末,杜邦公司提出了减量化(reduce)、再利用(reuse)、再循环(recycle)的"3R"原则。其思路改变了传统经济中"资源—产品—污染排放"的单向线性流动经济模式为"资源—产品—再生资源"的闭环反馈式循环的自然生态模式,该模式能实现物质资源的有效利用和经济与生态的可持续发展。

从本质上说循环经济就是生态经济,就是运用生态经济规律来指导经济活动,也就是一种绿色经济。这些国家还深刻认识到会展活动给环境带来许多不利影响,最早将循环经济理论应用于会展业发展的国家是"世界会展王国"——德国。德国在研究会展总体规划时,以生态规划为目标,进行绿色会展开发,在研究制定会展环境保护政策上,重视保护自然,尽量减少建筑能量消耗。近年来,德国展会一个突出的特点就是与生态、环保挂钩。法国在研究建设大型会展场馆时,引入农业景观,强调会展回归自然,使之发挥生态、休闲、教育等多种功能。英国不仅注重会展中心周围的绿化,而且在会展场馆不同部位摆放颜色各异的垃圾桶,既洁净了会展场地,又有效回收了会展垃圾。

我国的循环经济理论从2003年开始进入到了实践推进阶段,十届全国人大一次会议明确提出了大力发展循环经济的设想,并明确要用人与自然内在有机统一的思维方式引导全新生态文明与和谐社会的发展方向。但至今,我国在研究会展经济的发展时,人们较多关注的是会展业对旅游、住宿、餐饮、交通、通信、建筑、金融、保险等行业的关联带动作用以及会展场馆建设、展台布置等传统会展模式所产生的积极影响,"绿色"的内涵及无形价值一直不为大多数人所重视,传统会展注入环保意识不多,特别是较少关注以循环经济理论为指导有针对性地探索与自然、社会、环境相协调的"绿色会展"动力机制的构建。

到2008年北京奥运会、2010年上海世博会和2011年西安世界园艺博览会,我国的绿色会展概念有了明显的提升,或者说开始走到一个新的高度。2008年北京奥运会以"新北京,新奥运"为主题,突出"绿色奥运"概念,把环境保护作为奥运项目设施规划和建设的首要条件，为此制定了一系列生态环境保护标准，广泛采用环保技术和手段，大规模提高了首都环境质量，强化了全民的生态环境保护意识。2010年上海世博会更是从设计、建筑材料到内部功能分区等都在为打造一个绿色世博，让生态保护理念无处不在，显示了科学技术的发展只有以让城市更美好，环境更美好，生活更美好为主要目的才彰显出巨大魅力。

西安世界园艺博览会处处体现着绿色、环保、低碳的元素，倡导和推广绿色生活理念和绿色引领时尚理念，改变人们的生活方式。博览会园区建设中大量使用环保、节能的新材料，如采用可再生、可拆卸材料和可循环利用材料，利用新工艺和新技术在园区建设生态示范建筑。

中国进出口商品交易会（广交会）有“中国第一展”之称，2014年2月25日第115届春季广交会开始实施《广交会绿色发展计划》，开创业内先河，是中国最早全面并有效推行绿色会展理念的展会。2016年如期实现绿色展位普及率100%的核心目标。2017年以来，广交会扎实推进《广交会绿色发展2.0计划》，持续提升展会绿色发展质量。2019年7月，广交会《绿色展台评价指南》获得国家标准化管理委员会正式立项。

2021年4月广交会深入推进《广交会绿色发展2.0计划》，倡导绿色展览、绿色会议、绿色餐饮和绿色交通，全面提升广交会绿色发展质量。升级绿色标准和评价体系，在绿色展台标准的基础上，进一步细化环境保护、节能降耗、回收利用三大类14项量化评价指标和评价实施过程的方向性指导。推动展览固体废弃物管控升级，按照“总量控制、分类管理、定量收集、超量自理”的思路，建立约束机制，强化展览固体废物分类处理，进一步减少环境污染和资源浪费。

广交会的非木结构普及率达100%，不仅因国家提倡绿色会展以及木材的环保、价格等因素，与南方的气候也有很大关系。春季广交会刚好处于南方的“回南天”及雨季，木材非常容易受潮，有着支撑点、受力点变化导致危险的风险存在，加上3～4天内几十万平方米的布、撤展翻场工作，弃用木材是保障安全的首选。而北方气候干燥，有些铝料或环保型材则可能要考虑、评估金属韧性等风险问题。

绿色会展须坚持环境效益、经济效益、社会效益相结合原则。绿色会展的未来发展方向重点在于：材料能使展位快速装卸，同时满足单位时间内可降解且不对土壤、空气产生二次污染的要求。最终目的就是要能够“少人”快速装卸，减少现场废弃物，降低废弃物的降解时间；同时尽量做到回收再利用，或者回收后变相循环利用。

视野拓展

20 世纪 90 年代以来，伴随着国际社会对环境问题的日益关注以及可持续发展观的形成，欧美等成熟会展产业国家逐渐意识到会展活动对环境的影响，美国环境保护署(United States Environmental Protection Agency，USEPA) 于 1996 年制定了首个会展相关的绿色指南——“环境友好型会展指南(Environmentally Aware Meetings and Events)”。该指南列举了会展活动所带来的环境影响，分析了绿色会展所具有的优势，并提出了一系列“绿色会展清单”，如减少废弃物排放、节约能源以及不同交通、住宿、食品选择等，由此拉开了全球绿色会展实践的序幕。

近年来，随着国际社会对环境问题的日益关注，新西兰、德国、加拿大等国家也制定了相应的绿色会展指南(GC，2013；MENZ，010；GCB，2013)。此外，在全球范围内，会展行业委员会(Convention Industry Council，CIC)、国际生态旅游协会(Eco-club)、联合国环境规划署(United Nations Environment Programme，UNEP)、国际化标准组织(International Standards Organization，ISO)、绿色环球组织(Green Globe，GG)、全球报告倡议组织(Global Reporting Initiative，GRI)等一些国际组织和机构也都制定和颁布了相关的绿色会展标准(Graci，Dodds，2008；UNEP，2009；ISO，2012；CIC，2012；GRI，2012；GG，2012)。

绿色会展的理念不该只在口头提出，应当正式地纳入计划当中。第一个正式提出“低碳世博”理念的世博会就是我国的上海世博会，各个展馆中的节能环保设计让人叹为观止：芬兰馆的建筑材料采用废旧工业边角料，研制成功新型复合材料，为展馆防水隔热；瑞士馆利用大豆纤维材质提取的生物涂料制成的光电媒质来进行发电。世博会不仅在口号中纳入了“低碳世博”，更用实际的建筑来展示这一理念。其“低碳”理念值得会展业学习。只有先转变原有的会展理念，找寻可持续发展的方式才能跟上新时代的步伐。

任务二　了解绿色会展的几点思考

随着展览行业的不断发展，为了有效遏制在展览过程中的空气污染、噪声污染和光污染的现象，设计师不仅要有绿色意识还要在每件作品中明确地体现出来，并能在以后的设计中，通过自己的作品将绿色意识在社会的每一个角落渗透和推广，为提高环保意识尽义务。只有强化了人们的这种意识，才能有效地减少会展活动对环境的污染和资源能源浪费问题，才能真正实现绿色型展会。

一、构建绿色会展体系的运行基础

企业是会展经济运行的微观主体之一，在展览系统中，企业处于核心和支配地位，它不但决定展览的性质、特点和形式，而且决定展览的最终效果，这也导致其行为直接影响会展环境保护的成效。因此，会展企业在绿色会展体系的构建中处于主导地位，一个真正意义上的绿色会展必须有企业的充分参与和管理。而传统企业的管理方法是行不通的，必须对其进行变革和创新，实行一种适应绿色会展体系构建条件的组织管理方法，即全面地实施绿色办展管理模式。另外，这里所说的企业不仅仅是指专业展览公司，也包括展览装饰公司、设计施工公司、广告宣传公司、展品运输公司、服务接待公司以及宾馆饭店、旅游服务企业的充分介入。

企业实施绿色办展，应将环境保护的观念融入企业的经营管理之中，将环境管理延伸到消费领域，从企业经营的各个环节着手来抑制污染和节约资源，以实现企业的可持续发展，达到企业经济效益、社会效益和环境保护效益的有机统一。具体措施包括：树立绿色管理观念，培育绿色企业文化；转变会展企业治理结构，施展绿色设计，把产品对环境的影响具体体现在会展设计中；开展绿色营销，将绿色管理思想贯穿于会展的各个营销环节；建立绿色统计体系并取得绿色认证，向外展示其实力和环保态度。总之，企业实施绿色办展应以社会、消费者绿色需求为导向，将绿色理念贯穿于企业所有的经营活动，树立牢固的企业环境管理的思想基础，切实落实企业的环境活动。

二、构建绿色会展体系的主体设施

会展场馆被誉为会展经济发展的火车头，是展示传播信息的媒介物，是会展业发展的基础。因此，构建绿色会展体系必须有以生态展馆为主体的设施。建设生态会展场馆要求在展览场馆的规划、建设和运营中实施生态技术，保持会展场馆与自然环境之间的物质、能量的平衡。

具体措施包括：生态会展场馆的规划应以可持续发展原则为指导，以建设生态建筑为目标，重视提高建筑周边环境质量和绿色规划；场馆建设应采取以降低建筑环境负荷为核心的可持续发展措施，运用减轻环境负荷的建筑节能新技术，保持建筑生涯的可循环再生性，创造健康舒适的建筑室内环境，使建筑与自然环境共生；场馆运营要与生态经济平衡相结合，采取高效节约化和循环的使用手段，引入智能化的管理体系，坚持无公害性和经济性地使用场馆各个设施。

三、构建绿色会展体系的法律保障

建立绿色会展体系，企业需要有关绿色会展的法律法规和规章制度作为法律保障，大体上可以从以下三个层次来构建绿色会展体系的法律保障。

首先，开发绿色会展必须遵循已有的国家关于环境保护的法律法规和规章制度。我国的环境保护法律体系是以《中华人民共和国环境保护法》为基础，《大气污染防治法》《水污染防治法》《环境噪声污染防治法》《水污染防治实施细则》等环保法律法规为辅助。绿色会展作为市场经济的组成部分，其各项的开发都必须严格地遵从上述法律法规，做到依法开发，依法办展。

其次，开发绿色会展还依赖循环经济发展的政策、法规制度的建立。绿色会展的实质就是一种循环经济理念在会展经济上的应用和发展，发展绿色会展也就是在发展循环经济。因此，为保证绿色会展的顺利推进，我们要建立健全有利于循环经济发展的政策、法规制度。根据发达国家经验，在取得循环经济初步实践的基础上，必须加快制定必要的循环经济法规，如《国家绿色消费法》《资源循环再生利用法》等法律，使循环经济观念和绿色会展观念深入人心，并从循环经济法律基础上保障绿色会展的循环利用。

最后，逐步建立和完善与绿色会展相关的法律制度。政府、会展行业协会及企业应该制定关于会展开发的环境保护法规和公共卫生管理制度，制定绿色会展特别法及其相关规定，并包括具体的法律实施范围、责任、罚款等规定。例如：在会展期间的环保法、垃圾法、污水征税法、建筑法（具体规定会展区域的建筑密度、绿地面积、会展期间公共卫生及垃圾处置等内容）。

任务三　了解境外发达国家或城市绿色会展活动开发现状

随着可持续发展理论的全球普及和循环经济的蓬勃发展，近年来一些发达国家已经注意到会展经济的无节制发展对环境的破坏作用，认识到发展会展经济同时必须注重环境保护，实现会展经济的生态平衡，为此他们开始着手开发绿色会展活动。我国作为一个绿色会展后发展国家，完全可以在立足我国绿色会展发展实际的基础上充分借鉴发达国家开发绿色会展的经验，加快推进我国绿色会展的发展。

从成效来看，由于欧洲、北美地区的会展经济比较发达并且环境保护意识较强，其在开发绿色会展活动方面做得相对较早也较好。目前国外绿色会展活动的开发主要体现在两个方面：一是以建设生态建筑为目标，强调对会展整个区域的绿色规划；二是强调办展应尽量符合3R标准。

一、以建设生态建筑为目标，强调绿色规划会展场馆

一些国家在开发绿色会展活动时，强调从完整的生态系统去把握场馆设计，使设计形体与自然生态环境相协调相适应，把场馆、商业、酒店、娱乐和其他会展设施有效地结合起来综合考虑；并且强调绿色办展应回归自然，发挥除展示交易外的环保、休闲、教育等多种功能，实现会展与环境保护的协调发展。比如德国在总体规划会展场馆等建筑时，强调会展中心的布局、土地使用规划与交通规划紧密结合，从功能和形态布局的优化来减少交通量，从道路交通的技术上做到会展期间交通的方便通畅；英国在开发会展中心时，一般在场馆前留出一块空地，配以铺地、水面、雕塑和绿化，也有的将建筑底层架空作为共享空间，使会展空间得以贯通而舒展；法国在建设大型会展场馆时，引入农业景观，把农田作为绿地引入会展区域，用农田作为各个会展场馆自然的隔离带。

二、强调绿色办展应符合3R标准

还有一些国家在开发绿色会展活动时强调场馆的建设和运营以及展会的举办要满足可持续性的要求，减少资源消耗，提高各种资源利用效率；并要求会展企业制定绿色会展的相关政策，依据各种规章制度来保护会展环境，减少能源消耗和控制污染，从而确保3R标准在绿色会展开发过程中的实施，例如加拿大温哥华市等。

各会展企业在经营理念上要加强对环保的关注。这一点上，我国台湾高雄展馆进行了出色的实践。浏览其官网可以看到，高雄展馆秉承的是“安全、舒适、便利、环保、人本”的经营理念，展馆陆续荣获绿建筑标章、国际宜居城市奖、友善建筑等奖项。2016年导入“ISO 20121国际认证——活动永续管理系统(Event Sustainability Management Systems)”，将“永续”精神扎实地融入场馆营运中，进一步落实企业的社会责任。浏览大陆的几家有代表性的会展中心官网，例如国家会议中心、国家会展中心、杭州国际博览中心、深圳国际会展中心

等，在经营理念上更多是在强调会展服务与经济效益，对于环境的关注则没有体现。企业经营理念、使命和愿景作为企业文化的一部分，对激励员工和提高员工凝聚力起重要作用，一个重视环境保护的企业能够满足员工对于生存环境关注的需求，员工觉得自己在为环境做贡献，能够提升员工的幸福感，有利于工作质量的提高。

会展业在发展绿色会展的过程中要发挥其产业关联度广、辐射范围大的作用，为会展提供相应服务的企业，如酒店、装潢设计公司等，也要进行绿色实践。金沙中国有限公司在这方面提供了成功的案例。公司推行“金沙集团环保360°”全球性可持续发展计划，在澳门最大型的综合度假城——澳门金光大道度假区实施了一套完整的环境管理系统，旗下酒店澳门威尼斯人通过使用节能灯泡、设置冷冻机组的自动运作模式、使用节水淋浴花洒和水流控制器及自动灌溉系统，在节能、节水及资源回收和再利用方面都取得了很好的效果。金沙中国有限公司在环保方面所做的努力使其在2014年获得了IMEX GMIC绿色供应商奖（IMEX GMIC Green Supplier Award），旗下的澳门金沙酒店及澳门威尼斯人分别获得两届澳门政府颁发的澳门环保酒店奖。

模块二　会展场馆绿色意识及设计途径

“绿色会展”是一种需要积极倡导的与环境社会和谐发展的循环竞技模式，我国会展经济建立一个完善的绿色会展发展规划迫在眉睫。虽然我国的会展经济有很大的进步，但绿色会展理念和服务体系才刚刚起步，全产业环保意识有待普及，相关产业链有待健全。绿色会展是会展行业发展的必然选择，必须逐步树立绿色会展意识。

任务一　分析我国会展场馆绿色意识

我国绿色会展场馆发展起步晚，但也取得较大的进步。在2008年北京奥运会中，绿色理念已经被融合其中，例如节能环保的“鸟巢”、节水型场馆“水立方”等都充分体现了绿色设计的宗旨。此外，2010 年上海世界博览会国家馆的顶部利用先进的太阳能板，把收集到的阳光转化成电能作为整个展馆的照明能源供给，有一半以上的场馆采用了屋顶立体湿地绿化，滨江和园区的景观灯使用 LED 半导体照明，减少了照明灯光的消耗，绿色设计理念得到了充分的体现；而且国家会议中心的绿色设计在供电、照明、绿化与环境、自然通风、中央吸尘、雨水收集利用、厨余垃圾收集等各个环节上也都有体现。特别是高新技术在设计中的融入，大大地提高了绿色环保的效用。其中，比较有代表性的四项环保设计是厨余垃圾收集系统、雨水回收系统、中央吸尘系统和下沉花园，以上设计充分体现绿色设计的技术含量。

同时，大量“非绿色”管理思路也在会展场馆中体现。近年来，我国的展馆数量和展馆面积均呈递增趋势。从场馆利用率方面分析，大部分场馆的闲置率很高，场馆的经营效益差，造成资源浪费和环境破坏现象严重，与绿色设计理念不符。甚至有些地区展馆数量密度过大，存在局部过剩，需求与供给不匹配，新建的场馆没有得到充分利用。而且新建场馆普遍过于豪华，成本过高，造成投资、土地资源的浪费。另一种现象就是由于缺乏对未来需求的规划，所建的展馆规模偏小，展馆结构脱离现代展览的需求，供需矛盾突出，导致展馆建成后不久就被搁置，造成资源浪费，背离了绿色设计理念的原则。

根据中国会展研究中心公布的数据，广交会琶洲展馆平均一年办展 165 天左右，出租率只有 45%，远远落后于国外一些发达城市。连广州最大型展馆出租情况都令人担忧，更何况其他一些中小型展馆，其场馆空置率更是不敢想象。惠州、中山等城市的某些场馆一年的时间都基本空置，另外建馆以来总办展数量也是为数不多，出租率则更低，这意味着场馆投入巨额的资金建设，极大地浪费了空间、资金、资源，而且场馆日常维护运营需要消耗一定的人力和物力。

任务二　分析我国会展场馆绿色设计存在的问题

纵观各城市会展业，可以看到每一次会展活动都会产生很多会展垃圾，并且使用不环保的会展材料，大大影响了城市形象。当前我国会展场馆绿色设计存在的问题主要表现在以下几个方面：

一、绿色设计理念意识薄弱

目前，国内绿色会展的宣传力度不够，教育部门或培训机构尚未完善相应的理论知识和实践基础，绿色设计理念尚未深入人心，导致了设计师或企业在进行场馆设计和建设时，忽略了绿色设计这一环节，从而造成场馆资源浪费和环境破坏。如过于重视场馆规模，由于我国会展业发展较晚，加上很多设计人员不是科班出身，由室内设计、平面设计等行业转型而来。虽然他们具备较强的设计基础知识和理论功底，但是对于会展设计的环保性等缺乏绿色概念，导致在会展场馆设计时为了迎合当地政府或者举办方的需求，在设计时一味追求规模效应，对绿色会展设计的内涵理解不深入，不利于会展业的可持续发展，影响了城市发展形象。

还有些设计师根本不理解绿色设计真正的含义，以为绿化建筑物内部和周围就是绿色建筑，甚至在场馆建成后才进行后期绿化和节能设计。再者，绿色设计理念意识薄弱的原因还体现在一些企业根本不在乎生态效益和社会效益，在衡量利弊时宁可牺牲环境来降低成本和追求经济利益。最后，从以往的展馆设计实践中，设计师更多地考虑展馆的外在形式与功能，忽视绿色创新的重要性，以吸引眼球为宗旨，导致展馆的设计极尽夸张，造成了极大的铺张浪费。

会展设计人员本身的素质和能力有待进一步提高。对于会展设计企业而言，由于起步较晚，规模相对较小，所以对高端技术人员的引进、培训等方面重视程度不够，会展设计人员专业知识储备和操作技能不能满足市场发展需求，甚至很多企业都没有专门的会展设计人员，往往都是外包或者临时聘请设计人员进行设计，在绿色设计理念开发和具体实践等方面的探索不深，导致设计出来的产品还是以高能耗、污染率高等问题居多。

二、场馆资源利用率低、空间设计不科学

在场馆建设过程中，建筑的自然采光、节能照明、雨水收集、太阳能收集、材料循环利用、三废排放等各过程的设计都要靠技术和设备的支撑，因而场馆的绿色设计水平一般取决于技术的选择与使用。首先，我国缺乏在新技术、新设备、新工艺方面的研发经验，关于高新生物技术、计算机控制技术、高级氧化技术、膜技术的使用遇到设备缺乏的阻碍。比如污水排放、有毒有害气体的处理设备生产水平低，生物净化技术的发展还处于实验阶段。其次，展馆建设规模不符合市场实际需求，空间设计不合理，且资源利用率低。部分会展企业迫于市场竞争压力或为了追求经济利益，缺乏统筹规划，盲目办展、盲目建设或进行

不合理的空间设计等情况，甚至出现有的展馆规模过大，有的规模太小，部分城市展馆供不应求，有的却供过于求。

没有做好市场调查的充分工作，使得场馆规模、结构都偏离了市场实际需求，最终不但没有实现本来的目标，还违背绿色理念原则，造成巨大的浪费，影响区域经济的健康与可持续发展。尤其是不固定在某一地点举行的大规模、极强影响力的会展活动，东道城市申请举办成功后，接着就投入大量的人力、物力和财力，大兴土木修建会展场馆或改造城市基础设施，忽视了对原来旧场馆建筑材料、设备和配件的循环重复利用，导致部分场馆空置浪费，产生大量废弃物和垃圾，造成了巨额的资源浪费，最终破坏场馆环境，无法恢复原来场馆的风貌。

国外部分国家绿色会展起步早，其理念和技术的发展比较成熟，在减少污染、降低消耗、节能环保等方面的技术都得到很好的应用。我国应该引进别国先进的技术和设备，借鉴其经验，在改革创新原有的技术基础上，加强自主研发力度，提高高新技术装备的应用普及率，让绿色设计在场馆建设中得以充分应用。

三、缺乏标准的绿色会展场馆评价体系

目前，我国关于会展场馆的绿色评价体系还没有完全统一和公认的绿色评价标准，企业缺乏有关的法律法规和规章制度作为硬性保障，会展场馆建设就失去了可靠的参考对象和评价依据，难以达到科学合理和绿色可持续要求。尽管我国针对会展项目的绿色建筑和施工标准尚未出台，但已于 2006 年颁布了《绿色建筑评价标准》，并于 2014 年进行更新修订，从 2015 年 1 月 1 日开始实施。另外，《绿色施工导则》等系列政策法规象征着我国的绿色建筑发展到了一个新的阶段。

发达国家关于绿色建筑评价标准的发展已经很成熟，包括美国绿色建筑评估体系(Leadership in Energy & Environmental Design Building Rating System，LEED)、英国绿色建筑评估体系(BREE-AM)、法国绿色建筑评估体系(HQE)、德国生态建筑导则(LNB)等。其中，美国的评估体系内容最完善，因而最具影响力，被各国当作绿色场馆建设或可持续性评估标准的模范。

绿色会展场馆的设计和建设，需要制定绿色会展设计等法律法规作为硬性保障来统一管理。因此，我国应该参考国外的经验，取长补短，建立健全有利于绿色场馆建设的评价体系和标准、政策和法规制度，明确提出绿色环保方面的

硬性指标，包括具体的实施范围、责任等规定。会展业的行业协会和管理单位应在会展各个实施环节加以引导，以减少环境污染，对会展设计涉及的展厅搭建规模、装饰材料的环保标准、展览设备及材料循环利用、能耗和噪音标准等制定管理细则或行为指南。

四、缺乏政府财政和政策的支持、缺乏监管和审查制度

尽管我国政府重视会展经济的发展，在会展场馆的投入资金也非常庞大，尤其是对北京等城市的大型会展场馆的支持，但是仍无法对所有展馆都一一实现，而且我国绿色会展也缺乏相应的免税优惠政策。不少会展企业在实施项目时，明知使用的建筑材料不符合绿色建材的标准，甚至对人体或环境造成伤害，但仍然肆无忌惮地施工，其中一个主要的原因是因为政府和有关部门没有制定严格的审查制度以及缺乏执行相应的监测监管工作。缺乏监督和审查的管理工作，部分企业就会为了追求经济利益而无视绿色环保的要求，这极不利于我国规范展馆的建设，也不利于实现建设绿色展馆的目标。

我国绿色会展处于初期发展阶段，非常需要政府财政和优惠政策的支持、引导、规划和管理。在给予会展项目资金支持的同时，对符合绿色标准的建筑在项目审批、税收等方面制定奖励政策、特殊的免税优惠政策以及绿色会展人才培养等政策；重视并鼓励相关企业发展绿色场馆，在建设和设计时运用绿色技术和材料，推进我国绿色设计与场馆建设的不断发展。

五、缺乏绿色设计会展专业人才

各高校开设会展专业的时间普遍较短，真正的会展专业人才相当缺乏，而且目前从事会展教育的教师普遍缺少会展企业工作经历，尤其是缺乏绿色设计实践经验，甚至很多教师是从其他专业转岗而来。我国应注重绿色会展人才有关理论和实践相结合的培养。在会展教师培训方面，通过增加会展企业的参与，让教师先走到实际中去，才能做到理论和实践相结合。以会展可持续发展理念为核心，设置相应的人才培养方案和课程，教师在授课过程中要明确绿色环保的培养方向，重点培养学生的绿色理念、绿色职业素质、绿色行为和绿色设计创新能力。

任务三 分析我国会展场馆绿色设计实现的途径

会展场馆与绿色设计相融合，一方面承担了环境保护的责任，满足国家节能降耗指标的要求；另一方面调整经济结构，提高能源利用率，发展新兴产业，建设生态文明，不仅有利于增强会展场馆的竞争优势，还促使社会、环境保护和经济效益的发展，是实现经济发展与保护环境双赢的必然选择。

针对当前我国会展设计存在的问题，可以看到这些问题与绿色会展设计理念的要求相差甚远，所以必须运用多方合力，从理念、制度保障、具体技术等方面进行全方位分析和研究，进而为保证绿色会展设计理念落地提供保障。我国绿色会展设计的实现途径可以从以下几个方面进行探索。

一、必须拥有会展场馆绿色设计思路

(一)能源绿色设计

会展场馆能源绿色设计，应先做出相应规划，充分考虑到节能的需要，可以采用太阳能、风能、水能等新兴能源。一是根据会展场馆的性质、规范设计人工空调系统，使之达到最优化；二是通过有效设计，充分利用自然光照明保暖或利用自然天气条件降温；三是设计采用透明玻璃钢类材料建造天窗、墙体；四是设计改进建筑体系、建筑保温和气密性等相关的建筑热工问题。2008 年北京奥运会为了实现“绿色奥运”的承诺，在不同层面对场馆建设、工程建筑、餐饮服务、交通等诸多方面都制定了专门的绿色环保指南，取得了比较好的社会效果和环境效果。

(二)资源有效利用设计

设计重复使用和循环使用资源，使用内含能量低的材料。重复使用主要表现在对旧建筑的重复利用和对一些建筑材料、构件、配件与设备的重复使用。内含能量是指建筑材料在开采、运输、建造、装配以及施工、运输过程中消耗的能量以及建筑体建筑时本身施工和场地处理的能力消耗。与钢、铝、混凝土等高内含能量相比，尽量使用天然材料和地方材料，将从制造或运输角度降低整个建筑的内含能量。

针对展馆分布不均，企业应根据地区的人口分布和环境等因素来设计展馆的具体方案，结合国外优秀的经验来总结展馆的合理性，要保障每一个展馆高

效率的利用，让资金花在刀刃上，惠及范围更广，让它多次使用，而非一次性。

（三）少污染或无污染及无害化设计

主要是通过设计，减少建筑废弃物或工艺生产的三废排放、避免光与噪声污染和热污染。建筑装饰材料中辐射性物质、甲醛等有害性气体物质应控制在允许的指标内。

在进行场馆建造时，设计者应当结合环保元素，建设生态场馆，比如德国的会展场馆建造注重结合会展、娱乐、酒店等多种设施，形成会展系统，减少了各功能设施之间的交通量；此外，应尽量减少土地的使用面积，充分利用空中及地下空间。场馆各项设备要制定合理的管理制度，在空闲期间尽可能减少耗能。德国的达姆施塔特会议中心因其可持续性的建筑和管理模式，如提供电子议程计划、垃圾分类处理、提供绿色会展实践咨询等，成为全球绿色会展场馆建设的典范。2005 年日本爱知世博会的场馆建设将回收利用做到了极致，“孟买麻”和“生态纸”成为场馆建设的基本材料。国外绿色会展的开发中还与循环经济相联系，运用“3R”原则来指导场馆的建设及运营，减少资源消耗提高各种资源的利用效率，减少污染。

二、必须拥有展位绿色设计思路

绿色意识指的是在展位设计之前，就开始着重考虑展位对自然资源、环境的影响，将可拆除性、可回收性、可重复利用性等要素融入展位设计的各个环节中。在满足环境要求的同时，兼顾展位应有的基本功能、使用寿命、经济性和质量等。绿色意识至少需要考虑以下两个方面的要素：

（一）循环利用

要求设计出的道具在完成其功能后能重新变成可以利用的资源，而不是不可恢复的垃圾。再循环有两种情况：一是原级再循环，即废品被循环用来产生同种类型的新产品；另一种是次级再循环，即将废物资源转化为其他产品的原料。从对这两种循环的定义来看，原级再循环能够更好地节省自然资源，也是绿色意识的体现方式。

（二）二次利用

要求展位上的道具及其零部件和附件能够被反复使用。这就要求设计师在对展位道具进行设计前有更系统的构思，零部件结构要尽可能地简单化和标准化，不但用料少，还节约了资源，并且由于是标准系统配件，还可以对其进行回收再利用。制造商应该尽量延长道具的使用期，而不是非常快地更新换代。

以上两种原则都着重注意了展位对环境的影响，那么该如何在展位设计中体现绿色意识呢？这其中包括了许多方法，重要的有：绿色材料运用、绿色结构设计、绿色能耗设计、绿色包装设计、绿色制造过程设计等。

三、大力宣传绿色设计理念意识

对于绿色设计观念薄弱这一问题，需要政府和相关部门加强宣传工作力度，可以利用公共媒体、培训机构等途径来宣传低碳和绿色可持续发展观念，使大家可以对绿色会展场馆设计有一个深刻的理解。除此之外，教育部门或一些培训机构可以把绿色会展场馆设计纳入教育的范畴之内，和其他会展专业知识课程一起来对相关人员进行培训，提高大家的绿色可持续发展意识，树立绿色设计理念。

加强宣传，营造良好的绿色价值理念氛围可以看到绿色理念已经慢慢渗透到会展产业，从国家世博会筹备等方面就可以看到绿色生态设计的踪影，很多国家场馆和展馆都通过运用新型材料、新技术和新方法，将绿色可持续发展理念和手段融入具体的会展设计方案里面，进而在全社会形成绿色价值理念，引导会展企业不断学习先进经验，将会展建设和绿色会展理念设计有机结合，形成人人参与绿色会展理念设计和行动监督，促进会展业的可持续发展。

视野拓展

目前国内会展业倡导绿色展览，包括广交会在内，主要做法是“堵后路”“开前门”。

“堵后路”就是制订标准，明确什么是绿色展台和绿色展览，展览结束后如何规范处理不可回收材料等。

“开前门”是指政府支持鼓励绿色展览。如把展览的主承办方作为绿色展览的首问责任人和政府鼓励政策的直接受益方。对生产通用化、系列化、标准化、可循环使用展台型材的企业，对主动选择使用绿色材料的参展商，对绿色展览的主承办方和承办场馆，宜在财政补贴、税收优惠、金融创新等方面适当给予补偿。

在具体做法上，我们可以向国外会展业学习。如日本展会在展览结束后，主办方会提供若干个筐用于装运拆展台后的垃圾，这几个筐的运输是免费的，余下的垃圾清运需要支付较高的费用。

目前做绿色展览，主流的绿色环保展具材质主要为铝合金桁架、truss 架等。这些材料的优点是标准化程度高、组装灵活，可循环可再利用，产生垃圾极少，撤展后可以按模块解体归仓，非常方便。应用绿色环保展具已经成为推动绿色展会的主要措施。

此外，业界人士也积极呼吁，希望参展商在参展过程中，尽量杜绝大量散发纸质传单、购物袋，避免过度使用空调和高亮度巨幅显示屏，减少浪费，降低能耗。提倡大家要多采用网上登记并用U盘拷贝资料，使用模块化或便携式的道具，尽量租用当地的物品，精确地规划物流的路线图，或者扫二维码添加企业微信公众号代替现场散发小广告等，避免高排碳性的运输，做到既有效率又环保。

四、设计方以最少的空间实体传递最大信息量

传统的会展运营模式是"资源—生产—废弃物排放"的单向式资源流通模式。这种传统运营模式在创造了大量社会经济价值的同时，也产生了大量废弃物，消耗大量资源，不符合低碳经济的发展模式。大多数会展活动的实效周期越来越短，临时、短期、巡回展览日益增多。单向式的会展运营模式不符合会展发展的趋势。设计方要适应这种变化，不仅要解决传统的陈列设计和造型新颖、工艺、色彩等单纯的装饰问题，还要以人的需求为根本原则，积极调动各空间实体，达到信息的最大化传递。如何在有限的空间里对企业的信息最大化展示，这就需要设计方考虑对展具的零部件和材料重复使用。而重复利用的前提，则是展具能够有效地拆卸回收。

装备与拆卸是展具结构中相对立的两个方面。便于装备的结构不一定便于拆卸，拆卸也不完全是装备的反过程。因此，设计方应考虑装备性能的优化，尽量缩短装备时间，拆装的便捷。这就需要对展具进行模块化设计，模块化设计是根据展具的不同功能或相同功能不同性能，在进行分析的基础上，划分并设计出一系列功能模块，满足不同的需求。模块化设计既可以很好地解决展具品种规格，又可为展具的快速更新换代，提高展出的质量，方便维修，有利于展出后的拆卸、回收，为设计方的经济收益提供必要条件。

特别提示

绿色展具设计中的材料选择与管理对会展的环保和最低消耗起关键性作用。在大型会展期间，为了达到良好的企业形象，大多数参展商采用特装的形式布置展区。现在的主要装修材料为木结构，在展出后不可再回收使用，造成大量的资源浪费。施工方应在选择材料方面做到慎重，一方面，施工方不能把

含有有害成分与无害成分的材料混放在一起;另一方面,对于达到寿命周期的展具,有用部分要充分回收利用,不可用部分要用一定的工艺方法进行处理,使其对环境的影响降到最低。例如,可以采用一些轻型钢材和铝合金组合的轻型构件。这些都需要低碳技术和产品的不断完善,来实现会展的低碳经济。又如,在上海世博会期间,中国馆就采用大量的可再生材料,国家馆顶上的观景台引进最先进的太阳能薄膜,储藏阳光并转化为电能。顶层还有雨水收集系统,雨水净化用于冲洗卫生间和车辆。

五、完善制度,建立科学的绿色会展设计管理制度

一方面要严格根据国际和国家相应的绿色会议指南和标准,针对会展设计的各个环节进行深入分析和研究,将可能设计的规模、环保材料使用、展馆设备维护和材料循环利用、能耗与噪音标准等充分融入到会展设计管理制度中,从而制定更加完备、实用、系统性的管理制度。另一方面要加强过程控制,积极探索科学的绿色会展场馆评价机制。要结合城市发展测评标准,对本地区的绿色会展行业进行深入分析和调研,设置绿色评级,并制定完善的奖惩办法。对那些优秀达标的会展企业通过税收减免等方式提高绿色设计的可持续性,对那些不达标的会展企业也要采取一定的处罚措施,限期整改,并加强事后改进监督。切实将绿色发展理念融入到会展设计和建设的方方面面。

六、不断创新,引入现代化技术提高绿色会展设计方法

绿色会展设计是一项系统工程,要充分研究和分析绿色设计的具体内涵,在保证满足场馆等基本功能的前期下,针对具体的设计环节制定明晰化设计流程。将每一个环节可能使用的材料、技术、设备、人员等进行统筹规划,并运用绿色设计标准进行检验,确保提高设计的科学性。同时利用现代化信息技术,提高设计的效率,加强对现状的调研和分析,从而为减少对环境的污染,简化设计,提高环保材料利用率和回收率等进行针对性开发和研究。通过引入可拆装展具、模块化设计等理念,进而节约成本、提高设计效率。另外要从人性化关怀的角度,引入仿生设计、绿色景观设计、情感体验设计等理念,将人的需求与绿色景观营造等全面结合,从而丰富人的体验,增强人与自然的互动,提高公众参与会展设计的积极性,为促进会展业长远发展积极献计献策。

七、大力培养绿色设计会展人才

在人才储备中,因会展涉及的领域较窄,所以各高校开设的会展具体专业

较少。因专业举办时间还不长，理论水平高且实践经验丰富的绿色会展人才少之又少。况且在建筑中实践的经验非常重要，它关系到展馆建设安全，关系到参展人员的安全，因此专业的绿色会展设计人才在绿色会展发展过程中显得尤其重要。除此之外，授课老师也有部分是非专业人士出身，这在很大程度上影响了该专业学生的绿色设计能力。

会展院校要加强绿色会展的教育工作，让学生即使不懂新型材料、工艺，也要了解整个行业的发展趋势。同时，会展院校应加强与企业的合作，多组织学生到展会现场学习，或者到企业工厂上实践课。同时，会展院校还可将企业中有经验的建设人员聘用到学校，尽快带动学生了解这门专业，通过实际的操练和模拟来熟悉绿色会展的设计理念，提升绿色会展的设计水平。

模块三　会展场馆绿色管理路径

会展场馆绿色管理是指以循环经济的原则为指导，采取保护环境、合理开发与利用各种会展资源的方针，开发与环境协调发展的会展，为人类提供包括适宜的环境在内的会展物质文明与精神文明。同时，还要考虑把会展的局部利益和整体利益、眼前利益和长远利益结合起来。为了真正有效地开展绿色会展，企业必须将绿色经营理念导入企业管理的核心价值观之中。以先进的科学技术为手段改造传统会展体系，构建以企业实施绿色办展为基础、以生态会展场馆为主体、以会展环境保护法律法规为保障的绿色会展体系。

任务一　了解会展场馆实施绿色管理的必要性

会展场馆实施绿色管理，意味着它严格遵循低碳、环保和可循环的会展设计理念，提倡节约资源，与环境友好相处。在综合考虑环境资源、活动需求等因素后，在会展活动的各方面，如展会的选址、场馆的建设、活动所需的物资供应、交通和服务等方面采取措施，将资源、资金的使用降到最低，将对环境的不良影响降到最低,切实符合可持续发展的要求。会展场馆实施绿色管理的必要性,可以从以下几方面来论述。

一、会展场馆实施绿色管理是可持续发展的要求

目前来说,可持续发展成为我们这个时代的特色,也受到了国家的高度关注。可持续发展和循环经济决定了会展行业必须发展绿色会展。未来的社会和产业发展更加强调以节能和环保为核心的人与自然和谐共处的可持续发展。作为可持续发展的最佳模式循环经济亦正被各国尤其是发达国家所重视,强调保护日益稀缺的资源,提高资源配置率,从而实现资源的循环利用。而当前的会展行业一直没有摆脱盲目追求经济效益,无视对环境造成不利影响的束缚,认为会展是"投资小,见效快"的产业,其开发往往是粗放型的。会展建筑规划不合理,不能够因地制宜,盲目求大,不求实用,造成展厅面积较小,浪费社会资源。另外,城市当中展览场所多是区域性重复建设,且规模小、水平低,无法承办较大的国内国际展会,一方面造成资源的重复和闲置浪费,另一方面也导致城市人流、道路、交通拥挤。

在社会大环境的影响下,各行各业都开始对传统的经营模式进行调整,使新的经营模式符合绿色、低碳、环保、可持续发展的原则。作为会展行业,也应该将可持续发展作为导向,以低碳环保作为发展核心,在具体的设计执行中让绿色观念贯彻到底。会展本身的职能让其拥有不可小视的社会影响力,绿色会展在融入低碳环保理念的同时,在一定程度上也能够引导整个社会的发展方向。社会大环境促进会展绿色化,绿色会展反过来也对社会产生了积极的影响。

二、会展场馆实施绿色管理是会展产业自身发展动力的需求

一场会展活动从设计、策划、施工、运营到结束、拆除,都将消耗大量的能量、资源,并产生一定的扬尘、噪声、污水、光污染、固体废弃物,对生态带来较大的影响。会展产业要健康、高速发展,并实现资源要素的聚集、流动与合理配置,必将促进会展产业自身不得不向着专业化、精深化、绿色化、生态化或低碳化等方向发展,使会展业的整体优势和规模效益得以发挥;将会展产业对经济发展的作用渗透到各大产业发展的全过程,培育出新的经济增长点和绿色会展业态。发展绿色会展,有利于会展资源的有效利用和环境保护,有利于会展业的各利益主体,提高资源的重复使用及再生循环利用率,减少能源消耗和对环境的负面影响,促进绿色经济的整体快速发展。因此,会展产业的发展需要创

新自身发展思路，积极践行国家提出的节能减排、资源节约等政策，遵循循环经济原理，通过调结构、促转型，勾勒出新的绿色发展方向，整体提升会展产业发展水平以及科技、文化软实力。

根据相关机构的研究调查表明，一个展览在能源上消耗的费用要占到展览营业收入的10％以上，可以说资源消耗是会展活动的主要成本之一。一般的展览场馆单位面积的年平均耗电为100～200 kW・h/m²①，是居民住宅用电量的10～20倍。大型展览馆多采用中央空调系统，而空调耗电量占全年总用电量的50％～60％。此外，一次性展具的消耗问题在会展项目中也十分常见。德国展览业一项调研表明，展览会产出垃圾面积占展览总面积的50％。会展活动要消耗大量的一次性用品，大部分是装修材料和宣传材料，更是加剧了会展对资源的消耗。科学把握“循环经济”内涵，使产业中各要素比例合理，发展绿色会展有利于资源的有效配置，促使会展产业不断向精细化、生态化等方面发展，有利于会展业的各个利益主体，为产业发展提速。

开展绿色会展提高会展项目的资源利用率、促进会展项目资源的循环利用、减低会展活动对环境的负面影响。切实减少能源、资源的消耗，提高资源的重复使用及再生利用，减少对环境的负面影响，是会展场馆实施绿色管理的中心工作。

三、会展场馆实施绿色管理是会展产业技术进步的需求

会展经济的形成和发展，是一个不断适应环境变化的过程，离不开特定的会展环境。在会展经济发展过程中，会展经济与自然环境系统之间相互影响、相互制约。会展经济发展所利用的资源和能源都来自自然界，同样，会展经济产业的大部分商品和劳务最终都存留在自然环境中，二者之间存在着能量与物质交换活动。

由于会展项目是一种临时性展示，出于成本及展示效果考虑，环保材料市场占有率低，价格普遍偏高，导致出现大量使用不符合国家规定的会展材料情况。循环经济的发展必须以技术为核心，只有创新技术，才能降低成本、扩大市场，才能使现阶段国内“粗放型”的会展经济向“精细化”模式发展，实现会展经济的“内涵式”发展。

---

①　kW・h是一种电量单位，学名：千瓦时，英文kilo Walt-hour的缩写。1千瓦时就是俗称的1度电。

技术进步的内在推动力与市场消费需求的拉动对会展产业发展方式转变提出了新的要求。根据西方经济学家的观点，经济的增长总是先由某个部门进行技术创新开始的，只有技术创新才能使该部门成本降低，市场扩大，利润增加，从而带动地区经济和整个国民经济增长。会展产业以循环经济理论为技术指导，以相对成熟的媒介数字化技术为基础，通过技术创新，突出信息服务技术的带动作用；提高会展企业技术装备水平、创新能力以及核心竞争力，增加会展产品的附加值；进而促进与其他地区协调发展，推动绿色会展技术发展，彻底转变会展经济现有的生产方式。

四、会展场馆实施绿色管理是会展产业承担社会责任的需求

会展环境的日益恶化决定了企业必须发展绿色会展。会展场馆和展台设计规划不合理是造成环境污染的潜在原因。如绿色设计理念的意识薄弱，过多考虑了展馆的外在形式，造成极大的浪费；场馆资源利用设计不科学，导致场馆不能达到自然采光，雨水收集、太阳能使用等材料循环利用的要求；展台设计没能遵循绿色设计理念，导致一次性材料应用过多加剧了环境问题。在会展活动期间，会产生大量会展废弃物，排放大量废气和带来各种会展涉及的噪声，如场馆建设噪声、会展交通工具噪声、会展期间活动噪声等，为保证会展发展的支持系统正常运转，企业必须保持生态平衡条件下的会展经济平衡，选择把保护会展环境，循环利用会展资源，展会生态设计和可持续消费等融为一体的绿色会展作为企业发展的战略。

我国法律规定了企业环境保护的法律义务，如《中华人民共和国环境保护法》第六条规定："一切单位和个人都有保护环境的义务，并有权对污染和破坏环境的单位和个人进行检举和控告。"还规定，"一切企业、事业单位的选址、设计、建设和生产，都必须充分注意防止对环境的污染和破坏。在进行新建、改建和扩建工程时，必须提出环境影响的报告书，经环境保护部门和其他有关部门审查批准后才能进行设计；其中防止污染和其他公害的设施，必须与主体工程同时设计、同时施工、同时投产；各项有害物质的排放必须遵守国家规定的标准"。2014 年 2 月，中国会展业首份企业社会责任报告——《国家会议中心 2013 年度企业社会责任报告》发布，国家会议中心成为国内第一个发布企业社会责任报告的会展企业。作为会展旗舰场馆，国家会议中心创造良好的经济效益的同时，也非常注重社会效益，不断在社会责任方面进行深度挖掘，通过对项目可行性及有效性进行全面分析、审慎实施，保证了每个项目的可持续发展。

近年来，国家会议中心还参加了“地球一小时”的绿色环保活动，在客户、员工、环境等社会责任领域开展优质项目。

发展绿色会展产业，还能促进社会相关产业结构从“黑色经济”向“绿色经济”的转变。会展项目与工厂制的产品生产的重要差别在于其项目特性，会展项目在能源、资源消耗及环境影响方面，不只局限于会展场地之内，而且延伸到会展项目庞大的供应链及其他相关方。开展绿色会展，相应地能够带动材料、饭店、宾馆、食品等供应商提升绿色意识，促使相关产业发展绿色经济。根据《项目温室气体核算议定书》（*The GHG Protocol for Project Accounting*），区别于目前国内有关的统计口径，对会展项目的二氧化碳排放的统计测算，不仅包括会展项目场地范围内及附属设施的直接能源消耗，而且还包括该范围以内的电力消耗以及相应的间接能源消耗，包括项目材料、设施及有关雇员、顾客的交通运输过程的能源消耗。

在对会展场馆进行管理的过程中，要注意对现代化科学技术的运用，对相应的管理手段进行及时更新改革。对会展场馆实施绿色管理，能在一定程度上对相关资源进行合理配置以及节约，对运营成本具有一定的控制作用，从而使经济效益得到有效提高。对会展场馆进行绿色管理的过程中，要注意相应的社会责任以及环境效益，把具体的经营策略与环境保护观念相结合，对生态环境的保护做出一定的贡献，从而使场馆的知名度得到提高。

五、会展场馆实施绿色管理是会展产业竞争形势的需求

会展业市场竞争加剧决定了企业必须发展绿色会展。近些年来，越来越多国外会展企业进入中国市场，使得该行业的竞争形势变得日益激烈。虽然会展行业是一个利润空间比较大的行业，但随着行业容量的不断饱和，利润空间越来越小，行业优胜劣汰也在所难免。其中一些国外早期的、发展较好的会展企业，早已将绿色会展的理念应用到企业中，这无疑给国内的会展企业带来了更大的压力。为了增强市场竞争力，不被市场所淘汰，改变原有的会展体系，尽快建立低碳环保的绿色会展体系就变得势在必行。

从会展业目前的展会层次和现行技术水平来看，大多数会展企业还处在以对环境的破坏为代价、以粗放型为经营方式的传统会展时期，还没有形成将环境保护思想融入会展开发和管理，以可持续发展思想为指导的集约化的绿色会展；传统会展在管理中，重经济轻环保，追求短期经济效益、不顾环境资源及环境的承载力，环境污染现象随处可见；而很多参展者更是理所当然地认为自己

的钱可以买来一切，在参展中承续了现代生活中的"一次性"消费习惯，给会展环境带来了污染和破坏。

要想在市场竞争中立于不败之地，企业必须以全新的经营理念为指导和先进的科学技术为手段改造传统会展体系，构建以企业实施绿色办展为基础、以生态会展场馆为主体、以会展环境保护法律法规为保障的绿色会展体系，实现会展企业相关技术和组织结构升级，从而为增强企业竞争优势度奠定良好的技术基础和组织基础。

任务二　分析会展场馆绿色管理存在的问题

会展场馆实施绿色管理，不仅有利于会展项目的资源利用和环境保护，而且有利于在会展项目供应链及社会相关方提升绿色经济的影响。会展项目不仅具有项目的特性，而且区别于一般的工程项目，具有强大的社会影响力和文化辐射力。通过开展绿色会展项目，可以起到绿色经济的示范作用，传播绿色的理念和文化，促进和带动全社会发展绿色经济。

一、会展场馆达标率低

1.会展场馆在数量或质量上不达标。会展场馆是会展业发展的基础和载体，现代化的会展场馆更是一个地区会展业发展的标志。近年来，全国各地加快了对会展类场馆及其配套设施的建设，但这些场馆或配套设施在数量和质量上仍没有达到会展城市建设的要求。以省会城市石家庄为例，全市重要的会展场馆有石家庄人民会堂、石家庄国际博览中心、卓达国际会展中心、河北艺术中心等，但这些会展场馆大部分还是缺乏承办大型展览会的能力。一旦有大型展会落实到各个场馆，基本是沿用传统的高消耗、高排放的方法来支持会展项目。会展场所内部硬件较之前虽有不小的进步，但和国外的大型会展城市相比还十分落后。虽然场馆附近配套的服务设施相对齐全，但服务利用率不高，有针对性的展会类服务也十分少见，实际上这些都是我国会展场馆实施绿色管理的一个主要瓶颈。

2.会展场馆建设规模、结构与市场需求不匹配。会展场馆的建设应该根据全国及地方会展市场中长期趋势合理规划，分期建设。会展场馆的规划，不仅要有区域性的规划，而且还要有行业、专业性的规划，在此基础上统筹兼顾，制定全国性的规划。目前一些地方,看到会展经济的"面包效应",纷纷抢项目、建场地,在一定程度上出现盲目建设的现象。

3.不少会展场馆建设未达到绿色建筑标准。会展项目作为公共建筑,对公众卫生、健康的影响较大。2019 年 12 月 20 日,《绿色会展标准体系指南》行业标准施行,本标准适用于指导会展活动的绿色可持续发展与运营。此标准为建议执行的行业标准,不具备强制执行的法律效应。就全国会展行业而言,不少项目没能按照有关的绿色建筑和绿色施工要求开展设计、施工、检验、运行等工作。

二、会展供应体系不符合绿色经济的要求

北京奥运会、上海世博会在绿色供应体系的建设及相关的产品检验、监测方面取得了成功经验,但是就整个会展行业及组织单位而言,尚未全面制定和落实有关的绿色供应体系标准,有关供应商的选择及论证工作较为滞后,不符合绿色会展的要求。

1.滞后的供应系统。绿色会展的建立不是单一体系的建立过程,它与周边的产业有着密切的供应关系(如采购、宣传、赞助等环节所涉及的产业)。绿色会展的建立需要一个庞大的绿色供应体系来支撑,只有外部供应体系绿色环保,才能建立起真正意义上的绿色会展。由于有关绿色供应体系的政策尚未出台,所以在供应商的选择方面更多考虑的是成本和利益因素,而忽略了环保方面的要求。整体来说,绿色会展的供应系统是滞后的。

2.缺乏完善的建设和监测制度。在绿色会展的实施过程中,比如说展会场馆的建立,在国家没有出台明确的绿色施工标准的前提下,由于不能按照相关标准进行设计建造,使得在场馆的建设过程中以及以后的使用中都会存在不少的问题。加上受建造成本、技术等原因的限制,使得环保低碳的因素考虑得不够,因此在循环利用和环境质量等方面会产生很多问题。另外,由于相关监测制度的缺乏,容易忽视这些问题,从而损害绿色会展的建立。

3.缺乏权威强制执行的绿色会展标准。目前,国内外对"绿色会展"的实践还处于探索阶段,一些展览企业发布了关于绿色建筑和绿色施工的标准,北京奥运会、上海世博会和广交会也出台了严格的绿色建设标准,《绿色会展标准体系指南》行业标准于 2019 年出台,但非强制性。从全国范围来看,大部分地区针对会展项目的绿色建筑和绿色施工具体实施标准还没有出台,即使是在拥有相关标准的大城市,很多会展项目也并没有按照绿色标准和施工要求来审核项

目的设计、施工和运行。

会展场馆和会展设施是会展举办的主要场所和必不可少的设施条件，会展硬件设施应根据国家及相关企业出台的绿色建筑和绿色施工进行标准化。上海世博会的绿色建设标准已经做出了示范，会展业的绿色发展需要制定标准和规范，为会展项目绿色建设和绿色施工的开展提供标准和依据。

三、会展场馆中绿色、可循环利用材料的使用比例偏低

1.绿色材料使用比例较低。会展项目的高效运作离不开城市基础设施、服务设施和相应的软硬件环境，包括交通条件、旅居条件、餐饮条件、通信条件、文明程度和绿化程度等。为追求突出的展出效果及考虑临时属性大量使用不符合国家规定的木材、板材、油漆等材料，对可循环利用材料的使用比例偏低。

2.绿色环保材料的使用良莠不齐。参展商及观众对会展设施的使用追求环保和低碳，希望能够在安全、绿色、高质量的环境中进行参展、观展和商务洽谈。但根据目前会展场馆搭建材料的使用情况来看，尚有部分危害人体健康的搭建材料在使用。

3.会展设施及材料的重复利用率有待于提高。从主办方及场馆的角度而言，会展搭建设施和材料的充分利用或者租赁可以大大降低成本，也是会展绿色发展的重要渠道。在全国范围内而言，上海会展业的办展数量具有绝对优势，办展质量也在不断提高，但会展材料的重复利用率尚存在偏低的情况。

任务三　分析会展场馆实施绿色管理的路径

在会展业的发展中，会展场馆的经营管理在其中占据着重要地位。随着人们生活水平的提高，倡导自然、低碳生活等相关的环保意识越来越得到人们的关注。会展业的前进和发展也逐渐向着绿色以及环保的道路靠拢，会展场馆的绿色经营理念的提出以及实施，对环境的保护有一定的促进作用。而且，还在一定程度上影响着城市经济以及社会经济的发展。其中，会展场馆的绿色管理全面贯彻了现代绿色经营管理的实际要求，把经营管理与环保理念进行了巧妙的结合，提升了对资源以及环境的重视度。

一、树立正确的绿色管理理念

就现今的实际情况来看，人们对绿色管理的认识还不够清楚，在施行相关绿色管理理念之前，要先对人们的传统观念进行改变。在绿色管理理念实施的过程中，其实施结果的优劣完全取决于经营者相应的经营思想。在对会展场馆进行绿色管理的时候，要注意在对环境以及人体不产生危害的前提下，对会展场馆的低碳环保工作进行开展，结合自身的实际情况对企业相关的经营战略以及经营方针进行确定，并且对相应的措施进行制定规则、教育宣传以及贯彻落实，从而使这一思想对每个员工都进行落实，让所有员工对环境保护的认识度都得到提高。另外，对于生态环境的保护，会展场馆有不可推卸的责任。所以，在其经营管理过程中，一定要把具体的经营活动和环保工作紧密结合。

在绿色管理理念执行之前，首先是要转变人们的传统观念。实施绿色管理的最大挑战是转变会展场馆经营管理者的传统思想观念，管理人员必须要将低碳环保作为会展场管发展和经营的重要立足点。在管理的过程中，在不危害人体健康及环境的前提之下，确定企业整体的经营战略和方针，通过实施制定规则、宣传教育及贯彻实施等具体措施，将此思想落实到每一位员工身上，让会展场馆中每个工作人员充分地意识到环境保护对会展场馆具有的重要意义，且场馆具有不可推卸的责任，所以一定要有效地将环保和经营活动相互结合。

同时，会展场馆管理者要树立“低碳”理念，开发、发展“低碳”会展活动。通过着力开展一些以低碳为主题的会展活动，让更多的人了解低碳经济的真正功能与主要业态。宣传文化、加强交流、推广技术，是会展活动的主要功能。因此，会展场馆可将“环保、低碳”理念落实到会展活动策划、实施和运营管理的各个环节，还可着力开发以“低碳”为主题的会展活动，使之成为展示“低碳”理念的舞台，进而使这一理念在各领域得到宣传，增强各市场主体的意识。积极组织和扶持一系列低碳型会展活动，真正让低碳与环保渗透到会展活动主办方及各参与者的思想意识中去。传统及现代会展活动的举办，需要包括物流、租赁、设计、搭建、交通、餐饮等在内的各项费用和支出，低碳型会展活动要求在会展活动的举办过程中，减少开支，节约成本。在诸多低碳经济和低碳产业中，积极建立区别于低碳旅游、低碳交通、低碳建筑等符合会展业自身发展的低碳特征和特色。

二、政府在推进会展场馆绿色管理中须有更大作为

1.构建绿色会展践行主体与观念。会展业的绿色发展是在政府、会展产业部门、外部支持产业部门和受众四个主体共同努力下的结果（见图10-1）。政府应对绿色会展业进行政策和制度上的扶持；会展产业部门应树立“低碳产业观”，构建低碳产业链条；相关产业部门如交通、旅游、住宿、餐饮、建筑等各行业要支持会展业的低碳运作模式；包括主办方、参展商、观众在内的各会展业市场主体应树立绿色会展的发展观念，将会展活动管理过程低碳环保化。

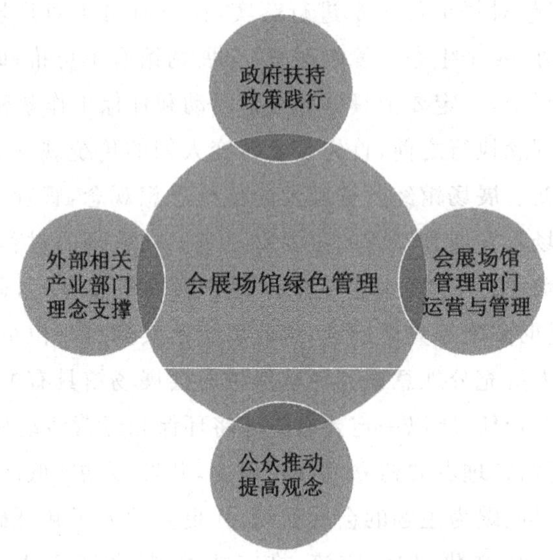

图10-1 会展场馆绿色管理践行主体构成

2.制定绿色会展优先发展的政策。近年来，我国北京、上海等11个城市针对会展业的发展，出台了专门的规范、规划、意见、规定，从优先发展政策、规范管理、加强市场监督政策、财政支持与奖励政策、税收优惠政策、人才使用政策、促进展览业对外合作政策等方面，鼓励发展会展业，但是针对绿色会展优先发展等方面，重视程度有待提高。为推动我国绿色会展事业，应研究有关优先发展政策，对于符合绿色会展条件的项目，在项目审批、金融、财税政策等方面，应给予优惠政策；对于符合绿色认证条件的企事业单位，在项目的开办及产品、服务的供应等方面，应给予更为便利的条件和优先权利。

3.政府应采取强制性的举措来推广“绿色会展”。政府应该起着一个主导的作用，规范展馆中的不文明之处，为绿色生态展馆的建立提供大力支持。从政府的角度而言，发展绿色会展要联合制定绿色会展的法规政策，并健全会展环

保制度。为了降低大型会展对资源的浪费,对环境造成的污染,发达国家和国际组织采取的一种普遍措施就是制定绿色会议(会展)指南文件,实施“绿色会展计划”。这就要求会展的主办者、参展商、观众在会展从规划、筹备、举办到结束后的后续工作全过程中都力争按照绿色会议指南的要求进行,减少碳排放,保护环境。我国的政府和相关机构可以制定强制性法规和行政、经济手段来约束会展中的不环保行为。只有硬性的法规才更具有说服力,才能规范展馆中的不文明行为。

4.建立、完善绿色会展项目管理标准、技术标准、评价标准体系。绿色会展标准是落实会展优先发展政策和实行相应的审查制度、第三方认证工作的基础,也是企业等有关机构推行绿色会展活动的指南。绿色会展标准包括管理标准、技术标准和评价标准。

加强对会展项目的绿色审查,建立健全会展项目绿色审查制度。对于会展场地建设、布展和展览活动计划不符合环保要求的应实行一票否决制;在展览活动过程应建立完善有关环境监测制度,及时监控展览活动的环境影响因素。

5.推进绿色会展第三方认证工作。绿色会展第三方认证是指会展项目业主与顾客之外的第三方管理机构或社会组织,按照有关的绿色标准对会展项目或会展企业的查证,以确定会展项目或会展企业的管理体系符合绿色标准的程度。我国会展行业可在完善有关绿色会展标准体系的基础上,吸收国外有关第三方论证的经验对绿色会展开展认证,提升全行业绿色管理水平。在制度建设方面,制定有关政策,培育第三方认证的市场环境,形成政府调控、会展企业自我发展、第三方认证机构推进的绿色会展社会体系。

三、会展场馆须推动各方形成合力,发展绿色会展

1.主办方政策引导并树立环保主题形象

当今会展发展形式分为两大类,一类是政府主导,另一类就是市场主导。我们国家的会展还处于发展阶段,政策法规还不健全和完善,政府必须为会展的高品质运行提供各项服务保障。发展绿色品牌会展,主办方起到引导的旗帜性作用,因此必须引起主要决策人的高度重视,将低碳环保的理念作为会展的宗旨主题大力宣传。我们提倡的绿色会展是指在会展实施中,遵循资源循环的原则,实行保护环境与合理开发、将各种会展资源相整合的方针,实现会展与环境的可持续再发展。绿色会展的概念强调发展会展经济不应以对环境的破坏和资源的浪费为代价。主办方在政策引导下,将各种低碳产业的新技术与新产

品应用到会展的组织策划中，对参展企业的会展行为做到跟踪监督，可以制定奖惩制度，对参展过程中实行低碳技术和产品的企业给予资金补贴，对参展过程中碳排放超标的企业予以警告和处罚，将政策落实到位。主办方要意识到发展绿色品牌会展是一个行业长远发展的基石，要重视当前的经济利益，更应把长远的可持续发展放在首位。主办方还要认识到绿色会展的投资不仅仅是经济上的投资，更是一种文化投资、知识投资和资源投资。主办方从主导意识的改变才能树立环保主题的形象。

2.参展商要树立“低碳”意识，将参展行为“低碳”化

业内人士曾做过这样的假设：假设一位参展商乘坐飞机头等舱到1500公里以外的城市参展，结束后又乘飞机回到原地，此行共会制造出约636千克的碳量，若要对此次参展活动所制造的碳量进行碳补偿，其至少要种下7棵树才能抵消相应的二氧化碳。由此可见，参展方的异国或异地参展行为，如交通、搭建展台、展示等从某种意义上可称为高碳行为。在低碳理念下，参展方可以倡导在设计、施工和管理过程中以节约资源、节约能源、减少环境影响为核心来开展参展活动，从而降低或减少高碳行为，走向“低碳”。

3.观众要改变传统观展模式，让现实展览与网上展示相得益彰

网上会展即利用网络技术手段，在互联网上举行会议或展览会。与现实会展相比，网上会展不受时间、空间的局限，无须投资大量的人力，不必消耗大量的能源与材料。尽管目前网上会展仍受观念落后、技术落后、运营模式单一等问题的制约，但其低碳、环保的效果可以大大降低投资运营和管理成本，因此可以与现实会展互动发展，促成会展的绿色发展。

作为会展活动的主体消费市场，在“低碳”理念下，会展活动的观众也要考虑自身在参观活动中的方式，选择低碳交通工具，积极参与网上会展的创建与发展等。只有这样才能刺激整个会展业将“低碳”作为市场供给的平衡点，进而推动会展业的低碳发展。观众应从会展的限制功能、保护功能、环境教育功能衡量会展的实施过程，客观地促进绿色品牌会展的实施。

四、会展场馆从展前、展中、展后进行绿色管理

根据我国会展业的现状及今后我国发展绿色会展的总体思路，企业开发绿色会展时应依托绿色会展体系的构建，从展前、展中和展后三方面人手开发绿色会展活动。

1.展前的绿色会展展览题材的选定

开发绿色会展，首先要在展前划定绿色会展的展品范围，换句话说，就是要求展览题材应该是绿色的。选定绿色展览题材是绿色会展活动开发过程中的一项十分重要的工作，其选择的好坏和准确与否，直接影响到绿色会展的市场拓展性，对绿色会展的招展和未来发展也有着重大影响。选定绿色展览题材，应以满足市场需求、保护环境为目标，通过对产业性质和发展状况、行业绿色动态以及市场信息等的调研分析，选择有利于环境保护的展览题材。根据所选定的展览题材，确定体现展会绿色性的名称。

2.展中有关展会活动的绿色开发

(1)会展企业应该在会展活动期间宣扬绿色企业文化，统筹规划参展者的参展行为，并高效节约和循环地使用场馆以及相关设施。而与展会相关的服务企业，如展览装饰公司、设计施工公司、广告宣传公司、展品运输公司、服务接待公司等也要参与其中。展览装饰公司应使用可循环再利用的材料搭建展台和装饰展位；广告宣传公司应高效节约化地使用宣传材料，降低包装，减少残余物，如用纸质宣传材料代替塑料材料；在会展期间应提倡展品运输公司使用具有环境保护意义的交通工具等等。

(2)场馆参照最新的绿色标准和智能化数据，翻新整改，投入使用绿色设施设备。场馆可与主办方、参展企业分别签订环保协议。主办方，必须保证按照环保协议搭建标准摊位或者监督参展商搭建特装摊位。参展企业，可要求其对现场本身摊位的用水用电签署标准协议，阶梯式收费，对用水用电浪费的行为，处以罚款和曝光。要求参展商对其本身摊位和公共区域的卫生状况负责。减少纸质传单和宣传册的发放。

(3)材料、物品供给专业化、特色化。对于展会内的物品供应需要有专门专业的供应商与回收商，在对材料物品进行使用后应该及时回收。对于一次性用品，可首选能提供可再生性材料的供应商，鼓励新能源技术的运用进入回收环节。为营造出特殊的会展展示氛围，展览装置讲究材料层次运用得当，自然材质与人工材料有机结合的陈列展具设计，在粗犷中又不失细腻，在精确中又不乏人性化，能够使参观者形成强烈的视觉反差，多元化的搭配凸显展具独特的材料魅力与风格。

(4)做好电子标识系统、应急通道准备。电子展馆标识是提供给观众游览的重要标识，在每一个展馆中都应该表明出入口处的方向以及开放时间以便引导游客前往，当发生紧急情况之时也能够快速逃离。展会应设置数字系统，既能准确、便捷对观众进行引导，又能减少实物标牌的使用，降低资源浪费。

3.展后的绿色管理

会展活动无疑会给会展环境带来或多或少的破坏，在展会结束后，会展环境的恢复和会展废弃物的回收和再利用对于绿色会展活动的开发同样是不可缺少的。展会结束后应释放会展场馆空间，通风换气，保持馆内空气新鲜；消除会展区域的噪声源，还会展区域以宁静；清除会展区域的各种宣传材料和广告；修复、保养被践踏过的草坪以及会展区域中的其他植物，全方位地恢复会展环境。

对展会活动中所产生的大量废弃物，我们可采取分类收集和机械分选方法，把固体废弃物中的饮料瓶罐、包装袋、织物、废塑料、废纸、废玻璃、废金属、废橡胶等可再利用的成分进行回收。对于经过简单处理就能够重新直接使用的资源如废纸、废木板、废织物等可交由会展企业自身所设立的相应专业部门管理，并把处理过的资源作为展台搭建、展览装饰、广告宣传等的材料；而对于那些需要深加工和处理的资源如废金属、废玻璃、废橡胶等可出售给专门的收购公司，由他们采取相应的技术处理并转化为新产品，这样会展企业在获得额外收入的同时也使这些固体废弃物和废旧物资得到循环再利用，减少了会展废弃物对环境的污染。

五、完善绿色会展供应体系

完善绿色会展供应体系是确保会展项目达到绿色标准的必要前提。完善绿色会展供应体系，第一要建立完善的有关绿色会展供应链的技术、管理标准；第二要制定有关政策，实行地方城市及会展企业绿色供应商注册制度；第三要推行绿色商品标识及绿色会展第三方认证工作；第四要加强绿色供应商自身建设，改进绿色会展商品、服务质量，建立完善绿色会展管理体系。

特别提示

英国标准化协会于 2007 年出台了 BS8901:2007《可持续会展项目管理体系规范》(*BS8901:2007 Specification for a sustainable event management system*)，这是一部较为规范、完整的标准，适用于各种大型会议和特殊的会展活动，诸如 2012 年伦敦奥运会、音乐节和航空展等。BS8901 针对会展组织者、场地及会展供应链中的总包或单个供应商。BS8901 涉及会展项目可持续发展的环境、经济和社会三方面的内容，其中有关环境的规范即可视为绿色会展的内容。根据英国标准化协会提供的有关案例，实践证明，实施 BS8901 并开展有关第三方的论证在绿色会展方面可以达到以下目的：(1)减少垃圾和碳排放，改进资源和整个会展供应链的效用；(2)提供更有效的会展策划机会，促进会展设备、设施的再利用；(3)对会展的环境负面影响采取措施，如减少“碳足迹”、加强“三废”管理、保护生物多样性。

此外，英国及其他国家的行业或地方政府机构也制定了有关的标准或指南：如英国环境与可持续委员会 2009 年 5 月发布了《走向绿色会展——减少会议环境影响指南》(*Greener Events：A guide to reducing the environmental impacts of conferences and seminars*)，美国建筑业协会(AIA) 2007 年发布了《2030 可持续发展：绿色会议指南》(Sustainability 2030：Green meeting guidelines)。

六、构建科学化的人才培养体系，为会展场馆绿色管理提供支持

只有拥有高素质、高水准的人才与完善的会展行业人才输送渠道，才能为会展业提供高水平的服务和管理，努力让会展业向着“规范化”“生态化”的方向发展。

1.高校须引入绿色会展理念

作为会展业人才的主要培养基地，高校必须重视绿色会展。首先要对教师进行相关的培训，使其在日常教学中融入绿色会展的相关理念，将绿色会展作为一项重要的教学内容，使会展专业学生对绿色、生态理念能内化于心、外化于行。

2.构建科学化的人才培养体系

目前，行业协会与高校合作不多，业务培训机构尚少，更未与会展业发达的国家或地区合作办学，导致会展行业中高层次人才缺少，阻碍了会展产业发展。因此，会展业需要完善专业人才培养体系：第一，人才教育与企业实践有机结合。仅靠教育部门的培养力量无法达到行业与企业要求，行业内有实力的企业也应该加入人才培养之中。第二，培养不同学历层次的人才。引导和支持各类院校开展研究生、本科、高职和中职等教育。除了一般的操作型人才以外，还要培养较高层次的研究型人才和综合管理经营协调人才。第三，加强会展行业协会与高等院校合作，成立会展业务培训机构，加强与国际会展组织和会展业相对发达地区的合作办学。第四，有计划地引进国内外会展业知名专家、学者和行业精英共同参与会展人才培养。

3.推进会展服务行业的专业化

培训专业从事会展行业的各类服务人员，展馆内设立服务台安排专业引导、疏通人员，专业讲解展馆内部路线；安排专门的保洁公司，妥善处理废弃物的循环利用；设立专门的展馆广告中心，控制传单、垃圾邮件等广告的发放，统一集中对展馆内各参展商的宣传制作，采用可回收、降解的材料制作广告宣传。

七、会展场馆绿色管理需要社会监督，形成社会舆论

当前，绿色会展并未被广泛接受还因为社会尚未形成成熟的舆论环境。这一点需要政府部门牵头，通过对生态文明建设的广泛宣传，以及依靠与环保相关的鼓励和惩罚政策来引导，使国人认识到产业生态化的重要性，意识到环境状况对个体的利益影响。社会的大环境形成了，会展作为很多产业的风向标，势必也将大踏步朝绿色会展迈进。

另外，会展是一个群体性行为，与社会密不可分。社会舆论也会对绿色会展的建设起到一定的推动作用。首先将低碳环保的理念在社会中大力、深入地宣传，促进环保理念的传播，带动大众群体有环保的意识。基于这样的条件，社会大众再行使其监督职能，对于会展企业的各种行为进行监督，方能有效地促进绿色会展的快速成长。

因此，会展场馆的管理应当走绿色会展模式，坚持遵循环保规律，树立绿色企业文化，制定绿色会展政策和开发规划，建立绿色会展体系，实现会展经济的可持续发展。会展场馆应该把握机遇，迎接挑战，使自己的展会成为会展行业舞台上的永恒明星。

视野拓展

循环经济理论由19世纪60年代一位美国经济学家提出的，其核心是“3R”原则，即在经济发展过程中，对资源要“减量化”“再循环”“再利用”，从而减少资源的投入量，提高资源的利用效率。同时，减少废弃物的排出量，将经济的发展模式从传统的“高开采、低利用、高排放”向“低开采、高利用、低排放”转变。在循环经济中，新的系统观认为循环是指在一定系统内部不断重复运动的过程，而循环经济的系统是以人、资源、科学技术等要素为主要构成的大系统，可以说是适应客观经济规律的重要体现。在传统工业经济中，资本在循环，劳动力也在循环，自然资源却没有参与其中，人们的观念是最大限度地开发和利用资源，尽可能创造更多的社会财富。但在循环经济的新生产观念里，循环经济是在物

资循环、再生的基础上发展起来的经济模式，也是建立在资源回收和循环再利用基础上的经济发展模式。传统工业经济重点强调“拼命生产、拼命消费”，而循环经济要求主张适度消费、层次消费，并且在消费的同时实现废弃物的资源化，努力建立起循环生产和消费的观念。同时，循环经济还要求人们通过税收和行政等手段来限制不可再生资源作为原料的一次性产品的生产与消费，提倡可再生资源消费和节约型消费。

思考练习与实践

一、简答题

1.我国会展场馆绿色管理内涵有哪些？

2.我国会展场馆进行绿色管理的必要性是什么？

3.我国会展场馆绿色设计存在哪些问题？

4.我国会展场馆实施绿色管理的必要性是什么？

二、论述题

1.我国会展场馆绿色设计实现的途径是什么？

2.我国会展场馆实施绿色管理的主要问题是什么？

3.请阐述我国会展场馆实施绿色管理的路径。

三、案例分析

上海新国际博览中心的绿色管理体现在哪里，有哪些经验可以借鉴？

◆项目十一◆
会展场馆智能化管理

在世界经济一体化发展的背景下，全球经济资源在市场竞争和信息化智能化进程中重新得到组合和配置。各种资源和信息凭借网络平台在全球范围公布，使得资源最大化地配置最优，会展产业得以更合理和高效地发展。现代信息技术水平的提高，也使得会展业可以依靠计算机技术和软件系统来管理会展活动的各个方面，更好地传达、交换会展信息，从而为主办方、参展商和观众提供信息交流和互动的平台。因此，在“互联网＋”的背景下，会展业要迅捷发展且能够提供高质服务，必须与时俱进，实现智能化。

学习目标

1.了解会展场馆智能化管理研究现状；
2.了解国内会展场馆智能化管理现状；
3.了解大数据时代传统会展业变革创新发展；
4.了解会展场馆智能化技术系统；
5.掌握会展场馆智能化管理的必然趋势；
6.掌握会展场馆智能化管理策略；
7.掌握网络会展平台的核心功能和技术模块。

模块一　会展场馆智能化管理势在必行

在智能技术所涉及的“互联网＋”、移动互联网、大数据等环境的影响下，我国很多城市的传统会展形式正在逐渐改变，许多会展场馆已经开始借助互联网助力会展建设的发展，特别是北京、上海、广州、杭州、大连等城市举办的大型会展部分采用了信息化、智能化的手段，成功打造了展会新形态。

任务一 了解会展场馆智能化管理研究现状

在“大众创业、万众创新”的社会背景下，智慧会展不仅改变了传统会展运作的方式，更影响了我们了解和思考会展的习惯，为会展产业链各环节的创新创业提供了无限可能性。正如加拿大著名传播学家麦克卢汉“媒介即讯息”的观点，媒介是现代科技的代表，科技影响社会、经济和文化的发展，也将更为深刻地促进社会变革。

一、何谓智慧会展

“智慧(smart，smartness 或 intelligence)”一词源于 20 世纪 90 年代，自 2008 年起开始在国内学术界频繁运用。[①] 随后，智慧概念逐渐扩展到各行各业的发展中，如智慧地球、智慧城市及智慧旅游等。而“会展”(MICE)是“meetings”“incentives/incentive travels”“conventions/conferences”和“exhibitions”四项商业组织活动的英文单词首字母缩写共同构成。

国内学者(如丛海彬等)认为，智慧会展是以信息化技术和多样化网络组合为基础，表现出人与物之间的相互感知能力及信息处理、整合能力，并科学监测、分析、预测、预警和决策，以提供个性化、专业化服务。学者张健康认为，作为现代科技运用的典范，智慧会展是以移动互联网技术为依托，以一种智慧的方法提供实时社交的开放平台，凭借最新科技改变会展参与各方信息交互的方式，提高商务洽谈的明确性、效率、灵活性和响应速度，以此实现会展资源的高效利用和会展服务的优化完善。

随着移动互联、大数据、云计算、物联网以及三维全景技术、虚拟现实技术、增强现实技术等现代科技的快速发展，传统会展向现代会展转型，办展机构利用这些技术可以开展更加高效的会展服务，呈现更加优美的展品展示，获取更

---

① 刘枭.“互联网+”时代下福建省智慧会展产业发展模式创新研究[J].开封教育学院学报，2017(7)：50.

有价值的会展数据，促进更为广泛的贸易洽谈，促使更佳参展效果的达成。

二、智能化会展场馆发展的研究与实践

会展场馆是从事会议、展览及节事活动的主体建筑和附属建筑，其所提供的配套设备和服务，在实现“互联网＋会展”的转型过程中发挥着基础性作用。一个场馆的智能化、信息化服务程度已成为组展商选择场馆的重要因素。在关于场馆的智能化建设中，冯岩[①]认为：“智慧型场馆是在现有的场馆智能化系统的基础上，充分利用物联网和云技术等新兴技术，使场馆的每一个角落都有感知触角，并通过计算机技术信息中心收集信息，再将各种信息传达至场地人员，可根据客户需求精心设计服务。张榕林认为智慧场馆就是以场馆为主体品牌，通过智能硬件、软件设施的投入，联合周边产业共同发展，致力于拓宽完善服务项目、增强场馆管理水平、降低综合运营成本、促进场馆的营销推广、获得社会效益与经济效益，进而促进文化发展、推动产业发展。”北京体育发展有限公司李长江就曾提出建设“一网、一平台”的建议：“一网”是指硬件建设方面推出“场馆专网”，即把场馆作为一个终端，架设高宽带的专网通道进行场馆的连接，每个场馆通过 Wi-Fi、蓝牙设备铺设，满足观众的场馆通信、互动要求。

目前，美国路易斯安那州立大学（LSU）研究设计出一套展馆系统 Exhibition Next。该系统实现了展会智能注册、信息推送、观展追踪、展品评估、展讯服务等功能。国际消费电子展（CES）的主办方将物联网技术服务于其展会服务系统，并开发了官方移动应用 Follow Me，开创了基于移动互联网的信息化阶段。相比于国外，我国起步相对较晚，但发展势头呈良好趋势。目前我国自主开发的可应用于博物馆的清远华程文物保护监测系统 WiSen 平台，能够实现对文物所处环境的温度、湿度、光照以及震动等状态参数的实时测量和分析，并自动调节；同时可防止人为的偷盗和破坏。中国移动江苏无锡分公司开发了“会务通”平台，并在第二届佛教论坛、首届中国技术创业峰会等重大活动中成功运用。华为公司从提升展馆运营效率、较低成本、节能环保、安全可控等方面专门为福州数字中国会展中心打造了一个智慧运营平台，采用云计算、物联网技术，打通展馆的空调、新风、给排水、门禁、照明、网络、视频等 12 个专业的系统与数据的壁垒，集成展馆近 1.2 万个末端点位，实现数据的互联互通，做到设备集中检测、告警的集中处理、集中控制；通过场景化预案的编排，实现各

---

① 冯岩.智慧型体育场馆的构建设想及应用[J].现代职业教育，2017(35)：172.

专业间的联动，从而极大地减少了运营人员管理设备、维护设备、巡检设备、维修设备的成本，为展馆节约15%左右的人力成本，并且提升20%～25%的运营效率。

三、发达国家会展业智能化发展特征

（一）市场运作，会展业务信息化

欧美会展业发达国家的市场化运作程度普遍较高，而激烈的市场竞争促使市场主体重视自身服务水平的提升。为了给主办方、参展商和专业观众创造和提供更加有效的信息交换和互动平台，信息化技术在企业管理和运作各个环节得到了广泛的应用。

1. 高水平的网络信息服务

早在1998年，就有许多德国博览会通过网络工具销售入场券、发布产品目录和信息数据等，并通过提供行业信息、市场推销服务、论坛和与展览业务有关的平台进一步扩大服务范围。发展至今，网络信息服务已十分完善。一般情况下，这些展会组织者会提前将展会布局、展会计划和展位销售情况等放置到网上，并广泛使用展会观众网上预登记服务功能。这些服务功能可以方便观众提前了解展会布局，安排观展路线，也可以方便主办方搜集展商信息，提高现场服务效率。

2. 重视业务信息和客户信息数据库建设

德国博览会汉诺威股份公司建立了完善的全球网上业务信息系统，拥有2万个数据组和4万项产品登记的信息数据库。强大的数据库资源为其各项工作的开展提供了极大的便利。英国展览公司均建有完整的客户信息管理体系，包括完备的客户信息数据库，以及该数据库信息在公司系统内的充分有效共享。这些信息库不仅可用于场地或业务销售，同时也用于售后服务和财务管理，也能在各个需要的部门共享或合并使用，形成了强大的数据服务系统。

3. 注重现场管理信息化建设

法国巴黎国际建筑建材展览会主办方把邀请到的参展商和专业观众的详细资料（如联系方式、主要业务等）制作成磁卡，并将其送给有关人员。这些磁卡一方面可作为进入展览中心或会议中心的入门证，记录有关信息；另一方面，还可以作为信息传递媒介（名片、信息搜集存储器）。该主展公司自己也可据此对参展商和参观者进行统计、分析，从而极大地提高了服务质量和工作效率。

(二)网络应用,会展项目虚拟化

近年来,随着整体经济形势的影响,企业普遍参展预算压缩,虚拟展会发展迎来契机。近十数年来,德国大型展会观众数量不仅没有增长,部分年份甚至出现明显下降。美国会展业发展也呈现类似特点,特别是在“9·11”事件发生后,由于人们对旅行的恐惧,网上展览受到越来越多企业的欢迎。

1.虚拟展览题材范围越来越广

传统的网络虚拟展示主要出现在博物馆展品的展示领域,卢浮宫虚拟博物馆就是其中的典型代表。随着网络技术以及虚拟现实技术的成熟及应用,虚拟展览的题材逐步扩展到招聘会、图书展、电子类产品展等各个领域。如美国拉斯维加斯举行的国际消费类电子产品展览会(CES),法国国际葡萄酒及烈酒展[①]等。近年来题材还拓展到了船舶、家具、医疗器械等领域。

2.虚拟展览服务内容多样化

在法国国际葡萄酒暨烈酒展上,主办方通过运用网络摄像头、音频会议等虚拟网络设备及技术,为观众和展商提供了实时交互式沟通服务。展会现场,葡萄酒专业人士和买家与参展商可以在线聊天、开展实时讨论和交流,同时也由葡萄酒行业的演讲者解答业内热门话题。在另外一些虚拟展会上,参展商还利用网站提供的订单和收费表格,在网上进行销售,实现虚拟展会与电子商务的有效结合。

3.虚拟展览方式呈“现场演播式”特征

虚拟展会不再是传统的图片加文字的展示和交流方式,大量的三维、四维或录像等计算机技术得到广泛应用,类似于网络体验式游戏的会展模式渐渐成熟。如德国汉诺威展工业博览会,它运用虚拟计算机技术,在网上建立了三维立体的展示系统,并且增加了互动环节,给参展商带来了一种全新的体验。

(三)技术助推,会展场馆智能化

随着科技的发展,现代化的展览手段不断出现,对展览馆的配套设施也提出了更高的要求。为了提高场馆的吸引力并拓展增值服务项目,以及得益于在包括超高频无线射频识别技术(UHF RFID)、物联网技术等相关技术领域的领先地位,各种智能化通信及管理手段在发达国家的会展场馆中得到了广泛的

---

① 法国国际葡萄酒及烈酒展览会(Vinexpo),是世界顶级酒展之一,1981年由法国波尔多工商业协会(Bordeaux Chamber of Commerce and Industry)创办,Vinexpo每两年在法国波尔多举办一次,间隔的一年将举办海外展。

应用。

1.馆内展商和观众通讯便利化

英国伦敦 Excel Centre 展览馆，采用 EDS 和 NTL 的技术，开发出一种被称为 Smart Venue 的通信服务项目，为参展商和观众提供互联网和电话解决方案。德国新慕尼黑展览中心在通信方面，用高速信息网络来传输声音、图像和其他信息，方便参展商在馆内和对外的通信联系，在入口处、展厅、国际会议中心均配以终端技术和多媒体技术。

2.出入馆监控及信息统计电子化

法国巴黎凡尔赛门国际展览中心，是一个拥有大型可移动多功能电子出入监控手段的展览园，能够帮助展览组织者们确保对出入人数进行有效控制，对参观人流进行合理管理。还有部分欧洲场馆开始使用超高频无线射频识别技术，通过人脸自动识别来代替传统的门禁系统，并实施参展商和观众人流的实时监控和数据的精确统计。

3.场馆管理和控制智能化

旧金山的莫斯康展览中心有一部分屋顶安装了太阳能系统，非常节能和环保。还有种技术在玻璃当中设置一套电子系统，在需要用这套系统的时候，只要按一下按钮，玻璃很快就会由全透明的变成黑色，这在会议或展览会现场或在一些特技的表演、演示现场等能营造特殊的效果。

任务二 了解国内会展场馆智能化管理现状

国内会展业正在顺应时代潮流和技术发展需求，努力推动会展技术的智能化和信息化。目前会展业在智能化发展进程中优势明显，但还存在着不少问题和不足。

一、会展场馆智能化管理的优势

(一)线上会展蓬勃发展

线上会展以互联网为基础构建出数字化的展示空间，这是一种相对于传统会展的新会展经济形态，整合了移动互联网技术、大数据、云计算、会展产业链相关环节。相对于传统实体会展而言，网上会展具有更多优点，如打破时空的限制，降低运营成本。会展场馆转型升级的实质和核心就是智能化管理，利用网络科技和信息技术管理会展场馆,推进智慧会展发展,完善会展产业链,促进会展产业结构调整,从而达到经济价值和社会价值的最优化。因此,会展场馆向智能化转型升级,是社会和时代发展的历史使命和必然趋势。

(二)智能会展更加环保

每举办一场线下展会将会产生大量会展垃圾,而且在展台搭建和布展中还时常存在着安全隐患。目前国内展会现场中参展商多以APP二维码扫描代替了传统的纸质传单;AR等技术虚拟展示使用越来越广泛,一些大型、笨重产品的展示更倾向使用AR技术,观众与虚拟对象可实时互动,突破空间、时间和其他客观限制,能够身临其境地感受到产品使用的奇妙体验。目前,智能化已成为推动绿色会展经济发展的重要动力,会展场馆管理中资源浪费现象显著减少。

(三)智能型场馆出现

由于大数据、互联网经济的发展普及,越来越多会展场馆完善提升了智能化设施,福州海峡国际会展中心以及厦门国际会展中心,一直在致力于利用云计算、大数据和人工智能技术促进场馆智能化,将场馆竞争由"量"转向"质",由规模取胜转向质量取胜,推动会展行业向智能化方向转型升级。

(四)会展场馆管理中客户体验优化

随着中国的社会发展和消费需求的不断提升,服务经济已经进入体验经济时代,客户需求从使用层次转向体验层次。客户体验是客户在接受会展服务过程中较为主观的感受,会展可以说是体验经济最典型的产业,也是客户体验最具竞争力的行业。基于移动互联的智能会展发展的着力点在于客户体验。也就是说,会展场馆智能化管理的焦点不是科技本身,而是客户。所以办展机构在会展运作中,必须对客户进行紧密跟踪,了解客户的特征、偏好和需求,加强人文关怀,采用合适的手段特别是科技手段提供个性化的服务,不断优化客户体验,带给客户独特的感受,获得客户的信任。

只有提升了客户体验的科技使用,会展才可能形成独特卖点,实现异质化满足客户的需求,并形成办展机构核心竞争力的目标。目前,中国只是一个会展大国,还不是一个会展强国。在从大国向强国转变过程中,我们必须积极采用先进科技,调整会展运作方式,提升会展服务水平,提高会展服务效率,优化会展客户体验,促使我国会展运作水平的大幅度提升。为此,现代科技的运用要服务于会展客户体验的优化。办展机构和会展场馆需要借助网络工具进行客户管理,同时整合客户管理的应用程序以及与客户的交流渠道,实现通畅地与客户即时地点对点交流沟通，在数据库中完整记录客户在交流中提出的问题和需求，并有针对性地设计、开发服务产品，让客户在整个参展过程中都有由产品、软件和服务组成的智能化会展整合性生态系统的支持，创造出尽可能多的客户体验优化的新机会。

特别提示

强调智慧会展运作中客户体验的优化，符合以人为本的科学发展观的要求。智慧会展的发展和社会各方面的发展都是一样的，需要强调以人的发展统领社会、经济的发展，从人的根本利益出发谋发展、促发展，不断满足人民日益增长的物质文化需要，切实保障人民的经济、政治和文化权益，实现人的全面发展与社会、经济的发展相统一。突出地强调客户体验，智慧会展的科技运用一定要明确“为了谁”、为什么要运用科技的问题；做好“道技合一”“义利统一”，以人为中心构建会展信息化管理模式，借助科技的力量更好地体现尊重客户、关心客户、理解客户，真正实现会展运作水平的大幅度提升。

二、会展场馆智能化管理的现状与不足

目前，国内会展业存在不少问题，如展会数量多但规模小、展馆分布分散、展会主题雷同甚至重复办展等。会展业尚未建设成一个整体的信息系统，无法分享所有信息。而信息系统构建不足也直接导致会展行业整合吃力，如何高效整合和共享全国展会的相关资源，共同促进会展业智能化发展和场馆智能化管理是当前业界亟须考虑的问题。

(一)会展场馆智能化管理须防止技术崇拜

智慧会展的出现确实令人振奋。人们为会展的现代转型欢呼雀跃，对智慧会展心生敬佩之心，进而无条件地投入其中，迷幻于会展的技术，甚至无条件地接受智慧会展的驱使。但当我们清醒地认识智慧会展，解构其内部微观技术环境时就会发现，智慧会展只不过是现代科技发展的最新运用和必然趋势。由于现代技术发展太快以及会展业属于新兴业态，智慧会展在数据积累、信息共享、服务流程改进、服务体验优化、管理精细化方面还有很大的提升空间，存在着诸多美中不足的地方。我们需要防止技术崇拜，清醒地认识会展的本源特征和现代科技特性，更理性地理解、对待会展场馆智能化管理的发展，以人为本地来优化会展运作及其相关社会的方方面面。

现代科技是把双刃剑，狂飙突进的技术裹挟着会展业快速发展，给会展业

带来巨大便利和福祉的同时,科技的功利主义也存在使会展偏离它应有发展轨道和人文文化内涵的风险,需要高度关注。我们必须要防止会展场馆智能化管理中的技术崇拜,让现代科技更好地服务于会展本身,服务于全体参展者。

不可忽视的是,现在的一些会展运作出现过度迷恋技术的倾向,虚拟展示技术等的运用只是为了体验而体验,并没有和展示的主题有很好的对应关系,形式大于内容。在没有震撼的主题和内容的情况下,参与者带着一个巨大的视镜感受到的虚拟展示技术就会变得无比空洞,奢华的技术并不能让客户在参展体验优化方面有丝毫效果。有时候,炫酷的技术与贫乏的创意如影相随,但是要知道,技术的炫酷并不能掩盖会展主题的缺失,会展主题的丰厚才能使现代科技在智慧会展中灵光闪现。我们在会展运作过程中需要重点把握的内核,在现代科技高度发达的今天没有发生变化,甚至在技术之光的映衬下变得更加重要。在浮躁社会的消费主义浪潮之下,智慧会展本身是对现代科技的高效运用,但是如果要称其完美,则必须做到"不畏浮云遮望眼",以人文情怀去促进会展业的发展,实现中外经济交流和文化交流。

视野拓展

麦氏"媒介即讯息"的观点更多是从宏观层面来看现代科技对人类社会和产业发展的影响,无疑有其准确性。会展场馆智能化管理借助于先进的现代科技,实际上会展的运作从来没有离开过技术的应用,技术在推进会展运作中无疑发挥了巨大的作用,并推进了社会经济的发展。但是在现代科技快速发展的今天,我们必须清醒地认识到:是人在运用这些技术服务于会展运作,而会展运作又是服务于参与会展的所有人,参与其中的人才是智慧会展的主人,是智慧会展发展需要围绕的核心。在注重现代科技的同时,我们也需要做到追崇技术而不迷恋技术,杜绝技术崇拜,防止会展场馆智能化管理中的唯技术论,避免对技术的机械使用和盲目使用,做到在会展运作之中对现代技术以人为本的按需采用。防止会展场馆智能化管理中的技术崇拜,就是要在会展场馆智能化管理中去繁就简,恰到好处地简约利用,犹如简洁之文章,纯熟优美,可以说简约技术之用是一种唯美的象征,对技术的铺陈和滥用则是去美就丑,会显得浮华浅陋。

(二)会展场馆智能化管理的创新能力尚不强

会展场馆智能化管理的速度和程度必须依赖技术水平,智能化技术优势在会展产业发展过程中发挥着核心的关键作用。目前国内大部分会展场馆还停留在传统办展阶段，技术研发能力不足，会展创新性不强。会展智能化技术设备方面既缺乏关键核心技术，也不具备较强的基础研究能力。另外，会展业的大部分高新技术需要从国外引进，研发资金投入不足，直接导致会展场馆智能技术和智能设备创新能力低、创新速度慢，难以实现智慧会展的智能互通和数字化集成。目前，会展场馆的智能线上平台还仅仅停留在对展会介绍和照片展示等浅层方面。会展企业应奋发向上、迎难而进，在会展场馆智能化自主创新方面下功夫，消化和提升引进的技术，并突破关键技术，跟上国际智慧会展的发展速度和发展水平，"逆水行舟，不进则退"。

（三）会展场馆忽略对智能化设备的更新换代

会展场馆要实现智能化转型升级，必须在智能化核心技术方面有较大突破，同时其对设备设施的要求也较高，成本必然居高不下。会展场馆在智能化转型升级过程中，至少要有三个方面的资金投入，包括对传统设备的智能化改造升级、智能化会展技术的研究和开发、企业员工智能技术培训等。不少会展企业在面临高昂的成本时会打退堂鼓，降低智能化转型升级的积极性。另外，智能化新技术投入使用后会改变企业的运营模式、管理手段等，这也需要会展企业支付时间成本与人力成本。

由于会展场馆智能化升级在前期需要投入大量的资金和人力，不少会展主体更关注眼前利益，从而不愿为高昂的前期投入买单，会展业的智能化发展缺乏稳固的物质基础。即使少数有远见的会展主体愿意投入前期费用，单枪匹马也形不成"气候"。国内会展场馆在智能化升级方面往往"各自为战"，没有拧成一股绳，形不成合作伙伴关系，自然无法共同承担高额的研发投入。

（四）会展场馆智能化缺乏统一管理，未能形成合力

对传统会展场馆进行智能化升级是一个系统化的工程，需要集全行业的物力和人力，仅靠几家企业之力实难达成目标。会展产业链涉及方方面面和不同环节，各企业智能化转型的对策手段不同，需要统一管理、协调各方利益及矛盾来共同实现升级目标。加上目前会展业智能化技术还未实现产业化，缺乏统一管理，企业不但要为此付出更多人力物力成本，会展企业的智能化升级进程还会受到很大制约。另外，会展业依靠互联网技术发展智能会展时，不可避免会遇到网络环境的规范性和传播途径安全性等问题，这也影响会展从业人员及展会观众对于智能会展的认可度，如有的观众担心信息泄露以及电信诈骗，对会展智能化的推广会产生一定的抵触情绪。需求方不认可的情绪也会影响供给方对于智能会展发展的热情，间接阻碍了会展业往智能化方向深入发展。

目前会展场馆管理中运用的智能技术，在给参展各方人员提供好处的同时也出现了困扰。比如在推广使用方面增加了被他人短信、垃圾邮件、广告的骚扰以及用户个人隐私和其他资料泄漏的危险。此外，展会规模过小、会展活动布局分散、重复类型展会量多，都体现展会资源整合不足，不能够将各种展会资源整合到一个完整平台之上，也不能够最大化发挥每个展会的促进作用和资源深入利用的优势。正是这样，国内展会缺乏有效的网络信息化的规范和资源整合的手段，提高展会的管理，降低展会的成本，最大化挖掘各个展会的资源成为会展行业智慧化发展的问题所在。

（五）智慧物联网技术在会展场馆管理中的缺乏

由于我国目前的物联网技术水平还在发展阶段，而且物联网相关的产业链比较长，其技术水平与发达国家存在一些距离，特别是缺少规模化、工业化的基础物联网研发产业的应用，从而带来会展场馆智能化管理方面的较高成本。利用物联网技术可以实现展会的信息传输与通信的处理，利用云技术、移动互联网等智能技术对数据进行分析处理，从而提供更加智能化的应用服务体验。例如，目前会展场馆智能化物联网技术中，基于 iBeacon 技术实现智慧会展的定位服务，以此为服务基础实现参展导游、定位导览、在线导购等功能，尤其被广泛应用在展会的定位导览方面，解决展会场地较大带来的参观导向问题，也进一步快速搭建起用户与展会之间的沟通桥梁。但由于部署基于此技术的物联网定位导航服务，其投入的硬件成本和软件成本相对比较高，很难快速地在各种展会中推广使用。

（六）智能化会展技术人才相对缺乏

现代会展行业是一个专业化程度高、涉及面广、技术性强的产业，对复合型人才的需求量较大。目前，国内各大院校开设会展相关专业的学校相对较少，很多从事会展行业的人才都是其他专业出身投入到会展工作中的，这些从业人员虽有一定的实践经验，但会展专业知识较少或不成体系，对会展场馆智能化管理的运作模式也不够了解。因此，需要更多既懂得会展行业知识又熟悉智能技术的人才。物联网、大数据分析处理等方面知识的智能会展技术专业人才和复合型人才的匮乏，成为制约会展场馆管理向智能化方向快速迈进的步伐。

任务三 掌握会展场馆智能化管理的必然趋势

周济[①]对“中国制造 2025”的指导思想、战略部署、基本方针和战略举措进行深入研究，提出“互联网＋现代服务业”将成为中国经济发展的新引擎，数字化网络化智能化是新一轮工业革命的核心技术，应该作为中国制造 2025 的制高点、突破口和主攻方向。会展业作为服务业，不可避免地参与到会展业智能化浪潮中。目前国内会展场馆管理中仍然存在一些问题，这也是全国会展业的共性，如参展商和专业观众、普通观众间仍存在着信息不对称、交易不透明、资源利用率低等问题，陈沙等学者认为会展智能化可以较好地改善这个问题。另外，会展 APP、展示交易平台及智能场馆等概念也相继被提出。因此，会展场馆智能化管理的发展和升级是会展经济发展的必然趋势，实现会展业展示效果佳、运营效率高，促进会展产业更好更快地发展，创造出更大的经济效益和社会效益。

(一)国家的政策支持

近年来，我国智能化发展的相关政策陆续出台，《“十三五”国家科技创新规划》《智能传感器产业三年行动指南(2017—2019 年)》《促进新一代人工智能产业发展三年行动计划(2018－2020 年)》等多项政策文件问世。2015 年中共十八届五中全会推出网络强国战略与“互联网＋”行动计划，国家大数据战略的实施箭在弦上。同年，《中国制造 2025 重点领域技术路线图》颁布，智能化是“中国制造 2025”战略的主攻方向。另外，中德签署了《中德合作行动纲要》，利用物联信息系统(Cyber-Physical System，简称 CPS)将生产中的供应、制造、销售信息得以数据化和智慧化，最后实现快速、有效、特色和个人化的产品供应。《中国制造 2025》以及相关政策的颁布体现了我国发展智能化的决心，并为智能化发展提供政策引导和支持，此举也有力促进了会展场馆管理的智能化发展。

纵观当下，智能会展场馆并不是停留在概念阶段的空中楼阁，智慧酒店、智慧商场、智慧楼宇等已经进入使用阶段。虽然由于会展场馆建筑体量、设施设备、服务范围和人员的广泛性和复杂性，限制了智能场馆的推广使用，但在智联万物时代，5G 技术可以充分化解人与空间和距离的割据，实现企业在建筑、人、

---

① 周济.智能制造是“中国制造”2025 主攻方向[J].装备制造与教育，2015(29)：37.

财、事、物全方面的连接。与此同时，智能场馆要做到员工友好，便于员工日常工作效率的优化和提升。阿里巴巴集团钉钉系统实施“组织在线、沟通在线、协同在线、业务在线、生态在线”的在线数字化组织模式，值得会展业参考借鉴，尤其是面对数字时代成长起来的新一代员工，如果会展场馆仍然停留在“手工”或“半手工”阶段，人才储备都将是难题。

(二)会展场馆智能化技术的使用和推广

在国家政策引导下，越来越多的智能化技术如智能传感器集成应用、新材料传感器等被采用；产品应用上，工业制造、数控机床、机器人、物联网、VR/AR等领域的传感器也用诸实践。科技研发人员还将数字化制造技术、工业通信网络技术用于生产，而控制技术和机器人技术等智能制造技术也被广泛用于研发与生产中；智能信息处理技术、自动化控制系统以及复杂制造系统技术等核心高端设备难题均被攻克，这些技术与会展行业相关环节进行融合发展，推动会展场馆智能化迈向更高层次。

(三)线上线下展会共同发展

在互联网技术的快速发展下，特别是移动互联网的普遍应用，实现了数据、语音、视频的远程实时互动通信，许多实体会展利用网络搭建网上会展平台，采用线上网络会展与线下实体展会相互结合的方式，增强整体的展会影响力以及参展人员与展商之间的互动。例如杭州市的智慧会展建设方面，不断创新与完善基础设施建设，同时加强服务体系与管理体制，使展会向智慧化方面发展建立了良好的整体环境。杭州大型展会都建立自己的网上展会，增加展品展示和展品销售的渠道，促进了杭州智慧会展的发展。正是采用网络会展的信息技术实现智慧会展的不断发展，达到线下与线上的相互结合，提高展会的多样性发展。同时，由于线上与线下会展同步发展，会展场馆智能化管理势在必行。

(四)智能化会展助力智慧城市的建设

智能化城市目前已在我国很多城市开展，通过基于云计算、物联网、移动互联网等新信息技术相结合的方法，进行智慧城市数据整合以及科技的应用。智能会展作为智慧城市建设中不可或缺的一部分，发挥着极其重要的地位作用。例如，上海市在智慧城市建设方面打造加快三网融合，推动智能新技术的研发应用，智慧城市中的无线宽带、云技术、物联网的发展恰恰是智慧会展发展所需要的技术。通过建设智慧型的城市进一步提升智能会展的基础设施和技术支撑，同时智慧城市的发展不断促进智能会展的前进，推动会展场馆智能化管理水平的提升。

(五)以多种技术手段为会展场馆智能化管理提供支撑

智能化会展技术的应用在多个层面为会展场馆智能化的发展提供基础支撑,带动了会展行业的优化升级,也为会展行业的转型升级提供契机,智能会展技术在我国会展的多个层面得以体现。展馆建设方面逐渐从现代化展馆到数字化展馆升级为智能展馆,更主要的变化是使参展人员与展示内容之间建立起更加紧密的联系。同时,电子商务和移动互联网技术的发展,为会展场馆智能化管理提供技术和更大的空间,通过移动端带来更加便捷的一站式服务,电子商务的发展更是将展会贸易带向了新的高度。随着云计算和大数据产业的逐渐成熟,为会展场馆智能化管理推进了信息连接,数据的采集、管理、分析以及利用多种形式。智能会展技术的应用,无论是对展馆自身的管控方面,还是在与人之间的交流、互动方面,都呈现出展会完整的特性。

模块二　会展场馆智能化管理策略

会展场馆智能化管理的核心价值在于信息流动,数据的价值在于分享,资源的价值在于利用,这也是会展业的精髓所在。会展场馆智能化可以精准获取展会的总流量、参展商的被观展数据,并分析跟踪这些数据、与其他行业交换整合,实现分享共赢。

任务一　了解大数据时代传统会展业变革创新发展

放眼整个会展业的发展,我们清楚地意识到在社会不断发展变化下,带给传统会展业发展的挑战与机遇。新的形势下,传统会展业须积极引进先进的信息技术,并将成功的会展经验进行有效推广与应用,在传统会展业改革发展的过程中,通过多种举措来促进传统会展业的持续健康发展。

一、大数据时代对传统会展业产生的影响

(一)大数据促进会展服务内容的深化

通常情况下,会展服务指的是给展览、会议提供全方位的服务活动。处于大数据时代背景下的会展服务,其服务质量与水平一定程度上有了显著的提升,比如在会展开始前期所进行的调查研究、后期服务以及消费者反馈等数据信息,可以有效预测出市场的发展方向与趋势,同时这对于整体了解消费的市场需求有着重要的作用。

(二)大数据促进会展服务效率提升

过去传统的会展模式主要是以人与人之间的交流为主,通过资料与信息互相传递,来对会展的位置、方式、规模等各种要素进行协调。随着大数据信息时代的到来,我们依靠互联网信息资源,来找到利于展会开展的各种实际需求的条件,制定出适合消费者需求的展会产品,进一步提升会展的工作效率和服务质量。

(三)大数据加快推进会展服务实现信息化

在大数据时代背景的影响下,数据直接带动传统会展业的服务模式向着会展服务信息化模式转变,这也是会展业发展的主要趋势。会展服务信息化包含多个方面的,比如:会展推广信息、新闻报道、会展导向、参展人数以及参与情况等内容。会展场馆可以依据信息技术来对参会人员的需求与目标进行信息化的资源整合,立足于数据整合的结果,对会展资源进行优化分析与调整,从而建立不同行业的智能信息库。在计算机信息技术不断发展的基础上,会展行业服务体系的日趋完善与优化,必将推动传统会展服务业朝着信息化服务的方向转变。

二、大数据时代传统会展业变革创新发展方向

(一)创新和优化会展数据的分析与利用

由过去的客户找服务,向客户推送服务转变,实现大数据——信息——展会服务——大数据的数据循环利用和挖掘,即在展会服务中积累大数据,将大数据进行综合分析和整理,挖掘有价值的信息,反馈于会展服务。再通过对数据优化的结果进行追踪,不断应用新的技术进行创新和优化,将创新和优化的结果再投入到下一轮的会展服务中,如此循环发展,使会展的服务水平在不断滚动发展中实现优化。

(二)大数据可满足人们个性化需求,推进会展业智能化发展

会展数据的深化与延伸从参会人员的入场开始,采用人脸识别、VR 等技术,实现对参会人员的数据分析,包括入场的时间、参展的路线、停留的时间与订单信息等等,与会展服务的数据相互对照,帮助会展商实现精准营销,为企业的决策提供可靠的数据依据。

近年来,各行各业实现了智能化生产,对于人们的个性化需求已经成为各行业普遍关注的重点,社会进入高效化生产阶段。会展行业进入信息数据时代,更加要顺应时代发展的趋势,注重了个性化产品的塑造与推广,以便在激烈的市场中抢得一席。此外,会展业在提供个性化需求服务的过程中,要加大信息数据的提取力度。对于参展人员的参展需求和目标是会展工作人员重点关注的。而对于参展企业来说,分析市场消费者的行为习惯,是提高会展有效营销的重要途径。

(三)利用会展数据提升用户体验

从入场的自动签到到停车位的选择,从参展路线的引导到社交媒体的分享,从展品信息的搜集到定制服务的提供,大数据的最终目的,是要实现人与人的互动,人与物的互动,最终让用户得到更好的服务体验,并在此基础上愿意分享自己的信息,从而实现数据收集、分析和应用的不断深入和循环上升。

(四)实现上下游供应链的整合

有了大数据的依托,可以实现所有上下游供应商资源的整合与匹配,强化展商与场地提供商、舞美搭建商、音响视频灯光租赁商、篷房展具租赁商、礼仪模特公司、摄影摄像公司、翻译服务、法律服务甚至小到礼品、鲜花店等等不同类型的供应商之间协作与沟通,提高沟通效率,降低沟通成本,使行业资源实现"一手式"精确匹配。

(五)制定科学的会展营销方案,推进会展业与数据信息协同发展

进入数据信息时代,会展业要积极地跟随时代发展的步伐,加大数据信息的处理与采集,强化对于参展企业、参战人员的参展目标信息进行有效分析与采集。通过对参展人员信息进行全方位的采集,来展开与展会相关因素的有效分析,进而制定出科学、合适的会展营销方案。大数据时代,数据信息与会展之间只存在互相依托、互相促进关系和作用。只有在庞大的数据信息中,进行有效分析,才能挖掘出会展行业的有价值信息,从而为制定科学合适的营销方案提供有力依据,促进传统会展企业与时代发展接轨,实现健康有序的发展。

(六)强化数据管理与分析,构建行业数据库

构建智能会展,绝不是大数据时代构建一个数据库那么简单,而是数据库中结合不同的信息数据所产生的不同应用和影响。会展业要能强化数据库的管理与分析,从积累数据开始,构建出消费者与企业以及同行之间不同的数据库,这也是智能会展发展的重要环节和重要内容,是会展业营销推广中必不可少的核心环节。可以说,强化数据的管理与分析,有效地为目标客户提供行业发展数据管理,是新时代背景下会展业发展的主要方向。

此外,除了上述发展策略外,还要加强网络安全的建设。无论是从法律制度还是技术手段上,都要能够加强安全防范意识和建设,保证参会企业、参会人员的信息安全和合法权益,打造规范有序的安全制度。同时,还要设立专门的信息安全监管部门,通过制定系列切实可行的措施来完善智能会展,促进会展行业在智能化发展的道路上健康发展。

任务二 了解会展场馆智能化技术系统

现代智能会展与传统会展相比,最大的区别在于引入了先进物联网技术和"数字孪生技术"。物联网技术的广泛应用是未来会展业发展的必然趋势,能够为会展业发展带来新机遇。会展场馆作为会展业的重要载体,将物联网、信息技术与场馆相结合,能够催生具有数字化、智能化、信息化的会展新模式。

一、物联网技术研究

1995 年,比尔·盖茨在《未来之路》中首次提及 Internet of Things(物联网)这一新名词。2005 年在突尼斯举行的信息社会世界峰会(WSIS)上,国际电信联盟正式提出了物联网的概念。此后,美国、欧盟、韩国等经济体也相继出台了一系列推动物联网发展的战略项目。但物联网的具体定义也一直饱受业界争议,目前能够被各方所接受的物联网定义为:通过射频识别(RFID)、红外感应器、全球定位系统、激光扫描器等信息传感设备,按约定的协议,把任何物品与互联网连接起来,进行信息交换和通信,以实现智能化识别、定位、跟踪、监控和管理的一种网络。在实际的应用中,具体表现在应用层面、技术层面和感知层面。其中感知层包括传感器网络、条形码技术以及 RFID 技术;应用层则包括了知识获取、云计算技术以及相关智能系统。通过设备与网络终端的形式,可

以满足场馆内各种应用设备的基本需求。

二、智能化场馆关技术类型

(一)UWB(超宽带)系统技术

UWB 技术是无线载波通信技术,适用于定位精准较高的多路径场所高速无线检测定位。主要应用于军事雷达等通信系统中,能够实现目标的跟踪定位和非接触式识别。近年来,在众多领域对人员目标定位和检测应用成为研究的热点。相较于 Wi-Fi、蓝牙、红外线、超声波等其他室内定位技术,UWB 具备定位精度高、安全性好、传输速率高、系统容量大、功耗低、抗干扰能力强等诸多优势,能够满足场馆内流量大的需求。对比如表 11-1 所示。

表 11-1 室内定位技术对比图

	GPS	RFID	Zigbee	Wi-Fi	蓝牙	UWB
定位精度	5 米	区域判断	5～10 米	3～10 米	1～3 米	10 厘米～1 米
工作距离	室外	5 米	100 米	200 米	<50 米	>100 米
应用场景	室外	进入区域内	低精度	低精度	近距离	高精度/高密度

目前,国内部分展馆已实现利用 UWB 技术进行功能定位,为参展观众提供精确导航;管理者可进行区域人数统计、人流分析,对安保人员进行实时调度;让参展商了解观众最感兴趣的产品,为后期提升展会质量工作提供准确数据。

(二)NFC 技术

NFC(近场通信)技术是一种新兴的技术,是在非接触式 RFID 技术的基础上,结合无线互联技术联发而成。通过在单一芯片上集成感应式读卡器、感应式卡片和点对点通信的功能,利用移动终端实现移动支付、电子票务、门禁、移动身份识别、智能交通等应用。该技术目前可以运用于展馆内动态数据的收集,通过实时跟踪、捕捉观众信息(如展位停留时间、观展路线等)分析观众观展活动轨迹和规律,判断人们对产品和企业的关注度,并预测消费者的行为和偏好。该技术目前被运用于库珀休伊特博物馆内,库珀休伊特博物馆(Cooper-Hewitt, National Design Museum)是隶属于美国国家博物馆的一部分,也是展现美国设计历史和当代设计唯一的一座博物馆。该博物馆通过部署了触控笔以及NFC读取器，观众可以使用这些设备读取展览馆附着NFC芯片的展品信息并将信息发送到交互式屏幕上使用触控笔编辑，并且能够读取到存储在数据库里的信息。

(三)NB-LOT技术

基于蜂窝的窄带物联网(NB-LOT)已经成为物联网领域的一个重要分支。可以推动对GMS网络或LTE网络的部署连接，有效降低建设成本，实现不同网络间的平滑升级。该技术为移动物联网设备提供了特殊需求的量身定制，解决了功耗、网络覆盖、网络容量、设备成本等制约物联网行业发展的诸多瓶颈问题，是实现万物互联的关键技术。目前该技术在交通、市政、环境、物流、家具等方面得到了实际应用，北京毕研光电技术有限公司为湖南泳跳中心气膜游泳馆、北京启迪冰雪中心等多个体育场馆设计了基于5G技术及NB-LOT技术的体育场馆照明智能控制系统，能够实现场馆内多种照明需求、专业配光等功能。相较于体育场馆，目前在会展场馆内的应用相对较少，但前景较为广阔，能够利用该技术实现场馆内停车场的智能化，实现预定、转租停车位等功能，解决展会期间"停车难"的问题；能够实现对展馆内温度、湿度、光感亮度的实时监测控制等。

1.基于蜂窝的窄带物联"数字孪生"技术打造智能会展场馆

会展企业的数字化转型是目前很多会展管理者非常重视的环节。因为未来所有企业都将实现数字化，而"数字孪生"技术是数字化转型受到社会各界关注的核心技术之一。也许，"数字孪生"这一概念在会展领域还不为大家所熟知，全球最具权威的IT研究与顾问咨询机构Gartner在其2019年的报告中将"数字孪生"列为十大战略科技发展趋势之一。

"数字孪生"指的是，通过大数据、人工智能、云计算、物联网等科技将物理空间反映在数字空间和虚拟空间上，将虚拟空间和物理空间的物体及行为联系在一起的数据和信息，虚拟与现实的高度融合是"数字孪生"的核心概念。而会展场馆是举办会展活动的场地空间，是会展数字化转型的核心场景。

2."数字孪生"技术在智能会展场馆上能够起到以下作用

第一，在展馆建设中可以很好地进行智能规划与科学评估，缩短建设周期，降低建设成本。

2019年12月18日在国家会议中心举办的可持续发展背景下的会展场馆创新与运营高峰论坛上，北京北辰会展投资有限公司总建筑师秦中介绍了国家会议中心二期在建设中如何利用"数字孪生"技术的详细案例。每一台设备及部件的安装都可以预先通过数字化虚拟规划进行科学评估，避免在不切实际的规划设计上浪费时间，防止在验证阶段重新进行设计，以更少的成本和更快的速度推动创新技术支撑的智能展馆顶层设计落地。

第二，应用于展馆的数字化运作，提升硬件运作的工作效率和节能效果。杭州国际博览中心是最早推动智能场馆建设并设立数字化指挥中心的场馆，当前大多会展场馆运行方式仍以传统的人力结合部分楼宇智能化子系统进行，这种运作方式对建筑设备的故障处理相对及时，但对建筑设备故障预警分析的能力尚有欠缺。展馆运作服务应是“预防为主、检修为辅”，“数字孪生”技术通过良好的全面分析和预测能力将在展馆的管理领域大放异彩。

第三，应用于展馆的服务体系。会展主办方、参展商和观众是智能展馆服务的核心对象，也是数字化转型考虑的关键因素。“数字孪生”展馆将以“人”作为核心主线，对参观轨迹、行业属性、地域属性、喜好展品等动态监测、纳入模型、协同计算。同时，通过在数字虚拟空间上预测人员数量和参观轨迹、推演商机、评估项目效果等，以智能人机交互、网络主页提醒、智能服务推送等形式，实现服务的快速响应、个性化服务，形成具有巨大的影响力的“数字孪生”服务体系。杭州国际博览中心实现的会议宴会虚拟摆台、网上看馆等服务模式，也是“数字孪生”技术的一些创新应用。

第四，应用于展馆会展项目的协同管控场景。对于大型会展举办期间的人流管理、交通调度、安防管理、应急指挥等重点场景均可通过基于“数据孪生”系统的大数据模型仿真，精细化数据挖掘和科学决策，出台指挥调度指令及决策监测，全面实现动态、科学、高效、安全的会展项目管理。任何活动事件、人员车辆、基础设施的运行将在数字孪生系统实时、多维度呈现。对于重大安全事件，依托“数字孪生”系统，以秒级时间完成问题发现和指挥决策下达，实现“一点触发、多方联动、有序调度、合理分工、闭环反馈”。第二届进口博览会已经采用了相似的“数字孪生”协同管控体系。

第五，应用于会展的数字化培训体系。当会展业构建了“数字孪生”体系，结合 AR/VR 技术可以实现虚拟的教学，未来会展项目将会应用到大量的临时人员，而提前的会展培训没有办法使其感受到真实的会展场景，而虚拟培训的受训者可以是远程的，可以模拟到它的各种反馈，更为生动直观。对于未来的数字时代的教育与培训而言，“数字孪生”是再好不过的选择，既可以可视化教学又可以远程操作，既有乐趣又切合实际。

目前，全国各地场馆为了抓住科技创新发展的新机遇，都非常重视智能会展场馆的建设，如杭州国际博览中心、乌镇互联网之光展览中心、福州国际会展中心都不同程度地采用了“数字孪生”技术。然而，仅利用数字技术是不够的，还要提升整体管理团队的认知，结合数字化转型重构业务流程和管理体系，将线上线下有机融合在一起，才能够真正达到智能展馆高品质管理的最佳状态。

任务三　掌握会展场馆智能化管理策略

新时代，大数据、互联网＋等技术席卷而来，给经济与社会生活带来巨大变化。作为下一轮技术革命的驱动力，5G 具有超高可靠性、超长时延、超大容量等不同以往的技术优势，它与工业、交通、医疗、教育、金融等各个领域融合应用，不断探索新产品、新业态、新模式，促进经济社会智慧化转型，为各行业带来新一轮变革。随着黑科技的发展，会展业关于智能化的探索和实践从未停止过，但会展场馆的智能化之路走得并不顺利。会展场馆是会展产业链上唯一的固定资产，与智能展会相比，智能场馆不是一套管理系统、一个 APP 或者小程序所能实现，而是涵盖了场馆规划、设计、建设、运营和管理的全过程。智能场馆要提升智能化管理策略，服务于管理，提升管理效率，降低管理成本。

一、会展场馆智能化管理应拥有“以人为本”的互联网思维

（一）“以人为本”的互联网思维

互联网思维已经被各行各业所追崇，也是现代会展积极推进通过各种终端设备融入互联网的思维方式。“万物皆可互联，互联成就生态”的互联网思维是对实体会展和现代科技的紧密整合式思维，是对会展全生态重新审视的思考方式。互联网思维将促使智能会展注重人的价值。互联网是一个没有中心节点的网站结构，这种内在结构决定了其去中心化、平等的内在精神。互联产生价值，越开放越可以产生连接点，连接点的广度和厚度决定会展价值。

互联网思维是在移动互联技术大发展背景下，以“以人为本”哲学理念为指导，对商业价值链进行重新审视，对商业模式进行创新构架的思考方式。智能手机普及代表着移动互联的开端，Web3.0 的大互联时代是一个人对人、人对物，以及多终端交互的时代，会展所形成的大型经济贸易活动正需要这样一个人人互联、时刻互联、高效互动、各取所需的“以人为本”的新商业文明形态。

(二)会展场馆智能化管理需持互联网思维平等、开放原则

会展场馆智能化管理应加强人文关怀,追求长尾效应、免费效应、迭代效应和社交效应,创新现代会展的运作形态和商业模式。基于互联网思维,智能会展应该关注个性化需求,这部分差异化的需求虽然单个生意利润微小,但是市场规模很大,是会展市场中的“长尾”。如果成功开拓这部分市场,则将大大提升会展的盈利能力。基于互联网思维,会展场馆在智能化管理中应该提供更多免费服务,以此聚集用户和触发连接,为会展产业链的延伸带来无限可能。一旦把用户积累到量级,则获得的数据将大大增益会展的运作,并可通过数据挖掘发现无尽的商机。基于互联网思维,智能会展应该不断创新服务设计,随着对变化着的用户需求的变化和追踪,努力缩小服务产品周期,推陈出新,不断实现迭代升级。基于互联网思维,会展场馆在智能化管理中应该积极利用社交效应,借助移动互联网开展会展面对面交流、实物现场查看,构建交易友谊,了解产品基本特性,促使商品交换和文化交流在更深更远的范围内实现。

(三)会展场馆智能化管理须突破的瓶颈

基于“以人为本”的互联网思维,从前述的智能会展的移动互联网基础技术平台和智慧信息连接、智慧会展环境及智慧技术应用三个核心模块的角度,推进智能会展建设的过程中,我们特别关注人类在运用技术时的主体性和能动性,发挥好主观能动性和创造性来解决其中的一些关键瓶颈和障碍,包括构建智能会展大数据中心、移动互联网应用平台创新开发、应用场景创新设计。

在构建智能会展场馆大数据时需根据会展运作的专业规则和资源配置的市场规则,必须严格按照大数据系统开发质量标准体系,结合国际会展运作管理的先进经验以及会展项目培育的品牌化需要,综合运用互联网、大数据、云计算等先进技术,构建切实可行的会展数据采集机制、筛选机制、运用机制,达到好用、易用和亲和。只有这样,智能会展场馆大数据中心才能开展会展行业整体数据收集、管理和分析,做好会展信息的共享与互联互通,推进会展宣传、推广及成果展示,完成会展运作管理的科学化评估与决策。

会展移动互联网应用平台是智能会展必须借助的利器,能够融入多样化的商业、生活应用,实现一定的高端科技融入和高新科技传播,帮助会展活动提供多样化、多端化的会展信息、产品导航、商务社交信息等。开发会展移动互联网应用平台瓶颈的突破,应该围绕参展客户需求,致力于会展移动互联网应用平台的商圈交友、信息收集、资料分发、展前支持、展场导航、媒体营销、远程参展等功能的实现和完善。

应用场景创新设计是智能会展价值有效发挥的重要保障。借助于智能会展应用场景创新设计，会展的运作方式可以被改变，如会展价格可以被拆分成单个分组会议、专题，并根据不同的拆分制定不同价格，个性化销售，精准化服务；参展者可以根据自己的需要，选择参与的会议内容并支付相应的会费。参展者也可以根据自己的个性化需要，向办展机构定制自己的服务，办展机构则基于不同应用场景选择的服务提供商为参展商提供个性化服务。参展者也可以集体商定服务内容和服务要求，向办展机构联合发起集体谈判，确定合理的价格和合格的服务提供商，来满足参展过程中的各种需求。

二、厘清政府和市场的职能分工，政府应加大对会展场馆智能化建设的支持力度

“互联网＋”行动计划由于其概念的提出时间较短，在具体的实施过程中，政府还需扮演推动者和引领者的角色，制定切实有效的行动计划并出台鼓励会展业信息化发展的产业扶持措施。要做好总体设计和规划，整合各类信息和网络资源，完善信息共享机制，实现跨区域和跨部门信息资源共享。还可以通过政策引导，对政府主导型展会进行创新，进一步发挥资源优势和产业优势，借助互联网技术，把更多的机会留给市场和社会。充分发挥市场的主导作用，吸引更多有实力的企业参与到会展信息化建设中。在智能会展发展的过程中，政府应鼓励并积极推动会展行业采用智慧技术，加大力度对物联网技术在会展行业方向的发展，对举办智能会展的主办方和生产供应商减免税费，积极创新。同时，鼓励会展行业协会与高校、企业等优质团体进行合作，鼓励培养高级别的会展人才，运用智慧技术以及创新管理机制建设新形态下的智能会展，促进会展场馆实现智能化管理。

另外，会展各个主体应加大合作，增强资金投入。实现会展场馆智能化管理，前期需要投入巨额资金，单从国家、主办、承办、场馆以及参展方等任何一方来说无疑都是一个巨大的负担，因此需要几方的合作努力，分摊压力，共同来打造智能会展。政府要加大补贴力度，资金支持；主办、承办与参展方要加大筹办预算；场馆要加大对智能场馆建设的投入；各方的支持行业也要对自身领域的升级，如物流和搭建等。

三、在会展场馆智能化管理过程中，应使智能会展成为智慧城市的有机组成部分

智慧城市是通过终端及传感器网络感知城市运行，由通信网、互联网和物

联网作为信息传递的载体，在平台中将各类信息和数据进行整合和分析，并搭建服务于支撑城市运营的行业应用。会展是一个极为综合的产业，它离不开政府部门的公共服务和管理，也离不开城市里各行各业的支持，因此会展业对城市高度依赖。要不断加强智能会展与智慧城市的衔接力度，借助其发展态势，抓住发展机遇，同时也反过来推动城市的发展，真正做到“城市发展靠会展，会展进步靠城市”。

推动智慧城市与智能会展之间的建设对接，实现与公安、工商、交通等相关职能部门信息共享和业务协同，实施智能会展政务的综合应用。根据智能化信息网络了解展会中的人群热点分布、参展商方位以及整个展会周期中的相关信息，做好与智慧城市建设之间的协同作用。智能会展将以智慧城市建设为契机，进一步提升政府部门的会展管理水平和服务水平。会展各部门应加强网络安全建设。从技术、制度和法律法规等方面加强安全建设，保证观众和参展商的合法利益，营造规范的行业秩序，促进智能会展的发展，对于智能会展大量使用的物联网甚至可以设立专门的部门进行监管。

四、从会展行业层面推进会展场馆智能化管理

（一）建立全省会展行业智能化协会

目前的展览市场正从相对封闭状态向全球化发展，从不透明向透明方向发展，建立会展智能化行业协会，可通过市场机制和行业规则帮助企业建立良好的展览业的秩序，获得较好经济效益和发展机会。

会展智能化行业协会可协助对展览业进行协调性管理，利用会展智能平台分享企业信息及数据资源，共享分析处理系统，实现优势互补。面对瞬息万变的互联网经济，会展企业都有紧迫感和压力感，协会可组织会展企业技术攻关人员，举全行业之力共同攻克会展智能化技术难题，发挥集体战斗的优势，促进会展技术服务平台的建设，并不断完善会展智能化平台。

会展行业智能化协会还可利用自身优势，与会展企业共享智能化创新资源，帮助会展企业提升技术创新能力，弥补会展企业在智能化发展中的短板，促进会展智能化市场的透明度和可信度，共同促进会展业智能化升级完善的进程。

（二）会展行业建立技术标准

会展智能化转型升级是一个系统化和螺旋式上升的过程，不同发展情况的会展企业，必然会面临不同的转型升级问题，如此更需要产业链上各环节的合

力来有效推进会展行业的智能化转型升级。针对不同领域的会展企业,会展行业智能化协会可以尝试建立试点企业,探索研究和总结会展智能化转型升级的经验和发展模式,最大限度地降低会展智能化转型升级过程中的风险与成本。同时,这套发展模式在会展试点企业进行示范推广,也有利于会展行业智能化技术标准的最后建立及行业智能化的协同发展。

(三)会展智能化专业人才培养

人才是生产力,人才是经济发展的创造力。会展业智能化升级的核心要素之一便是要加强对会展专业人才的培养。会展智能化需要大量人才,并且是高素质高水平的人才。这不仅关乎人才的数量,更关乎人才的质量。产学研平台可让教育界、业界、科研人员共同参与,集"三方"力量和智慧促进会展智能化高科技人才的培育。为适应会展智能化发展趋势,会展智能化行业协会要呼吁教育界改革会展专业现有的培养模式,为适应行业信息化和专业化的需求而完善课程设置。业界携丰富的从业经验参与到"学"和"研"中,"三方"共同推动会展智能化人才的培育,成为会展业智能化升级发展培养的重要力量。

(四)会展行业应注重完善会展业的信息化建设

会展本身可以极大地集聚物流、商流和信息流,所以应当加强对于信息的收集、加工、处理能力。如在会展中引入了物联网技术、移动互联网技术以及大数据的分析和服务等技术,能够便利地对会展行业整体数据进行收集、管理和分析,加快信息化建设和共享,提高管理水平,降低成本。

五、从会展企业层面推进会展场馆智能化管理

(一)促进会展企业智能技术的开发应用

信息技术的应用贯穿于会展活动的整个过程,会展企业可以通过网络平台介绍推广展览,采集数据,更好地为参展商和观众服务。会展企业加快会展智能技术创新,主要是指企业在会展活动全过程中运用大数据和云计算等智能化手段提高展会运营效率,创造巨大的经济价值和社会价值。会展企业应提升智能技术开发的自主创新能力,并在整个会展行业中应用推广新开发的智能技术。部分会展企业技术资源较少,引进的高新会展技术可促进企业项目运营的信息化和智能化。会展企业在智能化技术不断使用中,根据会展项目的运营研发出更能契合实际情况的成熟技术,会展智能技术得以更新换代和创新发展,推动线上展会和线下展会完美结合。成熟的智能化技术可在会展项目的策划、开发和运营中发挥事半功倍的效应,并能提升参展商的参展热情和参展效益,

帮助专业观众达成采购目标，优化普通观众的逛展体验。

会展场馆在设计和建造时必须将智能化系统运用于其中，充分科学地使用信息技术、智能化管理技术和智能化监控技术，实现会展场馆使用的功能化、生态化和科学化。如在参展观众人流量巨大时，如何运用智能化技术进行人员分流，安全有序地出入展馆；自动收集雨水循环使用；充分运用自然光线照明，以节约电能；最大化地使用空气流通减少空调使用等等。会展场馆在建设智能化系统时必须合理配置子系统，并要预留出足够空间以备系统将来扩容和升级之用，会展场馆在智能化系统的辅助管理下将更加实用和安全。

智能会展必然离不开场馆的各种信息化建设，运用更多创新形式的智能化设计技术，加快会展展馆建设智能化，可在智能展馆建设中搭建智能场馆一体化管控平台，通过采用物联网技术、信息处理技术、虚拟技术等对展馆进行管理，也可加强参展商与参展人员相互之间的互动与交流，并对场馆或会议中心、配套酒店本身运营管理、会展设施、会展活动过程的智能化进行综合管控。

(二)强化会展场馆智能设施的转型升级

当会展企业的技术资源较多时，应把关注点从局部技术转向全面技术，整体布局会展智能设备。部分起点低的传统会展企业，则应把关注点放在局部，由点及面，逐步引进和开发技术资源。但这两类企业若能联手投入建设智能设备体系，便能形成会展行业良好的整体布局，这需要会展行业形成共识和统一管理。

会展智能化进程中最基础的依托是智能设备。智能化会展中，智能门禁、智能导示、智能监控、会展信息数据库等是“标配”。会展智能化可让数字会展和网络会展成为现实，使之成为线下会展的有力补充。尤其在新冠病毒肆虐下，线下人群聚集成为奢望，展览和会议纷纷延期或取消，会展智能化则“大施拳脚”，有了“英雄用武之地”。线上会议、线上展览和线上节庆活动等精彩纷呈，给策展人、参展商和参展观众打开一扇窗户，拓展了办展思路。会展智能设备的建设和升级，必将不断提高会展项目的办展效率和参展效率，降低会展企业的经营成本，提升资源使用率，让会展企业为社会提供更好的服务，创造更多经济效益和社会效益。

会展场馆在智能化系统的转型升级中，特别要重视综合运用网络通信技术和现代化监控技术，对信息科技设施、信息科技应用以及建筑设施设备三个子系统进行自动化检测和转型升级。这三个子系统再加上公共安全系统，便构成了会展场馆智能化系统的基本结构形式。在会展场馆的实际运营和管理中，根据场馆的规模和参展商的要求，会展智能化系统的结构模块可适当调整、转化和综合运用。中大型会展场馆在运用智能化集成系统时，可以实现会展信息资源共享，优化会展管理能力，会展信息智能化可最大限度地完善和提升会展场馆的使用功能，更好地为参展商和参展观众服务。

（三）提升会展数字化集成能力

何谓数字化集成能力？它的两个关键词是“数字化”和“集成”，即利用大数据技术在互联网实现信息资源和数据资源共享，实现互联互通。会展行业运用数字化集成能力实现智能化，将各会展企业的设施设备、会展产品、参展商和专业观众连接在一起，从而达到“人机”互通和“机机”互通，协同运营生产的新系统由此产生。构建展览馆智能化系统的目标，最终要实现各会展企业系统之间数字化集成，分享信息资源和数据资源，协调、管理和共享信息处理。同时，各会展企业在设置系统接口时必须遵守国内外通信协议，严格执行相关技术标准，提高会展行业数字化集成系统的兼容性和可靠性。在展览馆安防子系统的应用中还可以采用视频监控系统、入侵警报系统和电子巡更系统，实现人防与技防的结合，更好地保证会展场馆的安全。

（四）建立会展智能平台

除了智能化设备和智能化系统外，会展行业还需构建会展智能平台，推动会展大数据、会展云服务和会展物联网的建设和完善。会展企业通过互联网给会展智能平台上传、分享信息和数据的同时，也共享了会展智能平台发布的会展信息、数据和相关咨询服务。因此，会展企业的数据信息可以储存在智能平台上，智能平台可以对受众的特征及偏好程度进行分析；实时跟踪报道会展活动现场，也起到监测的功能。在大数据经济高速发展的今天，任何一家会展企业，任何一场会展活动均无法在脱离互联网和智能平台后而“独善其身”地建立。所以，会展企业要发展数字会展，实现智能化转型升级，离不开会展智能平台的转型升级。

六、会展场馆应实现智能化现场管理

（一）参会人员证件管理

在大型的展览会中，证件是识别参展人员的重要标志。不仅能够确保展会内人员的安全，更是为展会评估以及今后的持续服务提供直接资料的有效手段，可以根据参会人员登记的信息，进行专业和系统分析。根据展览会规模不同，一般采用网络预登记及现场登记。现场登记是参展人员接受现场服务的第一印象，登记人员的服务态度直接反应主办方的形象。

主办方可选择与专门从事展览信息服务管理的公司合作，在处理名片信息方面有独到的优势，能够提取特征信息组成知识库，如北京昆仑亿发科技发展有限公司(Eastfair)曾多次与厦门工业博览会及海峡两岸机械电子商品交易会(台交会)通力合作。展览会依据参会人员的身份不同发放相应的证件。

(1)车辆通行证

车辆通行证一般包括停车证、车辆通行证等，通常在背面印有使用说明及行车路线。通行证通常发放给参展商的货品运输方，例如海峡西岸汽车博览会中负责运输汽车的大型平板车，根据通行证标记的行车路线及开放馆口进行有序输送，以确保场馆内的人员与交通安全。

(2)人员证件

根据展会人员的分工不同可以将证件分为布(撤)展证、参展证、嘉宾证、记者证、工作证以及门票，不同的证件使用的时间以及区域也有所不同。布展证为展会开始前一周内(具体期限视展会规模而定)由主办方在场馆入口处登记发放，仅限布、撤展的施工人员使用，展会开放期间使用无效。参展证是主办方派发给参展单位的参展凭证，在证件上印有企业的单位及个人信息。展览会的嘉宾证是展会的核心内容，能够为企业登记来访观众的具体信息，以便于后续的访问。目前，厦门国际会展中心正在实现传统纸质版向电子版证件的改变，基于人脸识别技术，运用多维数据，让“面孔”成为身份的新象征。在第十二届海峡两岸(厦门)文化产业博览交易会上，采用了现场登记与文博会“小程序”在线预报道的方式，不仅能够避免因为办理证件而造成的拥堵，更能够提升客户观展的兴致。

(二)场馆展会现场互动管理

互动，从狭义上来说，是指人与设备、系统、网站等的直接或间接的通信过程。从广义上来讲，互动指的是在自然界中一切存在的实物之间的相互作用和影响。而展览会作为“面对面、互动、集聚”的场所，营销沟通优势被集聚放大，展览会作为媒介供需双方的平台，其核心价值的创造过程就是供需双方的互动过程。然而，目前我国B2B展会面临一大问题：即缺乏产品与服务、展品与体验的结合。当接触到一个认知颇少的新鲜事物的时候，观众就会不自觉地停下脚步成为“看客”，但大多数是同参展商进行简单的交流或是观看广告语来加深对产品的了解。缺少沉浸式体验过程，往往无法吸引更多的观众。因此在展览会中，除了精美的展品能够吸引眼球，具有互动性的产品也逐渐成为观众的心头好。在第十二届海峡两岸(厦门)文化产业博览交易会中,中国移动咪咕公司便将5G+文旅沉浸式体验馆搬进了展会现场,现场观众不仅可以通过咪咕圈圈APP的AR特效、VR眼镜感受5G新拍法和新看法,还能通过VR探索故宫,AR探索镜、AR兵马俑九宫格合影等实现现场"穿越",扩展了博物馆体验场景,让观众由"旁观者"转变为历史的参与者,为用户带来了全新的观展方式。心理学研究表明,人们通常会记住:阅读的东西10%,听到的东西20%,看见的东西30%,看见并听见的东西50%,说过的东西70%,说过并做过的事情90%。在展会中增加观众的体验性,能够增加其参展的情感价值。

模块三　会展场馆智能化管理须构建网络会展平台

智能会展是通过移动互联网、云计算、物联网等新的信息技术进行综合集成应用的成果,能够为企业提供更加智慧化的推广与宣传服务,也为会展管理向更加智能化的新的社会管理与会展管理服务,新的信息技术为智能会展行业发展提供了技术保障,进而实现会展业新的改变与突破。

任务一　了解会展场馆举办网络会展的必要性

一、网络会展能够突破传统会展模式中空间的限制

在我国过去的贸易交易中,会展对于促成交易和订单起着十分重要的作用,这是国际社会所公认的,在很多地方政府也十分重视会展业对推动地区经济发展的重要作用。随着我国社会经济的不断发展和进步,各类会展的举办量明显增加,因此实体举办会展的压力也非常大。通过网络会展的形式能够充分发挥网络平台的作用,解决实体会展中展馆场地限制的因素,所以网络会展的形式能够为参展单位和举办单位节约更多空间成本。

二、网络会展能够有效提升会展管理效率

会展场馆承办的会展种类繁多,所以每次会展举办都要承担较大的管理成

本。在传统的会展模式下交易周期普遍比较长，而且各类信息的搜集成本也较高。通过网络会展的形式能够降低搜寻信息的成本，举办单位的管理也实现了一键式操作，提升了会展举办方的管理效率。

三、网络会展能够有效提升市场捕捉率

随着我国网络信息技术的不断发展，网络交易的高速发展有目共睹，而且人们的消费观念也正在由传统的实体销售转向为网络营销。近年来，我国网络零售交易规模不断增长，2010～2017年间的增速均在30%以上；2018年以后，增速有所下降，但仍呈现稳步增长趋势。2019年，全国网络零售突破10万亿元，同比增长20.6%。2020年全国网上零售额达11.76万亿元，同比增长10.9%，实物商品网上零售额达9.76万亿元，同比增长14.8%，占社会消费品零售总额的比重接近四分之一。[①] 2021年上半年全国网上零售额达6.11万亿元，同比增长23.2%。[②] 产品销售已经实现了线上销售，而网络会展这种线上交易的模式也将成为社会发展的必然产物，所以说推进网络会展将成为未来我国会展举办方所要推行的重点方向。

任务二 了解会展场馆举办网络会展的优势

网络会展不同于阿里巴巴和淘宝这类网络平台，其优势主要包括以下几个方面：

一、实物资产优势

网络会展作为实体会展发展的产物，是一个在互联网中进行实物交易的平台。通过对参展商、采购者的真实在线互动能够为双方提供更真实的感觉，这种传统实体会展中心实物展示的方式是网络公司所不能够比拟的。

---

① 2020年中国网络零售行业市场现状与竞争格局分析[EB/OL].(2020-12-28)[2021-08-01]https://baijiahao.baidu.com/s? id=1687299830743717100&wfr=spider&for=pc.

② 商务部电子商务司负责人谈2021年上半年我国网络零售市场有关情况[EB/OL].(2021-07-30)[2021-08-01]http://www.gov.cn/shuju/2021-07/30/content_5628370.htm.

二、客户资源优势

在传统的实体会展中“规模效应”对会展举办成功与否有着很大的影响。例如在 2019 年广东省举办的第 125 届广交会吸引了来自全世界将近 200 个国家和地区的 19 万人参与展会，这种参会人数的规模是电子商务中网络公司所不能够比拟的。网络会展的基础是传统的实体会展，这种客户资源是任何模式的营销都无法比拟的。

三、品牌资源优势

在我国传统销售模式的影响下，北上广这三个城市的会展所取得的营销成绩是任何形式的营销都无法望其项背的，而在沈阳、武汉等城市中所设立的特色化产业模式也是都属于行业龙头。网络会展主要是以这些实体会展的品牌优势来作为其品牌资源，这必将会实现网络会展的飞速发展。

四、国际经验优势

随着我国经济的不断发展，我国市场经济结构必然发生调整，如何实现产业的国际化是提升企业效益的必要手段。我国一直以来都是国际贸易大国，因此对外出口贸易在实体会展中也占据着十分重要的份额。实体会展模式的国际交易经验对于网络会展的国际化有着十分重要的影响，能够为其提供丰富的知识架构来实现网络会展的国际化。

任务三　掌握网络会展平台的核心功能和技术模块

一、网络会展平台应该具有三个核心功能

(一)在线展览

1.将展会的展示内容直观而逼真地呈现在网络展台上，提供一个能供观众进行网络体验和实时互动的平台，并能实现网络平台与现场展会的联动。

2.参展商可以随时进行网络展品的更新与替换。

3.网络平台可以根据数据跟踪系统提供的数据，对网上参加展览的参展商和观众进行配对，再结合人工自主调整，生成一对一、一对多或多对多的商业洽谈模式，借助相关的网络手段草签协议，从而达成异地交易。

(二)定制服务

交互性是必不可少的一个功能特性。平台的交互性有利于获取更多的浏览数据,分享数据,并借用大数据来分析浏览者的意向与选择,逐步实现由大众化服务向定制化服务转变。

(三)数据获取与销售

网络会展平台的后台可以安装数据跟踪系统,对网络上的浏览人群进行数据的抓取与分析,建立一个包含会展企业、参展商、专业观众的数据库。数据库里的数据可以有针对性地销售或者免费给会展企业、参展商及有需要的其他商家。

二、网络会展平台具有三个技术模块

网络会展平台包括一平台、一系统、一应用。"一平台"是指网络会展电子商务平台,通过这一平台,会展的主办方和承办方能够完成会议或者展览的各流程服务的购买。"数字会展系统"则划分为三个小模块,包括会展信息综合管理模块、客户导向模块、信息交流平台模块。"一应用"指的是手机 APP 应用,针对移动互联的社会环境,开发智慧网络会展的应用 APP,完成手机屏对于会展服务客商的线下转移。

(一)网络会展商务平台

1.网络会展商务平台划分为四层体系结构

自下而上分为:基础设施、会展信息服务平台、数据交换平台、电了商务平台四个层次(见图 11-1)。

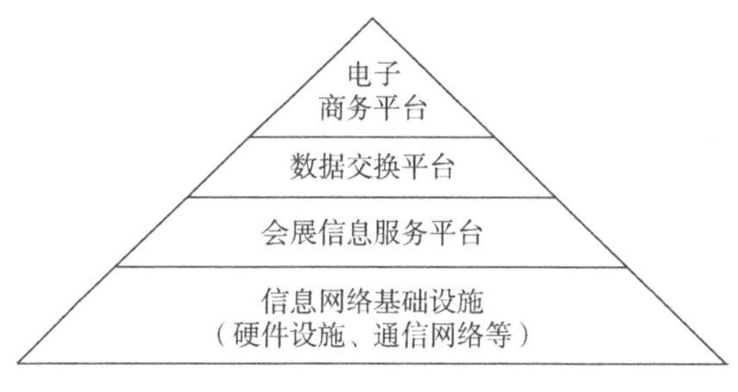

图 11-1 四个层次

2.网络会展平台的电子交易

完善网上交易支付平台,如网上选购、电子支付和服务、物流配送、送货上门，全程管理买卖双方的合同与订单，跟踪货物到港和支付情况，保证资金结算系统畅通。

网络会展平台的电子交易要实现销售自动化。销售自动化就是将整个销售过程中的各个环节如定价、询盘答复、接受订单、物流配送等标准化，基于网络和信息技术实现销售自动化，直接增加展中的销售量。参观者与参展商在展前建立联系后，将在展中强化这种联系，他们会到虚拟展位点击观看定制化的产品展示和演示，如有兴趣可当场询盘，也可要求与参展商直接进行沟通，满意后再下单。

销售自动化实行专项业务处理，简化了交易流程，缩短了交易时间，提高了工作效率。问题是现有的网络会展平台的业务处理信息系统，如网上订单管理系统、网上支付系统、财务系统等系统集成与集中的程度还不够，网上支付的安全性还得不到绝对保证，这些问题的解决有待于现有信息网络的扩容升级以及网络安全技术的进一步发展。

销售自动化还体现在对实物会展的辅助销售中，即实现销售人员队伍自动化。网络会展平台自动向销售人员提供关于顾客、潜在顾客、竞争对手的相关信息，使得销售人员能够提高限定客户的效率以及优化潜在客户的效率，在实际展位进行针对性的产品演示和展示，从而提高销售人员与顾客沟通的效率。

3.网络会展平台的盈利模式

网络会展平台的盈利模式主要是企业对企业的电子商务(B2B)和企业与专业观众的电子商务(B2C)。平台主要服务于各个需要通过会议、展览等方式完成交易的企业。网络会展平台的盈利方式主要有以下几种。

(1)广告费

会展网络平台有了一定影响力后，可以通过帮助会展企业宣传推广等策略来获取广告费。鉴于网络会展平台的定位，建议采用较为简单的会员广告等方式，方便运营和维护。

(2)会员费

网络会展平台主要服务于会展主办方、参展商和专业观众，帮助他们实现销售或者购买的目的。对于有特殊会展服务需求的群体，可以收取一定金额的会员费，既能实现部分盈利，又能维护相关客户的忠诚度。

(3)交易服务费

网络会展平台上的客户按照平台协议价达成交易，可以按照交易额提取少量(一般不到1%)的交易服务费。

(4)数据使用费

网络会展平台利用自身的技术优势,收集和储存参展商、专业观众的资料信息,并建立起庞大的信息数据库,企业、参展商等可根据自身业务需要向平台付费购买相关客户信息。

(5)展会定制服务费

展会定制是网络会展平台的一个特色服务。网络会展平台可根据会展公司或行业部门的需要,为其量身定制专业或综合性展会,并提供相应的会展配套服务,这种定制业务可以收取较高展会策划、运营和管理服务费。

(二)数字会展系统分为3个小模块

(1)面向组展商(会展承办者):会展信息综合管理模块;

(2)面向参观者:客户导向服务模块;

(3)面向参展商:信息交流平台模块(WEB 3D)。

1.会展信息综合管理模块

通过会展信息系统综合服务平台,管理展前、展中和展后各类数据信息;协调会展承办者、参展商和参观者的需求;监控会展全流程;通过数据分析辅助会展承办方的决策。

会展信息综合管理模块具有以下功能:

(1)客户资料管理。对组展商(承办方)有两类客户:参展商和参观者。参展商的资料包括企业基本情况、企业代码、参展产品信息;参观者个人资料包括身份、职业、收入、参观意向等。参展企业实行会员制,通过数据统计分析,为会展承办方后期经营提供客户信息参考。

(2)会展举办场所管理。建立区域内会展场馆数据库,记录面积、内部结构、年平均承办会展数量和租金等,提供各场馆近期举办过的会展具体信息,以辅助承办方场地选择决策。

(3)会展流程管理。对会展中所要开展的各项活动进行规划。通常涉及两类活动:一类是主办方安排的活动;另一类是参展商参展活动。依据展会主题对参展活动进行分类,合理规划展会日程。

(4)虚拟动态展演预览。在网络虚拟产品建模以及虚拟技术的基础上,提供三维场景编辑功能,运用虚拟加现实的三维虚拟场景建模技术构建真实会展场所及具体的展区布置,实现会展格局和各专题展区特色设计,缩短会展布置时间，减少方案重复修改。

要实现互动和沉浸式的产品展示。作为买方，参观者希望获得尽可能多的商品信息，除了看到关于产品的文字信息和视频，还想从不同的角度观察商品，甚至“触摸”商品，与参展商交流沟通以获取更多的信息，作为与参展商交易磋商的依据，在货比三家、掌握充足的产品信息后做出购买决策。

(5)会展资料汇总。会展后期统计各项指标，如参展商数量、参观人次、各具体展区流量、总成交额、单项最高交易额、票务收入等，并对汇总信息进行分析，发现数据隐含信息。通过展区参观人次和商品成交情况研究参展商会展消费者的需求。对数据进行流转和保存，生成季度、年度报表。

(6)会展资料检索。对历次会展 Logo 设计、广告宣传及会展中的影像资料进行检索，为后续会展设计提供参考。

数据挖掘贯穿整个会展举办过程，展前主要是通过对客户回复的邮件、注册信息进行挖掘，将相似信息分类并寻找高度关联的结果，提供或推荐给参展商；展中通过对访问者实际进入网络会展平台的地点、点击率、浏览量、在展位前停留的时间、注册要求聊天的次数、索取并下载具体资料的信息等数据进行实时跟踪和统计分析，发现目标客户市场，并形成实时数据报告提供给参展商，从而促进组织内部的协同工作；而展后的数据挖掘显得尤为重要，因为通过对跟进信息进行数据挖掘，可以发现潜在客户，一方面帮助参展商实现交叉销售和向上销售，一方面为下一次的展览进行展前促销。

在网络会展中进行数据挖掘的难度显而易见，因为平台要对海量的非结构信息和数据进行统计，将相似信息聚类、分类，标引并过滤有效信息，但是它对于参展商的好处更是明显。有效的数据挖掘能够帮助参展商实现精准营销，保证参展商与客户的互动沟通，不断满足客户的个性需求，保证稳定的忠实客户群，实现客户链式反应增值，使营销活动达到可度量、可调控的精准要求，从而提高营销效率、降低营销成本；数据挖掘还有助于平台提供更多个性化的服务项目，如个性化推荐系统就是建立在海量数据挖掘基础上的高级商务智能平台，它能够给参观者提供购买所需的信息服务和决策支持。

2.客户导向模块

通过触摸屏的形式，向参观者提供场地展览和信息服务，提高会展服务水平和信息化程度。面向客户的导向服务模块的功能如下：

(1)查询功能。为参观者提供展览现场导航服务，包括提供展馆电子地图、参展商展台位置信息、参展商情况简介(包括经营范围、特色产品等)。展馆服务设施分布情况以及场馆实时人流情况等。

(2)虚拟场景。通过3D设计软件完成会展场馆的虚拟三维建模,包括各具体场馆的结构分布和参展区布局,利用电子地图为参观者提供展览服务。

(3)实时信息反馈。提供客户满意度调查表,在会展中收集参观者反馈信息,包括对会展规模、布局、参展产品门类、参展商知名度、现场服务等的满意程度。根据顾客管理模块提供的客户资料,深入挖掘客户信息,结合数据挖掘技术实现智能化决策。

3.信息交流平台模块

结合远程信息服务系统,为客户和商家提供相互交流沟通的信息服务平台,实现会展内外信息互动,加强会展与外界信息交流,打破会展时空局限,扩展和延伸会展活动的广度和深度。主要实现以下功能:

(1)信息发布。网上发布会展承办方的基本资料(企业介绍、已承办会展情况),和本次会展有关详细信息(主题、规模、时间、招商信息)。网络会展平台可以实现虚拟展位展示,虚拟展示位都有一个URL地址,可以很方便地链接到参展商公司网站。

(2)信息检索。对会展资料数据进行检索,与客户共享部分数据资料。根据参展商需求检索产品成交情况,为参展商提供数据参考、提高会展效益。

参观者参加会展总是希望有所收获,为了节约搜寻时间,提高工作效率,参观者在展前一般会对参展商与参展产品进行了解,以便锁定目标。为了满足参观者的需求,网络会展平台要提供强大的信息查询系统,设置高级检索栏目,方便用户迅速找到自己的目标展品、展商信息,只要键入目标信息的关键字,系统就可以迅速为其进行匹配查找并反馈查询结果信息,甚至比参加传统展览从门口走到目标展位用时更短,更为快捷高效,从而降低信息搜索成本。现有的网络会展平台一般都有参展商与产品检索设置,提供定制搜索工具和个人页面,用户可以依据个人喜好使用自定义设置个人登录界面,轻松找到并浏览自己感兴趣的信息,并根据搜索条件将结果发送至自己的邮箱。该项服务的关键是参展商与展品信息数据库的建立和完善,参展商需要提供哪些信息,如何对产品进行标引才能让用户尽快寻找到自己的目标客户和产品,这是值得研究的。

(3)客户交流。建立承办方与参展商间基于Web的交流平台,在公共区域发布近期举办会展情况,及时处理参展商的咨询与反馈。参展商和参观者可以进行实时、快速和流畅的直接沟通，如视频会议、视频私聊、小组聊天或公共聊天、在线问答等。平台还可提供社交网络链接，如 Msn、Skype、微信、QQ、Facebook，支持多媒体交互的网络社群，参观者之间也可以讨论商品，交换观点。

(4)虚拟场景漫游。运用虚拟现实建模技术和 flash 技术实现网上会展，使实地会展和虚拟三维会展同时开展。

思考练习与实践

一、简答题

1. 国内会展场馆智能化管理现状有哪些？

2.会展场馆智能化管理的必然趋势是什么？

3.请分析会展场馆智能化技术系统。

4.大数据时代传统会展业有哪些变革创新发展？

二、论述题

1.大数据时代，会展场馆智能化管理有哪些策略？

2.会展场馆智能化管理为何必须构建网络会展平台？

3.请阐述网络会展平台的核心功能和技术模块。

三、案例分析

会展场馆举办网络会展的优势在哪？网络会展将取代线下展览吗？请阐述原因。

◆ 参考文献 ◆

专著及教材

1.刘大可.会展经济理论与实务[M].北京:首都经济贸易大学出版社,2020.

2.崔建,勾锐.展示设计[M].3版.北京:清华大学出版社,2020.

3.刘勇.会展服务与管理[M].北京:化学工业出版社,2019.

4.张兵.会展场馆经营与管理[M].北京:中国旅游出版社,2018.

5.王承云.会展经济[M].重庆:重庆大学出版社,2018.

6.张学梅,付业勤,刘住.会展市场营销[M].西安:西安交通大学出版社,2018.

7.谢红芹.会展营销[M].2版.北京:北京大学出版社,2017.

8.韦文杰等.会展管理概论[M].武汉:华中科技大学出版社,2017.

9.孙丹丽.主题展览馆展示设计[M].重庆:西南师范大学出版社,2016.

10.陈鲁梅.会展管理与管理[M].2版.北京:化学工业出版社,2016.

11.郭牧等.2016中国会展产业年度报告[M].北京:中国商务出版社,2016.

12.中国国际贸易促进委员会主编.中国2016展览经济发展报告[M].北京:中国商务出版社,2016.

13.王芝湘.展示设计[M].北京:人民邮电出版社,2015.

14.贺刚,金蓓.会展管理信息系统[M].北京:中国商务出版社,2015.

15.于世宏.会展管理信息系统[M].重庆:重庆大学出版,2014.

16.郑向敏.会展安全与危机管理[M].重庆:重庆大学出版社,2014.

17.郑建瑜.会议策划与管理[M].天津:南开大学出版社,2014.

18.林大飞.会展场馆经营与管理[M].重庆:重庆大学出版社,2014.

19.肖作平.财务管理[M].大连:东北财经大学出版社,2014.

20.商务部服务贸易和商贸服务业司,中国会展经济研究会.全国会展产业政策法规白皮书(2013)[M].北京：新华出版社,2014.

21.中国国际贸易促进委员会.中国展览经济发展报告(2014)[R].北京：新华出版社,2015.

22.王化成.财务管理[M].北京:中国人民大学出版社,2013.

23.胡平.会展场馆经营与管理[M].北京:清华大学出版社,2013.

24.郭海霞.会展场馆经营与管理[M].北京:教育科学出版社,2013.

25.杜洁莉.会展场馆管理实务[M].大连:东北财经大学出版社,2008.

26.曾华.会展场馆管理[M].北京:机械工业出版社,2008.

27.郑建瑜,傅婕芳.会展场馆管理[M].北京:旅游教育出版社,2007.

28.施昌奎.会展经济：运营管理模式[M].北京：中国经济出版社，2006.

29.郑建瑜.会展场馆经营与管理[M].上海:人民出版社,2006.

30.郑建瑜.会展经营策划师[M].北京:中国劳动社会保障出版社,2006.

31.马洁，刘松萍.会展概论[M].广州:华南理工大学出版社,2005.

32.刘大可.会展经济学[M].北京：中国商务出版社,2004.

33.马勇.会展管理的理论、方法与案例[M].北京：高等教育出版社，2004.

34.金辉.会展概论[M].上海：上海人民出版社，2004.

35.黛丝瑞·奥瓦内尔.会展：一门特殊的艺术[M].上海：上海教育出版社，2004.

36.[美]乔·戈德布拉特.国际性大型活动管理[M].北京:机械工业出版社,2003.

期刊论文

37.蔚治国.数据中心网络安全服务管理系统的设计[J].自动化与仪器仪表,2017(2):67-69.

38.黄小亚.供给侧改革视角下的重庆会展场馆发展研究[J].商场现代化,2017(16).

39.孙亮,石建勋.中国供给侧改革的相关理论概述[D].新疆师范大学学报,2016.

40.永树理,赵光洲.我国大型会展场馆利用问题与对策研究[N].昆明理工大学学报,2016(3).

41.余远洋.大型会展中心管理及运营模式研究——以大虹桥国家会展中心为例[J].煤炭经济研究,2016(5).

42.韩莉.打造中国最佳服务质量场馆——访上海新国际博览中心总经理迈克尔[J].中外会展,2016(4).

43.吴晓莉.首都机场:一切为了旅客的安全与方便[J].北京规划建设,2007(6).

44.李豫蒙,王晓宇.大连市会展业智慧化建设中存在的问题及对策建议[J].对外贸易,2016(4):51-52.

45.王义晓,罗志刚,蔡云富.数据中心机房的网络改建设计[J]. 智能机器人,2016(10):65-69.

46.陈小芹.关于网络机房安全管理方案设计[J].通讯世界,2016(18):207-208.

47.陈思颖,童琦.智慧技术在会展活动中的应用研究[J].经营管理者,2016(10):325-326.

48. Greazzaa, Colicchiac, Dallarif. Designing the venue logistics management operations for a World Exposition [J]. Production planning & control,2015,26(7):543-563.

49.任宁,陈思宇.我国智慧会展的发展现状与对策研究[J].现代经济信息,2015(18):333-335.

50.匿名.保定望都庙会促销酿惨剧 9 人被烧伤[N]. 社会燕赵晚报,2015-05-28.

51.周旭,陈思宇.我国发展智慧会展的现状与对策研究——以杭州为例[J].时代金融,2015(10):15-19.

52.永树理.会馆遗址利用及可持续发展探索—以 99 昆明世界园艺博览会会址为例[J].云南行政学院学报,2015(3):163-166.

53.中国国际贸易促进委员会.中国展览经济发展报告(2014)[R].北京:新华出版社,2015:2-3.

54.杨凯越.基于 SWOT 分析的会展场馆自办展盈利模式对策研究[J].现代商业,2014(20): 217-218.

55.匿名.会展行业乱象丛生蕴藏巨大风险[N]. 经济参考报,2014-02-21.

56.孙丹丽.绿色设计在会展展示设计中的实现途径[J].艺术教育,2014(07).

57.马志新.国内外绿色会展研究综述[J].旅游纵览(下半月),2014(04).

58. 魏雅莉,朱颖芳.低碳经济、绿色设计与会展业可持续发展探讨[J].商业时代,2013(23).

59.李萧萧.济南市吴家铺农业示范区生态展览馆设计方案[D].济南大学,2013:3.

60.王冬梅.我国大型会展活动遗留场馆后续利用问题的思考[J],产业科技论坛,2013 (12):11-12.

61.叶宁青,邱蔚娟.关于我国展览场馆利用率问题的思考[N].广东技术师范学院学报,2013.

62.黎菲.智慧会展移动应用服务[J].特区经济,2013(4).

63.罗绮绮.我国会展场馆建设现状与发展前景探析[J].经济发展研究,2012(6):71-73.

64.Contit.Building Total Quality: Q Guide for Management[R].Berlin: Springer Science & Business Media,2012.

65.朱轶,张靖.北京奥运场馆生存现状调查[N].东方日报,2012-09-18 (7).

66.王冬梅.沈阳会展场馆发展对策分析[J].现代商贸工业,2012.

67.张敏.国内外组展商成长报告[J],中国对外贸易,2011(10):84-87.

68.冉小丽.大型体育场馆赛后经营模式及创新研究[J],现代商贸工业,2011(21).

69.方璐萍.供给侧改革视角下推进会展产业发展战略研究[J].吉林省经济管理干部学院学报,2010.

70.杨国杰.展览会展示设计的生态设计研究[D].福建师范大学,2009.

71.刘民坤.论会展场馆的绿色管理——构建会展业的竞争优势[J].特区经济,2009(4).

72.刘树德.低碳经济背景下政府在会展经济发展中的作用[D].山东交通学院,2008.

73.何文才.大型会展场馆集成化管理建设模式的研究[D].同济大学,2008.

74.肖凌.自办展的场馆发展之路[N].中国经营报,2007-02-12,A20.

75.程金龙,吴国清.我国会展场馆的区位选址分析[J].学术研究,2004,9.

76.贾洁,范能船.上海会展场馆的空间布局优化[J].城市管理,2004(04).

77.陈建斌.会展中心的区位选择与发展对策[J].重庆工商大学学报(西部经济论坛),2003(06).

网络新闻资料

78.母涛.以智慧会展推进产业转型升级[EB/OL].(2015-01-21)[2021-01-23].https://www.tnc.com.cn/info/c-003-d-3502491.html.

79.中国国际贸易促进委员会.中国展览经济发展报告(2014)[EB/OL].(2015-01-15)[2021-06-12]. http://www. ccpit. org/Contents/Channel_3434/2015/0115/441356/content_441356.htm.

80.北京晨报.奥组委:北京奥运预算 20 多亿美元现收支平衡[EB/OL].(2008-08-02)[2021-06-02].https://news.ifeng.com/c/7fYLpgqmY54.

81.匿名.依托成都优势,开创成都世纪城新国际会展中心发展新局面[EB/OL].(2021-07-31)[2021-08-02].https://www.yixuelunwen.com/biyelunwen/0415374.html.

82.人民网.上海世博投入将创历史新高,自建馆投入或超过 40 亿[EB/OL].(2010-04-09)[2020-10-12]. https://news. ifeng. com/opinion/topic/shibomoney/201004/0409_9940_1599610.shtml.

83.中央政府门户网站.让残疾人充分有效地融入社会生活——我国无障碍设施建设实现飞跃[EB/OL].(2008-09-05)[2020-03-27].http://www.gov.cn/jrzg/2008-09/05/content_1088132.htm.

84.新闻晨报.山寨展坑 200 多家商户收数万元参展费不断变场地[EB/OL].(2014-12-10)[2020-03-29] http://sh. sina. com. cn/news/s/2014-12-10/detail—icczmvun1682322—p1.shtml.

85.石家庄国际会展中心.石家庄国际会展中心品牌形象设计征集揭晓及释义[EB/OL].(2011-12-13)[2020-04-15]. http://www. 1zhengji. com/sjjx/qt/fw/20130418/20149.html.

86.名商网.你可能不知道,故宫火了的背后离不开一次又一次打品牌官司[EB/OL].(2017-03-23)[2020-04-23]. https://www. marksmile. com/news/w166—11881.html.

87.中国经济网.杭州国际博览中心荣获 2017 年度“金五星”之优秀会展场馆奖[EB/OL].(2017-07-11)[2020-05-21]. https://www. sohu. com/a/156171152_120702.

88.经济参考报.会展行业乱象丛生蕴藏巨大风险[EB/OL].(2014-02-21)[2020-05-21].http://www.jjckb.cn/2014-02/21/content_492397.htm.

89.河北新闻网.保定望都庙会促销酿惨剧 9 人被烧伤[EB/OL].(2015-05-

27)[2020-07-27].http://hebei.hebnews.cn/2015-05/27/content_4800949.htm.

90.人民网.上海房展会现业主维权与安保发生肢体冲突[EB/OL].(2014-10-04)[2020-09-15]. http://house. people. com. cn/n/2014/1004/c164220-25776903.html.

91.中国经济网.重庆国际博览中心:智能化服务提升软实力[EB/OL].(2014-12-19)[2020-10-17]. http://expo. ce. cn/zt/2014/xrzg/CNCC_262543/index.shtml.

网页资料

92.十大品牌网 http://www.china－10.com/news/466609.html.

93.陕西历史博物馆官网 http://www.sxhm.com.

94.成英文.会展业危机案例分析,豆丁网 http://www. docin. com/p－1942174951.html.

95.宋金鑫.麦考密克会展中心案例分析,豆丁网 http://www.docin.com/p－1444055126.html.

96.上海新国际博览中心官网.http://www.sniec.net/cn/Index.php.

规定细则

97.中国国际展览中心.中国国际展览中心展览施工管理规定实施细则.2011-10-19.

98.GB50348—2004《安全防范工程技术规范》. 2012-03-27.